Ist die Psychologie eine Wissenschaft?

Mark Galliker

Ist die Psychologie eine Wissenschaft?

Ihre Krisen und Kontroversen von den Anfängen bis zur Gegenwart

Springer

Mark Galliker
Mannheim
Deutschland

ISBN 978-3-658-09926-8 ISBN 978-3-658-09927-5 (eBook)
DOI 10.1007/978-3-658-09927-5

Die Deutsche Nationalbibliothek verzeichnet diese Publikation in der Deutschen Nationalbibliografie; detaillierte bibliografische Daten sind im Internet über http://dnb.d-nb.de abrufbar.

Springer

Gedruckt auf säurefreiem und chlorfrei gebleichtem Papier

Springer Fachmedien Wiesbaden ist Teil der Fachverlagsgruppe Springer Science+Business Media
(www.springer.com)

„Wenn das die Lösung ist, behalte ich lieber das Problem.“
James Trefil, Physiker

Vorwort

Ziel der vorliegenden Arbeit ist es, jene in der Psychologie anstehenden Probleme zu skizzieren, die in früheren Phasen ihrer Entwicklung und an ihren Wendepunkten schon zur Sprache kamen. Historische Kontroversen und Krisen werden hinsichtlich der gegenwärtigen Problematik der modernen Psychologie betrachtet.

Besondere Bedeutung wird den klassischen Kontroversen beigemessen (Kap. 3), wurden doch deren Inhalte weitgehend aus dem kollektiven Gedächtnis der akademischen Psychologen und Psychologinnen ausgeschlossen, worunter die aktuelle Theoriebildung nach wie vor leidet. Aber auch einige Kontroversen des 19. und 20. Jahrhunderts, die von Psychologiehistorikern öfter und näher betrachtet wurden als jene des 18. Jahrhunderts, werden ausführlich dargestellt, da ihrem Bezug auf die Methodologie der modernen Psychologie besondere Bedeutung zukommt. Bei der umfangreichen Psychologismus-Antipsychologismus-Kontroverse, in der Philosophen Übergriffe der Psychologie auf die Logik abwehrten, handelt es sich um die Kehrseite jener ebenfalls ausführlicher behandelten Kontroverse, in der es um die Frage ging, ob die Psychologie eine Geisteswissenschaft oder eine Naturwissenschaft ist, und in der die eine Seite der anderen vorwarf, dass durch sie der Logik ein allzu großer Einfluss auf die Psychologie zukommt (Kap. 4.2 und 4.3).

Der vorliegende Band konzentriert sich auf Kontroversen der akademischen Psychologie, die sich zumeist als streng empirische Naturwissenschaft versteht. Kontroversen, wie sie innerhalb der Psychoanalyse oder anderen psychotherapeutischen Schulen geführt wurden, werden nicht berücksichtigt. Allerdings musste auch innerhalb der akademischen Psychologie eine Auswahl getroffen werden. Es wurden in erster Linie jene Auseinandersetzungen berücksichtigt, die sich auf Streitpunkte in der Allgemeinen Psychologie beziehen, während Kontroversen der Differentiellen Psychologie sowie der Angewandten Psychologie nicht oder nur am Rande thematisiert werden. Eine Sonderstellung nehmen Disziplinen wie die Sozialpsychologie und die Klinische Psychologie ein. Deren Probleme werden zwar angesprochen, jedoch nicht als solche von Spezialdisziplinen betrachtet.

Einige der in der vorliegenden Arbeit behandelten Kontroversen wurden von mir schon in früheren Publikationen dargestellt (z.B. die in Kap. 4.1 thematisierte Völkerpsychologie-Kontroverse), andere Auseinandersetzungen wurden besonders anlässlich der vorliegenden Arbeit recherchiert (z.B. die aktuellen Debatten, die in Kap. 6 dargestellt werden).

Einige Darstellungen beziehen sich mehr auf Bearbeitungen in Publikationen von Kolleginnen und Kollegen und komprimieren (u.a. Kap. 3.4) oder reinterpretieren sie (z.B. Kap. 4.3). Weitere Kontroversen konnten indes aus Platzgründen und/oder anderen Gründen (wie z.B. fehlende oder noch nicht genügende Aufarbeitung) nicht behandelt oder auf sie nur am Rande hingewiesen werden. So werden die Auseinandersetzung zwischen Wilhelm Wundt und Hermann Ebbinghaus um die Gegenstandsbestimmung der Psychologie, jene zwischen Alexius Meinong und Christian von Ehrenfels über Gestaltqualitäten und jene zwischen Gestalt- und Ganzheitspsychologen und -psychologinnen u.a. über die Bedeutung der Aktualgenese in der vorliegenden Arbeit nicht berücksichtigt. Die Auseinandersetzungen der Psychologie mit der Ideologie des Nationalsozialismus (vgl. u.a. Geuter 1985) und ihre Auseinandersetzungen zur Kybernetik in der Deutschen Demokratischen Republik (Schönpflug 2015) werden in diesem Band ebenfalls nicht behandelt.

Einige der hier berücksichtigten Kontroversen werden in komprimierter Form dargestellt, andere ausführlicher. Letzteres ist vor allem bei jenen Auseinandersetzungen der Fall, die hinsichtlich der *gegenwärtigen* Krise der Psychologie besonders relevant sind. Bei den soweit wie möglich – es gibt einige Überschneidungen – in chronologischer Reihenfolge dargestellten Kontroversen kommen vor allem die Kontrahenten zu Wort. Interpretationen und Kommentare werden zunächst unterlassen und erst am Schluss der Arbeit angeführt.

Das vorliegende Buch konnte ich nur dank all jener Wissenschaftler und Wissenschaftlerinnen schreiben, mit denen ich mich schon während meines Studiums und später als Lehrer und Forscher über die Psychologie auseinandersetzen durfte. Ich denke dabei besonders an Richard Meili, Klaus Foppa, Mario von Cranach, Hans Aebli, Luciano Alberti, Rudolf Groner, Marina Groner, Marie-Louise Käsermann, Erika Blumer, Siegfried Frey, Gary Bente, Alfred Lang, Ulrich Moser, Klaus Holzkamp, Kenneth Gergen, Ivana Markova, Carl Friedrich Graumann, Theo Herrmann, Volker Gadenne, John Wetterstein und Hans Albert. In den letzten Jahren während der Schreibarbeiten verdanke ich manche Anregung Margot Klein, Daniel Weimer, Marco Hollenstein und Uwe Wolfradt. Für die Lektoratsarbeiten möchte ich mich bei Andrea Heiß und für die Anfertigung der Zeichnungen bei Werner Zimmermann herzlich bedanken.

Mannheim
im Januar 2016

Mark Galliker

Einleitung

An dieser Stelle soll die Fragestellung der vorliegenden Schrift „Ist die Psychologie eine Wissenschaft?“ kurz erläutert werden. Angesicht der aktuellen Krise der akademischen Psychologie und ihrer Kontroversen geht es um die Frage, ob dieselbe ihren Anspruch der Wissenschaftlichkeit und insbesondere der *Naturwissenschaftlichkeit* zu genügen vermag.

Dabei orientiert sich der Autor an Kontroversen der Psychologie im 18., 19., 20. und 21. Jahrhundert. Zu welchen Weichenstellungen führten diese Kontroversen in der Geschichte der Psychologie? Wurden aufgrund der Ergebnisse auch fragwürdige Entscheidungen getroffen? Zumindest in einigen Fällen ist auch denkbar, dass die Kontroversen zu *keinen* Weichenstellungen führten, da in ihnen keine Einigung erzielt werden konnte, die kontroversen Meinungen bestehen blieben und/oder keine Konsequenzen aus den Meinungsverschiedenheiten gezogen wurden.

Schon Kant (1786/1903) wies darauf hin, dass es sich bei der Psychologie um ein Forschungsgebiet handelt, dessen naturwissenschaftliche Zugänglichkeit er nicht allein wegen der fehlenden Anwendbarkeit der Mathematik bestritt, sondern unter anderem auch, weil „die Beobachtung an sich schon den Zustand des beobachteten Gegenstandes alteriert und verstellt“ und deshalb dieses Gebiet des Wissens „nicht Seelenwissenschaft, ja nicht einmal psychologische Experimentallehre“ werden kann (ebd., S. 471). Derselbe Autor hat auch festgestellt, dass in der „empirischen Seelenlehre“ – das „Gesetz der Stetigkeit“ unterstellt – allenfalls die eine Dimension der Zeit „construiert“ werden kann; will heißen, dass „Operatoren“ und dergleichen höchstens in ihrer Dauer einen ernstzunehmenden realwissenschaftlichen Gegenstand darstellen können, alle weiteren Aussagen also gegenstandslos sind (ebd., S. 471).

Tatsächlich herrschten in der psychologischen Forschung lange Zeit Zeitmessungen vor, was mit dazu beitrug, sie zu einem Erkenntnisgebiet menschlicher Funktionen und Leistungen zu machen. Erst in den letzten Jahren glaubte man mit den Bildgebenden Verfahren auch der räumlichen Dimension entsprechen zu können. Indessen stellt sich die Frage, ob damit Kants Vorbehalte obsolet geworden sind.

Der vorliegende Band beschäftigt sich mit den psychologischen Kontroversen der Psychologie von den Anfängen dieser Disziplin bis zur Gegenwart und zwar in erster Linie hinsichtlich ihrer aktuellen Wissenschaftsproblematik, die einerseits eine paradigmatische (inhaltliche sowie methodologisch) und andererseits eine praxeologische ist. In diesen Kontroversen geht es unter anderem um Fragen wie die folgenden:

- Ist die Psychologie eine Wissenschaft?
- Wenn ja, ist die Psychologie eine Naturwissenschaft?
- Oder ist sie vielleicht eher eine Geisteswissenschaft oder eine Sozialwissenschaft?
- Wie viel Psychologie verträgt die Logik, wie viel Logik verträgt die Psychologie?
- Unter welchen Voraussetzungen sind Experimente angemessen?
- In welchem Verhältnis stehen Experimente zur psychologischen Praxis?
- Wie lässt sich die Praxisrelevanz der Psychologie vergrößern?

usw.

Das Ziel der Schrift besteht darin, die akademische Psychologie an ihren Ansprüchen zu messen und diese Disziplin vor dem Hintergrund ihrer Geschichte kritisch-rationalistisch zu untersuchen.

Inhaltsverzeichnis

Ausgangspunkte

1

Zusammenfassung

Im einführenden Kapitel wird zunächst auf die großen Erwartungen hingewiesen, welche die Gesellschaft ursprünglich auf die Psychologie setzte. In den letzten Jahren zeigte sich indessen eine gewisse Ernüchterung, ja Enttäuschung. Woran liegt dies? Verstehen die Wissenschaftler und Wissenschaftlerinnen es nicht, ihre Forschungsergebnisse den Laien gewinnbringend zu kommunizieren, oder liegt das Problem bei der Forschung selbst? Anhand einiger Beispiele werden mögliche Defizite der akademischen Psychologie skizziert. Die Kämpfe der Fachleute um Definitionsfragen (z.B. bzgl. „Psyche", „Persönlichkeit", „Motivation", „Emotion" usw.), die oftmalige Unmöglichkeit, zu beurteilen, ob eine Hypothese tatsächlich zutrifft oder doch vielleicht eher eine Gegenhypothese, sowie die Künstlichkeit der Empirie (u.a. Laborexperimente, Fragebögen) weisen darauf hin, dass die alte Frage nach der Wissenschaftlichkeit der Psychologie und der Adäquatheit ihrer Methodologie aktueller denn je ist.

Psychologie ist eine Wissenschaft, die Leser oder Leserinnen vielleicht mehr interessiert als manch andere Wissenschaft. Sie versprechen sich von ihr Erkenntnisse, die ihnen bei ihrer oft mühsamen Lebensgestaltung behilflich sein könnten.

Von den 60er-Jahren bis in die 80er-Jahre des letzten Jahrhunderts erwarteten viele Menschen viel von dieser Wissenschaft; inzwischen ist dieser Optimismus wieder abgeflaut. Das mag sicherlich mit dem „Bio-Boom" zu tun haben, der inzwischen den „Psycho-Boom" abgelöst hat.

Manch einer wirft aber auch die Frage auf, ob die heute eher pessimistische Einschätzung des Ertrags psychologischer Forschung mit derselben etwas zu tun haben könnte. Hat die Psychologie die großen Erwartungen, die an sie gestellt wurden, nicht erfüllt? Sind die Menschen von der Psychologie, so wie sie gegenwärtig produziert und praktiziert wird, enttäuscht?

M. Galliker, *Ist die Psychologie eine Wissenschaft?*,
DOI 10.1007/978-3-658-09927-5_1

Absolventen der Psychologie, die berufstätig werden und beispielsweise an einer Beratungsstelle zu wirken beginnen, beklagen den geringen Gebrauchswert der akademischen Psychologie. Um den Anforderungen einigermaßen zu genügen, sind sie auf ihre Lebenserfahrung, den gesunden Menschenverstand und ihre Intuition angewiesen. Die Berufsanfänger und Berufsanfängerinnen beginnen dann meistens mit einer therapeutischen Zusatzausbildung, die auf Selbsterfahrung und Supervision basiert. Sie gelangen zu zwischenmenschlichen Erkenntnissen, die sich nur noch bedingt mit jenem akademischen Wissen vereinbaren lassen, das sie an der Universität oder Hochschule zur Kenntnis nehmen und sich aneignen mussten. Im Verlaufe der Zeit entwickeln sie ihrer Klientel und ihnen selbst angepasste eigene Vorstellungen, um in der Praxis bestehen zu können.

> Akademische Forschung erwartet in der Regel, dass ihre Ergebnisse in der Praxis angewandt werden. Der Praktiker entwickelt jedoch eine eigene Art von Wissen, das mit den Ergebnissen der akademischen Forschung oft nicht vereinbar erscheint (Hutterer 1998/2006, S. 440).

Das heißt jedoch nicht, dass sich die akademische Psychologie als nutzlos erwiesen hat. Sie hat sicherlich viel zur *Vermessung des Menschen* beigetragen. Die Entwicklung entsprechender Verfahren erhält sie am Leben und garantiert ihre Finanzierung. Doch was bringen diese Verfahren den betroffenen Personen? Am Arbeitsplatz führen permanente Evaluationen zu einer steigenden Abhängigkeit von externen Normen, zu Konkurrenz, Angst und einem Rückgang des Zusammenhalts unter den Mitarbeitern und Mitarbeiterinnen. Qualitäten, die nicht gemessen werden können, zählen immer weniger und zahlen sich nicht aus.

Zu den Vermessungen der Psychologinnen und Psychologen gehört auch die Testpsychologie (u.a. Intelligenzmessung oder Tests im emotionalen und Motivationsbereich) sowie die Therapieforschung (u.a. Abklärung zur Effektivität psychotherapeutischer Maßnahmen). Patienten werden befragt und bewerten die Therapie und den Therapeuten oder die Therapeutin. Mit der Therapieforschung glauben viele Psychologen und Psychotherapeuten die Nützlichkeit der Psychologie respektive der Psychotherapie nachgewiesen zu haben. Dabei stellen sich jedoch diverse Fragen: Warum gibt es in den meisten westlichen Ländern zunehmend mehr Personen mit therapeutischen Bedürfnissen? Wie sprechen Ärzte, Psychiater, Psychologen, die Frau und der Mann auf der Straße, zuhause und im Restaurant von seelischen Problemen? Wem nützt die Individualisierung menschlichen Leids? Können Psychologie und Psychotherapie zur Lösung dieser Probleme etwas beitragen? Kurzfristig und auch längerfristig? Oder wird mit entsprechenden Aktivitäten die Problemlage langfristig gesehen sogar noch verstärkt? Und schließlich die für die vorliegende Arbeit maßgebende Frage: Auf welcher wissenschaftlichen Grundlage arbeitet die Therapieforschung und welche Methoden werden dabei verwendet? (Kap. 6.2).

Die akademischen Psychologen und Psychologinnen, die an Universitäten und Hochschulen mit einem wissenschaftlichen Anspruch die Psychologie lehren und erforschen, sind sich indes bis heute nicht einmal einig, was unter dem Gegenstand ihrer Wissenschaft zu verstehen ist. Viele *Ideen* wurden schon bemüht, um aus der Verlegenheit zu helfen:

Bewusstsein, Erleben, Verhalten, Erleben *und* Verhalten usw., doch keine begriffliche Fassung des Gegenstandes der Psychologie war ausreichend, um Einigkeit zu erzielen. Einige Psychologen versuchten es mit einer „Psychologie ohne Seele“, doch dieser Lösungsversuch des Problems konnte die meisten Psychologen ebenfalls nicht befriedigen. Zwischenzeitlich versuchte eine Gruppe von Fachvertretern die *Frage* nach der Psyche sogar aus dem wissenschaftlichen Diskurs der Wissenschaft Psychologie zu verbannen. Eine andere Gruppe von Psychologen beharrte auf der Frage nach dem Gegenstand und beantwortete sie schließlich tautologisch mit der „Formel“: Gegenstand der Psychologie ist all das, was Psychologen tun (Näheres zur Gegenstandsfrage u.a. in Eberlein und Pieper 1976).

Auch in den einzelnen Teilgebieten der Psychologie ist man sich bis heute nicht einig, welche Gegenstände in ihnen untersucht werden. Ein Beispiel ist die hinsichtlich der Therapieforschung so wichtige Persönlichkeitspsychologie: Bereits 1937 wies Gordon Allport nach, dass es nahezu so viele Definitionen der Persönlichkeit gab wie Persönlichkeitstheoretiker. Er konnte schon damals insgesamt 49 Definitionen anführen und fügte eine 50. Definition hinzu – seine eigene (vgl. Oerter 1980/1999, S. 30 f.).

Akademische Psychologen und Psychologinnen zeichnen sich oft mehr durch Empiriebewusstsein als durch Theoriebewusstsein aus. Dies liegt an der Sozialisierung junger Wissenschaftler und Wissenschaftlerinnen und an der Furcht ihrer Förderer, die sich zumeist als Naturwissenschaftler verstehen, sie könnten keine richtigen Wissenschaftler sein, wenn sie nicht die Empirie über alles stellen, auch über die Theorie, und entsprechende Kompetenzen und Qualifikationen verlangen würden.

> Der junge Dozent oder Assistenz-Professor wird angestellt, weil er oder sie die Fähigkeit und Motivation für empirische Forschung zeigt, und wird später auf der Grundlage sorgfältiger und methodisch abgesicherter Forschung belohnt und befördert. Die wesentliche Entscheidung über die Amtszeit wird auf der Grundlage der Menge empirischer Forschung, die in angesehenen wissenschaftlichen Zeitschriften veröffentlicht wurde, getroffen. Andere Faktoren, wie die Fähigkeit zu lehren oder nicht-empirische Bücher, Buchkapitel und Essays (zu schreiben), werden ganz entschieden weniger berücksichtigt (Yalom 1980/2010, S. 36).

Für die meisten akademische Psychologinnen und Psychologen scheint die Methode wichtiger zu sein als der Gegenstand ihrer Wissenschaft. So spricht man in der Psychologie auch vom Primat der Methode über den Gegenstand. Ein wissenschaftlicher Psychologe führt vor allem psychologische Experimente durch und verzichtet auf Theorie, jedenfalls soweit sie über zwei, drei Hypothesen in Begleitung seines Experimentierens hinausführen würde. Diese Art des Psychologisierens grenzt sich von der Philosophie, von der Theoretischen Psychologie sowie von sämtlichen sogenannten spekulativen Ansätzen wie beispielsweise von der Psychoanalyse oder der Humanistischen Psychologie ab. Viele akademische Psychologen berufen sich dabei auf Wilhelm Wundt, auf den sogenannten „Vater der experimentellen Psychologie“, der zwar das Experimentieren als wichtig für die Psychologie erachtete, allerdings dies keinesfalls unabhängig von theoretischer Arbeit, und schon vor 100 Jahren im Zusammenhang mit dem Lehrstuhlstreit zwischen Philosophen und Psychologen (Kap. 5.2) in seinem Essay *„Die Psychologie im Kampf ums Da-*

sein" die Voraussage wagte, dass sich Psychologen, die sich *nicht* mit Erkenntnistheorie auseinandersetzen, in Handwerker verwandeln würden, „aber nicht gerade in Handwerker der nützlichsten Gattung" (vgl. Wundt 1913/1921, S. 533).

Was machen Experimentalpsychologen? Eine erste kurze Antwort: Sie überprüfen wissenschaftliche Annahmen, sogenannte Hypothesen. Ein Beispiel für eine recht bekannte und auch als wissenschaftlich wertvoll eingeschätzte Hypothese: „Die momentane Stimmung einer Person beeinflusst ihre Bewertung des eigenen Lebens." Wie überprüft man diese Annahme? Ein angesehener experimenteller Psychologe ging wie folgt vor: Er bildete zwei Gruppen von Versuchspersonen. Die Probanden der einen Gruppe finden zufällig auf einem Fotokopierer einen kleinen Wertgegenstand (einen dime im Gegenwert von zwei Fotokopien); bei den Versuchspersonen der anderen Gruppe ist dies nicht der Fall. In der Folge müssen sämtliche Versuchspersonen auf einer Skala von 1 bis 7 angeben, wie zufrieden sie mit ihrem eigenen Leben sind. Das zugegebenermaßen nicht gerade spektakuläre Versuchsergebnis: Die Probanden der ersten Gruppe schätzen ihr Leben statistisch überzufällig besser ein als die Versuchspersonen der zweiten Gruppe (vgl. Schwarz 1987).

Die meisten Psychologen werden glauben, dass mit diesem Experiment die Hypothese bestätigt wurde, dass die momentane Stimmung die Bewertung des eigenen Lebens beeinflusst. Allerdings werden sie weitere Untersuchungen vorschlagen, um mehr darüber zu erfahren, welcher Sachverhalt zu diesem Befund geführt hat. Nur wenige Psychologen werden indessen fragen, was dieses einfache Experiment alles stillschweigend voraussetzt. In der vorliegenden Studie wird in erster Linie der Frage nachgegangen, welchen wissenschaftlichen Wert solche experimentellen Untersuchungen haben.

Zu Beginn jeder experimentellen Untersuchung erscheinen bereits vorliegende Befunde zum gleichen Forschungsthema. In den meisten Fällen widersprechen sich diese Befunde mehr oder weniger. Die einen Befunde weisen mehr in die Richtung der neu formulierten Hypothese, die mit dem aktuell präsentierten Experiment überprüft werden soll, und die anderen Befunde mehr in eine andere Richtung. Befunde der zweiten Gruppe sollen mit dem neuen Experiment infrage gestellt und widerlegt werden. Bei der nächsten, oft sehr ähnlichen Untersuchung, findet man meistens wieder eine ähnliche Ausgangssituation bezüglich der vorgelegten Befunde vor. Im Prinzip handelt es sich um einen unendlichen Prozess. Forschungslogisch betrachtet, findet er keinen Abschluss, aber er regt immer wieder zu neuen Experimenten und damit zu neuer Beschäftigung an. Indessen „bringt es relativ wenig Erkenntnisgewinn, wenn man immer wieder sehr ähnliche Anwendungsfälle untersucht und wenn man dabei die empirischen Hypothesen ganz konsistent immer wieder akzeptieren oder ablehnen kann" (Westermann 2000, S. 437).

Die empirischen Untersuchungen der Psychologie und insbesondere (Westermann 2000, S. 437) auch die experimentellen Untersuchungen sind mit ihren statistischen Tests stichprobenabhängig. Mithilfe der Statistik werden induktiv Schlussfolgerungen vorgenommen, doch dieselben können nur schwer oder gar nicht falsifiziert werden, so dass ihr empirischer Gehalt gering ist oder ihr empirischer Wert ganz entfällt (siehe Näheres hierzu in Kap. 4.3). Deshalb verwundert der Variantenreichtum der Ergebnisse psychologischer Untersuchungen kaum. „Es ist nicht selten, dass Untersuchungen zur gleichen Thematik widersprüchliche Ergebnisse liefern. Oftmals sind die unterschiedlichen Ergebnisse auf die Randbedingungen der Testsituation zurückzuführen" (Kirschenmann 2014, S. 65).

Die psychologische Grundlagenforschung im Allgemeinen und die klinisch-psychologische Forschung im Besonderen werden bis heute von Wissenschaftstheoretikern sowie Praktikern kritisiert. In manchen Gebieten der Psychologie stehen mangels theoretischer Arbeit und durchgehender theoretischer Perspektive die einzelnen Befunde unverbunden nebeneinander und verursachen Orientierungslosigkeit, nicht zuletzt bei Psychotherapeuten und Beratern. Oft werden zur Interpretation derselben ad hoc neue Hypothesen formuliert. So werfen die Interpretationen der Befunde immer wieder neue Fragen auf, die zu weiteren empirischen Untersuchungen führen, so dass diese Art Forschung von einem Klinischen Psychologen mit einem „Fass ohne Boden" verglichen wurde (vgl. Reinecker 2003, S. 33).

Die meisten Psychologen und Psychologinnen sehen indes in dieser Heterogenität der Befunde kein Problem und schon gar kein grundsätzliches oder wissenschaftstheoretisches. So wurde in Bezug auf das besondere Gebiet der Pädagogischen Psychologie der Sachverhalt, dass ein psychologischer Befund so gut wie ein anderer, vielleicht sogar widersprüchlicher, gelten könnte, mit dem Hinweis auf das „Spannungsfeld zwischen Alltags- und Erfahrungswissen einerseits und Anspruch an Wissenschaftlichkeit und Exaktheit psychologischer Forschung andererseits" erläutert (vgl. Mienert und Pitcher 2011, S. 9).

Langfeldt (1989) präsentierte Studierenden der Pädagogik sowie Experten von Pädagogik und Pädagogischer Psychologie psychologisches Wissen insbesondere aus dem Bereich der Entwicklungspsychologie und der Pädagogischen Psychologie. Ein Beispiel für dieses Wissen: Motivierte Studierende nehmen *mehr* an Gruppenarbeit teil als weniger motivierte Studierende. Von den Mitgliedern der beiden Probandengruppen wurde eine Aussage darüber erwartet, welche Voraussage *sie* gemacht hätten (also beim obigen Beispiel: Voraussage, dass motivierte Studierende *mehr* an Gruppenarbeit teilnehmen, oder im Gegenteil: dass motivierte Studierende *weniger* an Gruppenarbeiten teilnehmen). Ergebnis der Untersuchung: Beide Gruppen (Studierende/Experten) waren jeweils fest in ihren Überzeugungen. Dabei waren ihre Antworten de facto fast genauso häufig richtig wie falsch. *Beide* Hypothesen konnten mit Forschungsarbeiten belegt werden und fanden auch ihre überzeugten Repräsentanten. Dabei stellt sich die Frage, ob es relevant ist, welche der vier folgenden Möglichkeiten zutreffen ist: 1. Beide Hypothesen bewähren sich zumindest in einem gewissen Sinne, was vorgängig deren Präzisierung erfordern würde. 2. Nur die eine Hypothese bewährt sich. 3. Nur die andere Hypothese bewährt sich. 4. Keine der beiden Annahmen bewährt sich.

Für diese Untersuchung musste Langfeldt zu Beginn seiner Forschungsarbeit auch selbst die von ihm verwendeten und den Probanden präsentierten psychologischen Befunde als richtig oder falsch beurteilen. Dies dürfte ihm nicht ganz leicht gefallen sein. Die Hypothesen sind wie in der Allgemeinen Psychologie üblich abstrahierend von den je besonderen Bedingungen formuliert und werden entsprechend auch in genereller Form den Probanden präsentiert. Es stellen sich sofort Fragen wie die folgenden: Unter welchen

Randbedingungen findet die Gruppenarbeit statt? Um was für Arbeitsgruppen handelt es sich? Dienen sie zur Prüfungsvorbereitung oder zur Gestaltung einer gemeinsamen Seminar- oder Bachelorarbeit? Handelt es sich um die erste Gruppenarbeit, oder beteiligt sich der Studierende bereits an anderen Gruppenarbeiten? Welche Motivation ist gemeint? Intrinsische oder extrinsische? Usw.

Langfeldts Beurteilungen der Hypothese respektive der Befunde aufgrund empirischer Untersuchungen konnten nicht ohne viele Wenns und Abers bleiben. Jedenfalls wurden sie bald von Kollegen und Kolleginnen kritisiert (vgl. u.a. Giesen und Kloft 1991). Offenbar waren auch diese Erwiderungen durchaus fragwürdig. Jedenfalls erforderten sie ihrerseits eine Erwiderung; diesmal von Langfeldt, insbesondere eine Erwiderung auf die Erwiderung von Giesen und Kloft (Langfeldt 1991).

Viele Ergebnisse psychologischer Untersuchungen, die sich nicht als widersprüchlich herausstellen, müssen als *trivial* bezeichnet werden (siehe Näheres in Kap. 7.12). Trotzdem kann eine Wissenschaft, die sich als empirische, insbesondere experimentelle versteht, entsprechende Befunde *nicht* einfach hinnehmen oder gar von vornherein als Wahrheiten deklarieren; so jedenfalls die Meinungen der meistens Forscher und Forscherinnen in diesem Gebiet der Wissenschaften. Und in der Tat können sich in der Psychologie scheinbar sichere Ergebnisse immer wieder als doch nicht so sichere herausstellen. Wie wir gesehen haben, sind sich auch Experten nicht immer sicher, ob das scheinbar Sichere wirklich sicher ist. Immerhin sorgt diese Situation dafür, dass die Forschung nicht zum Stillstand kommt.

Psychologische Forscher und Forscherinnen sehen sich also durchaus legitimiert, auch Triviales (weiter) zu untersuchen. Zwar genießen auch in der Psychologie Untersuchungsergebnisse, die nicht trivial sind und vielleicht sogar dem Augenschein oder dem Alltagsverständnis widersprechen, mehr Ansehen als triviale Befunde, doch von ihrem empiristischen Wissenschaftsverständnis aus betrachtet sind sie durchaus gleichwertig den unzähligen, eigentlich selbstverständlichen Befunden (siehe hierzu Kap. 7.12).

Die akademische Psychologie und insbesondere die Allgemeine Psychologie in derselben geht weitgehend verallgemeinernd vor und vertraut darauf, dass dasjenige, was im kleinen Labor experimentell zustande gebracht wird und statistisch betrachtet überzufällig gilt, auch in der großen Welt draußen Hand und Fuß hat. Gilt der Befund eines Experimentes, beispielsweise eines Experimentes zur Entscheidungsfindung, das unter künstlichen, für die Probanden letztlich belanglosen Bedingungen im Labor durchgeführt wird, auch für das Leben außerhalb des Labors, wenn es um existenzielle Probleme geht? Diese Frage der sogenannten externen Gültigkeit oder externen Validität wird in den Kap. 5.6 und 7.15 behandelt.

Der Wissenschaftsjournalist Rolf Degen kritisierte vor einigen Jahren mit seinem Buch „Lexikon der Psycho-Irrtümer“ das herkömmliche psychologische Wissen. Bei seiner Vorgehensweise orientierte er sich an damals aktuellen Forschungsergebnissen. Indessen bezog sich seine Kritik *nicht* auf die Methodik und Methodologie dieser Untersuchungen. Dieselbe schien er problemlos zu akzeptieren. Indes ist es eben diese Methodik und Wissenschaftslogik, die zu den Ergebnissen führte, die er allesamt unterschiedslos infrage stellte, wenn er zusammenfassend festhielt, dass der Mensch sich *nicht* psychotherapieren, erziehen und psychologisch beeinflussen lässt – ein Fazit, das den meisten Psychologen und Psychologinnen wohl nicht sehr viel Freude bereitete. Hier kann nur eine Textstelle für die im Ganzen zwar bemerkenswerte, jedoch letztlich widersprüchliche Argumentationsweise des Journalisten angeführt werden:

> Alle psychotherapeutischen Schulen – auch die von der akademischen Psychologie protegierten – leisten (…) der Illusion Vorschub, dass es in der modernen „Vollkaskogesellschaft" für jede seelische Notlage eine exakt geeichte, fachmännische „Heilmethode" gibt. Dies ist wahrscheinlich der größte Psycho-Irrtum, dessen Anspruch (…) mit den Daten und Zahlen der Forschung entkräftet wird. Quintessenz: Keine einzige psychotherapeutische Schule kann Heilwirkungen vorweisen, die größer sind als der Effekt einer wirkstofflosen Zuckerpille (Placebo-Effekt) (vgl. Degen 2002/2008, S. 15 f.).

Die Krise der Psychologie 2

Zusammenfassung

Die akademische Psychologie, die den Anspruch der Wissenschaftlichkeit hat und auch jenen der Naturwissenschaftlichkeit mitführt, ist seit ihrer Entstehung auch ein Krisendiskurs, der zwar oft über längere Zeit hinweg unterschwellig verläuft, aber von Zeit zu Zeit an bestimmten Brennpunkten aufflammt und zu heftigen Auseinandersetzungen über besondere Probleme des Faches führt. Die anfängliche Aufbaukrise der Psychologie verwandelte sich im Verlaufe der Zeit in eine Bestands- und Legitimationskrise. In der aktuellen Krise ist ein Aufruf zu neuem Optimismus zu hören, aber auch viel Resignation zu spüren. Wird die Psychologie endlich handfeste Beiträge zu den Ansprüchen der Gesellschaft und zur Lösung ihrer von Jahr zu Jahr anwachsenden Probleme beispielsweise im psychosozialen Bereich leisten können? Oder wird in Zukunft auch in dieser Beziehung wieder mehr von der Biologie erwartet und die Psychologie ins Abseits gedrängt?

Herzog stellte im Jahre 2012 Folgendes fest: „Die Geschichte der wissenschaftlichen Psychologie wird begleitet von einem Krisendiskurs, der periodisch aufflammt und auf Defizite der Disziplin hinweist" (Herzog 2012, S. 134). Dem Autor nach waren die Krisendiagnosen vielfältig (u.a. ungenügende Alltagsrelevanz der akademischen Psychologie; Reduktion der Menschen auf blutleere Normversuchspersonen).

Indessen änderte die Krisenhaftigkeit der Psychologie nichts an der „Hegemonie des mainstreams" im Verhältnis alternativer Ansätze (vgl. Markard 1993, S. 4). Krise wäre in Bezug auf Wissenschaft im Sinne von Kuhn (1962/2012) auch gar nicht negativ zu verstehen, setzt doch dieser Begriff einen vorhergehenden normalen wissenschaftlichen Betrieb voraus. Demnach ist die Möglichkeit einer Krise in der Psychologie *nicht* selbstverständlich.

M. Galliker, *Ist die Psychologie eine Wissenschaft?*,
DOI 10.1007/978-3-658-09927-5_2

Aus wissenschaftstheoretischer Perspektive scheint indes die Psychologie aus zwei nicht übereinstimmenden Gründen durchaus *fragwürdig* zu sein: 1) Die Psychologie wird als festgefügte Naturwissenschaft betrachtet (ähnlich wie die Physik respektive die klassische Mechanik, deren Grundlagen lange Zeit scheinbar nicht ernsthaft bezweifelt werden konnten). 2) Die Begrifflichkeit der Psychologie wird als so wenig entwickelt erachtet, dass die Frage aufgeworfen wird, ob sie (schon) reif dafür sei, in eine „Krise" zu geraten (vgl. Graumann 1981, S. 27 f.).

In der vorliegenden Arbeit wird davon ausgegangen, dass sich die Psychologie derzeit wieder in einer Krise befindet, auch wenn dieselbe *nicht* im Sinne des Physikers und Wissenschaftstheoretikers Kuhn verstanden werden kann. Krise wird hier mehr im Sinne einer schwierigen Situation betrachtet, die mit dem Fach an sich gegeben ist. Es handelt sich um eine grundlegende Schwierigkeit einer Wissenschaft, die meistens durch Betriebsamkeit abgewehrt wird, aber von Zeit zu Zeit wieder zum Vorschein kommt.

Obgleich die meisten Menschen der Psychologie großes Interesse entgegenbringen, blieb ihre Krisenhaftigkeit der Öffentlichkeit bisher weitgehend verborgen. Selbst viele Psychologen spüren sie nicht oder nur diffus. Gerade auch von den akademischen Psychologen an den Universitäten und Hochschulen werden die Defizite ihres Faches nicht selten verleugnet. Indessen scheint sich zumindest bei einem Teil der Psychologen und Psychologinnen ein Wandel abzuzeichnen. In ihren Gremien und Fachzeitschriften werden zwar grundsätzliche wissenschaftstheoretische Probleme nach wie vor häufig überspielt, doch werden nun immerhin einige davon in der *„Psychologischen Rundschau"*, dem Organ der Deutschen Gesellschaft für Psychologie, diskutiert (Näheres in Kap. 6).

2.1 Das Besondere an der momentanen Krise

Es ist keineswegs das erste Mal, dass Psychologen die „Krise der Psychologie" thematisieren. Schon früher war dies verschiedentlich der Fall (vgl. u.a. Bühler 1927/1978; Wellek, 1959/1970). Es kam im Verlauf der Geschichte der Psychologie immer wieder vor, dass einzelne Psychologen nach längerem geduldigen Stillschweigen den Schluss zogen, dass ihr Fach sich in einer Krise befinde. Nicht selten wurde dies mit dem *minimalen Ertrag* dieser Wissenschaft begründet. Ein Beispiel: In den späten 60er-Jahren des 20. Jahrhunderts gelangte Weinert (1969) hinsichtlich eines halben Jahrhunderts Lernforschung zum deprimierenden Fazit, dass die Theoretiker der Lernpsychologie offensichtlich „die einzigen Menschen sind, von denen angenommen werden kann, daß sie praktischen Nutzen aus den Lerntheorien gezogen haben" (ebd., S. 56).

In der akademischen Psychologie dominiert seit ihren Anfängen die nomothetisch ausgerichtete Psychologie; das heißt jene Form der Psychologie, welche die Aufstellung und Überprüfung von Gesetzmäßigkeiten zu ihrem Ziel erklärt. Die Hegemonie dieser Psychologie, die sich als naturwissenschaftliche versteht, hat mitunter nicht nur immer wieder alternative Ansätze hervorgerufen (u.a. mehr sozial- und geisteswissenschaftlicher Art), sondern dieselben auch wieder in ihre Schranken verwiesen und nicht selten zu Randexistenzen verurteilt. In diesem Prozess der Psychologie wurde auch die „Krisenhaftigkeit ihrer Existenz“ reproduziert. Die fehlende Beziehung zwischen Mainstream und alternativen Ansätzen war nicht zuletzt auch durch „massive materielle Interessen und ideologische Funktionalitäten“ bedingt (vgl. Markard 1991/1993, S. 13).

Es ergaben sich teilweise heftige Kontroversen, doch diese beruhigten sich wieder, ohne dass ein wirklicher Ausweg aus der Krisenhaftigkeit dieser Wissenschaft gefunden werden konnte und sich einmal eine neue, wirklich wissenschaftliche Perspektive eröffnete. Deshalb konnte ein eigentlicher Paradigmenwechsel im Sinne von Kuhn (1962/2012) gar nicht stattfinden, denn ein solcher Wechsel setzt voraus, dass zuvor ein sinnvolles Paradigma überhaupt Bestand hatte (s.o.).

Hier soll vorerst nur *ein* möglicher Grund für diese Lage der Psychologie angeführt werden: Die Psychologie ist sozusagen eine „tückische Wissenschaft“. Will heißen: Ihre Modelle, Theorien und Maßsysteme verändern ihr Objekt – die „psychische Realität“, was immer auch dieser Ausdruck bedeuten mag. Erkenntnis und Interesse vermengen sich in der Wissenschaft, genannt „Psychologie“, in einem ebenso ausgeprägten wie scheinbar undurchsichtigen oder zumindest ignorierbaren Sinne. Umso bemühter scheinen viele Psychologen zu sein, den Schein objektiver Naturwissenschaft zu erhalten. Dass damit die Psychologie auch ideologische Funktionen übernehmen könnte, wird in der vorliegenden Arbeit nicht thematisiert und sollte in einer weiteren Studie behandelt werden.

Muss man aufgrund der in der Psychologie besonders ausgeprägten und problematischen Veränderung des Forschungsobjektes durch die Forschung oder aus anderen Gründen, die hier noch nicht angeführt werden, von einer „permanenten Krise“ der Psychologie sprechen? Die meisten Psychologen würden sicherlich widersprechen. Indes wies Graumann (1983) in Abhebung von Graumann (1981) auf die „immer wieder aktuelle Krise der Psychologie“ hin (ebd., S. 64). Doch in den Augen der meisten Psychologen verlief die Psychologie zumindest seit den 80er-Jahren des letzten Jahrhunderts in ruhigen Bahnen und wurde höchstens zwischenzeitlich durch „Dialoge“ gestört, die zwar ärgerlich waren, von denen man sich aber am besten nicht irritieren ließ. In diesem Sinne scheint das Konzept einer „wiederkehrenden Krise der Psychologie“ den hier zu behandelnden Sachverhalt angemessener zum Ausdruck zu bringen als ein Konzept der „permanenten Krise der Psychologie“.

Die *gegenwärtig* aufscheinende Krise der Psychologie unterscheidet sich grundlegend von den früheren problematischen Situationen in diesem Fach. Sie erfolgt nach einer längeren, dem äußeren Anschein nach krisenfreien Zeit, in der die Psychologen ihren Einfluss stets erweitern konnten. Die gegenwärtige Krise betrifft auch viel mehr Personen, als dies bei früheren Entscheidungssituationen innerhalb dieser Wissenschaft der Fall war. Vordem waren es meistens einige wenige Wissenschaftler, hauptsächlich Ordinarien und ihre Mitarbeiter und Mitarbeiterinnen, die unter dem Zustand ihres Faches litten und sich entsprechend über unzureichende Sachverhalte in ihrer Wissenschaft miteinander auseinandersetzen mussten. Heute gibt es ungleich viel mehr Psychologen, die an Universitäten und Hochschulen forschen und lehren; auch außerhalb der Lehranstalten gibt es inzwischen sehr viele Personen, die psychologisch tätig sind und darauf vertrauen, dass die

Psychologie „wissenschaftlich fundiert" ist oder wenigstens mit der Zeit sogenannte Fortschritte macht und sich weitergehend wissenschaftlich legitimieren kann.

Die akademischen Psychologen verstehen sich als Wissenschaftler, als empirische, insbesondere experimentelle Wissenschaftler, ja als Naturwissenschaftler, wie viele von ihnen unmissverständlich zum Ausdruck bringen. Indessen spüren manche von ihnen auch, dass etwas an diesem Selbstbild nicht stimmig ist; dass es eine Inkongruenz gibt, die sie aber meistens nicht genau zu benennen vermögen. Stattdessen kommen Ängste zum Vorschein – Ängste vor der übermächtigen Biologie und Ängste vor ihrem eigenen Versagen, nicht zuletzt auch was die psychologische Praxis anbelangt. Wenngleich sie es sich nicht richtig eingestehen wollen oder können: Sie befürchten, dass ihre Erkenntnisse nicht sehr nützlich sind für die Praxis.

Die aktuelle, insbesondere kognitivistisch ausgerichtete experimentelle Psychologie hat, was ihre Wissenschaftlichkeit anbelangt, quasi eine Achillesferse. Dieselbe wurde in früheren Kontroversen ganz klar bezeichnet (Kap. 5.7 und 7.7). Doch die Psychologen wollen oder können sie nicht zur Kenntnis nehmen, denn diese Stelle an ihrem wissenschaftlichen Körper scheint für sie genau dann gefährlich zu werden, wenn sie nicht weiterhin bedeckt gehalten und vielen Menschen, nicht nur Wissenschaftstheoretikern, bekannt wird.

Viele akademische Psychologen möchten auch nichts von der Psychologiegeschichte, diesem Teilgebiet ihres Faches, wissen. Es könnte dazu beitragen, diese Achillesferse freizulegen. Experimentelle Psychologen, nicht alle, aber die naiveren unter ihnen, finden die Geschichte der Psychologie eine überflüssige Disziplin. Sie versuchen, diese Disziplin abzuschaffen und veranlassen sie aus den Lehrplänen der Psychologie zu entfernen. Die meisten experimentellen Psychologen wollen mit ihrer Wissenschaft lieber weitermachen wie bisher; eigentlich haben sie nichts dagegen, „einfach weiter drauflos zu experimentieren". Manchmal machen einige dies fast spielerisch – viele andere machen es eher verbissen in stetiger Abwehr von all dem, was sie nur als Störung empfinden. Experimente sind zwar sicherlich nicht mehr aus der Psychologie wegzudenken, doch dürfen sie nicht unkritisch verwendet werden. Sie sollten nicht überhandnehmen, sondern ganz gezielt eingesetzt werden. Außerdem gibt es inzwischen viele andere empirische Methoden, deren Stellenwert neben den experimentellen nicht geschmälert werden darf. Gerade auch Naturwissenschaften wie die Physik oder Biologie haben sehr viel der Beobachtung zu verdanken, eine Methode, die in der psychologischen Forschung weitgehend vernachlässigt wird und auch in der Lehre nicht didaktisch und lernpsychologisch versiert in ihren Grundzügen eingeübt, systematisch aufgebaut und gepflegt wird (siehe Näheres hierzu in Kap. 4.2).

2.2 Das Gefühl der Nutzlosigkeit

Für viele akademische Psychologen ist die Praxisfrage ebenso lästig wie irritierend: Was nützt die experimentelle Psychologie der Praxis? Beispielsweise den vielen Absolventen der Psychologie, die als Beraterinnen und Berater an Jugendberatungsstellen und in schulpsychologischen Diensten tätig sind. Ist es wirklich viel mehr, als der gesunde Menschenverstand und die eigene Lebenserfahrung einflüstern? Meistens sind es eher triviale Erkenntnisse, die teils von der experimentellen Psychologie bestätigt, teils aber auch (wieder) infrage gestellt werden. Stimmt dieser Befund wirklich oder stimmt er eigentlich nicht? Unter welchen Bedingungen stimmt er nicht und unter welchen Bedingungen stimmt er vielleicht doch? Und wenn der Befund richtig sein sollte: Was hilft er mir eigentlich für meine tägliche Arbeit? Wie steht es mit der Prognosepotenz dieser Wissenschaft? Erlaubt sie Prognosen wie in der Physik, wie in der Chemie oder wenigstens wie in der Meteorologie? Ähneln die Aussagen und Voraussagen, welche die Wissenschaft Psychologie erlaubt, nicht häufig der Prognose jenes Meteorologen, der auf die Frage nach dem Wetter in den kommenden Pfingstferien antwortete, entweder wird die Sonne scheinen oder das Wetter wird nicht so schön und zeitweise sogar regnerisch sein.

Viele akademische Psychologen hören die Frage nach der Voraussagekraft ihrer Wissenschaft nicht gerne, weil sie wissen, dass dieselbe über die Wissenschaftlichkeit oder Unwissenschaftlichkeit ihres Faches entscheidet. Andere, für „Laien" wichtige Probleme weisen sie eher als „naive Problemstellungen" zurück. Beispielsweise welchen Nutzen ein bestimmtes Experiment für die psychologische Praxis hat. Doch es gibt auch einige wenige andere Stimmen, die durchaus geneigt sind, auf unbequeme Fragen zu antworten und sich auch selbst Fragen stellen, die nicht so leicht zu beantworten sind.

Lösel (2009) stellte sich die Frage, welche psychologischen Erkenntnisse „wirklich so solide Pfeiler sind, dass man sorglos über eine darauf gebaute Brücke fahren würde" (ebd., S. 246). Anscheinend bietet die Prüfung von Einzelhypothesen im Labor mit konstruierten Szenarien und studentischen Probanden oft ein zu schmales „Validitäts-Fundament" für den Transfer in die Praxis (vgl. u.a. Krüger 2009, S. 254). Frese (2009) gehört zu den Psychologen, die darauf hingewiesen haben, dass man fast immer „eine Alternativinterpretation zu jeder wissenschaftlich abgesicherten Feststellung" innerhalb der Forschungsgemeinschaft finden könne (vgl. Frese 2009, S. 248).

Bak (2011) sprach aus, was viele Psychologieinteressierte denken, selbst dann, wenn sie sich noch nie besonders mit Wissenschaftstheorie auseinandergesetzt haben. Wenn man auf praktisch relevante Fragen meistens nur antworten könne „Das kommt darauf an" oder „Das muss man differenziert betrachten", halte sich die Psychologie jede Option offen und verschließe sich der tätigen Verantwortung, so dass die Gefahr bestehe, dass das „psychologische Wissen der Beliebigkeit verfällt" (vgl. ebd., S. 237).

Nach Greve (2011) mangelt es der Psychologie vor allem an Attraktivität bei einem großen Teil des Publikums. Nach diesem Autor kann man sich nicht einfach auf die Qualität der eigenen Argumente verlassen; man benötige auch „Kredit", sonst würde sich niemand die Mühe machen, die Psychologen anzuhören. Er fügt indes hinzu: „Ein Aspekt dabei" – oder vielmehr ein Problem – „ist die ernstliche *Erwartung* des Publikums, dass psychologisches Wissen *tatsächlich* hilfreich sein kann" (ebd., S. 230; Hervorhebung von Greve). Welche Konsequenz wird hieraus gezogen? Über vieles könne zwar gestritten werden, doch unter dem Strich dürfte die Diagnose konsensfähig sein, „dass das gefühlte *Image* der Psychologie in der Öffentlichkeit Wünsche offen lässt" (ebd., S. 239; Hervorhebung von M.G.). Demnach wäre das Problem der Psychologie letztlich doch nur eine Frage der richtigen Präsentation.

Was tun? Die meisten Psychologen, die sich zum Praxisproblem im Organ der Deutschen Gesellschaft für Psychologie, der *„Psychologischen Rundschau"*, zu Wort meldeten, schlagen hauptsächlich „verstärkte Öffentlichkeitsarbeit" vor (vgl. u.a. Bak 2011, S. 238). Hat nicht schon Feyerabend (1975/1976) dargelegt, dass die Wissenschaft nicht nur durch Erfahrung und unkonventionelle Deutung von Fakten Fortschritte erzielt, sondern nicht zuletzt durch Propaganda? So gesehen ist es vielleicht nicht ganz abwegig, wenn sich die akademischen Psychologen auf das angeblich „anarchistische Wissenschaftsverständnis" zurückzubesinnen scheinen, um aus ihrer Situation, die sie ängstigt, einen Ausweg zu finden und wieder neue Hoffnung zu schöpfen.

Es gibt aber auch einige Mitglieder der Zunft, die sich einer Diagnose ihrer Lage nicht widersetzen und sich mit dem Praxisproblem tatsächlich auseinandersetzen. Das folgende Beispiel bezieht sich auf die Pädagogische Psychologie. Nach Stark, Mandl und Hermann (2007) lassen sich auf diesem so wichtigen Gebiet der Psychologie „kaum aussagekräftige, unter definierten Bedingungen ausnahmslos gültige Gesetze ausfindig machen", welche Transformationen von der Pädagogischen Psychologie als grundlagenorientierte Wissenschaft in Handlungsregeln zulassen, die für die Praxis relevant respektive für praxisrelevante Problemstellungen verwertbar sind (vgl. ebd., S. 118). Die Autoren fahren fort wie folgt:

> Und selbst wenn derartige Gesetze formuliert werden können (...), muss bedacht werden, dass diese in der Regel nur unter hochgradig idealisierten Bedingungen gelten, d. h. wenn keine Störvariablen wirksam werden. Nun ist es aber schon schwierig, den Einfluss von Störvariablen im Labor zu kontrollieren – unter Praxisbedingungen werden diesem Vorgehen bekanntlich enge Grenzen gesetzt. Hier sind die Gültigkeitsvoraussetzungen nomologischer Gesetzesaussagen in der Regel verletzt, was deren praktische Anwendung vor unüberwindbare Probleme stellen kann (ebd., S. 118).

Worauf ist die umsichgreifende Verunsicherung der Psychologen zurückzuführen? Was müssten die Psychologen wirklich tun, um ihre Probleme zu bewältigen? Eine mögliche Antwort ist die Aufhebung der Trennung zwischen Theorie und Praxis (Kap. 6.2 und 7.15). Bei vielen Pionieren des Faches (wie z.B. William Stern oder Kurt Lewin) ist es noch selbstverständlich gewesen, dass sie sowohl grundlagen- als auch anwendungsorientiert gearbeitet haben. Das ist heute kaum mehr der Fall. Es gibt nur noch ganz wenige Ordinarien, die auch Berufserfahrung im außeruniversitären Bereich haben. Bei Berufungsverfahren wird Berufserfahrung nicht etwa positiv, sondern in den allermeisten Fällen negativ bewertet. In den neuen Bachelor- und Masterstudiengängen kommen die Anwendung des Faches sowie die Verbindung desselben mit anderen Fächern, die Interdisziplinarität, zu kurz. „Als Folge dieser Prozesse ist zu befürchten, dass die bereits bestehende Kluft zwischen wissenschaftlichem Erkenntnisstand und Umsetzung in der Praxis noch größer wird, als sie es bisher schon ist" (Spiel, Lösel und Wittmann 2009a, S. 241).

2.3 Angst vor Übergriffen der Biologie

Vielleicht noch mehr als der mangelnde Praxisbezug bereitet vielen Psychologen der Zugriff der Biologen auf ihr Fach Sorgen. Kann die Psychologie neben der übermächtigen Biologie bestehen, oder gerät sie in deren Sog? Übernimmt die Biologie immer mehr Aufgaben, die sich eigentlich der Psychologie stellen müssten?

Jäncke und Petermann (2010a) wiesen darauf hin, dass Psychologielehrstühle, die sich mit klassischen Themen der Psychologie auseinandersetzten, mehr und mehr zu neurowissenschaftlichen Lehrstühlen mutierten. Inzwischen könne man den Eindruck gewinnen, dass Kognitive Neurowissenschaft das Gleiche sei wie die Kognitive Psychologie. So thematisierten die beiden Autoren die Entstehung neuer Wissenschaftszweige, die als „Bindestrichwissenschaften" bezeichnet werden (z.B. Neuropsychotherapie, Neurolinguistik): Bei diesen ursprünglich spezifisch psychologischen Themenbereichen (Psychotherapie, Sprachpsychologie) kommt nun „Neuro" an die erste Stelle des Signifikanten und „Psychologie" verschwindet, so dass „Neuropsychotherapie" bzw. „Neurolinguistik" resultiert.

> In diesem Kontext der scheinbar übermächtig werdenden Biologie und der Neurowissenschaften ergibt sich die Frage, ob die Psychologie in Gefahr geraten ist, ihre Eigenständigkeit und ihr ursprüngliches Gegenstandsfeld zu verlieren. Konkret ist zu prüfen, ob die Psychologie mit ihren vielfältigen Wurzeln reduziert und durch andere biologische Disziplinen ersetzt wird (ebd., S. 173).

Anscheinend fürchten sich die Autoren besonders vor der übermächtig werdenden Neurowissenschaft. Dieselbe stellt für ihr eigenes Fach eine Gefahr dar, die so groß ist, dass sie ihr Gegenstandsfeld verlieren könnte und als Wissenschaft durch die biologische Disziplin verdrängt würde. Die Autoren mutmaßen, dass die drohende Gefahr einzelne Psychologen bereits in die Flucht getrieben und der Biologie zugeführt hat. Sie suchen in diesem naturwissenschaftlichen Gebiet Zuflucht, weil sie nur hier – ihrem Wissenschaftsbegriff und psychologischen Verständnis entsprechend – wahre Wissenschaftlichkeit und methodologische Redlichkeit erkennen: „Möglicherweise ist darin ein Grund zu sehen, dass sich einige Psychologen in die Biologie flüchten, *um sich dem Vorwurf der mangelnden Seriosität zu entziehen*" (ebd., S. 174; Hervorhebung von M.G.).

Nach Hommel (2010) stellt der „enorme Erfolg der kognitiven Neurowissenschaften (…) die Psychologie vor potentiell bedrohliche Herausforderungen" (ebd., S. 199). Die Neurowissenschaften würden zunehmend das „Tagesgeschäft in den Medien und in der Politik" dominieren. Er weist darauf hin, dass sie dies in einer Art und in einem Maße tun, „die für die Psychologie in der Tat wichtige Fragen aufwirft – Fragen, die unter Umständen sogar ihren Bestand infrage stellen können" (ebd., S. 199).

Nicht wenige Psychologen scheinen sich ihrer wissenschaftlichen Kapazität nicht mehr so sicher zu sein. Kann sich die Psychologie in Zukunft behaupten, oder wird sie marginalisiert oder gar substituiert? Jäncke (2010) weist auf das Akzeptanzproblem hin. Die akademische Psychologie habe aufgrund ihrer Besonderheit schon früher mit diesem Problem innerhalb der nicht psychologischen Wissenschaften und im Laienpublikum zu kämpfen gehabt. „Diesem Akzeptanzproblem kann man nicht entrinnen, indem man sich anderen Wissenschaftsdisziplinen unterordnet. Die akademische Psychologie muss vielmehr ihren eigenen Weg finden, um das besser verstehen zu lernen, was das menschliche *Erleben* und *Verhalten* ausmacht“ (ebd., S. 197; Hervorhebungen von Jäncke).

Einige Wissenschaftler fragen sich indes, was wirklich dagegen spricht, die Psychologie nicht einfach der Biologie oder den Biowissenschaften zuzuordnen. Diese für Psychologen fatalen Zuordnungsversuche finden vor allem Befürworter in den Nachbarwissenschaften (z.B. in der Medizin), aber vereinzelt auch in den eigenen Reihen. Allerdings gibt es mindestens ebenso viele Kritiker, welche die Eigenständigkeit der Psychologie als Wissenschaftsdisziplin betonen und zur Zurückhaltung mahnen. „Insofern muss man sich natürlich fragen, was ist das Eigenständige und herausragend Besondere der Psychologie, das zwingend die Existenz einer eigenen wissenschaftlichen Disziplin erfordert“ (ebd., S. 175).

Wie lässt sich die Psychologie als akademische Disziplin legitimieren? Bis heute scheint vielen Psychologen noch nicht klar zu sein, was das Eigenständige und Besondere ihrer Disziplin ist. Das ist auch nicht weiter verwunderlich. Bei den Fachkräften besteht nach wie vor keine Einigkeit darüber, was der eigentliche Gegenstand ihrer Forschung ist; existiert ein solcher Gegenstand überhaupt, oder stellen sich hinsichtlich der „Seele“ oder der „Psyche“ ähnliche Fragen, wie sie sich moderne Theologen hinsichtlich Gottes stellen?

Das Wissen über den Gegenstand der eigenen Forschung wäre nicht zuletzt auch hilfreich, um die eigene Existenz zu rechtfertigen und zu sichern. Jäncke und Petermann (2010b) fragen sich, ob durch die zunehmende Dominanz der neurowissenschaftlichen und biologischen Ansätze die „originär akademische Psychologie überflüssig (wird)“ (ebd., S. 175). Eine Frage, die nicht gestellt werden müsste, wenn die akademische Psychologie über mehr „Selbsterkenntnis“ verfügen würde sowie über mehr „Selbstbewusstsein“, das als solches nicht zuletzt auch vom Ausmaß des Nützlichen abhängt, das sie vorzuweisen imstande ist (Kap. 2.2).

Indessen gibt es unter den akademischen Psychologen inzwischen auch eine optimistischere Haltung gegenüber der Biologie. Einige Autoren weisen darauf hin, dass die Verwendung biologischer Methoden die Psychologie (wieder)beleben könnte, gerade so, wie dies schon in früheren Zeiten der Fall gewesen sei: „In der Geschichte der Psychologie war es oft so, dass mit der Einführung biologisch orientierter Messmethoden zur Untersuchung psychologischer Phänomene die Hoffnung erwuchs, dass die Messung psychologischer Sachverhalte objektiver würde“ (ebd., S. 176).

Psychologen sollten also weniger befürchten, dass sich die Biologie gegen ihr Fach wendet, sondern aus der Nachbarwissenschaft Hoffnung für ihr eigenes Fach schöpfen, insbesondere was dessen wissenschaftliche Qualität anbelangt. Die Psychologie dürfe sich der Hirnforschung nicht verschließen, sondern müsse aufmerksam verfolgen, was in dieser geschieht. Ja mehr noch: Sie selbst müsse initiativ gegenüber dem Nachbarfach werden. Es liege an den Psychologen, die Initiative zu ergreifen; ansonsten würden sie wichtige Möglichkeiten verpassen und relevante Forschungsfragen aus den Augen verlieren, beispielsweise in Bezug auf die Lebensqualität psychisch kranker Menschen. Hierfür sei erforderlich, dass die Psychologie immer im Austausch mit den Nachbardisziplinen bleibe. Andernfalls könne sie sich gerade nicht als eigenständige Disziplin weiterentwickeln. Insbesondere sollte die Psychologie die Hirnforschung zu wirklich nutzbringenden Untersuchungen anregen. Welche neurologischen Fragestellungen könnten zu Befunden führen, die für die Psychologie weiterführend wären?

> Am besten wäre natürlich, wenn die Psychologie bei diesem Treiben nicht wartend – wie ein kleines Kind vor dem Schaufenster eines Spielzeugladens – der Hirnforschung zuschaut, bis diese die interessanten Befunde zutage fördert. Nein, am sinnvollsten wäre es, wenn die akademische Psychologie federführend, gestaltend und kontrollierend diesen Forschungszweig vorantreibt. Beteiligt sie sich nicht, profitiert sie auch nicht wesentlich davon. Irgendwann ist sie gar nicht mehr dabei, weil die anderen Disziplinen zentrale Themen bestimmen (ebd., S. 178).

Diagnostiziert werden kann ein ambivalentes Verhältnis der Psychologie zur Biologie nach vorgängiger Regression aufgrund übermächtiger Präsenz der Biologie. Ein ähnliches Verhältnis der Psychologie kommt auch gegenüber der eigenen Wissenschaft hinsichtlich der Praxis zum Vorschein: Einerseits wird in Bezug auf die Anwendungsmöglichkeiten der Grundlagenwissenschaft die Relevanz der Forschungsbefunde überschätzt und primär das Problem der Umsetzung „psychologischer Erkenntnisse in die relevanten Felder“ anerkannt (vgl. Spiel et al. 2009a, S. 241); andererseits wird der Transfer in die Praxis gar nicht als wünschenswert erachtet, „weil in der Forschung mehr offene Fragen als klare Antworten vorliegen“ (Hasselhorn 2009, S. 245).

Die aktuellen Praxis- und Biologiedebatten in der deutschen Psychologie werden in der vorliegenden Arbeit ausführlich dargestellt (Kap. 6). Auffällig an den beiden Debatten ist Folgendes: Obwohl beide von Mitgliedern der Deutschen Gesellschaft für Psychologie in ihrem Organ *„Psychologische Rundschau“* innerhalb eines vergleichsweise engen Zeitraums geführt wurden, erfolgte *keine* gegenseitige Bezugnahme. Im Gegenteil: Die Kontrahenten schienen nicht zu bemerken, was eine weitergehende Biologisierung der Psychologie hinsichtlich der psychologischen Praxis bedeuten könnte. So fragte keiner der an diesen Kontroversen beteiligten Wissenschaftler, ob der forcierte neurologische Reduktionismus auch Konsequenzen für die eigene Praxis haben könnte (z.B. hinsichtlich einer weiteren Medikalisierung psychisch kranker Personen zuungunsten psychosozialer Betreuung) und dadurch das psychologische Wirkungsfeld weiter eingeschränkt würde; vielleicht so weit, dass die Probleme des Theorie-Praxis-Transfers minimalisiert würden.

2.4 Die Aufbaukrise der Psychologie

Im Jahre 1927 wurde Karl Bühlers *„Krise der Psychologie“* veröffentlicht. Im Vorwort weist Bühler (1927/1978) darauf hin, dass sein Buch „auf Kritik gestellt (ist), um die Krise der Psychologie zu überwinden“ (ebd., S. IX). Um was für eine Krise der Psychologie handelte es sich zum damaligen Zeitpunkt?

Bühler weist gleich zu Beginn seines Werkes darauf hin, dass zuvor noch nie so viele Psychologien nebeneinander existierten. Ein schnell erworbener und bis dahin noch nicht bewältigter Reichtum an neuen Gedanken, wissenschaftlichen Ansätzen und Forschungsmöglichkeiten habe den krisenartigen Zustand der Psychologie heraufbeschworen. Deshalb betrachtete der Autor sie weniger als negative, sondern eher als *kreative* Krise, die hinsichtlich der Entwicklung der Wissenschaft Psychologie verheißungsvoll sei.

> Es ist, wenn nicht alles täuscht, keine Zerfalls-, sondern eine *Aufbaukrise*, ein embarras de richesse, wie er das Ausholen zu einem umfassenden Gemeinschaftswerk begleiten kann. Gelingt es, eine Konkordanz herzustellen, dann dürfen wir Großes von der Zukunft erwarten. Kritisch ist ja nicht nur die Lage in der Psychologie, sondern auch die in anderen Geisteswissenschaften und in der Biologie; ich denke mir, unsere nächsten Nachbarn, z.B. die Soziologen und die Psychiater, dürften nicht nur aus altruistischen Gründen an dem, was uns hier beschäftigen soll, Interesse nehmen (ebd., S. 1; Hervorhebungen von Bühler).

Im Unterschied zur derzeit manchmal sogar diagnostizierten „Zerfallskrise“ gab es in der sogenannten Aufbaukrise der Psychologie keine Berührungsängste mit alternativen theoretischen Vorstellungen. Kritik sollte nicht abgewehrt werden – im Gegenteil: „Kontakt, Kritik und Antwort sind lebensnotwendig für jede fortschreitende Wissenschaft, sie sind das erste, was wir wiederherstellen müssen, um unsere Krise zu lösen“ (ebd., S. 27).

Bühler betrachtete die Psychologie nicht von einem einzigen Standpunkt aus. Er war *offen* für die verschiedenen Zugänge zur Psychologie und arbeitete an einer Vereinigung der verschiedenen Ansätze:

> Zum Ausgangsgegenstand der Psychologie gehören (...) die *Erlebnisse*, das *sinnvolle Benehmen* (heute: Verhalten) der Lebewesen und ihre *Korrelationen mit den Gebilden des objektiven Geistes* (Produktionen). Zum philosophischen Problem wird dann die Frage, ob und zu welcher noch unbenannten Einheit diese drei Ausgangsgegenstände als konstitutive Momente gehören oder hinführen (ebd., S. 64; Hervorhebungen von Bühler; Klammereinschübe von M.G.).

Bühler zufolge kann man diesen drei Seiten des Gegenstandes mit verschiedenen methodischen Mitteln und in unterschiedlichem Grade habhaft werden. Die *Erlebnisse* könne man beobachten, analysieren, interpretieren und auch mit ihnen experimentieren. Das *Benehmen* könne man beobachten, zählen, messen und experimentell variieren, und die *Gebilde* (Sprache, Werkzeuge, manuelle und geistige Werke) erlaubten es, Schlüsse auf die sie hervorbringenden psychischen Vorgänge und Handlungen zu ziehen. Bühler betrachtete also alle drei Verfahren als legitim. Nach dem Autor ist es sogar notwendig, sich aller drei Zugänge zum psychischen Leben zu bedienen. Wenn dies geschehe, sei die Krise – sozusagen als „fruchtbare“ – auch überwindbar, am Ende könne sogar eine einheitliche Wissenschaft erwartet werden.

Demnach kann es in einer sogenannten Krise nicht darum gehen, alternative Ansätze zu ignorieren oder gar zu eliminieren, sondern vielmehr darum, sich für dieselben zu öffnen und Kritik am eigenen Ansatz zuzulassen. Bühler ist ein Beispiel für diese Offenheit.

Zumindest bei einer Wissenschaft, die ihren Gegenstand noch nicht gefunden hat, scheint „Methodenpluralismus“ dem wissenschaftlichen Fortschritt förderlich zu sein (vgl. u.a. Spinner 1974).

Bühler war ähnlich wie Wundt und Skinner in verschiedene Kontroversen involviert. Mit Wundt setzte er sich über den Anwendungsbereich psychologischer Experimente und die Methode der Selbstbeobachtung auseinander (Kap. 5.1). Bühler beteiligte sich auch am sogenannten Lehrstuhlstreit (Kap. 5.2).

2.5 Die „Lehnstuhlkrise" der Psychologie

Wellek (1959/1970) betrachtete rückblickend die von Bühler (1927/1978) thematisierte Krise in erster Linie als „Methodenkrise“. Dieser „Krisenruf“ sei aufgrund wirtschaftlicher und politischer Krisen allzu schnell verhallt, so dass nach dem Zweiten Weltkrieg „die kontinentaleuropäische, zumal deutsche Psychologie in die juvenile, kaum rühmenswerte Phase der Methodenkrise zurückgeworfen“ worden sei, „die sie schon in den 30er-Jahren endgültig überwunden zu haben glaubte“ (ebd., S. 7).

Nach Wellek hatten der Nationalsozialismus und der Zweite Weltkrieg die Verbindung der deutschen Psychologie zu den wissenschaftlichen Entwicklungen in den USA geschwächt und schließlich gänzlich unterbrochen. Das mag mit ein Grund dafür gewesen sein, dass sich die Psychologie 30 Jahre nach Bühlers „Krise der Psychologie“ erneut in einer Krise befand.

Der in die USA emigrierte Schüler von Bühler, Brunswik (1952), konstatierte dort „increasing signs of rebellion against the ‚armchair taboo‘ in psychology“ (vgl. S. 46). Offenbar gab es auf dem amerikanischen Kontinent ein „Lehnstuhlverbot“ für Psychologen (ein „Lehrstuhlverbot“ ist nicht gemeint; der satirische Ausdruck „armchair taboo“ weist auf Otto Weiningers „Lehnstuhlphilosophie“ zurück). Demnach war ein richtiger wissenschaftlicher Psychologe nur einer, der sich auch im Labor aufhielt und dort experimentierte, es also unterließ, nur ein Denker und Autor (unmotiviert zu eigener Erfahrung und Beobachtung) am Schreibtisch zu sein. „In der europäischen Psychologie hatte es ein solches Verbot kaum ausdrücklich gegeben, selbst nicht in der strengen ‚akademischen‘ Psychologie, und jedenfalls nicht länger als bis zu Wundts (…) Völkerpsychologie“ (Wellek 1959/1970, S. 7).

In der deutschsprachigen Psychologie kam damals insbesondere der experimentellen Psychologie mit Sicherheit noch kein ausschließlicher Stellenwert zu. Bühler (1927/1978) plädierte für verschiedene methodische Zugänge (Kap. 2.4). Der Pluralismus (auch der Methodenpluralismus) wurde damals im deutschsprachigen Raum noch nicht als „wissenschaftliche Ausrede“ oder gar als „mögliches Defizit der Psychologie“ betrachtet. Der theoretischen Arbeit wurde Wertschätzung entgegengebracht. Wer nicht experimentierte, wurde noch nicht wissenschaftlich abgewertet oder gar zurückgewiesen. Doch mit der zunehmenden Dominanz der amerikanischen Psychologie sollte sich dies ändern.

Wellek sah die Krise im Zusammenhang mit der drohenden Vereinseitigung der Psychologie im Sinne eines Physikalismus (mit Ausschließlichkeitscharakter) und dem entsprechenden Operationalismus, worunter er die Gleichsetzung von Objektivität mit „Messung und Meßbarkeit" verstand (vgl. ebd., S. 27). Als ob es nicht abwegig wäre, in der Nacht eine verlorene Münze nur dort zu suchen, wo sich die Laterne befindet; ganz abgesehen von der Frage, wie viel Licht eine bestimmte Methode auf einen bestimmten Gegenstand zu werfen vermag.

Im Jahre 1953 kam es zwischen Wellek und dem jungen Österreicher Hofstätter, der von einem USA-Aufenthalt nach Europa zurückgekehrt war, zu einem heftigen Methodenstreit, der in der Geschichte der Psychologie unter dem Titel „Methodenstreit in der deutschen Psychologie" behandelt wird (Métraux 1985). Während Hofstätter das ganze psychologische Feld durch quantitative Methoden abgedeckt sah, wies Wellek darauf hin, dass diese Methoden zwar notwendig, indes nicht hinreichend seien und auf *Intuition* nie ganz verzichtet werden könne (siehe Näheres in Kap. 5.4).

Den Ursprung des für ihn anscheinend bedrohlichen Paradigmenwechsels sah Wellek zwar in der amerikanischen Psychologie, doch warnte er vor einer „Schwarz-weiß-Malerei", weil so auch die positivistischen Tendenzen in der deutschen Psychologie verkannt werden könnten. Auch waren Wellek zufolge die objektivierenden Methoden nicht einfach zurückzuweisen, aber vorsichtig zu verwenden; ansonsten würden die wirklichen Probleme der Menschen gerade durch ebendiese Methoden ausgeschlossen. „Das ‚Ausklammern' der Probleme aus methodischen Rücksichten im Operationalismus und Behaviorismus, wie überhaupt im Positivismus, mag zuweilen sein Gutes haben und heuristisch Gewinn bringen; man muß nur achtgeben, daß man nicht die Hauptsache ausklammert – wie es allermeist geschieht" (ebd., S. 28).

Nach Wellek war also nicht die Verwendung mathematischer Methoden in der Psychologie das Problem, das in die Krise führte. Er wandte sich nur gegen die *ausschließliche* Verwendung derselben unter Verkennung anderer Methoden (siehe Näheres in Kap. 5.4). Auch wollte er die mathematische Methodik als solche nicht mit der Kargheit psychologischer Erkenntnisse in Verbindung bringen. So stellte er zunächst fest:

> Gerade die Initiatoren der mathematischen Methodik in der Psychologie wie Fechner, Galton, Spearman, Krueger waren Männer von glänzender wissenschaftlicher Phantasie und Einfallsfülle. Ihre exakten Ideen – will sagen: Ideen zur exakten Methodik – waren nur Beispiele oder Belege für ihren allgemeinen Ideenreichtum (ebd., S. 28).

Wellek fuhr indes unmittelbar darauf wie folgt fort:

> Man verdirbt das Konzept der Psychologie im Thematischen, wenn man ihr aus doktrinärem Vorurteil einen Physikalismus als *einzige* Methode aufzwingt, d. h. die Methode einer anderen Wissenschaft, und noch dazu einer ihr wesensfremden, inkommensurablen (ebd., S. 28; Hervorhebung von M.G.).

Schließlich gelangte Wellek zu folgender Forderung:

> Wir fordern eine Einheitswissenschaft – aber nicht eine solche, die einen Methodenmonismus von der Physik übernimmt: ein Beginnen, dessen Aussichtslosigkeit den besseren philosophischen Köpfen zu keiner Zeit verborgen geblieben ist. Unsere Einheitswissenschaft schreibe sich vielmehr von der Einheit mit der Philosophie her, d. h. von der Einheit in einer Erkenntnislehre und Weltanschauung, die den gegliederten Kosmos der Wissenschaften tatsächlich zu umspannen erlaubt und nicht vor dem Vorherrschaftsanspruch der thematisch beschränktesten unter den Wissenschaften (trotz „beliebiger räumlicher und zeitlicher Fernen"!) kapituliert (ebd., S. 28).

Wellek wollte die in Abständen wiederkehrende „Grundlagen- und Methodenkrise" in der Psychologie und die entsprechende „Selbstkastration" beendigen (vgl. ebd., S. 28) und sich nicht wie viele seiner Kollegen einer naturwissenschaftlichen Psychologie verpflichten, welche die Reduktion der Psyche auf die Physis programmierte. Andererseits schlug er sich aber auch nicht einfach auf die Seite jener Psychologen, die sich als reine Geisteswissenschaftler verstanden.

> Als Folgerung ergibt sich (...) die Nötigung, der Psychologie wissenschaftstheoretisch eine Zwischen- und das heißt Brückenstellung zwischen Natur- und Geisteswissenschaften zuzubilligen: sie ist weder das eine noch das andere ausschließlich oder auch nur zum Teil, sondern „etwas sui generis" und als solches ein unteilbares Ganzes (ebd., S. 27).

Wellek konnte sich jedoch *nicht* durchsetzen. Bei den meisten Psychologen erfolgte – dem Trend der Zeit entsprechend – eine Ausrichtung an den amerikanischen methodischen Vorgaben, die damals viel weniger unter dem Verdacht rückschrittlicher und fraglicher politischer Tendenzen als jene der überkommenen deutschen Psychologie standen. Bis in die späteren 60er-Jahre hinein waren für das Verhalten junger Forscher und Forscherinnen mehr stillschweigende Anpassungen an die neuen technologischen Tendenzen als offene Diskurse maßgebend. Je länger die Ausrichtung an der amerikanischen Psychologie andauerte, desto weniger wurden zumindest im deutschsprachigen Raum wissenschaftliche Probleme kontrovers verhandelt, sondern auf anderen Wegen gelöst und erledigt, nämlich u.a. durch folgende ‚Maßnahmen': Forcierung der Finanzierung experimentalpsychologisch orientierter Forschungsprojekte; diesbezüglich Regulierungen bei der Annahme und Ablehnung von Untersuchungen in den Fachzeitschriften; manchmal auch „soziale Zulassungsbedingungen" für das wissenschaftliche Weiterkommen, insbesondere was die Einladungen zu Doktorarbeiten und Habilitationsschriften anbelangt (u.a. mangelnde Berücksichtigung feministischer Forschungsvorhaben).

2.6 Die Kritik der Studierenden

Es gibt viele Studierende der Psychologie, die von ihrem Fach bereits nach den ersten Semestern enttäuscht sind, das Studium aufgeben oder dennoch weiterstudieren, obwohl sie vom Studium nur noch wenig erwarten. Hier sei nur ein kleiner Ausschnitt einer Stellungnahme einer ehemaligen Studierenden angeführt, die trotz allem das Studium *nicht* abgebrochen hat:

> Auch Seminare mit wohlklingenden Titeln wie „Sozialpsychologie“ und „Motivationspsychologie“ oder „Persönlichkeitspsychologie“ halfen mir (...) nicht weiter, da es in allen diesen Seminarien um die Klassifikation von Motiven, Eigenschaften oder Fähigkeiten ging, nachdem man diese bei einer Vielzahl von Menschen durch einen standardisierten Fragebogen „erhoben“ hatte. Daraus wurde dann ein Durchschnittswert und eine Standardabweichung konstruiert. Blieb man innerhalb der Standardabweichung, konnte das eigene Verhalten als „normal“ betrachtet werden. Niemals wurde gefragt, ob Eigenschaften wie „Aggressivität“ oder „Konformismus“ wirklich existieren und wenn ja, unter welchen gesellschaftlichen oder historischen Bedingungen sie entstanden sein könnten. Auch die Annahme, eine Eigenschaft wie „Intelligenz“ unterliege der Gauß'schen Normalverteilung, wurde nicht hinterfragt, erforscht oder begründet, sondern einfach gesetzt (Koppetsch 2014, S. 48).

An dieser Stelle kann nicht weiter auf die Einschätzung der Lehrveranstaltungen durch die Studierenden eingegangen werden, auch nicht auf die aktuelle Situation der Studierenden der Psychologie und auf ihre besonderen Einstellungen zu ihrem Studium und zu den Prüfungen (insb. MC-Fragen bei den Bachelorprüfungen).

Hier kann nur kurz auf die Kritik der Studierenden an dem von ihnen gewählten Fach, das sie anfänglich mit so viel Hoffnung verbanden, in den späten 60er- und frühen 70er-Jahren des 20. Jahrhunderts im Rahmen der Studentenbewegung hingewiesen werden. Bei der Wissenschaftskritik der Studentenbewegung spielten die Psychologen neben den Historikern und Soziologen eine wichtige Rolle. Diese Bewegung war in erster Linie eine politische Bewegung. Es ergäbe eine unangemessene Darstellung, wenn sie auf Wissenschaftskritik reduziert würde (Staeuble 1999/2005). Dennoch kann in dieser Arbeit nur ganz kurz auf die Wissenschaftskritik der Studierenden und insbesondere auf die Psychologiekritik der Studierenden der Psychologie und die Reaktion der Psychologieprofessoren hingewiesen werden.

Zur Zeit des „Positivismusstreits in der deutschen Soziologie“ (u.a. Theodor Adorno und Jürgen Habermas versus Karl Popper und Hans Albert) begannen die Studierenden zu fragen, inwiefern ihre Wissenschaft geeignet war, Menschen aus ihren repressiven Verhältnissen zu befreien, oder nicht vielmehr geeignet, diese Verhältnisse zu festigen. Die Studierenden der einzelnen Fachschaften agierten nicht isoliert voneinander. Sie erhielten durch die „Kritische Universität“, eine von den Studentenvertretungen in Berlin in den Jahren 1967 und 1968 „organisierte Alternative zum akademischen Ausbildungsbetrieb“, disziplinübergreifende Impulse (vgl. ebd., S. 290).

Eine der Thesen der Studierenden war, dass in den hochindustriellen Gesellschaften mit ihren umfassend entwickelten Organisations- und Machtgefügen jene Wissenschaft produziert werde, welche die Unterdrückung, Verwertung und Verdinglichung der Menschen perpetuiere. Hinsichtlich der Psychologie wurde u.a. Folgendes kritisiert:

> Die Anwendung psychologischer Erkenntnisse zur Absatzförderung (Markt- und Werbepsychologie), zur Erpressung höherer Arbeitsleistungen (Betriebspsychologie), zur Steuerung des politischen und sozialen Verhaltens (Einstellungs- und Kommunikationsforschung), zur sanften Integration (Beratung und Psychohygiene), zu deren harten Variante (Psychologie im militärischen und polizeilichen Einsatz) usf. ist nur eine Seite. Auf der anderen Seite präsentierte sich an der Hochschule eine akademische Psychologie, die weit von so offenliegenden

> Verwendungszusammenhängen entfernt zu sein schien. Da mußte ein Zusammenhang herstellbar sein: Die scheinbare Gesellschafts- und Geschichtslosigkeit wird als Spezifikum der positivistischen Psychologie erkannt. Gerade in dem Maße, in dem sie sich wissenschaftlich abstrakt und unhistorisch konzipiert, wird sie tauglich zu einer den jeweiligen Machtverhältnissen gemäßen Verwertung. Und mit solcher Abstraktheit verschleiert sie ihre möglichen und tatsächlichen gesellschaftlichen Implikationen (ebd., S. 296).

Ein Teil der politisch aktiven Studierenden der Psychologie war für eine Umwandlung derselben in eine „neue Psychologie", die handlungsrelevante Erkenntnisse für eine Transformation der Gesellschaft erarbeiten sollte; ein anderer Teil wies das Ansinnen einer „Kritischen Psychologie" solcher Art zurück und stellte ihre Wissenschaft grundsätzlich infrage.

> Damit hatten sich dezidierte Standpunkte herauskristallisiert, die unvereinbar schienen. Wollten die einen ihre Kräfte einsetzen für die Entwicklung einer Emanzipationswissenschaft Psychologie, ging es den anderen nicht mehr primär um eine Auseinandersetzung im Rahmen von Wissenschaft. Die einen erhofften sich Orientierungen aus weiterzuentwickelnden oder neuen psychologischen Konzepten, die anderen sahen Psychologie unaufhebbar als Instrument zur Ausübung von Herrschaft, das nur als solches entlarvt und seiner Wirksamkeit beraubt werden müsse (ebd., S. 300).

So gerieten die kritischen Studierenden selbst in eine Krise. Sie waren zwar noch einige Jahre aktiv an den psychologischen Instituten tätig (Bildung von Basisgruppen, Vorlesungs- und Forschungskritik, Institutszeitungen) und initiierten auch praktisch relevante Projekte wie beispielsweise die Bildung von Kinderläden oder die Gruppenarbeit mit lernbehinderten Kindern außerhalb der Institute, doch die Repräsentanten des Faches nahmen ihre Anliegen höchstens am Rande zur Kenntnis und ließen sich jedenfalls in ihrem Wissenschaftsverständnis kaum beeinflussen.

Zwar sprach Graumann als Vorsitzender der Deutschen Gesellschaft für Psychologie 1970 in seinem Bericht zur Lage der Psychologie von Zweifeln, die manchem Kollegen gekommen sein mögen, einfach wie bisher weiterzufahren, und wies auch darauf hin, dass die Kritik ernst zu nehmen sei. „Die Fragen, zumindest soweit sie bisher artikuliert und begründet worden sind, betreffen tatsächlich unser wissenschaftliches Selbstverständnis" (vgl. Graumann 1973, S. 23). Die meisten anderen Ordinarien verzichteten jedoch auf vergleichbare Stellungnahmen.

> Von der großen Mehrheit (…) ist (…) nichts überliefert, was auf Überdenken eigener Positionen schließen ließe. In den Hauptlinien ging psychologische Forschung und Publikationstätigkeit um 1970 und danach ihren methodisch und inhaltlich vorgezeichneten Gang (Mattes 1985, S. 308).

Die Professoren waren vom „Aufbegehren der Studierenden" irritiert und teilweise gar konsterniert. Vielleicht mussten sie auch individuelle Ängste ausstehen. Bestenfalls traten sie in einen „liberalen Diskurs mit ihren Studierenden", doch dabei ließen sie sich in der Regel längerfristig nicht beirren und setzten ihre Laufbahn im Sinne der amerikanischen Psychologie fort, als sei nichts geschehen (vgl. Kap. 2.5). Mit einigen wenigen Ausnahmen:

> Einige Hochschullehrer zogen es vor, sich von der Front der Auseinandersetzungen an ruhigere Arbeitsstätten zurückzuziehen, so Kirchhoff von der Technischen Universität Berlin nach Köln und Hörmann von der Freien Universität Berlin (...) nach Bochum. Der spektakulärste Rückzug war der von Eyferth, der angesichts des Widerstandes von Studenten und Assistenten des Berliner FU-Instituts seinen Ruf zurückgab, und bald darauf der Auszug eines Teils der Professoren und Mitarbeiter dieses Instituts, um in einem anderen Fachbereich ein eigenes Institut gründen zu können (ebd., S. 308).

Einzig im Fachbereich Philosophie und Sozialwissenschaften der Freien Universität Berlin setzte sich eine längerfristige Umgestaltung der Forschung und des Studiums durch. Es entstand die „Kritische Psychologie", die sich zunächst an die Kulturhistorische Schule anlehnte (insbesondere an Leontjew 1959/1980) und deren Inhalte weiter ausarbeitete. Erwartungsgemäß fiel indes der Ausbildungsalltag unter institutionelle Zwänge (vgl. Holzkamp 1972). Viele Kompromisse mussten eingegangen werden, so dass das Projekt mit der Zeit in Theorie und Praxis stagnierte. Schließlich wurde die Kritische Psychologie institutionell marginalisiert. Ihre Rezeption in der akademischen Psychologie blieb minimal, insbesondere auch was ihren methodologischen Ansatz subjektwissenschaftlicher Forschung anbelangt (Markard 1991/1993).

2.7 Die Legitimationskrise

In den späteren 70er-Jahren des 20. Jahrhunderts war in der Psychologie erneut von „Krisen" die Rede, wenngleich meistens nur einzelne Bereiche des Faches betreffend. So wiesen etwa Mertens und Fuchs (1978) auf die „Krise der Sozialpsychologie", Flammer (1978) auf die „Krise der Differentiellen Psychologie" und Lang (1978) auf die „Krise der Psychodiagnostik" hin. Auch wurde die gesellschaftliche Nützlichkeit des Faches infrage gestellt (vgl. u.a. Seeger 1977).

Bei diesen Krisen ging es nicht zuletzt um die Frage, ob die Psychologie als Wissenschaft zur Lösung der anstehenden sozialen Probleme über ausreichendes Wissen verfüge respektive in der Lage sei, zuverlässige Methoden zu entwickeln, um in absehbarer Zeit dieses Wissen zur Verfügung zu stellen (vgl. Roth 1981). Nach Gummersbach (1985) handelte es sich generell um eine „Legitimationskrise der Psychologie" (ebd., S. 320). Mattes (1985) bezeichnete diese Krise als „Relevanzkrise" (vgl. ebd., S. 292). Konnte die Psychologie ihre Nützlichkeit für die Bewältigung konkreter gesellschaftlicher Probleme unter Beweis stellen? Gummersbach (1985) schildert auf der Grundlage von Mattes (1981) die prekäre Situation der Psychologen wie folgt:

> In zunehmendem Maße wird psychologische Kompetenz zur Lösung von Schwierigkeiten gefordert, die die etablierten Institutionen mit ihren überkommenen Strategien nicht mehr bewältigen können. Praktisch tätige Psychologen, die sich mit institutionellen Aufgaben und persönlichen Notlagen konfrontiert sehen, können diese Aufgaben mit dem vorhandenen Grundlagenwissen nicht bewältigen. Ihre oft mühevollen Versuche, theoretische Kenntnisse in adäquates Handlungswissen umzusetzen, scheitern häufig, und sie sehen sich auf ihre *intuitiven* Fähigkeiten als Problemlöser zurückgeworfen (ebd., S. 321; Hervorhebung von M.G.).

Damit wird implizit auf den Methodenstreit zurückverwiesen. Wie Wellek (1956) schon gegen Hofstätter (1956) monierte, bleibt Intuition immer eine unabdingbare Ergänzung zur Verwendung quantitativer Methoden, nur dass die Intuition jetzt eher negativ und nicht mehr positiv gesehen wird, so wie dies bei Wellek noch der Fall war (s.o.).

Die mangelnde praktische Relevanz der Psychologie verdeutlichte sich u.a. anhand der Lernpsychologie und der Pädagogischen Psychologie: „Das Versprechen der behavioristischen Lernpsychologie, die bis dahin als das besterforschte Gebiet der Experimentalpsychologie galt, soziales Verhalten beliebig formbar zu machen, erwies sich in der konkreten pädagogischen Praxis als bloße Illusion" (Gummersbach 1985, S. 322).

Wie konnten die Psychologen mit dem Vorwurf umgehen, dass ihre Bemühungen höchstens einen geringen gesellschaftlichen Nutzen bringen? Wie versuchten sie, die Legitimationskrise zu bewältigen?

> Der verbreiteten Ernüchterung über diese Fehlschläge begegneten die Forscher mit der Behauptung, daß es bis zu einer erfolgreichen praktischen Anwendung theoretischen Wissens erst noch weiterer Forschungsarbeit bedürfe, die sich allerdings nicht an praktischen Erfordernissen, sondern an der immanenten Eigendynamik psychologischer Problem- und Theoriebildung auszurichten habe (ebd., S. 322).

Der Autor weist auf die Bedeutung der Problem- und Theoriebildung hin. Auch in der vorliegenden Arbeit werden Problembewusstsein sowie Theoriebildung als relevant erachtet. Gegenüber der Empirie wird der *Primat der Theorie* formuliert. Allerdings wird der Praxisbezug als mindestens so wichtig erachtet. Dabei wird es nicht nur um den Theorie-Praxis-Transfer, sondern auch um den Praxis-Theorie-Transfer gehen (vgl. Kap. 6.2 und 7.16).

3 Klassische Kontroversen des 18. und 19. Jahrhunderts

Zusammenfassung

Die Vorläufer der Psychologen, Philosophen und Naturwissenschaftler, umkämpften in ihren Kontroversen u.a. ihre dualistischen respektive monistischen Positionen. La Mettrie setzte sich von Descartes' Auffassung ab, nach der naturwissenschaftliche Erkenntnisse nur für die ausgedehnten Dinge der Materie zuständig sind und nicht zugleich für das Bewusstsein. Lichtenberg kritisierte Lavaters Rückschlüsse vom Leib eines Menschen auf dessen Seele als zirkuläres Verfahren. Herder reklamierte gegenüber Kant die Wiedervereinigung von Sinnlichkeit und Intellekt. Goethe wandte sich gegen Newtons naturwissenschaftliche experimentelle Methodik, die Erkenntnismittel zu denaturieren und die Gegenstände der Wissenschaft zu dehumanisieren. Hering beharrte gegenüber Helmholtz darauf, dass Wissenschaft immer von materiellen Prozessen ausgeht und zu diesen zurückkehrt.

3.1 Monismus gegen Dualismus

René Descartes (1596–1650) und Julien Offray de La Mettrie (1709–1751) waren keine Zeitgenossen. Diese Denker konnten sich also nicht direkt miteinander auseinandersetzen, wie dies bei den meisten weiteren und eigentlichen, in der vorliegenden Arbeit dargestellten Kontrahenten der Fall sein wird. Nur La Mettrie konnte sich auf Descartes beziehen und sich von ihm absetzen.

Beide Denker hatten einen ausgeprägten Wirklichkeitssinn. Sie orientierten sich an den körperlichen Vorgängen. Sie waren realwissenschaftlich gesinnt. Doch der Jüngere war konsequenter, er war durch und durch Materialist; das heißt, er war ein Denker, der die *gesamte* Wirklichkeit auf die Bedingungen der Materie zurückführte, die als solche auch unabhängig von den Menschen besteht, jedenfalls soweit sie nicht gesellschaftlich repro-

M. Galliker, *Ist die Psychologie eine Wissenschaft?*,
DOI 10.1007/978-3-658-09927-5_3

duziert wird. Der Ältere orientierte sich nicht nur an der Körperlichkeit, sondern auch und nicht zuletzt an der Vernunft, an rational vertretbaren Begründungen. Kurz und gut: Er war auch Rationalist, das heißt ein Denker, der das Denken als primäre Erkenntnisquelle betrachtete.

Descartes war zwar ein Erkenntnistheoretiker – Theoretiker der Erkenntnis, der Wissenschaft, Wissenschaftstheoretiker, wie man heute sagt; aber er war auch schon so etwas wie ein Psychologe. Und zwar ein Psychologe, der sozusagen *zwei* Seelen in seiner Brust vorfand: eine körperliche, das eigentliche „Herzstück", und daneben noch ein „geistiges Herz", die Seele, oder wenn man will: den Geist, den er primär vom Denken her auffasste. Diese beiden „Einstellungen" kämpften gegeneinander im Bewusstsein des französischen Denkers. Descartes führte in erster Linie einen inneren Diskurs; sozusagen eine Kontroverse mit sich selbst. Demgegenüber konnte sich La Mettrie in seinem Denken zunächst am Denken Descartes' ausrichten. Bald verwarf er dessen dualistische Auffassung. Er war in diesem Sinne „einseitiger" als Descartes. La Mettrie vertrat einen *monistischen* Ansatz.

Unter *Monismus* wird die philosophische Lehre von der Existenz nur *eines* einheitlichen Grundprinzips des Lebens verstanden. Es gibt nur eine „Substanz" (oder wie es später heißt: „Wirklichkeit"). Demnach existiert der Geist nicht unabhängig vom Körperlichen, sondern ist nur etwas Sekundäres, eine Widerspiegelung der materiellen Außenwelt sowie des eigenen Körpers, insbesondere – wenngleich nicht ausschließlich – eine Funktion des Gehirns. Der Monismus kann aber auch eine idealistische Ausprägung erfahren. In diesem Fall ist das Ideelle bzw. Geistige das Primäre und das Materielle das Sekundäre, vom Primären (letztlich Gott) Abhängige.

Dem Monismus gegenüber nimmt der *Dualismus* zwei unabhängig voneinander bestehende „Substanzen", „Wirklichkeiten" oder „Seinsprinzipien" an. Im Unterschied zum Monismus kann der Dualismus grundsätzlich *nicht* entweder materialistisch oder idealistisch verstanden werden. In der philosophischen Argumentationspraxis handelt es sich indes meistens entweder um einen *inkonsequenten* Materialismus oder einen *inkonsequenten* Idealismus.

Nicht so bei dem von Descartes ursprünglich formulierten Dualismus. Hier handelte es sich tatsächlich einerseits um einen idealistischen (letztlich theologischen) Ansatz und andererseits um einen materialistischen (insbesondere mechanistischen) Ansatz. Beide Ansätze blieben separat nebeneinander stehen, was nicht heißt, dass Wechselwirkungen ausgeschlossen wurden. Der französische Denker nahm schon eine Art Interaktion an.

Descartes, im Jahre 1596 in La Haye (Touraine) geboren, wurde ab 1616 bei den Jesuiten von La Flèche ausgebildet. Nach der Beteiligung am Deutschlandfeldzug brach Descartes 1620 seine Offizierslaufbahn ab. 1649 wurde Descartes von Königin Christine nach Stockholm eingeladen. Im gleichen Jahr starb er am schwedischen Hof. 1663 wurden Schriften Descartes' von Rom auf den Index gesetzt (Specht 2006).

Der Rationalist Descartes war mit der mittelalterlichen Denkweise der Scholastik sowie mit der Geisteshaltung des darauf folgenden Humanismus bestens vertraut. Die Scholastik stützte sich auf Gegenüberstellungen und Vergleiche von Meinungen. Dabei waren Autoritäten maßgebend: Aristoteles und die Kirchenlehrer. Descartes griff diese Art der

Philosophie an. Er meinte, dass man sich nicht auf Meinungen berufen dürfe, sondern nur auf Sachverhalte und Verhältnisse, die gewiss sind. Als Ideal schwebte ihm die Evidenz beim Erkennen *geometrischer Verhältnisse* vor, die schon in der griechischen Philosophie von großer Bedeutung waren.

Descartes' Studien erstreckten sich von der Metaphysik über die Medizin bis hin zur Physik. Doch je mehr er studierte, desto fragwürdiger wurde ihm das, was ihm von seinen Lehrern vorgesetzt wurde. Er begann an allem zu zweifeln: an der Wahrheit der Sinneserlebnisse ebenso wie an den überkommenen theologischen und philosophischen Meinungen. Er wollte nichts mehr für wahr ansehen, bis er die Gründe hierfür gefunden und als richtig erkannt haben würde; eine Einstellung, die ihm viele Schwierigkeiten aufbürdete. Descartes sollte nie ein akademisches Amt bekleiden, und aus seiner Tätigkeit als Philosoph und Wissenschaftler bezog er zu keiner Zeit seines Lebens ein regelmäßiges Einkommen.

Descartes gab seine akademischen Studien vorzeitig auf. Er war entschlossen, kein anderes Wissen mehr zu suchen als dasjenige, das er in der großen Welt draußen finden könnte. So verwendete er sein frühes Erwachsenenleben darauf, zu reisen, Höfe und Heere kennenzulernen und mit Menschen unterschiedlicher Herkunft zu verkehren. Er wollte möglichst viele und verschiedene Erfahrungen sammeln und sich selbst in den Begebenheiten, die das Schicksal für ihn vorsah, prüfen. Descartes genoss das Leben außerhalb der Studierstuben. Doch auch auf seinen Reisen im Verkehr mit vielen anderen Menschen fand er kaum etwas, dessen er sich sicher sein konnte. „Ich bemerkte hier gleichsam ebenso viel Verschiedenartigkeit wie zuvor bei den Meinungen der Philosophen" (Descartes 1637/2001, S. 23).

Durch seine Erfahrungen sowie durch Nachdenken konnte sich Descartes nach und nach auch von seinen eigenen Voreingenommenheiten sowie von den Vorurteilen der Bevölkerung Frankreichs befreien. So nahm er zur Kenntnis, dass viele Dinge, die in seinem Land überspannt und lächerlich erschienen, in anderen Ländern durchaus allgemein angenommen oder wenigstens gebilligt wurden. Auf diese Weise konnte er sich von vielem frei machen, was für gewöhnlich die Fähigkeit, auf die Vernunft zu hören, verringert. Indessen konnte dies noch nicht seinen Wahrheitsdrang befriedigen.

> Nachdem ich einige Jahre darauf verwendet hatte, so im Buch der Welt zu studieren, und versuchte, einiges an Erfahrung zu erwerben, entschloss ich mich eines Tages, auch in mir selbst zu studieren und alle Kräfte meines Geistes darauf zu verwenden, die Wege zu wählen, denen ich folgen musste – was mir, wie mir scheint, weit besser gelang, als wenn ich mich niemals von meinem Land und meinen Büchern entfernt hätte (Descartes 1637/2001, S. 25).

Im Jahre 1637 veröffentlichte Descartes in Leiden den *„Bericht über die Methode"* – notgedrungen anonym. Es handelte sich dabei um einen persönlich gehaltenen Erkenntnisbericht, geleitet von seinem intensiven Bestreben nach Kenntnisnahme der Fragwürdigkeit aller Wissenschaft und der Hoffnung, eines Tages doch noch zu einer sicheren Erkenntnis zu gelangen, auf der die Wissenschaft aufgebaut werden könnte. Descartes schrieb eine

Art Vorbericht über erfolgreiches wissenschaftliches Vorgehen, worunter er vor allem die Überwindung des spekulativen Denkens verstand.

Descartes wollte aus der Wissenschaft kein Gewerbe machen; die Wissenschaft mehr ein Geschäft als eine Quelle unverfälschter Erkenntnis war eine Gefahr, die er in weiser Voraussicht auf die Wissenschaftler zukommen sah. Er habe schon immer ein großes Verlangen verspürt, das Wahre vom Falschen unterscheiden zu lernen. Andererseits stand er auch ablehnend Wissenschaften gegenüber, die überhaupt keine Wirkungen hervorbrachten. Er war enttäuscht von den Spekulationen in den Studierzimmern, die folgenlos blieben, außer dass sie um so mehr Eitelkeiten erzeugten, je weiter sie sich vom gesunden Menschenverstand entfernten. Descartes bemühte sich jahrelang, eine Methode zu entwickeln, die zur Grundlegung einer sicheren und systematischen Wissenschaft führen sollte. Sie bestand im Wesentlichen aus folgenden Regeln:

> Ausschließlich dasjenige zu akzeptieren, was als evident eingesehen werden kann. Sämtliche Probleme in hinreichend einfache Teilprobleme zu zerlegen. Von einfachen Gedanken zu komplexeren stufenweise aufzusteigen. Vorliegende Dinge vollständig aufzuzählen, zu klassifizieren und so übersichtlich wie möglich darzustellen (ebd., S. 39 ff.).

Da Descartes beobachtet hatte, dass es Menschen gibt, die sich selbst bei Überlegungen bezüglich einfachster geometrischer Gegenstände täuschten, gelangte er zum Schluss, dass selbstverständlich auch er, Descartes, vor Täuschung nicht gefeit, ja so gut wie jeder andere der Täuschung unterworfen sei. Deshalb verwarf er vorläufig alle Begründungen, die er zuvor für Beweise gehalten hatte, als falsch.

> Und indem ich schließlich erwog, dass genau dieselben Gedanken, die wir im Wachen haben, uns auch kommen können, wenn wir schlafen, ohne dass einer davon dann wahr wäre, entschloss ich mich, mir vorzutäuschen, dass die jemals in meinen Geist eingetretenen Vorstellungen nicht wahrer wären als die Illusionen meiner Träume (ebd., S. 63).

Descartes stellte sich vor, dass die in den Geist eintretenden Vorstellungen auch nicht per se wahrhaftiger sind als die Illusionen der Träume, beruhen sie doch manchmal auf Sinnestäuschungen. Der Denker zog also alles in Zweifel und fuhr in seinen Erörterungen wie folgt fort:

> Aber gleich darauf bemerkte ich, daß, während ich auf diese Weise denken wollte, alles sei falsch, doch notwendig, ich, der dies dachte, irgendetwas sei. Und indem ich bemerkte, daß diese Wahrheit: *ich denke, also bin ich*, so fest und so sicher ist, daß sämtliche ausgefallensten Unterstellungen der Skeptiker nicht in der Lage sind, sie zu erschüttern, urteilte ich, daß ich sie ohne Bedenken als das erste Prinzip der Philosophie (…) anerkennen konnte (ebd., S. 65 f.; Hervorhebung von Descartes).

Da Descartes feststellte, dass man, um zu denken, sein muss („cogito ergo sum"), schloss er, dass er die allgemeine Regel annehmen könne, dass die Dinge, die man *klar* und *deutlich* begreife, wahr sind. Allerdings sah er noch eine gewisse Schwierigkeit darin, richtig zu merken, welche Dinge diejenigen sind, welche klar und deutlich begreifbar sind. Da er meinte, dass es eine größere Vollkommenheit ist zu erkennen als zu zweifeln, dachte er darüber nach, wodurch es ihm möglich gewesen war, an etwas zu denken, das vollkommener war als er, und er erkannte – wie er sich ausdrückte – *evidentermaßen*, dass dies nur von einem vollkommenen Wesen der Fall sein konnte. Da das Vollkommene nicht eine Folge des weniger Vollkommenen sein konnte, war es nicht möglich, dass er die Vollkommenheit aus sich selbst oder aus dem Nichts holen konnte.

> Somit blieb nur übrig, dass sie von einer anderen Natur in mich gelegt worden war, die wahrhaft vollkommener ist, als ich es bin, und die sogar alle Vollkommenheiten, von denen ich irgendeine Vorstellung haben konnte, in sich birgt, d. h., um mich mit einem Wort zu erklären: von Gott (ebd., S. 67).

In der Folge suchte Descartes jedoch zu erkennen, was *er* denn sei. Er sah, dass er sich *vortäuschen* konnte, dass er keinen Körper habe und dass es keine Welt gäbe, keinen Ort, an dem er sich befände. Indessen konnte er sich *nicht* vortäuschen, selbst nicht zu sein. Im Gegenteil: Daraus, dass er an der Wahrheit der anderen Dinge bewusst zweifelte, folgerte er, dass er selbst existierte (s.o.). Sobald er jedoch mit dem Denken *aufhörte*, bestand für ihn kein Grund mehr zu glauben, er existiere, selbst wenn alles andere, was er sich jemals vorgestellt hatte, wahr gewesen wäre.

> Ich erkannte hieraus, dass ich eine Substanz sei, deren ganzes Wesen oder deren Natur nur im Denken besteht und die, um zu sein, keinen Ort benötigt, noch von irgendeinem materiellen Ding abhängt, so dass dieses Ich, d. h. die Seele, durch die ich bin, was ich bin, *gänzlich vom Körper unterschieden ist* und sogar leichter zu erkennen ist als dieser, und dass sie, selbst wenn er nicht wäre, nicht aufhörte, alles das zu sein, was sie ist (ebd., S. 65; Hervorhebung von M.G.).

Descartes wies darauf hin, dass er sich zwar vortäuschen könne, keinen Körper zu haben, doch könne er denkend sich nicht vortäuschen, selbst nicht zu sein. Der Vorrang komme demnach der „denkenden Natur" zu, die als solche immateriell und nicht ausgedehnt sei. Damit unterschied er das Denken von der ausgedehnten körperlichen Natur. Die Elemente der materiellen Welt seien weniger gewiss. Von ihnen wüssten die Menschen nur kraft ihrer Vorstellungen. Viele Menschen hätten allerdings auch Mühe, ihre Seele zu erkennen, da sie sich niemals über sinnlich wahrnehmbare Dinge erhöben und derart daran gewöhnt seien, nichts zu erwägen, „daß ihnen alles, was nicht bildlich vorstellbar ist, als nicht einsichtig erscheint" (ebd., S. 71 f.).

In den *„Meditationen über die Erste Philosophie"* stellte sich Descartes (1641/2012) folgende Frage: „Also was bin ich nun? Ein denkendes Ding. Was ist das? – Ein Ding, das zweifelt, einsieht, bejaht, verneint, will, nicht will, das auch bildlich vorstellt und empfindet" (ebd., S. 82). Und weiter: „Was kann überhaupt von meinem Denken (= Bewusstsein) unterschieden und als von mir selbst trennbar angesehen werden? Denn, daß Ich es bin, der da zweifelt, erkennt, will, ist so offenkundig, daß sich kein Erklärungsgrund höherer Evidenz dafür finden läßt" (ebd., S. 87). Allerdings scheinen auch nach Descartes' eigenem Dafürhalten die Dinge, die *im* Bewusstsein entstehen und von den Sinnen erkundet werden, deutlicher erkennbar zu sein als jenes rätselhafte Meinige; das Denken, das nicht bildhaft vorstellbar ist. Diese seltsame Diskrepanz zwischen dem von ihm als primär erachteten Denken und körperbezogener Wahrnehmung rückt er anhand des „Wachsbeispiels" zurecht:

> Nehmen wir z.B. dieses Stück Bienenwachs. Es ist ganz frisch „aus Honigscheiben" gewonnen worden. Noch hat es nicht allen Honiggeschmack verloren. Ein wenig bewahrt es von dem Duft der Blumen, aus denen es gesammelt wurde. Seine Farbe, seine Gestalt, seine Größe liegen offen zutage. Es ist hart, kalt, man kann es „leicht" anfassen, und wenn man „mit dem Knöchel" darauf klopft, gibt es einen Ton von sich. Kurz, alles ist ihm eigen, was zur ganz deutlichen Erkenntnis eines Körpers erforderlich erscheint. Doch sieh da, während ich rede, kommt es dem Feuer nahe; der Rest des Geschmacks vergeht (…); seine Form verschwindet. Es nimmt zu an Größe, wird flüssig, wird heiß, kaum kann man es noch anfassen, und schlägt man darauf, so gibt es keinen Ton mehr. Bleibt es nun noch dasselbe Stück Wachs? Man muß es zugeben, niemand leugnet es, niemand ist anderer Meinung. Was wurde denn an ihm so deutlich aufgefaßt? Sicherlich nichts von alledem, was ich mit den Sinnen erreichte, denn alles, was unter den Geschmack, den Geruch, das Gesicht, das Gefühl oder das Gehör fiel, hat sich jetzt geändert; das Stück Wachs bleibt (ebd., S. 89 ff.).

Descartes bringt nun alles in Abzug, was nicht zu dem Stück Wachs gehört, und sieht zu, was übrigbleibt. Was bleibt, ist etwas Ausgedehntes, Biegsames, Veränderliches. Aber was heißt ausgedehnt? Auch die Ausgedehntheit ist unbekannt, nimmt sie doch bei schmelzendem Wachs zu. Nach solchen Überlegungen gelangt Descartes zum Schluss, dass er sich nicht bildhaft vorstellen kann, was dieses Stück Wachs hier ist. Er könne sich auch dieses besondere Stück Wachs (also nicht nur Wachs im Allgemeinen) ausschließlich im Geiste vorstellen. Und befriedigt stellt er fest, dass er schließlich „ganz von selbst" am Ziel angelangt sei.

> Ich weiß jetzt, daß die Körper nicht eigentlich von den Sinnen oder von der Einbildungskraft, sondern von dem Verstand allein wahrgenommen werden, und zwar nicht, weil wir sie berühren und sehen, sondern lediglich, weil wir sie denken; und so erkenne ich, daß ich nichts leichter oder evidenter wahrnehmen kann als meinen Geist (ebd., S. 97).

Demnach ist das nicht bildhafte Denken doch dasjenige, das der Denker am leichtesten wahrnehmen kann. Descartes' Denken über das Denken hat in der Geschichte der Philosophie und Psychologie eine große Rolle gespielt. Nachdem der Einfluss Descartes' auf die Psychologie in der zweiten Hälfte des 19. Jahrhunderts etwas abgeflaut war, gab es zu Beginn des 20. Jahrhunderts einen erneuten Aufschwung. Die Würzburger Schule war ein Höhepunkt der Denkpsychologie und der Psychologie überhaupt. Ein Ziel dieser Schule bestand darin, nachzuweisen, dass das Denken unanschaulich, also im Grunde als rein geistiger Akt erfolgen könne, der als solcher nicht auf Empfindungen zurückführbar sei und der unabhängig von sinnlich-anschaulichen Bildern existiere. Sein innerster Kern sei das Gerichtetsein auf die Lösung, sein Hauptinhalt das unmittelbare „Erfassen" von Beziehungen (Näheres zur Würzburger Schule in Galliker, Klein und Rykart 2007, S. 251–268).

Indessen befasste sich Descartes (1641/2012) in den *„Meditationen über die Erste Philosophie"* auch mit der materiellen Welt, zu der er wie folgt überleitete: „Nun weiß ich aber nicht bloß, daß ich (insoweit ich ein denkendes Ding bin) existiere, es schwebt mir auch eine Vorstellung der körperlichen Natur vor, und so kommt es, daß ich im Zweifel bin, ob die Denknatur, die in mir ist, oder die vielmehr Ich selbst bin, von jener Körpernatur verschieden ist oder ob beide ein und dasselbe sind" (ebd., S. 151). Descartes stellte sich die Frage, ob es materielle Dinge gibt und gelangte unter Zuhilfenahme der Mathematik und des Evidenzpostulats (s.o.) zu deren Bejahung:

> Zum wenigsten weiß ich nun, daß (materielle Dinge), soweit sie Gegenstand der reinen Mathematik sind, existieren können, da ich diese klar und deutlich erfasse. Denn Gott ist ohne Zweifel imstande, alles das zu bewirken, was ich „so klar" aufzufassen imstande bin; nur wenn etwas einer deutlichen Auffassung widerstreitet, kann es, wie ich feststellte, Gott nicht entstehen lassen (ebd., S. 177).

Bereits in seinem *„Bericht über die Methode"* hatte Descartes (1637/2001) auf die materielle Welt hingewiesen. Er bestand darauf, dass die vernünftige Seele *nicht* aus dem Potenzial der Materie resultiere, sondern dass sie ausdrücklich geschaffen werden müsse. Sie werde aber mit dem Körper (nachträglich) vereinigt, um einen wirklichen Menschen mit all seinen spezifischen Gefühlen und Begierden zu bilden. Die menschliche Seele als solche bestehe aber an und für sich „aus einer vom Körper gänzlich unabhängigen Natur" und sei deshalb auch „nicht dem Sterben des Körpers unterworfen" (vgl. ebd., S. 111).

Descartes' Zweiteilung der Wirklichkeit, einerseits in die ausgedehnten Dinge der Materie (res extensae) und andererseits in das Geistige, das Bewusstsein (res cogitans) könnte auch als methodologische Vorschrift gelesen werden: Die Naturwissenschaften sollten nur für die materiellen Dinge zuständig sein und einen „großen Bogen um Seele und Geist des Menschen (machen)" (vgl. Tetens 2001, S. 109). Das sollte sich mit La Mettrie ändern: Dieser Denker betrachtete das traditionell der Religion zugehörige Gebiet des Geistigen – psychologisch ausgedrückt: des Bewusstseins – nicht mehr als verbotenes Forschungsterritorium (s.u.).

Auf das Jahr 1632 geht die 1664 posthum veröffentlichte Schrift *„Über den Menschen"* zurück, in der Descartes (1664/1960) den Grundstein für einen *naturwissenschaftlichen* Ansatz der Psychologie legte. Wie Descartes (1637/2001) anmerkte, intendierte er, in diese Untersuchung alles aufzunehmen, was er „über die Natur der materiellen Dinge zu wissen meinte" (ebd., S. 81). In dieser Schrift mechanisierte Descartes den Körper und stellte sich ihn als Automaten vor. Der Autor versuchte die Materie zu erfassen, und es schien ihm, dass es „nichts Klareres und Einsichtigeres auf der Welt gibt, ausgenommen" – wie im *„Bericht über die Methode"* ausgeführt – die Aussagen „über Gott und die Seele" (vgl. ebd., S. 83).

Die Maschinenmetapher ermöglichte es Descartes, die Funktionsprinzipien der Physik auf das Körperliche zu übertragen. Es handelt sich um eine Systemkonzeption, welche es erlaubt, das Körperliche zu quantifizieren. Mit der Möglichkeit der Quantifizierbarkeit ist im Prinzip die Berechenbarkeit des Körperlichen gegeben. Berechenbarkeit ermöglicht die Beherrschbarkeit der Materie, mithin auch des Körpers.

Descartes (1664/1960) beschrieb in seiner Untersuchung des Menschen u.a. erstmals einen Reflex, der, über die russischen Physiologen und Reflexologen des 19. Jahrhunderts vermittelt, in der Psychologie des 20. Jahrhunderts eine herausragende Rolle spielen sollte. Bei Descartes handelte es sich um die Beschreibung eines Schutzreflexes: Bei Feuer oder bei anderen Schmerzreizen zieht der Mensch seinen Fuß blitzschnell zurück, wenn er mit ihm zu nahe an die Schmerzquelle gelangt. Die kleinen Teilchen des Feuers haben aus sich heraus die Kraft, die betroffene Stelle der Haut in Bewegung zu versetzen. Im gleichen Augenblick öffnen sie den Eingang der Pore, an der die Faser endet, die mit dem Hirn verbunden ist. Nachdem der Eingang der Pore geöffnet ist, werden deren „Spiritus animales" herangezogen und in die Muskeln getragen, die dazu dienen, den Fuß vom Feuer wegzuziehen (vgl. ebd., S. 68).

Letztlich ist Descartes' Körperverständnis dasjenige einer Maschine. Der Körper als solches ist völlig „entseelt"; die Seele siedelt der Dualist Descartes andernorts an (vgl. Gilleßen 2009, S. 11). Wer die Natur als quantifizierbare Maschine versteht, wird seinen eigenen Körper ebenfalls zum Automaten machen: Descartes etablierte das Bewusstsein als Kontrollinstanz des körperlichen Verhaltens. Das Bewusstsein wird zu einem Subjekt, das von dem, was es beherrscht, isoliert wird; was es beherrscht, wird zugleich zum Objekt desselben. „In der Trennung von Geist und Natur droht so der Körper verdinglicht und als Verdinglichtes vom Bewusstsein des Menschen entfremdet zu werden" (ebd., S. 12). Die resultierende Entfremdung vom Körperlichen zeigt sich nicht nur im Umgang mit dem eigenen Körper, sondern auch im Umgang mit dem Körper anderer Menschen (z.B. wenn der Patient auf ein mit Medikamenten zu regulierendes Kreislaufsystem reduziert wird).

Der 1709 in Saint-Malo geborene La Mettrie studierte in Paris Philosophie und Naturwissenschaften, später Medizin. 1734 begab er sich nach Leiden zu Hermann Boerhaave, dem Begründer der klinischen Medizin. 1735 wurde er Arzt in Saint-Malo, sieben Jahre später Leibarzt des Herzogs von Grammont. In den folgenden Jahren nahm er als Regimentsarzt an mehreren Feldzügen teil. 1747 veröffentlichte er *„L'homme machine"*. Der Autor musste aus dem katholischen Frankreich über das calvinistische Holland nach Deutschland fliehen, wo er bei Friedrich II. Zuflucht fand. Dort erhielt er eine Pension, einen Sitz in der Akademie und eine Bibliothek und sah sich schließlich mit diversen Neidern konfrontiert. 1751 starb er in Berlin, einem Gerücht zufolge an einer Überdosis Trüffelpastete (Jauch 2012).

La Mettrie (1747/2001) verwies gleich auf der ersten Seite seines Werkes *„Der Mensch eine Maschine"*, das er nicht ohne Sarkasmus dem strenggläubigen Schweizer Albrecht Haller widmete, auf Descartes und dessen – seinem Dafürhalten nach – fragwürdige Position: „Descartes und alle Cartesianer (…) haben denselben Fehler begangen. Sie haben im Menschen zwei verschiedene Substanzen angenommen, als ob sie diese gesehen und genau gezählt hätten" (ebd., S. 17).

Nach einer anfänglichen Gegenüberstellung von Dualismus und Monismus nimmt La Mettrie eindeutig Stellung zugunsten der Einheitslehre (vgl. hierzu auch Rautenberg

2005). In erster Linie sei zu beschreiben, welche Gehirnprozesse welche Prozesse des Bewusstseins bewirken. Im Bewusstsein befänden sich die Ideen in ständiger Bewegung. „Sie jagen sich, wie eine Welle die andere verdrängt“ (ebd., S. 49). So wie die Eigenschaften einer Maschine vollständig aus den Eigenschaften und der Anordnung ihrer Teile verstanden werden können, sei der Mensch – mit allem, was er ist und sein kann – aus den Eigenschaften und der Anordnung seiner Organe und der übrigen Teile seines Körpers verstehbar (d. h. aus seinem Organismus). Die Beschreibung des Zusammenhangs von Sinnesorganen, Nervenbahnen und Gehirn wird von La Mettrie auf die Organisation des Menschen insgesamt ausgedehnt. Mit anderen Worten: Separate nicht-materielle, ideelle oder gar spirituelle Ursachen sind *nicht* zu berücksichtigen, um den Menschen zu verstehen. Der Arzt und nicht der Theologe oder der idealistisch gesinnte Philosoph ist zuständig für den ganzen Menschen, also für seinen Körper sowie dessen Seele.

Demnach erübrigt sich die Vorstellung von einer besonderen denkenden Substanz, wie Descartes sie angenommen hatte. Das Denken ist wie andere Funktionen eine natürliche *Funktion* der Materie. La Mettries Materiemonismus ist jedoch *nicht* reduktiv, sondern ein Plädoyer für Komplexität. Der Körper und die sogenannte Seele sind durch und durch abhängig voneinander, wenngleich nicht identisch. Bei Übermüdung des Körpers vermindere sich die Fähigkeit der Seele, etwas aufnehmen zu können, bis sie schließlich nichts mehr vernehme. Umgekehrt könne ein Mensch, der von Geiz, Ehrgeiz, Hass oder Eifersucht verzehrt werde, auch keine körperliche Ruhe finden. „Die verschiedenen Zustände der Seele stehen also immer in einem Wechselverhältnis zu denen des Körpers“ (ebd., S. 31).

Allerdings könnte die an dieser Textstelle erfolgte Darstellung des Leib-Seele-Verhältnisses als „Wechselverhältnis“ hinsichtlich der Position von La Mettrie missverstanden werden. Würde dieses Verhältnis als solches nicht doch *zwei* Ausgangspunkte voraussetzen? La Mettrie zufolge gehören Körper und Seele zusammen und bestehen nicht auch isoliert und unabhängig voneinander wie bei Descartes. Mit dessen Konzept der Wechselwirkung werden tatsächlich zwei verschiedene und je besondere Welten konstituiert (s.o.).

An einigen Stellen seines Werkes hat La Mettrie eine stärkere These vertreten als jene, dass zwischen Körper und Seele ein enger Zusammenhang besteht. Es handelt sich um die These, dass die Seele materieller Teil des Gehirns oder dieses selbst ist. „Da (…) alle Fähigkeiten der Seele von dem eigentümlichen Bau des Gehirns und des ganzen Körpers dermaßen abhängen, *daß sie sichtlich nur dieser organische Bau selbst sind*, so haben wir es hier mit einer vortrefflich eingerichteten Maschine zu tun“ (ebd., S. 66; Hervorhebung von M.G.). Demnach ist der Mensch nur eine Gesamtheit von Triebfedern, die sich alle gegenseitig aufziehen, ohne dass man sagen könnte, an welchem Punkt die Natur damit angefangen hat.

> Wenn diese Triebfedern sich voneinander unterscheiden, so nur durch ihre Lage und durch den Grad der Kraft, niemals aber durch ihre Natur. Deshalb ist die Seele nur ein Bewegungsprinzip oder ein empfindlicher materieller Teil des Gehirns, den man, ohne einen Irrtum befürchten zu müssen, als eine Haupttriebfeder der ganzen Maschine ansehen kann (ebd., S. 77).

La Mettrie führte in seinem bahnbrechenden Werk diverse Beispiele an, wie das Seelenleben des Menschen mit den körperlichen Zuständen und deren externen Modifikationen zusammenhängt. Für die heutigen Leser und Leserinnen mögen manche dieser Beispiele nicht stimmig sein. Wie dem auch sei, La Mettrie gelangte zu folgender weitreichender Aussage: „Ziehen wir also den kühnen Schluß, daß der Mensch eine Maschine ist und daß es im ganzen Weltall nur eine Substanz gibt, die freilich verschieden modifiziert ist" (ebd., S. 94).

Descartes' materiell ausgerichtete (Teil-)Theorie wird von La Mettrie positiv bewertet und im Prinzip übernommen. Allerdings kann er auch mit diesem Teil von Descartes' Theorie nicht vollständig übereinstimmen (s.u.); was dessen dualistisches System *im Ganzen* betrifft, kann es La Mettrie nur zurückweisen. Im Unterschied zu Descartes, der zwei Substanzen annimmt, versteht er den Menschen monistisch. „Ich halte das Denken für so vereinbar mit der organisch aufgebauten Materie, daß es ebenso gut eine Eigenschaft derselben zu sein scheint wie die Elektrizität, das Bewegungsvermögen, die Ausdehnung usw." (ebd., S. 86). Nach La Mettrie darf man sich das Denken nicht losgelöst vom Körperlichen vorstellen. Denken ist für ihn nicht immateriell, rein geistig, sondern etwas, was der physischen Sensibilität zuzuordnen ist.

Die Maschinenmetapher (besser: die Vorstellung des Menschen als körperliche Organisation, als Organismus) wurde von La Mettrie vor allem methodologisch verstanden: Bei der Untersuchung menschlicher Belange habe sich der Wissenschaftler ausschließlich an körperliche Sachverhalte zu halten; somit an das, was ihm mittels Beobachtung und Experiment objektiv zugänglich sei. La Mettrie forderte dazu auf, „Seele", „Geist" und „Bewusstsein" des Menschen *naturwissenschaftlich* zu erforschen. Er erweiterte damit das Gebiet der Naturwissenschaften, das sich bis dahin auf die ausgedehnten materiellen Dinge der toten Materie beschränkt hatte, und postulierte dafür eine materialistische Auffassung des Lebendigen. Diese Auffassung war insofern radikal, als sie sich ausdrücklich auch auf die *psychischen* Bereiche der Menschen erstreckte. La Mettries Auffassung könnte auf folgende, heute häufig diskutierte Formel gebracht werden: keine Differenzen in psychischen Bereichen ohne entsprechende Differenzen in den körperlichen Zuständen.

La Mettrie legte dar, dass Tiere *und* Menschen als Maschinen respektive Organismen aufgefasst werden können. Im Unterschied zu Descartes versuchte er, Menschen *wie* Tiere als Organismen zu verstehen. Ein Organismus sei zwar ohne Seele als besondere Instanz, *aber keineswegs „seelenlos" organisiert*, was für tierische und menschliche Organismen gelte. Demgegenüber hatte Descartes noch streng zwischen Menschen und Tieren unterschieden und nur dem Menschen eine eigentliche Seele zugestanden. Für La Mettrie war die Seele indes ein leerer Begriff, sofern darunter nicht biologische Funktionen des Körpers (wie z.B. Empfindungen) verstanden wurden. Er wollte vor allem die „gottgegebene" Seelensubstanz, welche die Menschen über die Tiere stellt, beseitigen und die natürlichen Lebensfunktionen so aufwerten, dass sie umgekehrt imstande sind, auch komplexe Leistungen wie Fühlen oder Denken zu vollziehen. So ist Denken nichts Besonderes wie bei Descartes, sondern letztlich nur „Empfindungsvermögen", und die „vernünftige Seele nichts anderes als die *empfindungsfähige* Seele, die dazu angehalten wird, Ideen zu betrachten und Vernunftschlüsse zu ziehen!“ (ebd., S. 81; Hervorhebung von M.G.).

La Mettrie unterschied die Menschen nicht mehr substanziell von den Tieren, sondern nur noch graduell. So wie er die Seele nicht vom Körper isolierte, so trennte er auch nicht die Menschheit vom Tierreich. Für viele Menschen war dies eine Kränkung. In gewisser Weise nahm der französische Aufklärer bereits den Monismus von Darwin (1859/2005) vorweg. Von einem nur dem Menschen gegebenen Verstand, mit welchem dieser alle anderen Lebewesen überstrahlt, hielt er nichts.

Indessen reduzierte La Mettrie mit seiner monistischen Auffassung den Menschen *nicht* einfach auf seine Anatomie und seine (neuro-)physiologischen Gegebenheiten und Voraussetzungen. Der Denker legte dar, dass menschliche Organismen auch von außen beeinflusst werden, und zwar nicht nur vom Klima und von der vorfindbaren Nahrung, sondern nicht zuletzt auch von seinen sozialen Voraussetzungen. Menschen übernehmen das von ihren Mitmenschen Vorgebrachte: „Man übernimmt (…) alles von den Menschen, mit denen man zusammenlebt, ihre Gebärden, ihren Tonfall usw., so wie das Augenlid sich senkt, wenn es vor einem ihm drohenden Schlag rechtzeitig gewarnt wird, und wie der Körper des Zuschauers mechanisch und unwillkürlich alle Bewegungen eines guten Pantomimen nachahmt“ (La Mettrie 1747/2001, S. 31).

Demnach ist das Verhalten für La Mettrie nicht allein durch das Gehirn vorherbestimmt, sondern zugleich durch externe Voraussetzungen (durch deren Einflüsse das Verhalten auch veränderbar ist). So weist der Autor etwa darauf hin, dass die Augen eines Tauben schärfer und einsichtiger sind als wenn er nicht taub wäre, da der Verlust eines Sinnes den Scharfsinn eines anderen erhöhe. Offenbar erfolgt unter Berücksichtigung der jeweils besonderen körperlichen Voraussetzungen und in Auseinandersetzung mit den objektiven Gegebenheiten eine Veränderung dieser Voraussetzungen (i.S. einer Kompensation). Ein weiteres Beispiel: Auch die Bildung habe eine Rückwirkung auf die Organe und das Gehirn: Letzteres sei ohne Bildung wie nicht vorhanden, so wie die beste Bildung ohne hinreichende neurologische Voraussetzungen nichts bewirken könne. La Mettrie berücksichtigt auch die kulturellen Voraussetzungen der Menschen.

Für La Mettrie sind Menschen empfindsame Organismen, die sich als solche nur graduell von den empfindenden Organismen des infrahumanen Bereichs unterscheiden (s.o.); indessen ist das eigentliche Menschliche am Menschen, das Wesentliche und Spezifische des Menschen, das von außen Kommende, extern Geschaffene. Dabei ist nicht zuletzt auch an die Sprache zu denken, an jenes Zeichensystem, das kulturell generiert und tradiert wird. Im Unterschied zu Descartes ist La Mettries Maschinenmetapher zwar animalisiert, aber zugleich auch humanisiert. „Damit erscheint La Mettries Maschinenmetapher nicht mehr als Reduktion des Menschen auf ein bloß Mechanisches, Regelmäßiges und Berechenbares, sondern vielmehr als Reflexion menschlicher Bedingungen im Spannungsfeld von Tier und Maschine, die es unternimmt, das Verhältnis von Geist und Körper, Kultur und Natur, Humanität und Animalität neu zu definieren“ (vgl. Gilleßen 2009, S. 12).

La Mettrie opponierte gegen die cartesianische Auffassung, nach der die Naturwissenschaften nur für die ausgedehnten Dinge der Materie zuständig sind und nicht für das ihnen angeblich unzugängliche Bewusstsein. Nach dem Autor kann durch das Studium des Körpers zugleich auch der Geist erfasst werden. Alles, was man über geistige Zustände nur wissen kann, ist auch körperlicher Natur.

Mit La Mettries materialistischem Ansatz ist ein anderes Verständnis der Wahrheit verbunden: „So kann man nur *a posteriori,* indem man nämlich die Seele gleichsam in den Organen des Körpers zu erkennen sucht, die Natur des Menschen selbst entdecken, wenn auch nicht mit untrüglicher Gewißheit, so doch zumindest mit dem höchsten Grad von Wahrscheinlichkeit, der in dieser Beziehung möglich ist" (ebd., S. 21; Hervorhebung von La Mettrie).

La Mettrie weist Erkenntnisse a priori zurück. Bei aller Kritik an Descartes brachte er diesem aber doch eine gewisse Wertschätzung entgegen: „Descartes wäre ein in jeder Hinsicht sehr hoch zu achtender Mann, wenn er in einem Jahrhundert geboren wäre, das er nicht erst hätte aufklären müssen, denn er hätte dann erkannt, wie wertvoll die Erfahrung und die Beobachtung sind und wie gefährlich es ist, von ihnen abzuweichen" (ebd., S. 84 ff.).

Beide Denker, sowohl Descartes als auch La Mettrie, beeinflussten die Psychologie bis heute stark. Descartes ausdrücklich, und zwar in Bezug auf beide Seiten seines Dualismus; La Mettrie nur offensichtlich, was den Monismus materialistischer Prägung generell anbelangt, hingegen höchstens unterschwellig hinsichtlich von Teilgebieten der Psychologie, die bisher kaum mit ihm in Beziehung gesetzt wurden (in gewisser Weise bis hin zur Humanistischen Psychologie).

Descartes' dualistisches Paradigma hat sich einerseits auf die Forschung der Würzburger Schule ausgewirkt, andererseits auf die russische Reflexologie (Iwan Michailowitsch Setschenow, Wladimir Michailowitsch Bechterew, Iwan Petrowitsch Pawlow) und den amerikanischen Behaviorismus (insb. John Broadus Watson), wobei die eine Richtung als die Kehrseite der anderen betrachtet werden kann.

Das Maschinenmodell im Sinne von Descartes scheint sich über den Behaviorismus hinaus bis in die moderne Kognitive Psychologie durchgesetzt zu haben (u.a. George A. Miller). So kann das für die Kognitive Psychologie eine Zeitlang maßgebende Computermodell als „neueste Variante einer Maschine" aufgefasst werden (vgl. Herzog 2012, S. 93). Indessen handelt es sich bei diesem Modell wie bei den meisten andern Modellen auch letztlich nur um elaborierte Metaphern, die sich als solche empirisch nicht einlösen lassen (vgl. u.a. auch Haverkamp 1996).

Sicherlich könnten Reflexologie und Behaviorismus auch mit La Mettrie in einen Zusammenhang gebracht werden, doch darf dabei nicht übersehen werden, dass La Mettrie das menschliche sowie das tierische Verhalten *nicht* als „entseeltes" betrachtet hat. Descartes und La Mettrie vertraten Positionen, die sich bei aller Gemeinsamkeit stark widersprachen. Descartes, der zu Recht mitunter eher als Idealist betrachtet wird als La Mettrie, ist vielleicht insofern „realistischer", als er die sich tatsächlich seit Jahrhunderten abzeichnende Trennung zwischen dem Körperlichen und dem Seelischen auf den Begriff gebracht hat, während La Mettrie insofern „idealistischer" ist, als er – zumindest implizit – beim (Vor-)Bild des einheitlichen antiken Menschen verharrt und es im Grunde festhalten bzw. wieder aufleben lassen möchte, so wie dies ja auch in der Humanistische Psychologie der Fall ist (Kap. 5.5).

Die Philosophen und späteren wissenschaftlichen Psychologen konnten sich bis heute nicht einigen, welche der beiden sich ausschließenden Positionen die richtige ist: jene von Descartes oder jene von La Mettrie. Natürlich wollen akademische Psychologen Wissenschaft und nicht Weltanschauung oder Ideologie betreiben, doch ist dies nicht – wie sich noch herausstellen wird – in redlicher Art und Weise möglich, solange solche grundlegenden Widersprüche weiter bestehen und nicht wenigstens expliziert und als solche benannt werden.

Die angesprochene Problematik zeigte sich im 19. Jahrhundert in der methodologischen *Trennung* von geistes- und naturwissenschaftlicher Psychologie (Kap. 4.2). Die dualistische sowie die monistische Position werden in der Kontroverse zwischen Johann Gottfried Herder und Immanuel Kant (Kap. 2.3) und darüber hinaus in der Leib-Seele-Kontroverse des 20. Jahrhunderts von Bedeutung sein (siehe die Würzburger Leib-Seele-Auseinandersetzung in Kap. 5.9).

3.2 Der Physiognomiestreit

La Mettrie (1747/2001) thematisierte neben der Einbildungs- und Vorstellungskraft auch die Urteilskraft der Menschen. Er wies darauf hin, dass des Körperlichen seelischer Aspekt sich *physiognomisch* aus den Gesichtszügen erraten lässt. Methodologisch gesehen sei dieser seelische oder geistige Aspekt abhängige Variable physiologischer Werte, die durch Ernährung, Alter, Krankheit sowie durch kulturelle Einflüsse modifizierbar seien.

Johann Caspar Lavater (1741–1801), der als Pfarrer an der Hauptkirche St. Peter in Zürich tätig war, veröffentlichte 1772 eine erste physiognomische Schrift anonym im *„Hannoverschen Magazin"*. Zunächst wurde angenommen, dass Georg Christoph Lichtenberg diese Schrift verfasst habe. 1774 lernte Lavater den jungen Johann Wolfgang Goethe kennen. Er bat ihn, bei einem psychologischen Projekt, dem „Physiognomie-Projekt", wie es damals hieß, mitzuarbeiten. 1775 erschien Lavaters Hauptwerk, die *„Physiognomischen Fragmente zur Beförderung der Menschenkenntnis und Menschenliebe"*. Als Helfer führte er u.a. Johann Gottfried Herder an, nicht aber Goethe, der zuvor ausdrücklich den Wunsch geäußert hatte, nicht genannt zu werden.

Georg Christoph Lichtenberg (1742–1799) war ein Jahr jünger als Lavater. Der Sohn eines Pfarrers studierte Mathematik und Naturwissenschaften an der Universität Göttingen und erhielt dort die erste Professur für Experimentalphysik in Deutschland. 1778 übernahm er die Redaktion des beim Verlagsbuchhändler Johann Christian Dieterich erscheinenden *„Göttinger Taschenkalenders"*. In diesem Kalender veröffentlichte er die meisten seiner naturwissenschaftlichen, philosophischen, psychologischen und satirischen Arbeiten. Darunter befand sich auch eine Streitschrift *„Über Physiognomik, wider die Physiognomen"*, die in der modernen Terminologie ausgedrückt auch heißen könnte: „Über Psychologie, wider die Psychologen" (s.u.).

Lavater (1775/1984) verstand in seinem Werk *„Physiognomische Fragmente zur Beförderung der Menschenkenntnis und Menschenliebe"* unter „Physiognomik" die Fähigkeit oder Fertigkeit, durch das Äußere eines Menschen sein Inneres zu erkennen. Das Ziel seiner praxisbezogenen Wissenschaft der Seele war es, „das, was nicht unmittelbar in die Sinne fällt, vermittelst irgend eines natürlichen Ausdrucks wahrzunehmen" (ebd., S. 21). Demnach besteht Lavaters „psychologisches Paradigma" aus einer Entsprechung von *Äußerem* (Leib) und *Innerem* (Seele) einer Person; das Äußere erlaube es, auf dessen Inneres zu schließen.

Lavater fertigte Schattenbilder von Personen an oder verwendete andere Darstellungen insbesondere von bekannten Personen, beispielsweise von Schriftstellern, und gelangte seines Erachtens hierdurch zu „richtigen Schlüssen". Allerdings geschah dies kaum je – wie von ihm dargestellt – ausschließlich aufgrund der ihm zur Verfügung stehenden Bilder, sondern nicht zuletzt auch aufgrund der Schriften des begutachteten Schriftstellers sowie aufgrund dessen, was über ihn erzählt wurde, wenngleich dies dem Autor wohl selbst nicht ganz klar war; jedenfalls wurde diese „unterirdische Beeinflussung" seines Urteils von ihm selbst nie expliziert.

Lavaters Denken war nicht so statisch, wie vielleicht der stetige Verweis auf die Schattenbilder und andere Bilder den Eindruck erwecken könnte. Er setzte nicht einfach den moralischen Zustand eines Menschen mit einem bleibenden Aussehen dieses Menschen gleich, sondern berücksichtigte auch die ihm bekannten Verhaltensweisen und fragte sich, ob sich die Gewohnheiten oft wiederholen oder nicht.

> Ein jeder vielmals wiederholter Zug, eine jede oftmalige Lage, Veränderung des Gesichts, macht endlich einen bleibenden Eindruck auf den weichen Theilen des Angesichts. Je stärker der Zug, und je öfter er wiederholet wird, desto stärkern, tiefern, unvertilgbaren Eindruck (…) macht er. Ein tausendmal wiederholter angenehmer Zug drückt sich ein, und giebt einen bleibenden schönen Zug des Angesichts. Ein tausendmal wiederholter hässlicher Zug drückt sich ein, und giebt einen bleibenden hässlichen Zug des Angesichts. Viele solche schöne Eindrücke auf die Physiognomie eines Menschen geben zusammen (…) ein schönes; viel solcher hässlicher, ein hässliches Angesicht (ebd., S. 52).

Soweit wird Lichtenberg (1778/1844) Lavater recht geben, wenngleich er nicht an sichere Erkenntnisse glaubte: „Die wirkenden Leidenschaften haben ihre Zeichen, und lassen oft merkliche Spuren zurück, das ist unläugbar, und daher rührt das, was Physiognomik Wahres hat. Es ist aber auch dieses bei dem größtem Theil des menschlichen Geschlechts (…) unsicher und schwankend (…)" (ebd., S. 67).

Das Aussehen ist nicht naturgegeben, sondern hängt von der *Lebensführung* eines Menschen ab. Neben Tugend und Laster werden noch andere, auch nähere und unmittelbare Ursachen der Verschönerung und Entstellung eingestanden, doch Lavater lässt hierbei äußere Wohlfahrt respektive soziale Benachteiligung außer Acht. Jedenfalls gelangt er zum Schluss: „Tugend befördert die äußere Wohlfahrt des Menschen, und Laster zerstört sie" (ebd., S. 54).

Lavater vollzog mit Vorliebe *Analogieschlüsse;* diese sind allerdings nicht unproblematisch. Angeblich wollte er zwar bei allen Menschen besonders auf das Gute achten und bei allen Menschen auch wirklich etwas Gutes finden, so sein Vorsatz und auch sein Selbstverständnis, doch konnte er fragwürdige Schlüsse nicht vermeiden. Er schloss beispielsweise aufgrund der bescheidenen Bekleidung oder geringen Körperpflege eines Menschen ohne Berücksichtigung dessen sozialer Benachteiligung auf moralische Verkommenheit. Menschen und Menschengruppen, die dem Autor nicht vertraut waren (z.B. einer anderen sozioökonomischen Klasse oder Schicht angehörten), wurden von ihm negativer bewertet als bekannte Personen oder Gruppen, die in ähnlichen gesellschaftlichen Zusammenhängen lebten wie er selbst.

In vorliegende oder besonders zur Begutachtung einer Person produzierte Bilder wird hineinprojiziert, was ohnedies bekannt ist, während bekannte oder gerade erst bekannt werdende Aspekte der Person mit dem Resultat dieser Projektion erklärt werden; dies ist eine *zirkuläre* Vorgehensweise, die sich sicherlich für den Lavater und seine Anhänger auszahlte, aber den betroffenen Personen nicht unbedingt dienlich war.

Eine Untersuchung der Lebensführung erfordert das Studium der Körperbewegungen im sozialen Kontext. Lavaters Vorgehensweise musste sich jedoch – den damaligen Möglichkeiten entsprechend – auf die Herstellung von Zeichnungen, Stichen, Scherenschnitten und Schattenbildern der Modelle, auf die Feststellung von entsprechenden Schädelumrissen sowie auf diesbezügliche Analogieschlüsse beschränken. Lavater unterstützte zwar durch eigene Initiativen und Erfindungen die Entwicklung weiterführender Methoden, doch konnten sie in seinem Werk noch keine Verwendung finden.

Lichtenberg (1778/1844) publizierte gegen Lavater und dessen Nachahmer im Göttinger Taschenbuchkalender die Streitschrift *„Über Physiognomik, wider die Physiognomen"*. Nach dem Autor gibt es einen unermesslichen Sprung vom Äußeren des Leibes zum Inneren der Seele; selbst wenn dabei nicht nur die Oberfläche des Körpers, sondern auch – bei fortgeschrittener Bekanntheit – dessen innere Beschaffenheit berücksichtigt werden könnte. Drei der Kritikpunkte, die Methodik der Physiognomen betreffend, werden von Lichtenberg wie folgt zusammengefasst:

> Sie irren sich, wenn sie aus Schattenrissen oder Portraiten von Personen urtheilen, die sie gar nicht kennen, so entsetzlich, dass, wenn man die Treffer mit den Fehlern verglichen sähe, das Glückspiel gleich in die Augen fallen würde. Sie machen es aber wie die Lottospieler, publicieren Blättchen voll glücklicher Nummern, und behalten die Quartanten, die man mit unglücklichen anführen könnte, für sich. Auch die Getroffenen sind es oft nur in Orakelwörtern, mit Spielraum für den Sinn; und oft sieht der Physiognome Forschungsgeist in den Augenknochen, oder poetisches Genie in den Lippen des Mannes, weil er sie in dessen Schriften, aus Mangel an Kenntnissen und Geschmack oder durch Journale verführt, zu finden glaubt (ebd., S. 60).

Lichtenberg zufolge hinterlassen die Gaben des Geistes keine Zeichen in den *festen* Teilen des Kopfes. „Dieses zu beweisen, muss man den ausgesuchten Silhouetten von denkenden Köpfen auch ausgesuchte von nicht denkenden und Narren beifügen, und nicht Gelehrten von sorgfältiger Erziehung einen Dorfnarren gegenüberstellen" (ebd., S. 66 f.). Der Autor kritisiert den Mangel an Respekt vor den Feinheiten und Nuancen psychologischer Phänomene durch allzu eilfertige physiognomische Diagnostik und stellt demgegenüber ein exaktes Studium der *Bewegung* in Aussicht (u.a. Beobachtungen der Mimik).

Die *Gebärdensprache* wird im sozialen Kontext gelernt und durch diesen Bedeutungsrahmen auch häufig verständlich. Es handelt sich um eine unwillkürliche Sprache, die als solche sicherlich auch etwas über die sich gebärdende Person aussagt, die Frage ist nur was. Ähnliches gilt für die *Wortsprache*, mit der viele Menschen auch meinen, das von ihnen bei anderen Menschen Durchschaute und deren Seele charakterisieren zu können. Nach Lichtenberg sagt sie indes mehr über die Beurteiler als über die Beurteilten aus. Er führt hierzu folgendes Beispiel an:

> Sage mir, was hat Octavia für ein Gesicht, fragt beim Shakespeare die eifersüchtige Cleopatra den Courier, ist's länglich oder rund? Bis zum Fehler rund, ist die Antwort. Das sind gemeiniglich Närrinnen, die so aussehen, sagt Cleopatra. Wer sieht hier nicht, dass dieses ein tiefer Blick ins Herz der Cleopatra ist, der uns über die innere Beschaffenheit des Kopfs der Octavia völlig beim Alten lässt? (ebd., S. 48).

Lichtenberg versuchte zu verstehen, warum die Physiognomen so fest an ihre Wissenschaft glaubten. Schließlich erklärte er das physiognomische Phänomen mit *Ideenassoziationen.* So erwecke ein Gesicht oder eine Stimme Bilder, die mit der Vergangenheit des *Wahrnehmenden* (und nicht etwa des Wahrgenommenen) zu tun hätten. „Es ist hierbei eine angenehme Beschäftigung, die dem *Psychologen* wichtig werden kann, jene Ideen wieder zu *dissociieren*" (ebd., S. 53; Hervorhebung von M.G.).

Nach Lichtenberg sollten also in erster Linie die Physiognomen näher betrachtet werden. Er meinte zu erkennen, dass dies „gemeiniglich Personen (sind), deren lebhafte Einbildungskraft ihnen beim Anblick der meisten Gesichter, die verwandten Züge anderer und mit ihnen ganze Lebensläufe und Privatgeschichten vorstellt, und die dieses bei jeder Gelegenheit der Gesellschaft darlegen" (ebd., S. 61).

Offenbar gelingt es dem Beobachter nie ganz, sich selbst zu vergessen. Deshalb kann er nie verhindern, dass in jede seiner Betrachtungen und Beurteilungen auch er selbst eingeht. Nach Sperber (1983) schmuggeln wir uns in jedes Bild, das wir von einem anderen Menschen machen, unmerklich ein; vergleichbar dem Jäger in den Versteckbildern. Über einen Mitmenschen ist demnach *kein* Urteil abgebbar, ohne sich antithetisch einzubeziehen. „An wen auch immer einer denken mag, er selbst ist stets *mitgedacht*" (ebd., S. 141; Hervorhebung von Sperber).

Ein Betrachter A betrachtet ein Gesicht oder das Abbild einer Person B, beispielsweise einen Scherenschnitt oder ein Schattenbild (Abb. 3.1a). Das Gesicht löst punktuell Assoziationen im Betrachter aus (Abb. 3.1b). Mitunter werden sie komplementiert zu ganzheitlichen Erinnerungen an frühere Erfahrungen mit Personen, die ähnlich aussahen oder einen vergleichbaren Gesichtsausdruck zeigten (oder auch nur einen ähnlichen Eindruck erweckten, beispielsweise aufgrund ähnlicher Kleidung, Gebärden oder Verhaltensweisen). Es entsteht ein Bild im Betrachter, das er auf die betrachtete Person oder deren reales

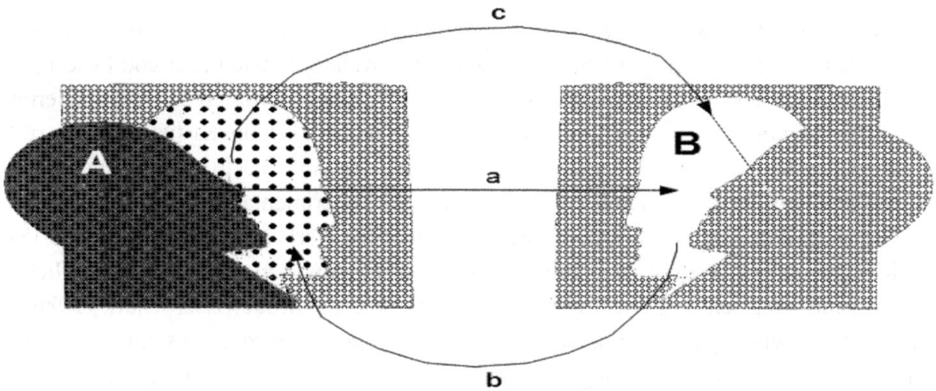

Abb. 3.1 Person A betrachtet Person B

Abbild projiziert (Abb. 3.1c). Der Betrachter interpretiert das Abbild also nach seinem eigenen Bild, das er sich vom Abbild macht, wobei er nicht zuletzt sich selbst (mit seinen Erfahrungen) oder das Bild, das er sich von sich selbst macht, im Abbild sieht (vergleichbar mit *seinem* Schatten). Es ergibt sich ein Kreislauf, ein scheinbar selbstverständlicher und in-sich-selbst-bestätigender, der indes nichts beweist. Die Beurteilung anderer Menschen wird zur Fiktion – nicht zuletzt zu jener des Beurteilers seiner selbst und seiner eigenen uneingestandenen Voraussetzungen.

Dieses Modell legt nahe, dass Personen andere Personen besonders nach solchen Eigenschaften bewerten, die sie von sich selbst kennen. Vermutlich werden sie vor allem positive Eigenschaften, derer sie sich selbst bewusst sind, bei anderen Leuten als entweder vorhanden oder nicht vorhanden erkennen und dieselben entsprechend positiv respektive negativ beurteilen (vgl. u.a. auch Degen 2002/2008, S. 222 ff.).

Lichtenberg könnte allerdings auf erweiterter Stufenfolge selbst in den Verdacht kommen, seinen Physiognomen unrecht zu tun, stellt sich doch bei der Beurteilung der *Beobachtung der Beobachter* ebenfalls das Problem der Projektion. Allerdings hat Lichtenberg noch auf eine weitere Möglichkeit hingewiesen, jemand anderen zu erkennen, nämlich sich nicht auf die Oberfläche des Kopfes zu fokussieren oder gar zu beschränken, sondern sich auf tatsächliche *Veräußerlichungen* des Menschen zu beziehen und diese näher zu betrachten und miteinander zu vergleichen.

> Nützlicher wäre ein anderer Weg, den Charakter der Menschen zu erforschen, und der sich vielleicht wissenschaftlich behandeln ließe: nämlich aus bekannten *Handlungen* eines Menschen, und die zu verbergen er keine Ursache zu haben glaubt, andere nicht eingestandene zu finden (Lichtenberg 1778/1844, S. 68; Hervorhebung von M.G.).

Bei diesem Vorschlag verbleibt Lichtenberg auf der Handlungsebene; er versucht nicht, von der Welt in einem alltäglichen Sinne auf eine psychische Welt hinter dieser gewöhnlichen Welt zu schließen.

Lavaters (1775/1984) *„Fragmente"* wurden zunächst mehrheitlich enthusiastisch aufgenommen und in verschiedene Sprachen übersetzt, während viele Leser und Leserinnen auf Lichtenbergs *„Über Physiognomik, wider die Physiognomen"* ablehnend reagierten. Viele physiognomisierende Personen waren entsetzt und wiesen die Kritik empört zurück – für Lichtenberg anscheinend unerwartet. Insbesondere viele mächtige Zeitgenossen ärgerten sich über die unverblümte Stellungnahme des Experimentalphysikers.

Die mitgedruckten Subskriptionslisten von Lavaters Werk weisen auf eine erste Verbreitung desselben in groß- und bildungsbürgerlichen sowie in adligen und fürstlichen Kreisen hin. Bald entwickelte sich die Physiognomik zur Modewissenschaft. Offenbar glaubten sich viele Menschen dazu berufen, ihre Mitmenschen zu „physiognomisieren". An vielen Orten wurden physiognomische Zirkel gegründet. Kaiser Joseph II., der die neue Wissenschaft für die frühzeitige Entdeckung von Verbrechern nützlich fand, reiste im Jahre 1777 in die Schweiz, um mit Lavater über die Einrichtung von Lehrstühlen für Physiognomik zu reden. Auch zeitgenössische Wissenschaftler äußerten sich zunächst wohlwollend. So reagierte Herder während längerer Zeit positiv, doch schließlich distanzierte er sich wie zuvor schon Goethe von Lavaters Ansatz und Unternehmen.

Längerfristig gesehen fiel das Urteil über die Kritik Lichtenbergs positiv aus. Lichtenberg beeinflusste mit seinen scharfsinnigen psychologischen Beiträgen die moderne Psychologie; mit seiner hier behandelten Stellungnahme zur Physiognomik besonders die Untersuchungsmethodik nonverbaler Kommunikation innerhalb der modernen Sozialpsychologie (vgl. u.a. Frey 1999).

Lavater zufolge ist der Umgang mit Menschen das Erste, was uns in der Welt begegnet und Probleme bereitet, weshalb Menschenkenntnis für jeden Menschen bis zu einem gewissen Grad unentbehrlich ist. Vielleicht lässt sich damit der ursprünglich große Erfolg seines Werkes wenigstens teilweise erklären. Lichtenberg hat indes das vermeintliche Wissen der Physiognomiker *dekonstruiert*, indem er es auf Konstruktionen der Beobachter zurückführte. Lavater demonstrierte anhand von Abbildungen seine Einblicke und Erkenntnisse; umgekehrt erklärte er die abgebildeten Gestalten mit eben diesen Erkenntnissen. Lavaters Verfahren ist ein zirkuläres Verfahren. Mit den Schattenbildern begründete er nicht nur seine Ableitungen, sondern auch seine Ableitungsregeln und Deutungsverfahren.

In einem gewissen Sinne hat sich von der Physiognomik ausgehend bis ins 20. Jahrhundert hinein die nach einer Beziehung zwischen Körperbau und Persönlichkeit suchende Konstitutions- und Charakterforschung erhalten (u.a. Ernst Kretschmer). Nach einem kurzen Wiederaufblühen nach dem Zweiten Weltkrieg verschwanden jedoch Ausdruckslehre und Charakterkunde aus den Lehrplänen der Universitäten. Die Physiognomik spielt in der modernen Psychologie keine Rolle mehr, was nicht heißt, dass die bei ihr leicht erkennbare Zirkularität inzwischen ausreichend getilgt worden wäre. Bis in die Gegenwart hinein wird es eine Psychologie geben, die meint, Persönlichkeitseigenschaften in das vom Umfeld isolierte Individuum hineinlegen zu können (Differentielle Psychologie), sowie eine Psychologie, die – eher nach Lichtenbergs Geschmack – mehr das Vorgehen jener Personen betrachtet, die zu Beobachtern anderer Personen werden (in der Sozialpsychologie die Attributionstheorie). Da der zweite Ansatz meistens ebenfalls individualistisch verstanden wird, insbesondere in der Sozialpsychologie der *Psychologie* (im Unterschied zu jener der *Soziologie*), bleibt jedoch die diesbezügliche erkenntnistheoretische Einsicht Lichtenbergs vielen Psychologen und Psychologinnen bis heute verwehrt. Reduziert man den Gegenstand der Psychologie auf das Individuum und reflektiert nicht in erster Linie dessen Verhalten im sozialen Kontext und in Auseinandersetzung mit demselben, scheint ein Zirkelschluss unvermeidlich zu sein (Kap. 5.7).

3.3 Kritik und Metakritik der Erkenntnis

Die Auseinandersetzung von La Mettrie mit Descartes (Kap. 3.1) wurde in einem gewissen Sinne in der Kontroverse zwischen Johann Gottfried Herder und Immanuel Kant fortgesetzt. Zwar traten beide Denker wie ihre Vorgänger im Dienste der Aufklärung gegen die Scholastik an, doch untergruben sie dieselbe auf verschiedene Weise. Während Kant versuchte, die kulturhistorisch weitgehend durchgesetzte Trennung zwischen Sinnlichkeit und Verstand zu konzeptualisieren, reklamierte Herder deren Vereinigung. Natur und Geist versuchte er soweit wie möglich (wieder) zusammenzubringen. Er identifizierte Gott pantheistisch mit der Natur und platzierte ihn nicht theistisch-deistisch der Natur gegenüber.

Immanuel Kant wurde im Jahre 1724 als Sohn eines Riemermeisters und einer pietistisch gesinnten Mutter in einer Vorstadt von Königsberg (heute Kaliningrad) geboren. Von 1740 bis 1755 studierte er an der Universität Königsberg Theologie, Philosophie, Mathematik und Naturwissenschaften. Nachdem er seinen Lebensunterhalt lange Zeit als Hauslehrer und Unterbibliothekar bestreiten musste, wurde er 1770 ordentlicher Professor für Logik und Metaphysik an der Universität Königsberg.

Der 20 Jahre nach Kant in Mohrungen (Ostpreußen) geborene Johann Gottfried Herder begann 1762 mit dem Theologiestudium an der Universität Königsberg. Er besuchte Kants Vorlesungen, die ihn anfangs begeisterten. Indessen freundete er sich mit Johann Georg Haman (1730–1788) an, der im Unterschied zu Kants rein verstandesmäßigem Erkenntnisverständnis besonders auf die schöpferische Kraft der Emotion in der Sprache hinwies. Im Jahre 1764 folgte Herder einem Ruf an die Domschule in Riga. 1769 reiste er nach einem Streit mit Christian Klotz nach Nantes und Paris. 1770 begegnete er in Straßburg dem jungen Johann Wolfgang Goethe, der ihm bei einer Augenoperation beistand. 1776 wurde er auf Anregung von Christoph Martin Wieland und durch Vermittlung Goethes zum herzoglich-sächsischen Generalsuperintendanten und Oberpfarrer an die Stadtkirche von Weimar berufen. Herder hielt viel von der Philosophie von Baruch Spinoza, während Kant diesen Dogmenkritiker ablehnte (Flocke 2008).

Herder distanzierte sich allmählich von Kant. Bereits 1778 behandelte er in seiner Schrift *„Plastik"* das Verhältnis von Wahrnehmung und Empfindung in origineller Art und Weise. Alles, was *Form* sei, könne ausschließlich durch das *tastende* Gefühl erkannt werden, während durch das Gesicht nur Lichtfläche, nur ein Nebeneinander ohne Tiefe, sichtbar werde. Der Blinde könne sich mit einer beständig geübten eigenen „Methodik" seine Begriffe langsam und sicher ertasten und schließlich über Form und lebendige

Gegenwart der Dinge in einem gewissen Sinne feiner urteilen als sehende Menschen. Ohne tastende Hand bliebe eine Person ohne wirklichen Kontakt zu den Dingen. Die Welt bliebe nur eine visuell sich ordnende Erscheinung. Im Folgenden wird darauf verwiesen, wie laut Herder Kinder die Dinge zu begreifen lernen:

> Kommt in die Spielkammer der Kinder, und sehet, wie der kleine Erfahrungsmensch fasset, greift, nimmt, wägt, tastet, mißt mit Händen und Füßen, um sich überall die schweren, ersten und notwendigen Begriffe von Körpern, Gestalten, Größe, Raum, Entfernung und dergleichen treu und sicher zu verschaffen. Worte und Lehren können sie ihm nicht geben; aber Erfahrung, Versuch, Proben. In wenigen Augenblicken lernt er da mehr und alles lebendiger, wahrer, stärker, als ihm in zehntausend Jahren Angaffen und Worterklären beibringen würden. Hier, indem er Gesicht und Gefühl unaufhörlich verbindet, eins durchs andere untersucht, erweitert, hebt, stärket – formt er sein *Urteil* (ebd., S. 279; Hervorhebungen von Herder).

Im Verlauf der Entwicklung gewinne die visuelle Wahrnehmung eine immer größere Bedeutung; entsprechend reduziere sich die Bedeutung des Tastens und Fühlens. Herders Verständnis der *Begriffsbildung* lässt sich in folgenden Schritten darstellen (ebd., S. 277–285):

- *Primat der tastenden Hände:* Das Kleinkind kann Körper und deren Eigenschaften begreifen, weil es umfassende, tastende Hände zu seiner Verfügung hat.
- *Bildung erster Begriffe:* Das Kind erlangt von der Undurchdringlichkeit, Härte, Weichheit, Glätte, Gestalt usw. vor allem durch den Tastsinn einen „Be-Griff".
- *Körperhafte Anschaulichkeit:* Das Kind lernt durch sein tastendes Gefühl und durch Gewohnheit auch das Bild von Körpern und Gegenständen richtig sehen.
- *Urteilsbildung:* Indem der junge Mensch Gefühl und Gesicht unaufhörlich miteinander verbindet, formt er sein Urteil.
- *Schnelles Sehen:* Im Verlauf seiner Entwicklung wird es möglich, auch dasjenige mit einem Blick zu erfassen, was anfangs langsam ertastet werden musste.
- *Verlust des Gefühls*: Schließlich geht rasches Sehen dem Tasten voran. Erwachsene sehen so viel und so schnell, dass sie kaum noch etwas oder nur noch wenig dabei fühlen.

Im Jahre 1781, drei Jahre nach Erscheinen von Herders *„Plastik"*, erschien Kants *„Kritik der reinen Vernunft"* in Riga bei Johann Friedrich Hartknoch. Im Unterschied zu Herder ging es Kant nicht darum, menschliches Erkennen als realen Prozess zu bestimmen, sondern zu den Bedingungen der Möglichkeit der Geltung der Erkenntnis wissenschaftlicher und insbesondere naturwissenschaftlicher Art zu gelangen. Das Ziel von Kants (1781/2003) erkenntnistheoretischem Hauptwerk ist, die Grenzen reiner Vernunfterkenntnis zu bestimmen sowie darzulegen, dass Wissenschaft, die diesen Namen verdient, in Prinzipien fundiert sein muss, die einerseits notwendig und allgemein und andererseits auf die Wirklichkeit bezogen sind. Nach dem Verfasser war eine Theorie über die Schranken menschlicher Erkenntnisse erforderlich, um einerseits den Dogmatismus und andererseits den Skeptizismus zu vermeiden.

Gemäß Kant entsteht Erkenntnis aus *zwei* Ressourcen respektive Vorgängen: Der erste Vorgang bestehe darin, durch die Sinnesorgane Empfindungen zu empfangen (Rezeptivität der Eindrücke); der zweite darin, einen Gegenstand zu konstituieren (und zwar vorab durch Begriffe). Durch den ersten Vorgang werde eigentlich nur der Stoff geliefert; erst durch den zweiten konstituiere er sich anschaulich als etwas Erkanntes dem Erkennenden gegenüber. „Anschauung und Begriffe machen also die Elemente aller unserer Erkenntnis aus, so daß weder Begriffe, ohne ihnen auf einige Art korrespondierende Anschauung, noch Anschauung ohne Begriffe, eine Erkenntnis abgeben können" (ebd., S. 119).

Vereinfacht ausgedrückt, handelte es sich um eine Trennung von passiver Sinnlichkeit und aktivem Intellekt. Beim Erkennen wird quasi ein kognitives Raster auf die rein sinnliche Rezeption angelegt. Das Raster lässt sich mathematisch ausstaffieren. In diesem Sinne lässt sich dann auch die Realität untersuchen (bzw. deren funktionale Beziehungen), wobei eine Voraussetzung hierzu der Bezug zu Gegenständen und Sachverhalten ist (realiter im Zusammenhang mit der Produktion und dem Austausch von Produkten). Fehlt die Bezugnahme auf erstellte physische Gebrauchswerte und ihre Relationen untereinander wie bei den klassischen Themen der traditionellen Metaphysik, können dieselben auch nicht Gegenstände der Erkenntnis werden; bestenfalls wird ihnen eine systematisierende Funktion für die Organisation menschlichen Denkens zukommen.

Kant befasste sich u.a. mit der Frage nach den Bedingungen der Möglichkeit reiner Naturwissenschaft. Da sich Erkenntnisse seiner Meinung nach entweder unabhängig von Erfahrung, a priori, oder erfahrungsabhängig, a posteriori, bilden und die entsprechenden Urteile entweder als bloße Erläuterungsurteile, als analytische Urteile oder als Erweiterungsurteile betrachtet werden, die als solche synthetisch erfolgen, formulierte er seine Ausgangsfrage wie folgt: „Wie sind synthetische Urteile a priori möglich?" (ebd., S. 68).

Kants Antwort: Diese Urteile sind möglich durch die notwendige Verbindung von Anschauung und Begriff, wobei der Verstand die Regeln zur Verfügung stellt. Das heißt: Synthetische Urteile a priori konstituieren sich durch die (als zwingend verstandene) *Vereinigung* der (vorgängig getrennten) Rezeption und Konzeption. Kant übernahm gewissermaßen den Empirismus David Humes und verband ihn mit dem Rationalismus von René Descartes. Er schuf einen neuen *Dualismus*, der im Unterschied zum ontologischen als epistemologisch bezeichnet werden kann (Kap. 3.1).

Nach Kant kommt dem durch die Sinnlichkeit Gegebenen keine eigene Geltung zu. Die Sinne können sich als solche nicht irren; dies indes nicht, weil sie immer richtig urteilen, sondern weil sie als solche überhaupt nicht urteilen. Demnach wird ein primär sinnlich gegebener, „roher" Stoff in einem besonderen Vorgang geordnet und geformt. Diese Formung untersteht bestimmten Prinzipien: Prinzipien der sogenannten reinen Formen der Anschauung, Raum und Zeit, sowie der Kategorien des Verstandes. Der Verstand kann sich nur auf die *formal vorbestimmte Anschauung* beziehen; die Sache selbst, die in ihrer natürlichen Existenz unabhängig vom Menschen besteht bzw. als solche nicht geleugnet wird (s.o.), bleibt demnach unerkennbar. Die empirische Erkenntnis vollzieht sich als eine *räumlich* sowie *zeitlich* vorstrukturierte und so besonders begreifbare Unterordnung der gegebenen Anschauung.

Kants Erkenntnistheorie bringt zweifellos erhebliche Vorteile mit sich, was das Verständnis von Wissenschaft und Forschung anbelangt. Die räumliche Anschauung konstituiert sich dreidimensional: Linie, Fläche, Raum. Die Geometrie bietet nicht nur die Möglichkeit, Räume dreidimensional zu konstituieren, sondern auch, sie zu *messen* und zu unterteilen, indem auf den Linien Punkte bestimmt werden. Der Zeit wird die Vorstellung einer geraden Linie unterlegt, die es erlaubt, „Zeitpunkte" auf ihr zu fixieren. Kant versteht Raum und Zeit durch ein System, das sich in jenes der klassischen Geometrie und Mechanik einfügen lässt.

Die formalisierten Anschauungen legen nahe, einen Gegenstand zu erkennen, der sich mathematisieren lässt, wenngleich der Gegenstand selbst sich nicht als solcher zu erkennen gibt, nicht einmal als einer, der die Voraussetzungen für mathematische Anwendungen bzw. Realisierungen als gegeben respektive nicht gegeben indizieren könnte. Die quasi in ein Prokrustesbett eingezwängten Anschauungsformen und Kategorien sind ungegenständlich, also mit keinerlei sinnlichen Wahrnehmungsqualitäten behaftete formale Konzepte von unhistorischer Universalität. So ist die Kausalität der klassischen Mechanik eine Denkkategorie, die nicht wie noch bei Hume aus der Erfahrung hervorgeht, sondern dieser vorausgesetzt ist. Kant zufolge wären die Sinneseindrücke nur subjektive Bewegungen von Empfindungen und Vorstellungen, denen kein berechenbares Objekt zukäme, wenn es nicht eine Regel gäbe, nach der die Eindrücke aus einem vorhergehenden Vorgang folgen würden. Gemäß Beilage III von Kants *„Kritik"* wäre dies lediglich ein blindes Spiel der Vorstellungen, was nach dem Dafürhalten des Erkenntniskritikers offenbar weniger wäre als ein Traum (vgl. ebd., S. 891).

Wie die reinen Anschauungsformen Raum und Zeit sind die reinen Verstandesbegriffe bloße Gedankenformen – Erkenntnisprinzipien, welche die Form vorschreiben, der jede Erkenntnis genügen muss. Sie sind die formalen Bedingungen der Einheit möglicher Erkenntnisgegenstände, sofern diese als Mannigfaltiges der Anschauung in Raum und Zeit gegeben sind. Indessen wird etwas angetroffen und gegebenenfalls auch verbunden, was zwar nicht schon im Verstandesbegriff, wohl aber mit der Anschauung vorgegeben ist und anscheinend gleichwohl diesem Begriff entspricht. Mit der synthetischen Einheit der Apperzeption werden Anschauungen zu Einheiten von Erkenntnissen zusammengefügt; mithin synthetische Urteile a priori realisiert. Demnach kann die Verbindung des Mannigfaltigen *nicht* durch die Sinne in die Person kommen; unabhängig davon, ob sich die Person dessen bewusst ist oder nicht, beruhen doch deren „Sinnesleistungen" auf Behandlungen durch den Verstand.

Im Jahre 1784 erschien der erste Band von Herders *„Ideen zur Philosophie der Geschichte der Menschheit"*, und zwar wie Kants *„Kritik"* in Riga bei Johann Friedrich Hartknoch. Zu Beginn dieses ersten Teils seines Werkes (1. bis 5. Buch) nennt Herder (1784/1828) seinen früheren Lehrer Kant hochachtungsvoll in einem Zuge mit Nikolaus Kopernikus, Johannes Kepler und Isaac Newton. Indessen ging es Herder nicht um die Frage nach den Bedingungen der Möglichkeit der Wissenschaft im Allgemeinen und der Naturwissenschaft im Besonderen, sondern wiederum um seine Frage, wie sich die alltägliche Erkenntnisfähigkeit des Menschen entwickelt (s.o.). Die Seele des Menschen, ihre

Fortschritte und auch ihre Beharrlichkeit versuchte er nicht isoliert von den in der Natur vorfindbaren Formationen anderer Organismen zu erfassen, sondern in ihrem Entwicklungszusammenhang und ihrer ganzheitlichen Organisation darzustellen und zu verstehen.

Die natürliche Entwicklung begreift Herder als eine abschnittsweise Aufwärtsentwicklung aus dem Anorganischen über die Pflanzenwelt und das Tierreich bis hin zum freien und vernünftigen Menschen. Dabei werden die Wirkungen des Klimas und anderer materieller Voraussetzungen auf die Bildung des Menschen in körperlicher und zugleich seelischer Hinsicht betrachtet. Das Ergebnis der Reize verwandelt sich über die Empfindung in Trieb, Gefühl und Gedanke; ein schöpferischer Fortgang, den Herder nicht nur phylogenetisch hinsichtlich sämtlicher Organismen, sondern auch ontogenetisch bei jedem einzelnen Menschen zu erkennen glaubte.

Herder sah in der Homogenese einen allmählichen Zuwachs an Humanität, wobei er in erster Linie Harmonie und Glückseligkeit des Individuums sowie die Persönlichkeitsentwicklung thematisierte. Die höchsten Bestrebungen des Gemüts und der Vernunft versuchte er auf die niedrigsten Bestrebungen zurückzuführen; in dieser Hinsicht ein durchaus materialistisches Forschungsprogramm, wie es später Wissenschaftler wie Charles Darwin und Sigmund Freud zu realisieren versuchten und dabei zunächst ebenso wie Herder auf Widerstand und Unverständnis stießen, weil es für viele Menschen eine Kränkung bedeuten musste. Herder widersetzte sich der „transzendentalen Lösung" des Erkenntnisproblems, insbesondere indem er das Erkennen phylogenetisch und ontogenetisch verstand.

Im dritten und auch noch im vierten Buch behandelte Herder u.a. den aufrechten Gang des Menschen. Die Natur habe damit Weitsicht und Vernunft ermöglicht und ihn auch zur Sprache befähigt. Nach Herder wurde der Mensch zum Menschen nicht zuletzt auch durch dessen aufrechte Stellung, als natürliche Wirkung derselben; und nicht umgekehrt, nicht weil er mit Vernunft begabt war, kam ihm beim Gebrauch seiner Gliedmaßen diese Stellung zu.

Nach Herder bekundet das Subjekt emotional die Abgestimmtheit des Menschen auf jenen Ausschnitt der Welt, dem er sich gerade nähert (oder auch: von dem er sich entfernt oder vor dem er flieht). Das Gefühl reduziert sich *nicht* auf eine innere Verfassung des Subjekts. Es ist auch mehr als das Innewerden eines bestimmten Zustandes. Emotionen beziehen sich auf Gegenstände und tragen durchaus auch zu deren Erkenntnis bei.

Demgegenüber vertritt Kant die Meinung, dass Gefühle für die Erkenntnis störend sind und deshalb zurückgehalten werden müssen, insbesondere wenn es gilt, Tatsachen zu ermitteln. Dem Menschen, der sich als Naturwissenschaftler versteht, sowie dem ausschließlich naturwissenschaftlich verstandenen und insoweit reduzierten Menschen bleibt nur ein „weltloses Gefühl" oder „gegenstandsloses Gefühl", verborgen in seinem Inneren, quasi in seinem Privatraum. Demgegenüber erscheint die Welt selbst als „gefühlsleer", ja als „sinnleer"; andernfalls könnte sie nicht dem rationalen Raster entsprechen und sich gegebenenfalls dem Zugriff des Naturwissenschaftlers fügen.

Der „Entseelung der Welt" auf der Objektseite steht auf der Subjektseite eine „Entpersönlichung" gegenüber, weil der gegenständliche, gefühlsmäßige Eindruck und Ausdruck blockiert sind. Zwar müsste dies außerhalb einer naturwissenschaftlichen Erkenntnissituation nicht der Fall sein, doch scheint die „Objektivierungshaltung" bei hinsichtlich intellektuellen Professionen und technischen Berufen sozialisierten Menschen oftmals chronifiziert zu werden; ein Vorgang, den Kant im Ergebnis zwar auf den Begriff brachte, indes in Bezug auf sich selbst und seine Mitmenschen nicht zu durchschauen vermochte.

Ungleich Kant lässt Herder das Gefühl nicht durch einen dominanten, umfassenden Verstand in einen gegenstandslosen, nichtssagenden, privaten Innenraum absinken, sondern fasst es in Verbindung mit den Gegenständen und den Ideen auf: Emotionen seien sinnvoll und würden viel zu Erfindungen und Künsten beitragen. Bereits die Sinnlichkeit enthält „Sinn"; sie erhält ihn gegenständlich. Er wird ihr nicht erst „von oben her" aufgeprägt. Nach dem Autor sind die Sinne selbst schon fein ausgestaltete „Werkzeuge" und nicht bloß Zulieferer des rohen Materials an die Adresse des Verstandes: „Gesicht und Gehör (…) sind die edelsten Sinne, zu denen der Mensch schon seiner organischen Anlage nach vorzüglich geschaffen worden: denn bei ihm sind die Werkzeuge dieser Sinne vor allen Thieren kunstreich ausgebildet" (ebd., S. 287).

Die Sinne werden von ihren Gegenständen *ausgestaltet* (respektive durch den Bezug auf sie) und nicht von höheren Prinzipien geprägt: „Das Ohr (höret) ganz, was es höret; es trinkt die Rede in sich, die, wenn sie auf bestimmte Gegenstände weiset, die Seele mehr als eine Reihe tauber Abstraktionen befriedigt" (Herder 1784–1791/1828, S. 289).

Die Sinnlichkeit weist durch dasjenige, was am Ding das „Vorspringende" oder „Auffällige" ist, auf das ihrem Träger Analoge hin. Jeder Gegenstand verkörpert die Gestalt dessen, was er wirklich ist (Einheit von Form und Inhalt); jeder Gegenstand *bedeutet* dem Menschen etwas, dem er sich zugehörig fühlt und den er „an-erkennt". Es ist für den Menschen ein „Merkmal", das er sich aneignet und gegebenenfalls behalten kann (vgl. hierzu Näheres in Herder 1772/1966). Hingegen wäre für Herder ein Vermögen, das der unmittelbaren sinnlichen Zugänglichkeit der Welt eine subjektive Bewertung bloß *hinzufügen* würde, in erkenntnistheoretischer Hinsicht nutzlos.

Kant (1785/1912) betrachtete in seiner in der *„Allgemeinen Literatur-Zeitung"* anonym veröffentlichten *„Recension"* von Herders *„Ideen"* dessen entwicklungsgeschichtlichen Gedankengang als fragwürdigen Ausläufer der von ihm überwunden geglaubten Ansichten (u.a. „naiver Empirismus"). In Herders Denken vermisste er die – wie er es nannte – „logische Pünktlichkeit in Bestimmung der Begriffe" (vgl. ebd., S. 45). Stattdessen würden Gefühle und Empfindungen dominieren.

Nach Herder ist Vernunft etwas, was der junge Mensch in kleinen Schritten allmählich *lernt.* Sie ist theoretisch sowie praktisch Vernommenes. Mit der Entwicklung der Menschen wird sie sukzessive formiert. In ihrer je besonderen Organisation kann sie schließlich auch realwissenschaftlich untersucht werden. Dagegen wendet sich Kant: Mit der Hypothese unsichtbarer, die menschliche Formation bewirkender Kräfte versuche der Autor, *„das, was man nicht begreift*, aus demjenigen erklären zu wollen, *was man noch weniger begreift*" (vgl. ebd., S. 9; Hervorhebung von Kant).

Kant sah an vielen Stellen Metaphysik am Werk, die Herder zwar im Einklang mit dem Zeitgeist ausdrücklich ablehne, indes anscheinend doch nicht entbehren könne. Deshalb fragte sich der Kritiker, warum der Autor der *„Ideen“* glaube, die Existenz unsichtbarer selbstständiger und wirksamer Kräfte aus den organischen Erzeugnissen schließen zu können. So betrachtete er es als geradezu unvernünftig, die Entstehung der Vernunft in einen Zusammenhang mit dem aufrechten Gang zu bringen (s.o.).

Nach Kant hätte zwar die entwicklungsgeschichtliche Perspektive des Verfassers fruchtbar sein können, wenn die aufsteigenden Kräfte und Formen zunächst richtig auseinandergehalten und dann wieder ordentlich miteinander verbunden worden wären; indessen erhalte der Leser meistens nur schöne Bilder in unklaren Sätzen verpackt vorgesetzt. Für die geplante Fortsetzung des Werkes wünschte er seinem ehemaligen Schüler, dass er „seinem lebhaften Genie einigen Zwang auflege“, bestehe doch Philosophie „mehr im Beschneiden als im Treiben üppiger Schößlinge“ (vgl. ebd., S. 10).

Im zweiten Band von Herders *„Ideen“*, der 1785 erschien, wurde noch deutlicher als im ersten Band, wie sehr sich der Autor von seinem einst bewunderten Lehrer gelöst hatte. Er griff nun Darlegungen seines Kritikers direkt an, wenngleich weiterhin, ohne diesen beim Namen zu nennen. Im sechsten Buch beschrieb Herder zunächst die Organisation der Völker und in den weiteren Büchern die Wirkungen des Klimas und der Lebensweisen (u.a. Nahrung, Getränke, Kleidung), der Arbeit sowie der Sprache auf die körperliche sowie seelische Bildung des Menschen. Immerhin räumte der Verfasser ein, dass noch zu wenig Vorarbeiten vorliegen würden, um das menschliche Denken und Empfinden wirklich zu verstehen oder gar zu erklären.

Kant wandte sich auch gegen diese Fortsetzung der *„Ideen“* und insbesondere gegen die Metaphern und poetischen Allegorien in Herders Gedankengängen. Seine mythologischen Anspielungen verhüllten oft mehr den Gedanken, als dass sie ihn verdeutlichen könnten; eine Kritik, die Herder sehr kränken musste, auch wenn sie eher nebenbei in eine komprimierte Übersicht des Werkes eingeflochten wurde.

> Aber eben so wenig wollen wir hier untersuchen, ob nicht der poetische Geist, der den Ausdruck belebt, auch zuweilen in die Philosophie des Verfassers eingedrungen; ob nicht hie und da Synonyme für Erklärungen und Allegorien für Wahrheiten gelten; ob nicht statt nachbarlicher Übergänge aus dem Gebiete der philosophischen in den Bezirk der poetischen Sprache zuweilen die Grenzen und Besitzungen von beiden völlig verrückt seien (Kant 1785/1912, S. 60).

Kant fragte sich, ob Herders Beredsamkeit ihn stellenweise in Widersprüche verwickle (z.B. in Bezug auf überindividuelle Traditionsbildung versus den Primat der Physiologie des Individuums). Obwohl Kant Herder durchaus Bescheidenheit bescheinigte (z.B. in Bezug auf dessen Eingeständnis, dass notwendige Vorarbeiten noch fehlen; s.o.), gelangte er schließlich zu folgendem Verdikt:

> Eines hätte (der) Recensent sowohl unserm Verf(asser) als jedem andern philosophischen Unternehmer einer allgemeinen Naturgeschichte des Menschen gewünscht: nämlich daß ein historisch-kritischer Kopf ihnen insgesamt vorgearbeitet hätte, der aus der unermeßlichen Menge der Völkerbeschreibungen oder Reiseerzählungen und allen ihren muthmaßlich zur menschlichen Natur gehörigen Nachrichten vornehmlich diejenigen ausgehoben hätte, darin sie einander widersprechen, und sie (doch mit beigefügten Erinnerungen wegen der Glaub-

würdigkeit jedes Erzählers) neben einander gestellt hätte; denn so würde niemand sich so dreist auf einseitige Nachrichten fußen, ohne vorher die Berichte anderer genau abgewogen zu haben (ebd., S. 61 f.).

Kant wies Herders Arbeit als zu wenig reflektiert zurück. „Die Stellungsnahme war nicht unhöflich, aber doch eben ohne jedes wirkliche Verständnis für das Besondere an Weg und Leistung Herders" (Bassenge 1955, S. 8). Das Besondere wurde von Kant zurückgestellt zugunsten des Allgemeinen und Allgemeingültigen. Vorländer (1992/2003) meinte zu Kants Besprechung der *„Ideen"*:

> Die bei aller Entschiedenheit ruhige, gelassene und ironisch überlegene Art (…) steigerte (…) die Erbitterung Herders nur noch mehr, so daß selbst Hamans vernünftiges Zureden nicht verfing. „Ei, ei!", schrieb ihm dieser am 19. Januar 1786 in seiner drastischen Art, „mein lieber Gevatter, Landsmann und Freund, daß Ihnen die Schläge Ihres alten Lehrers so weh tun, gefällt mir nicht recht (…). Jeder gute Kopf hat so einen Satansengel nötig, statt eines memento mori – und die bittere Aloe macht rote Wangen, befördert den Umlauf des Blutes und den Fortgang der Arbeit, besonders so lange diese noch unter dem Amboß ist" (ebd., S. 322).

Herder antwortete Kant jahrelang nicht. Erst 1799 wandte er sich offen gegen Kants *„Kritik der reinen Vernunft"* und dessen Rezensionen der *„Ideen"* in seiner *„Metakritik zur Kritik der reinen Vernunft"*. Der Kritiker der Kritik kritisierte besonders Kants Formalismus und verwies dabei auf den Formbegriff von Aristoteles, bei dem die Form der Sache oder dem Sachverhalt nicht äußerlich ist.

Herder wies darauf hin, dass jeder Wissenschaftler wie jeder Richter von demjenigen ausgehen müsse, was klar gegeben sei, und nicht ruhen dürfe, bis das Gegebene deutlich bestimmt sei. Kants grundlegende Unterscheidungen wies er zurück. So zeigte er anhand von Beispielen, dass sich analytische und synthetische Urteile nicht ohne Weiteres voneinander trennen lassen:

> Wir werden (…) wohltun, wenn wir auf den Unterschied der Synthesis und Analyse bei einzelnen Urteilen nicht achten, teils weil er ungewiß und relativ ist, sich also auch nach Ort und Zeit ändert, insonderheit aber, weil er vom Wesen des Urteils, d. h. von seiner innern verknüpfenden Form abführet. Jedes behauptende Urteil, als eine Verknüpfung zweier Begriffe, die nicht ein und dasselbe sind, muß einen Grund dieser Verknüpfung haben, folglich synthetisch, und sofern dieser Begriff mit andern zusammenhängt, aus denen er entwickelt wird, analytisch sein; denn in der menschlichen Seele sind alle Begriffe verbunden (Herder 1799/1955, S. 45).

Kants Behauptung von zwei Stämmen der Erkenntnis wies Herder ebenfalls zurück. Anschauen und Denken könnten nicht als Gegensätze verstanden werden. Herder war von der Ganzheit der menschlichen Natur und von der Einheit der beiden Vermögen überzeugt. Eine „unterteilte Seele" betrachtete er als unhaltbar. Dem zergliedernden Verstand sprach er die Priorität ab. Durch Kants Dualismus werde die Natur aufgespalten: einerseits in Erscheinungen, die der Mensch sich mit den reinen Formen der Anschauung sowie mit den Kategorien des Verstandes selbst schaffe, und andererseits in das sogenannte Ding an sich, das von aller Erscheinung gesondert sei, von dem der Mensch nichts wisse und es auch nie erreichen könne.

Herder zufolge sind den Menschen mittels der Sinnlichkeit *Gegenstände* gegeben. Sie liegen ihren *Anschauungen* zugrunde, die dann allenfalls vom *Verstand* (weiter-)gedacht und schließlich auch intellektuell durchdrungen und im eigentlichen Sinne begriffen werden können. Die Verstandesbegriffe sind also nicht von der Sinnlichkeit abgesondert.

Sinngemäß ist der Raum primär ein von der Empfindung veranlasster Erfahrungsbegriff. „Das ungeborne Kind in seiner engen Wohnung ist durch manchen Druck und Stoß dieser Empfindung schon *innegeworden*" (ebd., S. 58; Hervorhebung von Herder). Später erfasst es das geordnete Nebeneinander und Auseinander verschiedener Orte. Es handelt sich um Dinge und deren Bewegungen; um durch die Sinnlichkeit „räumlich" aufgenommene Begebenheiten. Erst in der weiteren Entwicklung kann der „Raum" in Absehung von allem Vorgegebenen allenfalls auch als Abstraktum verstanden werden (d. h. im Sinne Kants).

Ebenso entsteht die Zeit mit der Erfahrung. Sie ist ebenso wie der Raum nicht a priori gegeben und keine notwendige Vorstellung, die *allen* Anschauungen zugrunde liegt. Sie bildet sich aus der Wiederkehr der Dinge im täglichen Leben hinsichtlich praktischer Zwecke im Kleinen sowie im Großen und ist ursprünglich eng mit den Orten des Raumes verbunden.

Während Kants Zeitbegriff ausschließlich nach Maßgabe mathematischer Naturwissenschaft bestimmt war, verstand Herder den Menschen (natur-)historisch. An der Zeit interessierte ihn v. a., wie sie im Verlaufe der Homogenese entstanden ist.

> Die meisten Zeitbestimmungen, z.B. *Morgen* (Aufgang), *Mittag, Abend* (Abgang), *vor, nach, mit, zwischen* usw., sind von Bestimmungen des *Orts* hergenommen. Der Ort, wo die Sonne auf- und unterging oder mitten in ihrem Lauf stand, gab Anlaß, daß man auch die Zeit dieses Standes, *Abend, Morgen, Mittag* nannte. Die Vergangenheit war *vor-*, die Zukunft *hinterwärts* gedächt; *Tag* und *Stunde* waren etwas, was *anberaumt, betagt, gestundet* wurde. *Monat* hieß ein Mondeslauf, *Woche* heißt Ordnung, das *Jahr* ein Kreis, ein Zirkel (ebd., S. 67; Hervorhebungen von Herder).

Herders grundlegende Erfahrungen implizieren bereits im sinnlichen Verlauf minimale Verhältnisse. Sie sind in sich schon gestalthaft und weisen von sich aus in Richtung Begriffswelt. In ihrer Bedeutung sind sie auch verbal ausformulierbar. Das ist nur möglich, weil Herders Menschen von Anfang an mit sämtlichen Fasern ihrer Existenz empfindungs- und gefühlsmäßig *in* ihre (mitunter auch gegenständliche) Lebenswelt (nicht zuletzt auch sprachlich) eingewoben sind. Demgegenüber ist bei Kant die Empfindung bloßer „Materiallieferant", und das Gefühl bekundet allenfalls eine innere, quasi private Verfassung des Subjekts (s.o.).

Kant sieht vom realen Gegenstand ab. Er glaubt nicht wie Herder, dass es erkenntnistheoretisch wesentlich ist, dass man ihn (zunächst) handlich untersuchen kann. Herder scheint noch dem Handwerk verpflichtet zu sein, während Kant schon den Automatismus der modernen Maschinenwelt andenkt. Herder ist überzeugt davon, dass die Erkenntnis auf den Boden sinnfälliger Realität zurückgebracht werden muss und kann. Über die Erfahrung kann und darf letztlich nicht hinausgegangen werden; basiert doch auch die Sprache und alles, was mit ihr ausgesagt werden kann, mithin auch die Vernunft und die Erkenntnis, die Wissenschaft, immer schon auf gegenständlicher Erfahrung.

> Statt nämlich zu *transzendieren,* kehre die Vernunft auf den Ursprung ihres Besitzes, d. h. in sich selbst zurück mit der Frage: „Wie kamst du zu dir und zu deinen Begriffen? Wie hast du diese ausgedrückt und angewandt, verkettet und verbunden? Woher kommt's, daß du ihnen allgemeine, notwendige Gewißheit zueignest?" Unterläßt sie diese Frage und isoliert sich von *aller* Erfahrung, so täte sie wohl, wenn sie sich auch von der Sprache isolierte; denn diese hat sie gewiß doch nur durch *Erfahrung* (Herder 1799/1955, S. 50; Hervorhebungen von Herder).

Nach Herder richtete sich Kants Erkenntnisinteresse auf das Allgemeine, das im Naturgesetz aufscheint und durch dasselbe bestimmt wird, während das dem Allgemeinen gegenübergestellte Besondere unter die Herrschaft des Allgemeinen fällt, zurückgestellt wird, wertlos erscheint und schließlich verloren geht. Kants Einheitsstiftung erfolgt in einer als möglich gedachten, intelligiblen Welt und nicht als unmittelbare begreifbare Entfaltung *in* der Auseinandersetzung mit der realen Welt. Für Herder sind hingegen bereits die ersten Relationen von den wahrgenommenen Gegenständen vorgegeben. Proportionen werden schon mit den Sinnen und durch dieselben erfasst.

Bei Kant ist die Verbundenheit eines „Sachverhalts" eine Frage der Anschauung und nicht eine des Gegenstandes – das heißt eine ideale Vorstellung, von der letztendlich zumindest unklar bleiben muss, ob sie sich der Realität anpasst. Mit der formalisierten Anschauung wird die Quantifizierung forciert, eine wesentliche Voraussetzung der Mathematisierung.

Litt (1930) fand, „daß Kant, wann immer er den Sinn, die Ordnung, den Wahrheitsgehalt irgendeiner Form gegenständlichen Auffassens näher bestimmen will, die logische Struktur der mathematischen Naturwissenschaft nicht etwa zum Orientierungspunkt *wählt* (denn damit wäre eine Prüfung verschiedener Möglichkeiten vorausgesetzt), sondern als selbstverständlichen und einzig möglichen Kanon gegeben glaubt" (vgl. ebd., S. 158; Hervorhebung von Litt).

Herder qualifizierte Kants Hauptwerk als irrtümlich, wider die unmittelbare Erfahrung und gegen den gesunden Menschenverstand gerichtet. Er hielt dem kritischen Erkenntnistheoretiker die Einheit von Sinnlichkeit und Vernunft entgegen. Wenn Relationen und Gestalten primär erfassbar waren, hieß dies nicht, dass sie nicht auch weitergehend abstrahiert und schließlich allgemein erörtert werden könnten (besonders im Vergleich mit anderen Gegenständen und Sachverhalten). Bei Herder war das Geistige nicht länger etwas Abgespaltenes, sondern etwas, das in den basalen Vorgängen verwurzelt war. Anstelle des Dualismus sah er fließende Übergänge quasi in einem an sich monistischen Flussbett.

In Herders *„Kalligone",* einem Werk, das im Jahr 1800, also ein Jahr nach der Metakritik, erschien, führte der Autor anhand vieler Beispiele aus, dass bereits die Sinnlichkeit nicht nur gegenstandsbezogen proportioniere, sondern auch „urteile" (z.B. nach „angenehm" und „widerlich"). So entdecke eine Person „den Grund der Harmonie" im Bau der

(Klang-)Körper selbst (vgl. Herder 1800/1880, S. 66). Auch wies er darauf hin, dass es die Sprache sei, welche die Denkformen in sich trage. Empfinden und Denken bilde ein feines Gewebe, das nur verbal aufgelöst werden könne. Im Schlusskapitel *„Abschied der Kritik der reinen Vernunft"* hält Herder nochmals fest, dass Analyse und Synthese untrennbar seien und dass auch kein Verstandesbegriff „ohne ein Verständliches in oder außer mir" bzw. ohne Objekt konstituiert werde (vgl. ebd., S. 335).

Nach Bassenge (1955) hatte Herder recht, dass er sich gegen den Graben wandte, den Kant zwischen Sinnlichkeit und Verstand, Stoff und Form, schuf (demgegenüber würde sich die richtige Unterscheidung von *Inhalt* und Form auf alle „Vermögen" beziehen). Kant statuiere Gegenprinzipien, wo in Wirklichkeit sachlich-historische Zusammenhänge vorliegen würden und allenfalls begrifflich scharf unterschieden werden müssten. „Kant vermißt bei Herder mit gutem Grund diese begriffliche Schärfe; sachlich aber war Herders Zug zum Monismus zutiefst berechtigt" (ebd., S. 10).

Kant wies der verbalen Einheit, dem einzelnen Wort, eigentlich nur eine begriffliche Bedeutung zu, die er als nichtsprachliche kontextlos behandelte. Zudem schob er die konnotativen, empfindungsmäßigen und emotionalen Aspekte des Wortes auf eine bloße „Modulation" desselben ab (vgl. Litt 1930, S. 189). Herder nahm indes das Kulturgut Sprache, die Einheit des Sinnlichen und Unsinnlichen (schon in ihrer kleinsten Einheit, der Bedeutung) gegenüber Kants überstrapaziertem Intellekt in Schutz.

Herder vertrat ein anderes Menschenbild als Kant. Empfindung, Emotion und Sprache gehören wesentlich zum Menschen und dessen Erkenntnis. Begriffe werden nicht isoliert von Sprache konstituiert und verstanden. Im Gegenteil: „Die Sprache der Menschen trägt ihre *Denkformen* in sich; wir denken, zumal abstract, nur in und mit der Sprache" (Herder 1800/1880, S. 7; Hervorhebung von Herder).

Indessen konnte sich Herder gegen Kant *nicht* durchsetzen. Auch andere Denker, ähnlich wie Herder eher humanistisch gesinnte Philosophen (u.a. Rudolf Otto Lipschitz) und Pädagogen (z.B. Johann Heinrich Pestalozzi), standen im Schatten von Kants Erkenntnistheorie. Die meisten Autoren, Kantianer, aber auch solche, die Kant nicht unbedingt wohlwollend gegenüberstanden, distanzierten sich von Herder und seinen stellenweise polemischen Ausführungen. Zu diesen Kritikern gehörten auch Autoren, welche die Logik psychisch zu begründen suchten. Einige Philosophen wie beispielsweise Beneke (1842) dachten im Unterschied zu Kant bereits „psycho-*logisch*", doch indem sie sich direkt auf die (Wissenschafts-)Logik bezogen, setzten sie sich mit ihrer auf die Naturwissenschaften ausgerichteten Methodologie auch von einem eher humanistischen Verständnis der Wirklichkeit ab. Zwei Jahrzehnte später wurde Benekes Wissenschaftsverständnis als „Psychologismus" (Erdmann 1866/1896) attribuiert (Näheres zur sog. Psychologismus-Antipsychologismus-Kontroverse in Kap. 4.3).

Von den bekannten Psychologen sollte Stumpf (u.a. 1883) eher die Position Herders und Wundt (u.a. 1894) eher die Position Kants übernehmen (Kap. 4.3). Stumpf wird von der unmittelbaren Wahrnehmung des an und für sich ganzheitlichen Psychischen ausgehen, zu dem u.a. Tonempfindungen oder auch Tonverschmelzungen wie die Oktave gehören, wobei der sogenannten Aufmerksamkeit lediglich die Aufgabe zufällt, Vorstellungen länger im Bewusstsein zu halten, um beispielsweise Differenzen von Tönen besser zu erkennen. Demgegenüber wird Wundt zwar bei den einzelnen, elementaren Sinnesinhalten ansetzen, doch erst durch den Akt der Apperzeption werden dieselben zu Ganzheiten zusammengefügt. Die Apperzeption ist ein synthetischer Vorgang, der einen schöpferischen Charakter hat (Prinzip der schöpferischen Synthese) und durch den Willen gesteuert wird. Hingegen unterliegt Stumpfs Aufmerksamkeit nicht wie Wundts Apperzeption eigentlichen willensgesteuerten Prozessen, sondern ist schon von sich aus mit „Willensmomenten" durchsetzt (vgl. Wolfradt 2011, S. 70 f.).

Während Kant den Menschen in mechanisch voneinander abgetrennte Abteilungen von Kompetenzen festschreibt und sich dagegen verwahrt, Verstand mit Sinnlichkeit zu vermischen, versucht Herder, Personen aus ihrem jeweiligen Lebenszusammenhang heraus einheitlich zu verstehen. Das setzt voraus, dass Raum und Zeit primär in ihrer praktischen Bedeutung im Alltag aufgefasst werden. Demgegenüber leisten Kants reine Formen der Anschauung, Raum und Zeit, keinen persönlichen Gebilden Vorschub, sondern bringen abstrakte Muster allgemeiner räumlicher und zeitlicher Beziehungen zur Darstellung. Diese Schematik versteht sich ausschließlich aus der Perspektive der Interessen von Naturwissenschaftlern und Naturwissenschaftlerinnen und nicht aus der Perspektive von Laien in ihrer Alltagswelt.

Im Sinne von Kant wird auf die Realität (oder was dafür gehalten wird) ein ideales Raster bzw. ‚Vorbild' bestehend aus Idealen angewendet (z.B. in Form eines abstrakten, faktoriellen Musters). Maßnahmen werden durch Standards begründet und nicht länger durch Menschen, die aufgrund ihrer konkret-sinnlichen Erfahrungen und Kenntnisse Verantwortung übernehmen. Die Gefahr besteht, dass bei der Anwendung des Rasters auf eine solcherart objektivierte Realität eben dieses Raster sich als aufgezwungenes herausstellt, und zwar insbesondere dann, wenn es sich beim Objekt der Erkenntnis zugleich um das Subjekt derselben handelt. In diesem Fall schlägt das Ideal, das Anwender/innen des Rasters für sich in Anspruch nehmen, hinsichtlich der vom Raster betroffenen Menschen ins Gegenteil um.

Durch schematische Wahrnehmung verwandelt sich jede Individualgestalt aus einem anschaulichen Aggregat in einen abstrakten Repräsentanten, der gegen jedes Besondere gleichgültig ist und lediglich das beliebig auswechselbare Modell allgemeiner Relationen bekräftigt. Die von Kant vollzogene Abstraktion vom Sinnlichen entspricht dem materiell durchgesetzten Warentausch, in dem gerade auch sinnlich völlig unterschiedliche Gebrauchswerte einander wertmäßig gleichgesetzt werden (vgl. u.a. Sohn-Rethel 1985).

Sinnliche Wahrnehmung und ihre übersinnlichen Voraussetzungen wurden formuliert, ohne die historischen Voraussetzungen der verwendeten Konzepte zu explizieren. Ebenfalls nicht reflektiert wurde die *Verteilung* des „psychischen Raumes" (und nicht nur des sinnlichen), mit der die mit dem Warentausch konstituierte Arbeitsteilung (Sinnlichkeit/Intellekt) festgestellt und perpetuiert und eben nicht aufgelöst oder zumindest infrage gestellt wird (vgl. u.a. auch Rancière 2000/2008).

Herder setzte Kants Fraktionierung der Erkenntnis dem minutiösen Proportionalismus der Erfahrung gegenüber. Dessen reine Vernunft und ihre ideell verbundenen und so letztlich unverbindlichen Maximen versuchte er schrittweise als schließlich realitätsadäquate Vernunft auf den Boden gegenständlicher Verbindlichkeit zurückzuholen. Gegenüber der Anwendung eines reinen Formalismus auf eine qualitativ unerreichbare und letztlich unerfassbare Realität favorisierte er die gegenständliche Vermittlung einer so speziell an den Belangen und am Wohl der Menschen ausgerichteten Vernunft. Die Anschauung der Welt als ideell und somit leicht verkennbar substituierte er durch die Aufarbeitung der realen Voraussetzungen der Menschen und der hierin eingeschlossenen Verhältnisse nicht zuletzt hinsichtlich der schon mitgegebenen oder noch fehlenden Rationalität und humanitären Vernunft.

Während Descartes noch das gesamte psychologisch relevante Feld in einen subjektiven und einen objektiven Bereich unterteilte und sich La Mettrie dem entgegensetzte, waren sich Kant und Herder hinsichtlich des Gegenstandsverbundes des *Subjekts* nicht einig. Bei dieser Kontroverse steht der direkt auf Gegenstände rekurrierenden Sinnlichkeit und Vernunft eine vom Untersuchungsmaterial abgezogene zweiteilige Vorrichtung gegenüber, mit der die Gegenstände nicht mehr unmittelbar erfassbar sind, sondern eben nur noch im Sinne dieses Apparates. Zwar wird damit ausgeschlossen, dass die Realität als solche direkt erkannt werden kann, doch gibt sie diesem vorgerichteten Verständnis entsprechende Fakten von sich preis.

Dementsprechend reduzieren sich Befunde von Experimenten auf „objektive Daten", insofern sie auf eine „entseelte Welt" ausgerichtet sind (z.B. Zeitmessungen i.S. einer linear verstandenen Zeit). Ähnlich wie sich La Mettrie gegen Descartes und Herder gegen Kant wandte, wird sich Goethe gegen Newton und Hering gegen Helmholtz wenden; in beiden Kontroversen wird der Stellenwert gegenstandsbezogener Sinnlichkeit im Erkenntnisprozess behandelt (Kap. 3.4 und 3.5).

Im 20. Jahrhundert wird die Bedeutung der Gegenständlichkeit für die grundlegenden sensorischen *sowie* die höheren psychischen Prozesse in neuronaler Hinsicht näher untersucht werden. Indessen wird der Mainstream der Psychologie die Sinnlichkeit einem tabellarischen Verstand unterordnen. Die Durchmusterung des Psychischen wird sich als Nivellierungsprozess erweisen, dem schlussendlich das Besondere und Authentische zum Opfer fallen wird. Die mit einem grundsätzlichen Operationalisierungsproblem behaftete Forschung und ihre Befunde werden realiter selten über Zusammenstellungen und statistische Auswertungen von Antworten auf Rasterfragen oder über (oft zeitlich reduzierte) Reaktionen in experimentellen Settings hinausweisen (Kap. 5.7 und 7.7).

3.4 Widerlegung der Farbenlehre

Am 4. Januar 1643 wurde Isaac Newton im Dorf Woolsthorpe bei Grantham (Lincolnshire) geboren. Ab 1663 legte Newton Tagebücher an, die u.a. Aufzeichnungen zu Fehlern von optischen Linsen und zur Brechung des Lichts enthalten. 1665 erlangte er am Trinity College zu Cambridge den akademischen Grad eines „Bachelor of Arts". Ein Jahr später kaufte er auf dem Jahrmarkt von Stourbridge sein erstes Glasprisma. 1704 veröffentlichte

Newton sein Werk *„Optik oder Abhandlung über Spiegelungen, Brechungen, Beugungen und Farben des Lichts"*.

Im Physikunterricht wird vermittelt, dass Newton seine Theorie des Lichts konzipierte, nachdem er in seiner Dunkelkammer einen Sonnenstrahl durch ein Prisma gesandt hatte und feststellen konnte, dass dieser Strahl nach dem Prismadurchgang ein Farbspektrum zeigte. Wenn durch eine Sammellinse die verschiedenfarbigen Lichter wieder zur Deckung gebracht werden können, ist anzunehmen, dass das weiße Licht der Sonne aus unterschiedlich brechbaren Strahlen besteht.

In seiner 1704 publizierten *„Optik"* nahm Newton auf den Regenbogen Bezug und erklärte dieses „Phänomen des Himmels" mit seiner Strahlentheorie. Newton wies experimentell nach, dass aus dem Vollspektrum isoliertes rotes, gelbes oder blaues Licht unterschiedlich brechbar ist. Unter Berücksichtigung der Voraussetzung, dass das unterschiedliche Verhalten verschiedenfarbiger Lichter als ein durchgängiges respektive naturkonstantes Verhalten verstanden werden kann, schloss Newton, dass das Sonnenlicht heterogen ist und sich durch Brechung (Refraktion) verteilt (Dispersionsbild).

Newton beschrieb seine experimentellen Operationen detailgenau. Dabei wies er ausdrücklich darauf hin, dass die Lichtstrahlen, die durch ein Prisma zerlegt werden, noch nicht farbig sind. Demnach werden die „Farblichter" erst im Auge sowie im Gehirn erzeugt. Newton trennte seine Wissenschaft, die Physik, von der Wissenschaft der Wahrnehmung, wenn man will: von der Psychologie. Auf diese Weise konnte er alle Farberscheinungen auf Quantitatives zurückführen; nämlich auf Strahlen, die durch einen unterschiedlichen Brechungsgrad gekennzeichnet sind.

> In (den Strahlen) liegt nichts als eine gewisse Kraft und Fähigkeit, die Empfindung dieser oder jener Farbe zu erregen. Denn ebenso wie der Schall einer Glocke (…) nichts anderes ist als eine zitternde Bewegung des Körpers und die sich von ihm ausbreitende Bewegung in der Luft und das Gefühl dieser Bewegung in unserem Empfindungsorgan in Form eines Schalles, so sind die Farben an den Objekten nichts anderes als die Fähigkeit, diese oder jene Strahlenart reichlicher zu reflektieren als die anderen, und (…) Strahlen nichts anderes als ihre Fähigkeit, diese Bewegung bis in unser Empfindungsorgan zu verbreiten und im letzteren die Empfindung dieser Bewegungen in Gestalt von Farben (Newton 1704/1983, S. 81).

Demnach trennte Newton seinen physikalischen Gegenstand, die Strahlen, von deren Perzeption. Damit konnte er alle Farberscheinungen quantifizieren, nämlich aufgrund von Strahlen, die durch verschiedene Brechungsgrade definiert sind. Reduktion und Quantifizierung sind Voraussetzungen für die Prognostizierbarkeit von Sachverhalten. Newton ging „empirisch-analytisch" vor; das heißt, er versuchte, die Sachverhalte aus seinen Überlegungen und Experimenten heraus zu verstehen, schlüssig darzulegen und zu erklären; doch da er es auf allgemeine Gesetzmäßigkeiten abgesehen hatte, könnte seine Vorgehensweise ebenso gut als „empirisch-synthetisch" bezeichnet werden. Seine Experimente waren von vornherein in einen Erklärungszusammenhang eingebettet; insofern war seine Vorgehensweise rationalistisch. Allerdings wurde dadurch nur die Überprüfungsmöglichkeit hergestellt, deren Ergebnis einen empirischen Charakter hatte.

Im Jahre 1749 wurde Johann Wolfgang Goethe im Haus „Zu den drei Linden“ am Großen Hirschgraben in Frankfurt am Main geboren. Auf Veranlassung seines Vaters hin studierte er Rechtswissenschaften in Leipzig und nicht seinem eigenen Wunsch entsprechend Altertumswissenschaften in Göttingen. Im Jahre 1792 las Goethe die Schriften Newtons. Mit mehreren interessierten Zeitgenossen (darunter Georg Christoph Lichtenberg und Friedrich Heinrich Jacoby) führte er über die Probleme der Farbphänomene einen regen Briefwechsel. 1793 setzte er sich in mehreren Abhandlungen kritisch mit Newton auseinander und entwarf eine eigene Farbenlehre. Nach jahrelangen Forschungsarbeiten erschien 1810 in Tübingen Goethes wichtigstes wissenschaftliches Werk *„Die Farbenlehre“*.

Goethe fragte sich, was der Mannigfaltigkeit der Farbenwahrnehmung zugrunde liegt. Mit seinen Versuchen wollte er aufzeigen, dass es ohne Licht *und* Schatten keine Farbwahrnehmungen gibt. Goethe glaubte, dass Farben Modifikationen des Lichts seien, wobei er das Modifizierende in der lichtlosen, finsteren Materie vermutete. Die Farben betrachtete er unter drei Aspekten: Er untersuchte, inwiefern sie dem Auge angehören und auf einer Wirkung und Gegenwirkung basieren (unaufhaltsam flüchtige physiologische Farben); inwiefern sie an farblosen Mitteln oder durch deren Beihilfe wahrnehmbar sind (mehr oder weniger lang verweilende physische Farben); und schließlich, inwiefern sie als den Gegenständen angehörig in Betracht zu ziehen sind und damit auch außerhalb des Menschen und unabhängig von ihm bestehen (dauernde chemische Farben). Demnach verfolgte Goethe die Farbwahrnehmung von ihrer Erregung bis zum Wahrnehmungsorgan und von diesem zurück zum Wahrnehmungsgegenstand in ihren sich fortsetzenden Übergängen.

Gegenüber Newtons Entdeckung der Spektralfarben durch die experimentelle Zerlegung des weißen Lichts entwickelte Goethe eine umfassendere Theorie der Unteilbarkeit des Lichts, der Polarität von Licht und Schatten sowie der Entstehung der Farben aus der Interaktion dieser beiden Prinzipien (nämlich aus dem trüben Bereich zwischen schwarz und weiß). Den wahrnehmenden Mensch begriff Goethe in seiner Umwelt bzw. im Kontext des unmittelbar Wahrzunehmenden.

Goethes Werk beinhaltet auch den Fall, den Newton isolierte und experimentell ausarbeitete. Dessen Brechungs- oder Refraktionstheorie stellte Goethe seine Farbenlehre in den folgenden drei Schritten gegenüber:

In einem ersten Schritt beschrieb Goethe, wie Newton experimentell vorgeht und das Licht behandelt:

> Newton behauptet, in dem weißen farblosen Lichte überall, aber besonders im Sonnenlicht, seien mehrere verschiedene Lichter wirklich enthalten, deren Zusammensetzung das weiße Licht hervorbringe. Damit nun diese bunten Lichter zum Vorschein kommen sollen, setzt er dem weißen Licht gar mancherlei Bedingungen entgegen: vorzüglich brechende Mittel, welche das Licht von seiner Bahn ablenken; aber diese nicht in einfacher Vorrichtung. Er gibt den brechenden Mitteln allerlei Formen, den Raum, in dem er operiert, richtet er auf mannigfaltige Weise ein; er beschränkt das Licht durch kleine Öffnungen, durch winzige Spalten, und nachdem er es auf hunderterlei Art in die Enge gebracht, behauptet er, alle diese Bedingungen hätten keinen anderen Einfluss, als die Eigenschaften, die Fertigkeiten des Lichts rege zu machen, so dass sein Inneres aufgeschlossen und sein Inhalt offenbart werde (ebd., 1810/1999, S. 191 f.).

In einem zweiten Schritt stellte Goethe der Brechungstheorie Newtons eine Skizze seiner eigenen Lehre gegenüber:

> Die Lehre dagegen, die wir mit Überzeugung aufstellen, beginnt zwar auch mit dem farblosen Lichte, sie bedient sich auch äußerer Bedingungen, um farbige Erscheinungen hervorzubringen; sie gesteht aber diesen Bedingungen Wert und Würde zu. Sie maßt sich nicht an, Farben aus dem Licht zu entwickeln, sie sucht vielmehr durch unzählige Fälle darzutun, dass die Farbe zugleich von dem Lichte und von dem, was sich entgegenstellt, hervorgebracht werde (Goethe 1810/1997, S. 192).

Im dritten Schritt versuchte Goethe den besonderen Fall der Lichtrefraktion im Sinne seiner eigenen Theorie zu verstehen:

> Um bei dem Refraktionsfalle zu verweilen, auf welchem sich die Newtonsche Theorie doch eigentlich gründet, so ist es keineswegs die Brechung allein, welche die Farbenerscheinung hervorbringt; vielmehr bleibt eine zweite Bedingung unerlässlich, dass nämlich die Brechung auf ein Bild wirke und ein solches von der Stelle wegrücke. Ein Bild entsteht nur durch Grenzen; und diese Grenzen übersieht Newton ganz, ja er leugnet ihren Einfluss. Wir aber schreiben dem Bilde sowohl als seiner Umgebung, der Fläche sowohl als der Grenze, der Tätigkeit sowohl als der Schranke, vollkommen gleichen Einfluss zu (ebd., S. 192).

Nach Goethe sind komplexere Phänomene aus einfacheren Phänomenen herzuleiten, wobei auf unmittelbarer Erfahrung beruhende Versuche wegleitend sind. Voraussetzung für die Herleitung ist, dass durch Entnahme und Zugabe von erzeugenden Bedingungen, durch sukzessive Modifikation, ein Phänomen an das andere gereiht wird. Die einfacheren Phänomene beruhen auf noch einfacheren Phänomen bzw. auf einfachsten Kontrastbedingungen. Goethe sucht also in den komplexeren Phänomenen nach den Grundphänomenen, wobei dieselben nicht ausschließlich als abstrakte Prinzipien zu verstehen sind, sondern selbst als einfachste Phänomene an einer bestimmten Stelle als besondere erscheinen.

> Das Ziel dieser Methode besteht (…) darin, die notwendige Differenzbedingung (Elementarbedingung) zu finden, aus der das Grundphänomen sich einstellen und durch eine aufbauende Konstruktion der erzeugenden Bedingungen sukzessive zu einem geordneten System von Phänomenen verändert oder entwickelt werden kann. Kann ein System von Phänomenen durch einen konstruktiven Aufbau von Bedingungsschritten (…) entwickelt werden, so wäre von einem phänomenologischen Herleitungszusammenhang zu sprechen. Eine phänomenologische Herleitung kennzeichnet sich dann daraus, dass von Stufe zu Stufe aus den elementaren Ausgangsbedingungen mittels genau bestimmter Regeln komplexere Zusammenhänge oder Phänomene gebildet werden (Nussbaumer 2008, S. 99).

Das einfachste und homogenste Wesen ist Goethe zufolge das Sonnenlicht (das sogenannte Grundlicht). Es wird unter der Voraussetzung der Brechung (Refraktion) durch das optische Medium (bzw. durch die Trübe im Material des Mediums) in den Zustand des farbigen Lichts versetzt. Demnach sind Farben heterogen; sie sind aus Licht und Schatten zusammengesetzt, mithin „Mischfarben". Nach Goethe bilden sich die Farben durch drei Wirkfaktoren, nämlich erstens durch unvollkommene Ablenkung des Sonnenlichts, zweitens durch die scharfe Begrenzung des Lichtes durch Schatten und drittens durch das Trübe des Mediums. Wenn durch das Trübe das Licht unvollkommen abgelenkt und durch Schatten begrenzt wird, verändert sich Goethe zufolge homogenes weißes Licht in Farben.

Hinsichtlich der Kritik an Newton verfolgt Goethe, so jedenfalls Nussbaumer, besonders aufmerksam die minimalen komplementären Farbbildungen (bzw. „Säume") an den Kanten des Prismas. Im sogenannten Kantenspektrum erfolgt eine Gegenüberstellung der Grundphänomene (Kantenpositiv und Kantennegativ). Goethe stellt sich das Kantenspektrum als eine primäre Phase in der Entwicklung der Phänomene vor; ihr folgt dann erst die als sekundär aufgefasste Phase des prismatischen Vollspektrums. Demnach ist das Vollspektrum aus dem Kantenspektrum ableitbar und nicht umgekehrt im Sinne Newtons das Kantenspektrum aus dem Vollspektrum.

Goethe demonstrierte mit einem Glas ohne schwarzen Hintergrund versus mit schwarzem Hintergrund durch die Trübe des Glases, wie farbloses Licht farbig wird. Auch das durchsichtige Glas von Newtons Prisma ist für Goethe leicht trüb (nämlich ein erster Grad des Trüben). Nach Goethe beinhaltet also jedes durchsichtige Mittel eine gewisse Trübe, obgleich vielleicht eine kaum merkliche. Seinem Dafürhalten nach findet keine Entmischung der Farben statt, sondern, wenn das gesamte Farbfeld betrachtet wird, eine teilweise gegenseitige Durchdringung derselben.

Wenn man allerdings bei einströmendem Licht *zwei* Prismen passieren lässt (multiple Refraktion) und man das sich ausdehnende Lichtfeld über mehrere Abschnitte hinweg verfolgt, zeigt sich, dass zwar zunächst die Farben im Sinne von Goethe zustande kommen (u.a. Grün aus Gelb und Türkis), doch im nächsten Abschnitt ist dies nicht mehr der Fall (Grün entsteht nur aus der Wirkung des einströmenden Lichtfeldes). Damit erweist sich Goethes Erklärungsansatz als problematisch (Näheres in Nussbaumer 2008, S. 91 ff.).

Demnach ist Goethes Auffassung nur unter den besonderen Bedingungen eines Versuches richtig, der als solcher eine *unmittelbare* Wahrnehmung der Phänomene zulässt. Unter den Bedingungen eines Versuchs in *mehreren* Abschnitten, den Goethe nicht durchführte und der weniger den alltäglichen Voraussetzungen entspricht, bewährt sich seine unmittelbare Annahme bzw. seine Erklärung nicht.

Wenn im Sinne Newtons mit einem „Experimentum Crucis" (Abb. 3.2) die einzelnen Farbabschnitte aus dem kontinuierlichen Spektrum isoliert und zum zweiten Mal durch ein Prisma gesendet werden, fallen alle Farblichter auf unterschiedliche Orte an einem Auffangschirm. Damit wird eine Homogenitätsbedingung erstellt, um einen tatsächlichen Unterschied im Verhalten des Lichts feststellen zu können:

> Ich muß die einzelnen Farblichter immer wieder durch dieselbe Öffnung g (im Schirm de) schicken, um zu gewährleisten, daß sie beständig am selben Ort auf das zweite Prisma abc fallen, um dann zu sehen, was sich ereignet. Dazu muß ich bloß das erste Prisma ABC drehen, damit das auf de geworfene Spektrum sich hinauf- oder hinunterbewegt (…). Die Farben oder einzelnen Farblichter verhalten sich konstant. Sie werden einmal stärker und einmal schwächer (…) gebrochen (…). Da nun keine äußere Ursache mehr dafür verantwortlich gemacht werden kann (es sind ja die Bedingungen für alle Farblichter gleich oder konstant – und

> dies ist zugleich der springende Punkt), wird auf die *innere* Ursache, das heißt, auch auf den *eigentlichen* Grund, auf die Eigenschaft, Fähigkeit oder *Natur* der Farben geschlossen, mit anderen Worten: sich je unterschiedlich unter gleichen Bedingungen zu verhalten (zit. nach ebd., S. 42; Hervorhebungen von M.G.).

Goethe versuchte, Newton zu widerlegen respektive im Sinne seiner Theorie zu interpretieren, indes wird mit dem Experimentum Crucis nach kritisch-rationalistischen Kriterien Goethes Theorie falsifiziert. Der Vorteil von Newtons Theorie besteht in der *Voraussage* der Effekte respektive in der gedanklichen Nachvollziehbarkeit ihrer *Herleitung*. Der Nachteil liegt indes darin, dass die Herleitung nur theoretisch und nicht praktisch unmittelbar am Phänomen möglich ist. Die Effekte erfolgen unabhängig vom Beobachter, rein objektiv – gleichsam den „Sach-verhalten" entlang.

Demgegenüber hat Goethes phänomenologische Methode den Vorteil, dass das *Subjekt* nicht ausgeschlossen wird. Es wird nicht nur ein Ergebnis bzw. ein Effekt aufgezeigt, sondern sämtliche Schritte des Vorgangs bleiben transparent, indem der tatsächliche empirische Vollzug für den Beobachter zum Ausdruck gebracht wird. Zwar kann diese Methode wohl die kritisch-rationalen Kriterien naturwissenschaftlicher Forschung nicht erfüllen (u.a. wegen fehlender Prognostizierbarkeit), doch erweist sie sich als „ideales Instrument der Erfahrung" (vgl. ebd., S. 101).

Die phänomenologische Methode könnte für eine Humanwissenschaft, die subjektive Tätigkeiten nicht ausschließt, mithin sich nicht auf naturwissenschaftliche Sachverhalte reduzieren lässt, von Interesse sein. „Wie man sich zu Goethes theoretischem Paradigma auch stellen mag, meines Erachtens liegt Goethes Verdienst insbesondere in seinem experimentellen Paradigma und seiner phänomenologischen Methode, die erst einer genaueren Ausarbeitung harrt" (ebd., S. 102). Demnach lässt sich bei einer methodologisch neutralen Fragestellung, die *nicht* von vornherein naturwissenschaftlich ausgerichtet ist, die Frage, ob Newton oder Goethe in der Farbenlehre recht hatte, nicht ausschließlich im Sinne Newtons beantworten:

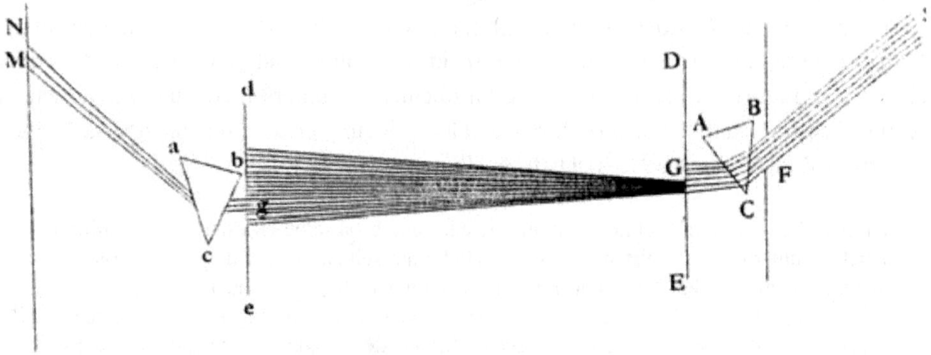

Abb. 3.2 Aufbau des Experimentum Crucis (vgl. Nussbaumer 2008, S. 42)

> Die beiden Forscher untersuchten das Phänomen von einem unterschiedlichen Standort aus und verfolgten zweierlei Interessen: Newton sieht quantitative Aspekte, Goethe qualitative. Newton verdunkelt sein Zimmer, um die Farben zu erforschen; Goethe geht ans Licht, er betrachtet die Kunst, die Natur und die untergehende Sonne. Newton definiert die Farben mit mathematischen Hilfsmitteln; Goethe beschreibt sie phänomenologisch. Newton ordnet die Farben nach mathematischen Merkmalen, das heißt nach dem Grad der Brechbarkeit; Goethe wendet sein Prinzip der Polarität, das er in allen Erscheinungen der Natur zu erkennen glaubt, auch in der Farbenlehre an. Newton gewinnt seine Erkenntnisse durch den bewußten Einsatz experimenteller Vorrichtungen. Goethe vermerkt, die Natur verstumme auf der Folter der Apparate (Wickert 1995/2001, S. 67).

An den Gestaltungen der bildenden Künste oder auch an den Phänomenen der Färberei interessierte Personen waren von der Farbenlehre Goethes angetan. Für ihre *praktischen* Belange war die Newtonsche Theorie unzulänglich. Die wissenschaftliche Sprache nach dem Vorbild der klassischen Physik filtriert alles Sinnliche jenseits der Anschauungsformen von Raum und Zeit sowie der entsprechenden (meistens visuell gegebenen) Daten aus und folgt unabhängig vom Menschen der Logik ihres eigenen Systems von Gesetzen, was gerade im Bereich der Humanwissenschaften und der Psychologie, in der es eigentlich um die Personen und deren Sinnlichkeit und Denken geht, fragwürdig erscheint.

Goethe und seine Nachfolger wandten sich dagegen, die Beobachtungsmittel zu denaturieren und die Bezeichnungsmittel zu dehumanisieren. Sie versuchten, Erkennen und Leben wieder zusammenzubringen. Zu dieser Aufgabe eine Lösung zu finden, scheint allerdings immer schwieriger zu werden, denn die in der Tradition Newtons operierende Naturwissenschaft ist weit fortgeschritten. Mit der Beherrschung der Natur durch die Menschen werden dieselben dehumanisiert und die Umgebung der Menschen denaturiert.

3.5 Empirismus-Nativismus-Kontroverse

Der Streit zwischen Newton und Goethe setzte sich gewissermaßen in der Kontroverse zwischen Hermann von Helmholtz und Ewald Hering fort. Diese Fortsetzung wird häufig als Empirismus-Nativismus-Kontroverse bezeichnet; eine Benennung, die allerdings nur bedingt richtig zu sein scheint (s.u.).

Hermann Helmholtz wurde 1821 in Potsdam geboren. Von 1838 bis 1842 studierte er Medizin in Berlin, u.a. bei Johannes Müller, dessen Gesetz der spezifischen Energie der Sinnesorgane ihm und anderen Naturwissenschaftlern sowie auch Philosophen Anlass zum physiologischen Idealismus bot. Aus der Studentenzeit von Helmholtz wird indes auch berichtet, dass er sich gemeinsam mit drei anderen Schülern von Johannes Müller, Ernst Brücke, Emil Du Bois-Reymond und Carl Ludwig, eidlich auf ein Bekenntnis zum Materialismus verpflichtete; ein Versprechen, das er später höchstens teilweise einhalten konnte. 1849 wurde er Professor der Physiologie in Königsberg. In den beiden folgenden Jahren untersuchte Helmholtz die Fortleitungsgeschwindigkeit von Reizen auf den Nervenfasern, wodurch er eine minimale Verzögerung zwischen dem körperlichen Affekt und dem mentalen Akt nachweisen konnte.

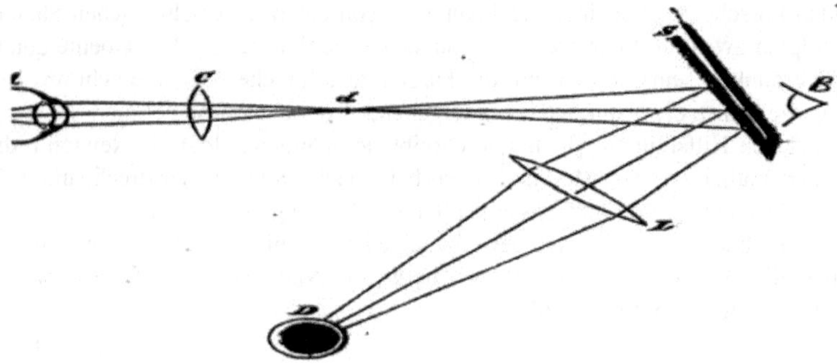

Abb. 3.3 Ophthalmoskop (nach Ruoff 2008, S. 47)

Helmholtz bewunderte Goethe, und auch dessen naturwissenschaftlichen Arbeiten brachte er großen Respekt entgegen (vgl. Koenigsberger 1902, Bd. 1, S. 184), doch kritisierte er 1853 in einem vielbeachteten Vortrag dessen Farbenlehre und den Angriff auf Newton. Goethe habe die elementaren Grundsätze und experimentellen Ergebnisse der Optik nicht verstanden. Er sei zwar ein hervorragender Beobachter, doch könne er nicht mechanisch-abstrakt denken.

1855 hielt Helmholtz die bekannte *„Kant-Denkmal-Rede"*. Bei aller Nähe zu Kant kritisierte er dessen Auffassung über die räumliche Wahrnehmung. Der Raum sei dem Sehenden *nicht* a priori vorgegeben, sondern sei das Ergebnis eines Lernprozesses. Die Lichtempfindung werde erst dann zum Sehen, wenn die Menschen durch sie zur Kenntnis der Gegenstände der Außenwelt gelangen. „Das Sehen besteht also erst im Verständnis der Lichtempfindung" (Helmholtz 1855, S. 380).

Helmholtz war ein erfindungsreicher Experimentator, der die dazu notwendigen technischen Vorrichtungen und Apparate meistens selbst konstruierte. Darunter das Ophthalmoskop (Augenspiegel), das Telestereoskop, einen Farbmischapparat und zur Messung des Gesichtsfeldes das Perimeter. Zur Erfindung des Augenspiegels findet sich bei Koenigsberger (1902), dem ersten Biographen von Helmholtz, folgende Textstelle: „1850 (gelang Helmholtz) die Erfindung des Augenspiegels, welche den Augenärzten ‚eine neue Welt erschloss', und neben der Lehre von der Erhaltung der Kraft wohl am meisten dazu beigetragen hat, seinen Ruhm zu begründen und zu verbreiten" (ebd., Bd. 1, S. 189).

Damit man in ein Auge hineinsehen kann, wird es künstlich beleuchtet; falls diese Beleuchtung das Auge trifft, erfolgt sie in derselben Richtung, in welcher der Beobachter (B) in das Auge blickt. Der Augenspiegel ermöglicht es, in ein Auge zu blicken und gleichzeitig mit einem Spiegel (S) Licht in dieses Auge (A) zu werfen (Abb. 3.3).

Nach Helmholtz gewinnt man empirisch gültige Aussagen weder mit der Vorgehensweise einer a priori vorgegebenen Form des Testens und Messens noch mit bloßen Beobachtungen oder mannigfaltigen Versuchen, die seinem Dafürhalten nach mehr oder weniger den Charakter eines Versuch- und Irrtumsverhaltens haben. Letzteres geht u.a. aus der folgenden, mitunter wohl auch gegen Goethe gerichteten Aussage hervor: „Durch verhältnismäßig wenige, gut angestellte Versuche bin ich imstande, die ursächlichen

Bedingungen eines Ereignisses mit größerer Sicherheit festzustellen, als durch millionenfache Beobachtung, bei welcher ich die Bedingungen nicht habe beliebig verändern können" (Helmholtz 1868, S. 451).

1861 veröffentlichte der junge Ewald Hering den ersten seiner fünf *„Beiträge zur Physiologie"*. Im Vorwort schrieb er, dass die Physiologie des Gesichtssinnes eine physikalische sowie eine psychologische Seite habe. Hinsichtlich der ersten Seite könne man sich in erster Linie auf Helmholtz beziehen; nicht aber was die psychologische Seite anbelange, hier präferiere er den medizinpsychologischen Ansatz von Rudolf Hermann Lotze respektive von Johann Gottfried Herder.

Drei Jahre später publizierte Hering (1864a) die Schrift *„Vom binocularen Tiefsehen"*, in welcher er Helmholtz' (1864a) *„Abriß der über den Horopter und die Augenbewegungen vor ihm gewonnenen Resultate"* kritisierte (der Horopter ist eine horizontale Linie in Form eines Kreises, auf der alle Punkte liegen, die bei gegebener Stellung der Augen mit beiden Augen nur einfach gesehen werden). Hering kritisierte den Abriss auch in formaler Hinsicht (mathematischer Fehler). Im Vorwort wies Hering darauf hin, dass die Ansicht irrig sei, die Helmholtz zur Bedeutung des Horopters beim Sehen vertrat. Im Weiteren warf er die Frage auf, ob Helmholtz' theoretische Deduktionen physiologische Berechtigung haben. Noch im gleichen Jahr antwortete Helmholtz (1864b) in *„Poggendorffs Annalen"* und hob dabei Herings Verdienste um die Sinnesphysiologie hervor. Koenigsberger (1902) kommentierte diese Antwort wie folgt:

> Die im Jahre 1864 in Poggendorffs Annalen veröffentlichten *„Bemerkungen über die Form des Horopters"* wenden sich gegen einige von Hering (...) erhobene Einwände, welche die Frage erörtern, ob die ganze Ausdehnung der mathematisch gefundenen Curve auch wirklich dem Horopter angehört; indem er diese Einwände zu widerlegen sucht, hebt er hier, wie überall später in seiner physiologischen Optik die großen Verdienste Herings um die Physiologie der Sinne hervor, dessen ausgezeichnete Arbeiten über Farbentheorie er stets rühmend anerkennt (Koenigsberger 1902, Bd. 2, S. 24).

Indessen wies Helmholtz (1864b) Hering ebenfalls auf einen Fehler in dessen geometrischer Darstellung hin. Hierauf sieht sich der Kontrahent genötigt, auf die *„Bemerkungen über die Form des Horopters"* mit Gegenbemerkungen über die Form des Horopters zu reagieren.

> Ich darf also sowohl den Vorwurf einer nicht vollständig berechtigten Polemik, als auch den eines meinerseits begangenen Fehlers durchaus zurückweisen (...). Übrigens ist meine Hochachtung vor dem Scharfsinne und der gründlichen Gelehrsamkeit des genialen Physiologen viel zu groß, als dass ich wagen es sollte, jemals anders als auf Grund der sorglichsten Untersuchung und gewissenhaftesten Prüfung seine Angaben zu bestreiten (Hering 1864b, S. 641).

Im Jahre 1867 erschien das *„Handbuch der Physiologischen Optik"*, das physiologische Hauptwerk von Helmholtz. Es handelt sich um eine Grundlegung der Physiologie und enthält auch eine Basis für die entstehende physiologische Psychologie. Das Sehen wird in seinen physikalischen, physiologischen und anatomischen Grundlagen dargestellt. Es existiert eine Wirkkette Reiz-Sinneserregung-Wahrnehmung. Das Auge ist als komplexes Sinnesorgan aufgebaut (u.a. Augenmuskeln, Linse, Iris, Netzhaut). In der Netzhaut befinden sich lichtempfindliche Stäbchen und farbsensible Zapfen. Während Erstere die Differenzen der Helligkeit zu vermitteln gestatten, sind die Zapfen diejenigen Organe, auf welche die Farbempfindung zurückzuführen ist.

Helmholtz verstand es, Empfindungen zu analysieren beziehungsweise in ihre einzelnen Bestandteile aufzulösen. Die peripheren Erregungen werden zur Sehrinde des Großhirns geleitet und von dort wiederum zurück an die Peripherie. Das Verhalten des optischen Systems beinhaltet u.a. Bewegung der Augenmuskeln, Bewegungen der Iris, Akkommodation der Linse. Während die physikalische Optik den Weg des Lichts behandelt, bezieht sich die physiologische Optik auf die Empfindungen des Sehnervenapparates.

Hinsichtlich des Farbensehens untersuchte Helmholtz Farbenblinde, analysierte optische Kontrasterscheinungen sowie Nachbilder, denen schon Goethe besondere Aufmerksamkeit geschenkt hatte; doch orientierte er sich dabei viel mehr an Gustav Fechner. Im Verlaufe dieser Untersuchungen reduzierte sich für Helmholtz das Farbensehen auf drei farbempfindliche Komponenten (für langwelliges Licht: Rot; für Licht mittlerer Wellenlänge: Grün; für kurzwelliges Licht: Violett). Durch die Kombination dieser drei Grundempfindungen entstehen sämtliche Farbeindrücke respektive mit den Zusammensetzungen der drei Komponenten konstituiert sich das Spektrum der 150 unterscheidbaren Farbtöne.

Das Verständnis der Gesichtsempfindungen hat nach dem Physiologen Helmholtz eigentlich einen *psychologischen* Charakter. Dieser Teil seiner Forschungsarbeit handelt von den Vorstellungen, die sich wahrnehmende Personen aufgrund der Gesichtsempfindungen über die Objekte der Außenwelt bilden. Helmholtz' Meinung nach entstammt das Vorstellungsbild der Erinnerung und unterliegt den Einflüssen einer von ihm psychologisch verstandenen Interpretation im Unterschied zur Perzeption, die der direkten sinnlichen Empfindung entspreche.

In gewisser Weise stellte diese Wahrnehmungstheorie das erkenntnistheoretische Fundament der klassischen Physik infrage, konnte sie doch mit der Differenz zwischen Sinnesempfindung und Wahrnehmung – Helmholtz belegte sie u.a. mit den Sinnestäuschungen – die Berührung mit dem „Psychischen" nicht vermeiden. Obwohl die Sinnesempfindung von dem erregten Nervenapparat des entsprechenden Sinnesorgans abhängig ist, stellt sie doch auch die Wirkung eines äußeren Objektes dar.

Helmholtz formulierte folgenden Hauptsatz der sogenannten „empiristischen Ansicht" (in Wirklichkeit handelt es sich allenfalls um ein Verständnis des Empirismus, das Kant nahekommt): „Die Sinnesempfindungen sind für unser Bewußtsein *Zeichen,* deren Bedeutung verstehen zu lernen unserem Verstande überlassen ist" (Helmholtz 1867/1911, S. 789; Hervorhebung von M.G.). Die empfundene Qualität entspreche einem Zeichen oder Symbol der objektiven Reizbeschaffenheit. Indessen werden die Symbole unter Beeinflussung durch frühere Vorstellungen bzw. durch Erinnerungen in die wahrgenommenen Gegenstände *eingezeichnet.*

Helmholtz sprach den Zeichen Ähnlichkeit oder gar Gleichheit mit dem, was sie bezeichnen, *ab.* Die Sinnesempfindungen waren für ihn lediglich Symbole für die Verhältnisse der Außenwelt und keineswegs Abbildungen der gegenständlichen Welt, die dieser entsprechen oder die Gegenstände gegebenenfalls – unter besonderen Umständen – auch verzerrt wiedergeben. Vorstellung und Vorgestelltes fallen für Helmholtz auseinander, ja gehören zwei verschiedenen Bereichen an.

Freilich gibt es in der *„Optik"* sowie in anderen Arbeiten von Helmholtz auch Textstellen, die eher materialistisch anmuten, beispielsweise wenn er feststellt, dass alle Eigenschaften, die der gegenständlichen Welt zugeschrieben werden, nur Wirkungen auf die Sinne des Menschen bezeichnen. Helmholtz versuchte, trotz seinen ursprünglich materialistischen Intentionen immer wieder Kant zu folgen, doch war er kein Kantianer oder zumindest kein konsequenter Kantianer.

Ein Jahr nach der Veröffentlichung der *„Physiologischen Optik"* postulierte Helmholtz in der Arbeit *„Die neueren Fortschritte in der Theorie des Sehens"* die Existenz von Elementarempfindungen, worunter er die einfachsten Elemente der Farbempfindungen respektive die „reinen gesättigten Urempfindungen der Farben" verstand (vgl. Helmholtz 1868, S. 285). In der Tradition Newtons nimmt Helmholtz an, dass alle Farben des Spektrums durch eine Mischung von drei elementaren Farben gegeben sind (Rot, Grün, Violett).

Helmholtz experimentierte mit diesen Grundfarben. Ein Beispiel hierfür sind die Experimente mit Farbkreiseln. Dabei handelte es sich um sich schnell drehende Scheiben, auf denen zwei oder drei Farbausschnitte mit differenten Anteilen additiv gemischt wurden, womit sich für Helmholtz die Hypothese, dass sämtliche Farben eine Mischung der drei Elementarfarben sind, bewährte.

Auf der empirischen Basis dieser Experimente und der theoretischen Grundlage von Johann Müllers spezifischer Sinnesenergie schloss Helmholtz, dass für jede der drei Elementarfarben eine spezifische Nervenenergie existieren müsse. Den Menschen sind jedoch diese *reinen* Elementarempfindungen normalerweise als solche gar nicht bewusst, würden sie doch nur erscheinen, wenn die beiden anderen Nervenmodi nicht erregt wären. Es werden jedoch i. d. R alle drei Nervenarten zugleich affiziert, wenngleich in einem unterschiedlichen Ausmaß.

In der Arbeit *„Die Thatsachen in der Wahrnehmung"* wies Helmholtz (1878) – in seinem Sinne Kant folgend – darauf hin, dass die „empiristische Theorie" von der Annahme ausgehe, „dass nur das unverstandene Material von Empfindungen von den äußeren Einwirkungen herrühre; sämtliche Vorstellungen aber daraus nach den Gesetzen des Denkens gebildet werden" (Helmholtz 1878, S. 240).

Helmholtz' Farbtheorie ist vergleichbar mit jener von Thomas Young (1773–1829). Nachdem sich Helmholtz schon längere Zeit mit der Farbentheorie beschäftigt hatte, entdeckte er, „daß die überraschend einfache Lösung des Rätsels bereits ein halbes Jahrhundert früher von dem Engländer Thomas Young gefunden war" (Ebert 1949, S. 136).

Nach Ebert hat Helmholtz indes die Youngsche Farbentheorie nicht nur selbstständig gefunden, sondern sie auch weiter ausgebaut, weshalb die zuerst von Young entworfene *„Dreifarbentheorie"* sich schließlich unter dem Namen *„Young-Helmholtzsche Farbentheorie"* verbreitete (vgl. ebd., S. 136).

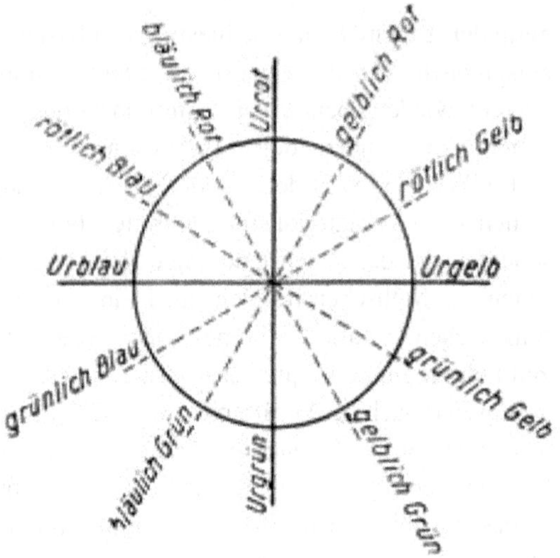

Abb. 3.4 Farbenkreis nach Hering (vgl. Stadler et al. 1975, S. 28)

Nach der Young-Helmholtzschen Farbentheorie entstehen die Farbphänomene durch Mischung der Grundfarben an verschiedenen Farbrezeptoren der Retina. Helmholtz und andere Wissenschaftler unterzogen die grundlegenden Farbempfindungen der Zapfentypen des Auges Messungen und erstellten sogenannte Grundempfindungskurven. Auf dieser Basis konnte Helmholtz „subtraktive und additive Farbmischungen erklären, die eine Basis der Farbmetrik und späterer Farbtheorien bilden" (Ruoff 2008, S. 45).

Hering (1872) wies jedoch darauf hin, dass es eine Differenz grundsätzlicher Art sei, ob man die Gesetze des Bewusstseins aus den Gesetzen der *Bewegungen des organischen Stoffes* abzuleiten versuche oder ob man sich – wie Helmholtz – diese Mühe erspare und kurzerhand annehme, dass jene Gesetze Eigentümlichkeiten des Geistes oder der Seele seien.

1874 legte Hering eine *„Lehre vom Lichtsinn"* vor, die sich gegen ein rein physikalisches Verständnis der Farb*empfindungen* wandte. Nach Helmholtz müsste Gelb mit einer Mischung aus Rot und Grün zustande kommen, doch diese Erwartung stimme mit der Erfahrung *nicht* überein. Hering ging von der anschaulichen Eigenständigkeit der Farben aus und stellte fest, dass neben Schwarz und Weiß *vier* Farben (Rot, Grün, Gelb, Blau) existieren, die ohne Einwirkung einer anderen Farbe vorkommen könnten. Zwischen diesen Urfarben ordnete er alle möglichen Mischfarben an. Die Urfarben selbst konnten als solche nicht als Mischungen anderer Farben verstanden werden (Abb. 3.4). So kann Gelb – in Herings Theorie eine Grundfarbe – nicht als Mischung aus Orange und Gelbgrün aufgefasst werden, wohl aber Orange als Mischung aus Rot und Gelb.

Zwei Störungen des Farbsinnes waren bekannt: der Ausfall des Gelb- und Blausehens bzw. die Violettblindheit (Tritanopie) sowie der Ausfall des Rot- und Grünsehens bzw. die Rot-Grün-Blindheit (Protanopie). Hieraus schloss Hering, dass die Gegenfarben Gelb und Blau beziehungsweise Rot und Grün jeweils eine physiologische Substanz besäßen und dass entsprechende Opponenten einander gegenüberstehen und *zusammenwirken* würden. Ferner sei für die unbunten Farben eine Weiß-Schwarz-Substanz zu berücksichtigen.

Die Heringsche *„Gegenfarbentheorie"* nimmt also *drei Substanzen* an: Eine Rot-Grün-Substanz, eine Gelb-Blau-Substanz und auch eine Weiß-Schwarz-Substanz. Diese drei Substanzen werden in Stoffwechselprozessen entweder auf- oder abgebaut und rufen entsprechende Empfindungen hervor. Später wurde die größte Unterschiedsempfindlichkeit für Farbtöne exakt bei den vier Urfarben gefunden, wodurch sich die Heringsche Theorie empirisch bewähren konnte (vgl. Hecht 1934). Mit der Theorie von Hering lassen sich diverse Phänomene erklären. Beispiel Nachbilder: Eine wahrgenommene Farbe (z.B. blaue Farbe) hinterlässt auf einer weißen Wand ein Nachbild, bestehend aus der Komplementärfarbe (gelbliche Erscheinung).

Demgegenüber unterschied Helmholtz grundsätzlich zwischen *„Empfindung"* (in einem rein physiologischen oder letztlich physikalischen Sinne) und *„Wahrnehmung"* (in einem rein psychologischen Sinne). Bezug nehmend auf die physiologische Basis und darauf aufbauend sah er sich genötigt, psychologische Prozesse einzuführen:

> Schon seine ersten optischen und akustischen Untersuchungen hatten ihn gelehrt, dass für unsere sinnlichen Wahrnehmungen außer den Empfindungen des Nervenapparates noch eine *eigenthümliche Seelenthätigkeit* in Betracht kommt, um zu der Vorstellung des äußeren Objects zu gelangen, welches unsere Empfindung erregt hat. In seiner Kant-Rede hatte er bereits (…) die Empfindung unserer Sinnesnerven *nur als Zeichen* für gewisse äussere Objecte betrachtet und sah die richtigen Schlüsse von den Empfindungen auf die entsprechenden Objecte als durch Einübung entstanden an. Als wesentlich neues Moment trat aber aus seinen Untersuchungen (…) die Erkenntnis des für alle unsere Sinneswahrnehmungen geltenden Gesetzes hinzu, dass wir auf unsere Sinnesempfindungen nur so weit achten, als sie uns die äußeren Objecte erkennen lassen, und dass wir erst bei der wissenschaftlichen Untersuchung unserer Sinnesthätigkeit diejenigen Empfindungen analysiren, welche nicht directen Bezug auf äussere Objecte haben (Koenigsberger 1902, Bd. 2, S. 80; Hervorhebung von M.G.).

Demnach existieren auch keine Raum*empfindungen*, denn ohne einen zusätzlichen Bewusstseinsakt kann keine Empfindung für sich Räumlichkeit anzeigen. Die Raumanschauung ist für Helmholtz ein Produkt des Verstandes aus ursprünglich unräumlichen Empfindungen. Wahrnehmungen setzen also Erfahrung, mithin Gedächtnis, voraus sowie die Kompetenz, Schlüsse zu ziehen. Wahrnehmungen beziehen sich immer auf einen Gegenstand oder Sachverhalt und sind damit intentionaler Natur, während Empfindungen nicht auf ein Objekt gerichtet sind.

Demgegenüber unterscheidet Hering *nicht* zwischen Wahrnehmung und Empfindung. Stattdessen differenziert er zwischen ursprünglicher und erworbener Raumempfindung. Im Unterschied zu Helmholtz konstituiert sich der Bezug zur Außenwelt (respektive die Räumlichkeit des Wahrgenommenen) bereits mit den Empfindungen. Dieser Bezug wird also schon organisch hervorgebracht. Herings Auffassung der Raumempfindungen lässt sich wie folgt zusammenfassen:

> Jede einzelne Netzhautstelle löst, wenn sie stimuliert wird, ein ursprüngliches Raumgefühl aus. Allerdings ist die Empfindung der Tiefe ursprünglich nur relativ zu einem speziellen Punkt, dem sogenannten „Kern"- oder „Fixationspunkt". Ihm entspricht die Reizung der Fovea, der Zentralgrube der Netzhaut. *Wir empfinden also die Tiefe eines Punktes*, d. h. seine Entfernung von unserem Körper, immer in Bezug auf den Kernpunkt. Das Gefühl für die Tiefe des Kernpunktes selbst wird nun dadurch erworben, daß wir seine Entfernung von unserem Körper aufgrund der Empfindung des eigenen Körpers und durch seine partielle Erscheinung im Sehraum im Laufe der Zeit durch Erfahrung abschätzen lernen. Die Entfernung des Kernpunktes selbst wird also nicht empfunden, sondern aus zwei Raumempfindungsklassen, den Körperempfindungen und den relativ zum Kernpunkt empfundenen Tiefen, erschlossen (Heidelberger 1999, S. 5; Hervorhebung von M.G.).

Hieraus geht auch hervor, dass Hering Wahrnehmungen nicht einfach für angeboren unabhängig von Erfahrung hielt, wie die ihm von Helmholtz und anderen Wissenschaftlern unterstellte „nativistische Konzeption" nahelegt. Allerdings sind nach Helmholtz *sämtliche* Raumwahrnehmungen *erworben*. Hering kann allenfalls als „nativistisch" in einem darwinistischen Sinne verstanden werden. Er dachte wie Darwin (und zuvor schon Goethe) phylogenetisch-monistisch, während Helmholtz die erst 1859 von Darwin publizierte Selektionstheorie zwar anerkannte, jedoch für seine eigene Forschung nicht weiter in Betracht zog. Laut Hering ist der Organismus und damit auch das neuronale System des neugeborenen Tieres oder Menschen „vorgebildet und bestimmt für den Verkehr mit der Außenwelt, in welche es eintritt, bereit, auf ihre Einwirkungen in derselben Weise zu antworten, wie es schon oft geschah von seinen Vorfahren" (Kalkofen 1992, S. 32f.).

Demnach unterscheiden sich die beiden Kontrahenten durch ihre Rezeption der Deszendenztheorie, was zu zwei verschiedenen Lebensauffassungen führte. Vereinfacht ausgedrückt vertrat Helmholtz eine dualistische Position; hingegen setzte sich Hering für einen monistischen Ansatz ein. Während Helmholtz die Physiologie der Sinne im Grunde als Physik auffasste, die im Weiteren gerade aufgrund dieser Reduktion einen *psychologischen Zusatz* erforderte, wurde sie für Hering zu einer „Wissenschaft vom Leben", die nicht ausschließlich mit physikalischen Gesetzen auskommen konnte, sondern für den Organismus und insbesondere dessen Nervensystem spezifische Gesetze benötigte.

> Die Funktionen, die für Helmholtz nach der rein physikalischen Zuleitung der Reize ans Gehirn noch zusätzlich vom Verstand ausgeführt werden, sind in der Heringschen Physiologie schon dem physiologischen Material „eingeschrieben" (…). Dies hat zur Folge, *daß bei Hering psychologische Prozesse immer mit physiologischen gekoppelt sind* und die physiologischen und psychischen Erscheinungen bei der Wahrnehmung einander immer parallel gehen müssen (Heidelberger 1999, S. 6; Hervorhebung von M.G.).

Nach Hering basieren sämtliche psychischen Erscheinungen, die bei der Wahrnehmung auftreten, auf physiologischen Sachverhalten oder Vorgängen. Ihm zufolge hat Wissenschaft immer von diesen *materiellen* Prozessen auszugehen und zu ihnen zurückzukehren. Vergleichbar dem Organismusverständnis von La Mettrie oder dem Verständnis der Sinnlichkeit bei Herder gibt es keinen Dualismus zwischen Körper und Geist, Physiologie und Psychologie (Kap. 3.1 u. 3.3).

Welchen von beiden Theorien ist der Vorzug zu geben, der „Young-Helmholtzschen Farbentheorie“ oder der Heringschen „Gegenfarbentheorie“, der dualistischen physikalisch-psychologischen Theorie oder der monistischen phänomenologischen Theorie? Eine anatomische Entscheidung wurde nicht für möglich gehalten. Auch wurde die Meinung vertreten, dass keine der beiden Theorien allein ausreicht, um sämtliche Phänomene des Farbensehens vollständig zu verstehen.

Bei aller Differenz weisen die beiden Theorien auch Gemeinsamkeiten auf: „Beide widerstreitenden Farbtheorien fordern (…) einen physiologischen Prozeß oder eine physiologische Substanz, Helmholtz auf der Grundlage von Experimenten in der Reizdimension und Hering aufgrund von Beobachtungen im Bereich der Phänomene“ (Stadler, Seeger und Raeithel, S. 28). So betrachtet scheint eine Vereinigung beider Anschauungen möglich zu sein. Kries (1905) formulierte die *„Duplizitätstheorie“*, in welcher die beiden Ansätze zusammengesetzt wurden. Ebert (1949) nahm an, „daß die physiologischen Vorgänge in der Netzhaut mit der Helmholtzschen Theorie in Einklang stehen, daß aber für die Vorgänge im Zentralnervensystem die Heringsche Theorie Gültigkeit hat“ (ebd., S. 137).

Zumindest im Bereich des eigentlichen Farbensehens (und weniger in jenem der Raumwahrnehmung respektive der Raumempfindung) hat sich der Gegensatz zwischen Helmholtz und Hering nivelliert, versuchte man doch mit der Zeit die Befunde je nach ihrer besonderen Beschaffenheit mehr im Sinne der einen oder der anderen Theorie zu interpretieren. Schwieriger gestaltet sich die Entscheidung zwischen dem, was physikalisch begründbar ist und was nicht. Eine betont physikorientierte Position nimmt beispielsweise die Kolorimetrie ein, die sich als Farbreizmetrik versteht und mit rein physikalischen Maßstäben misst, so dass sie auch die Farbempfindung methodisch und sachlich entbehren kann.

Indessen wird sich der Gegensatz zwischen Monismus und Dualismus in der Geschichte der Psychologie fortsetzen. Die russische Psychologie des 19. Jahrhunderts und des beginnenden 20. Jahrhunderts wird auf dem monistischen Standpunkt beharren, während die westliche Psychologie nach einer Pause in der ersten Hälfte des 20. Jahrhunderts (Behaviorismus) bis ins 21. Jahrhundert hinein dualistisch (kognitiv-biologisch) vorgehen wird. Die experimentell ausgerichtete Kognitive Psychologie, die weitgehend von Darwins Evolutionstheorie abstrahiert, wird sich mit ihrem Dualismus ein Operationalisierungsproblem einhandeln, für das sich bis heute keine Lösung abzeichnet (Kap. 7.8).

4 Abgrenzungskonflikte im 19. Jahrhundert

Zusammenfassung

Im 19. Jahrhundert vertraten in der Völkerpsychologie-Kontroverse die Kontrahenten einerseits naturhistorische und andererseits kulturhistorische Standpunkte und Betrachtungsweisen zur Entwicklung der menschlichen Psyche. Das Forschungsprogramm von Lazarus und Steinthal, der eigentlichen Pioniere der Völkerpsychologie, machte im Unterschied zum späteren naturhistorischen Ansatz von Wundt deutlich, dass die Humanpsychologie nicht auf die Biologie reduzierbar ist. Indessen warf Wundt den Begründern der Völkerpsychologie vor, dass sie keine Abgrenzung der Psychologie von der Geschichtswissenschaft vornehmen könnten und ihren Gegenstand auf deren Gebiet ausdehnen würden. Die aus der gesellschaftlichen Entwicklung hervorgehenden artifiziellen Sachverhalte sind auch in der geisteswissenschaftlichen Psychologie relevant, welche die teleologischen Momente des Menschen mitberücksichtigte. Dilthey grenzte sich in seinem geisteswissenschaftlichen Forschungsprogramm der Psychologie vom aufkommenden naturwissenschaftlichen Ansatz ab. Er favorisierte gegenüber dem naturwissenschaftlichen Erklären das Verstehen und kombinierte in methodischer Hinsicht Deskription und Analyse. Für Ebbinghaus war die Einführung logischer Konstruktionen (sog. Konstrukte) in die Psychologie unumgänglich, was Dilthey als logizistischen Übergriff bezeichnete. Demgegenüber wehrten in der Psychologismus-Antipsychologismus-Kontroverse Philosophen Übergriffe der Psychologen auf die Erkenntnis- und Wissenschaftstheorie ab.

M. Galliker, *Ist die Psychologie eine Wissenschaft?*,
DOI 10.1007/978-3-658-09927-5_4

4.1 Die Völkerpsychologie-Kontroverse

Eine der ältesten psychologischen Theorien ist die Assoziationstheorie, eine Theorie, die sich nicht ausschließlich auf Empfindungen bezog, sondern im weitesten Sinne auch kulturelle, insbesondere vorstellungsmäßige und sprachliche Elemente berücksichtigte. Zu dieser Theorie finden sich Ansätze bereits bei Aristoteles (384–322 v. Chr.). Aristoteles (undatiert/1997) weist in seinen *„Kleinen naturwissenschaftlichen Schriften"* darauf hin, dass die Glieder einer Assoziationskette u.a. durch ähnliche, entgegengesetzte und gleichzeitige Ereignisse miteinander verbunden sind (vgl. ebd., S. 94 ff.).

Die von Aristoteles angeführten verschiedenen Verbindungen der Glieder einer Assoziationskette erleichtern oder konstituieren frühere Vorstellungen und Ereignisse, mithin das Erinnern. Es bedarf nur mehr eines kleinen Anstoßes, um jenes Glied in Bewegung zu bringen bzw. zu finden, das in einer Reihe unmittelbar folgt. Wenn nach einem Glied in einem Bewegungsablauf jenes andere Bewegungsglied auftritt, das gesucht wird, kann man sich spontan an es erinnern. Ist indes der unmittelbare Ausgangspunkt noch nicht bekannt, vollzieht sich die Erinnerung am schnellsten, wenn sie am Anfang des betreffenden Ereignis- oder Sinnzusammenhanges ansetzt. Manchmal braucht es eine größere Anstrengung, um das Gesuchte zu finden. Aristoteles führt das Beispiel „Herbst" an, zu dem man auch über den Ausgangspunkt „Milch" gelangen kann: „Milch-weiß-Nebel-feucht-Herbst". Bei einer bestehenden Reihe gelangt man vom Mittelpunkt aus am schnellsten zum Ziel, weil man sich in mehr als einer Richtung bewegen kann. Der Erinnernde kann sich auch eines Systems von mnemotechnischen Gesichtspunkten bedienen, doch ist dieses Hilfsmittel weder eine notwendige noch eine hinreichende Bedingung, um zum Ziel zu gelangen.

Hume (1748/1982) nennt in seinem Werk *„Eine Untersuchung über den menschlichen Verstand"* folgende Prinzipien der Vorstellungsverknüpfung (vgl. ebd., S. 38 ff.):

1. *Ähnlichkeit*: Beispielsweise lenkt ein Bild die Gedanken auf ein Original.
2. *Raum-zeitliche Berührung*: Beispielsweise bringt die Rede von einer Bergwanderung die Rede auf eine andere Bergwanderung.
3. *Ursache und Wirkung*: Wenn wir beispielsweise an eine Wunde denken, ergibt sich auch der Gedanke an den folgenden Schmerz.

Nach Hume liegt die empirische Vorstellung von Ursache und Wirkung, also der Kausalität, in der gewohnheitsmäßigen Verknüpfung der zeitlichen Abfolge entsprechender Ereignisse. Gegen dieses Verständnis der Kausalität wandte sich Kant (1781/2003) in seiner *„Kritik der reinen Vernunft"*, indem er dieselbe als a priori gegeben unterstellte.

Wichtigster Repräsentant der Assoziationstheorie im 19. Jahrhundert war Johann Friedrich Herbart (1776–1841). Nach Herbart (1824–1825) werden sämtliche in einem Bewusstseinsakt aufgefassten Vorstellungen assoziativ miteinander verbunden, allerdings nicht alle in derselben Weise. Die Verbindungsstärke sei vielmehr eine abnehmende Funk-

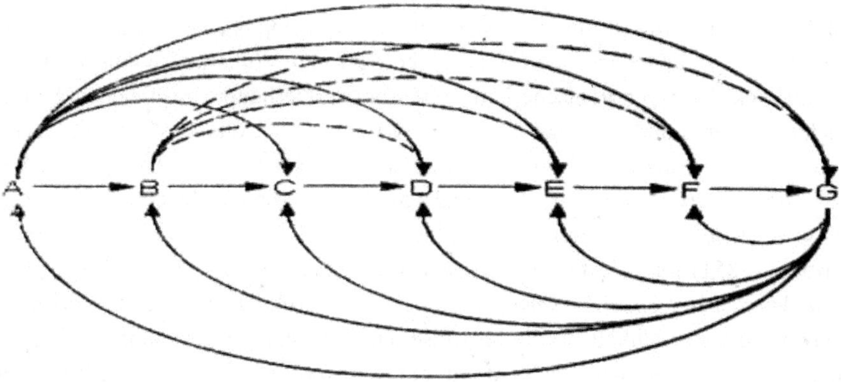

Abb. 4.1 Darstellung von Assoziationen unmittelbarer und mittelbarer Folge sowie rückläufiger Assoziationen (vgl. u.a. Foppa 1965/1972, S. 172)

tion der Zeit bzw. der Anzahl der Zwischenglieder. Sie nehme mit der Größe des die einzelnen Glieder trennenden Intervalls ab (Abb. 4.1).

> Sei *a, b, c, d* eine Reihe, die gerade noch in einem Akt vorgestellt wird, so wird die Verknüpfung des *a* mit *b* stärker sein als die mit dem späteren *c* und diese wiederum stärker als die mit *d.* Wird *a* irgendwoher wiedererzeugt, so bringt es zwar sowohl *b* wie *c* und *d* mit sich, aber das ihm enger verknüpfte *b* muß sich leichter und eher einstellen, dann das diesem eng verbundene *c* usf. (ebd., S. 80 f.).

Herbart formulierte diesbezügliche Gesetzmäßigkeiten und drückte sie mathematisch aus (Näheres in Galliker 2012). Das deduktive Unternehmen verblieb indes ein ausdrücklich metaphysisches Unternehmen, nicht zuletzt auch deshalb, weil Herbart auf eine experimentelle Überprüfung verzichtete; zwar dachte er schon an eine solche Überprüfung, doch stellte er deren Zuverlässigkeit von vornherein infrage.

Herbart unterstellte eine Art Isomorphismus zwischen den innerpsychisch lokalisierten und den gesellschaftlich vermittelten Vorstellungen. War seine Assoziationspsychologie ursprünglich individualistisch konzipiert, gelangte er im zweiten Band seines Werkes schließlich zu folgender Perspektive: „Der Mensch ist nichts außer der Gesellschaft. Den völlig Einzelnen kennen wir gar nicht; wir wissen nur soviel mit Bestimmtheit, daß die Humanität ihm fehlen würde" (ebd., Bd. II, S. 20).

Moritz Lazarus (1824–1903) und Hajim Steinthal (1823–1899), die Begründer der gesellschaftlich orientierten „Völkerpsychologie" (Galliker 1993), wurden häufig „Herbartianer" genannt (z.B. von ihrem Kontrahenten Wilhelm Wundt); eine Bezeichnung, die allenfalls bedingt zutrifft, da sie bei aller ursprünglichen Gemeinsamkeit schließlich einen Weg einschlugen, auf welchem dem assoziativen Denken keine primäre Bedeutung mehr zukam.

Lazarus und Steinthal lernten sich 1848 in Berlin kennen. Ihr gemeinsamer Lehrer war Karl Wilhelm Heyse, ein hegelianisch geschulter Sprachwissenschaftler. Es war auch Heyse, der seine beiden Schüler miteinander bekannt machte.

1860 wurde Lazarus Professor honorarius der philosophischen Fakultät der Universität Bern, und zwar insbesondere für Psychologie und Völkerpsychologie. Es war die erste ausdrücklich psychologische Universitätsstelle überhaupt. Im gleichen Jahr veröffentlichten Lazarus und Steinthal das erste Programm der Völkerpsychologie in der von den Autoren selbst ins Leben gerufenen *„Zeitschrift für Völkerpsychologie und Sprachwissenschaft"*. Bereits 1852 hatte Steinthal Lazarus die Herausgabe einer *„Zeitschrift für psychische Ethnologie"* vorgeschlagen.

Lazarus (1851) publizierte im *„Deutschen Museum"* den Artikel *„Über den Begriff und die Möglichkeit einer Völkerpsychologie"*, der bereits grundlegende Gedanken zur Völkerpsychologie beinhaltete, die teilweise auch ins spätere Programm aufgenommen wurden, teilweise aber auch solche, die in demselben nicht mehr berücksichtigt wurden. Nach einer kurzen Einführung des Begriffs „Volksgeist", worunter der Autor in einer ersten Definition das allen Menschen einer (staatlichen) Gemeinschaft Gemeinsame der inneren Tätigkeit verstand, stellte er die Aufgabe der in Aussicht gestellten neuen Wissenschaft wie folgt vor:

> Es gilt: das *Wesen* des Volksgeistes und sein Thun *psychologisch* zu erkennen; die *Gesetze* zu entdecken, nach denen die innere geistige oder ideale Thätigkeit eines Volkes – in Leben, Kunst und Wissenschaft – vor sich geht, sich ausbreitet, erweitert, erhöht, verklärt, vertieft, abstumpft und die *Gründe*, Ursachen und Veranlassungen sowohl der Entstehung als (auch) der Entwicklung und letztlich des Unterganges der Eigenthümlichkeiten eines Volkes zu enthüllen (ebd., S. 112 f.; Hervorhebungen von Lazarus).

Lazarus zufolge ergibt sich ein reges Verhältnis zwischen den objektiven Gedanken einer Gesellschaft und den einzelnen Personen, das als solches mehr oder weniger intensiv sein kann. Im Folgenden wird auf den Einfluss des objektiven Geistes auf das Individuum hingewiesen:

> Jedes Individuum eines jeden Volkes ist von seinem Volksgeiste jedenfalls so weit abhängig, daß der Kreis seiner Vorstellungen sich anfangs nothwendigerweise innerhalb des größeren allgemeinen Vorstellungskreises (…) befindet. So weit die Beschränkung. Die Freiheit beginnt mit der subjektiven Thätigkeit *der Aneignung des im Volksgeiste Gegebenen*, und kraft der Freiheit unterscheiden sich die Individuen zunächst (…) durch das Maß und den Umfang dieser Aneignung (ebd., S. 121; Hervorhebung von Lazarus).

Im Jahre 1860 stellten Lazarus und Steinthal ihr völkerpsychologisches Programm mit dem Titel *„Einleitende Gedanken über Völkerpsychologie als Einladung zu einer Zeitschrift für Völkerpsychologie und Sprachwissenschaft"* an den Anfang der von ihnen neu gegründeten *„Zeitschrift für Völkerpsychologie und Sprachwissenschaft"*. Ausgehend vom Begriff der Völkerpsychologie, der sich auf das natürliche und allseitige Band der menschlichen Gesellschaft richtet, wird die menschliche Geschichte vom organischen Kreislauf der Natur abgehoben: „Der Geist (…) lebt in einer zusammenhängenden Reihe von Schöpfungen, deren jede die frühere voraussetzt, aber, gegen sie gehalten, etwas Neues bietet; er zeigt einen Fortschritt" (ebd., S. 15). Das vorantreibende Moment der menschlichen Entwicklung wird im Gebrauch von Werkzeugen gesehen. Allenfalls von Vorstellungen von Erfindungen ausgehend verwirklicht, wirken der Werkzeuggebrauch und dessen Produkt wieder auf den Geist und dessen Tätigkeit zurück. Desgleichen wird für die Sprache angenommen:

> Die Sprache ist nur ein Geschöpf des Volksgeistes, in welchem er zuerst individuell offenbar wird; aber sie ist von mächtiger Rückwirkung auf den Geist, welche umso bedeutsamer wird, als sich für die Bildung der Sprache auch etwas äußerliche Einflüsse neben den rein innerlichen geltend machen. Überdies ist sie der vollkommenste Ausdruck des Volksgeistes, da sie ihn nicht nur nach allen Richtungen, in denen er wirkt, darstellt, sondern auch eine durch alle Geschlechter gehende Arbeit ist, welche jeden neuen Zuwachs an innerem Gehalt in sich aufnimmt (ebd., S. 40).

In systematischer Hinsicht gehen Lazarus und Steinthal davon aus, dass in der bisherigen Psychologie die Grundlage der Völkerpsychologie zu finden ist; zugleich stellen sie dieselbe als Psychologie der Gesellschaft neben oder auch über die individuelle Psychologie. Die Gesetze der Geschichte der Menschen müssten jedoch noch expliziert, rational begründet und damit begriffen werden. Indes wird im Folgenden ohne weitere Begründung das völkerpsychologische Programm vorgestellt. In einem ersten Teilgebiet der neuen Wissenschaft sollen die Entwicklungsgesetze des Volksgeistes erkannt werden, während im zweiten Teil die besonderen Entwicklungsformen in den einzelnen Gesellschaften zu behandeln sind. „Demnach könnten wir den ersten Theil völkergeschichtliche (…) Psychologie nennen, den zweiten aber psychische Ethnologie, während für das Ganze der Name Völkerpsychologie gelten mag" (ebd., S. 27; Hervorhebungen von Lazarus und Steinthal).

In dem 1862 in der *„Zeitschrift für Völkerpsychologie"* erschienenen Artikel *„Einige synthetische Gedanken zur Völkerpsychologie und Sprachwissenschaft"* behandelt Lazarus den objektiven Geist, der im *Programm* von 1860 zwar veranschaulicht, aber als solcher noch nicht expliziert wurde, sowie die schon in seinem Vorschlag von 1851 angeführte „Aneignung" (s.o.).

Nach Lazarus entwickelt sich aus dem Zusammenleben der Menschen und ihren subjektiven Tätigkeiten ein *objektiver Gehalt*, der als solcher zum Inhalt, zum Organ und zur Norm ihrer weiteren subjektiven Tätigkeiten wird. Einerseits konstituiert sich mit den subjektiven Tätigkeiten der Menschen ein objektiver Gehalt, der sich in Anschauungen, Überzeugungen, Denkformen, Gefühlsweisen usw. einer Gemeinschaft intersubjektiv manifestiert, sich in der Gesellschaft verbreitet und wiederum auf Menschen zurückwirkt; andererseits manifestiert sich der objektive Geist in „Verkörperungen des Gedankens: Kunstwerken, Dokumenten, Schriften, Bauten aller Art, zum Verbrauch bestimmten Erzeugnissen der Industrie", welche im eigentlichen Sinne „den *objektivierten*, in ein Objekt gelegten Geist (enthalten)" (Lazarus 1862, S. 54; Hervorhebung von Lazarus).

Die Objektivationen subjektiver Tätigkeiten erleichtern die weiteren Tätigkeiten, insbesondere wenn sie sich als Ausprägungen von Instrumenten herausstellen. „Der völlig bestimmte Maßstab für den Werth eines jeden Werkzeugs liegt (…) offenbar in dem Maße, *als der objective Gedanke*, der in ihm ausgeprägt und wirksam ist, *die subjective geistige Arbeit des Handhabenden verringert, ersetzt und sichert*“ (ebd., S. 50; Hervorhebungen von Lazarus).

Nach Lazarus objektivieren sich die subjektiven Tätigkeiten nicht nur in idealen Objekten sowie unter Anknüpfung an materielle Verhältnisse in realen Gegenständen oder Werkzeugen, sondern dieselben bestimmen wiederum die subjektiven Tätigkeiten. Einem Menschen, der zu einem bestimmten Zeitpunkt in das Leben einer Gemeinschaft hineinwächst, ist nicht bloß eine natürliche Welt vorgegeben, sondern darüber hinaus eine Welt der Kultur, in welcher sich die tradierte menschliche Erfahrung manifestiert. Das Individuum kann nun eigene Gedanken an jene ausrichten, die in kulturellen Gegenständen bzw. *Objektivationen* verkörpert sind. Angesichts eines Kunstwerkes schildert Lazarus diesen Bezug wie folgt:

> Ich habe den Gedanken desselben (…) nicht erzeugt, sondern nur für mich wiedererzeugt; nicht gebildet, sondern nur *nachgebildet*; an der Hand der vom objectiven Gedanken ausgehenden und mich treffenden Erregung habe ich mir denselben subjectiv – nicht geschaffen, sondern – *angeeignet* (ebd., S. 57; Hervorhebungen von M.G.).

Demnach führt Lazarus unmittelbar nach der Darstellung der Objektivation der subjektiven Tätigkeit (s.o.) wiederum die „Aneignung“ an. Offenbar handelt es sich um komplementäre Aspekte ein und desselben Prozesses, doch wird noch nicht ein entsprechend integrierendes Konzept erstellt (siehe hierzu Galliker 1993).

Im Jahre 1862 bezog sich Wilhelm Wundt (1832–1920) erstmals auf die Pioniere der Völkerpsychologie. Er war seit 1858 Assistent von Hermann Helmholtz (1821–1894) am Institut für Physiologie an der Universität Heidelberg. Wundt publizierte 1862 die *„Beiträge zur Theorie der Sinneswahrnehmung“* und ein Jahr später die *„Vorlesungen über die Menschen- und Thierseele“*. In diesen Arbeiten begründete der junge Heidelberger Dozent nicht nur die naturwissenschaftlich orientierte, durch sein Zutun nun aber der physiologischen Basis parallelisierte und schließlich verselbstständigte „Psychologie“, sondern er behandelte auch schon naturhistorische Probleme. In der Vorrede zu den „Beiträgen“ verweist er erstmals auf die „Völkerpsychologie“:

> Ferner steht in der Völkerpsychologie ein reiches Gebiet offen, für das in Sprachkunde, Cultur- und Sittengeschichte schon große Vorarbeiten vorhanden sind, die aber für die Psychologie noch fast gar nicht verwerthet wurden. Erst in der „Zeitschrift für Völkerpsychologie und Sprachkunde“ von *Lazarus* und *Steinthal* ist neuerdings ein trefflicher Angang gemacht worden (Wundt 1862, S. XV; Hervorhebung von Wundt).

In den *„Vorlesungen“* bezieht sich Wundt auf die im Vorjahr erschienene *„Synthese“* von Lazarus sowie auf das Programm von 1860, freilich ohne auf den theoretischen Gehalt dieser Artikel einzugehen (vgl. Wundt 1863, Bd. II, S. 453). In den späteren (einbändigen) Ausgaben dieses Werkes wurde auf die ethnologisch und historisch orientierten Beiträge verzichtet, und auch die Bezugnahme auf die Begründer der Völkerpsychologie wurde weggelassen. Wundt wird seine Heidelberger Beiträge zur Völkerpsychologie in seiner mittleren (vorwiegend experimentellen) Periode von Leipzig aus als „Jugendsünde“ bezeichnen (Graumann 1980, S. 74).

In der Vorrede vom Oktober 1863 (ab S. II „Vorwort“ genannt) wies Wundt darauf hin, dass sich bei der Betrachtung der ästhetischen, sittlichen und religiösen Gefühle die Basis objektiver Betrachtung erweitern würde. Im Unterschied zu den bloßen Sinneswahrnehmungen, Affekten und Stimmungen, die auf die Introspektion angewiesen blieben, seien sie nicht für bestätigende Schlüsse verwertbar, sondern würden in wesentlichen Punkten die Theorie der unbewussten Prozesse ergänzen (auf Letztere bezog sich Wundts ursprüngliche Zweckbestimmung des Experiments; vgl. Graumann 1980, S. 77).

In methodologischer Hinsicht gelangte Wundt schließlich zu folgender Feststellung: „Die objectiven Thatsachen, die hier gleichsam an die Stelle des Experimentes treten, gehören hauptsächlich der *ethnologischen* Untersuchung an“ (Wundt 1863, S. IV; Hervorhebung von Wundt). Demnach wertete Wundt die „Objekte“ der Völkerpsychologie als „objektive Tatsachen“ und stellte dieselben gleichberechtigt neben das Experiment (vgl. u.a. Volkelt 1922, S. 99 f.). Die der ethnologischen Forschung zugeordneten objektiven Tatsachen wurden schon im nächsten Zug wieder als Teil der psychologischen Arbeit verstanden. Es stellt sich die Frage, ob Wundt die *methodologische* Bedeutung der Vergegenständlichung für die Psychologie damals erkannt hatte.

Lazarus und Steinthal hatten in ihrem Programm von 1860 zwar bereits darauf hingewiesen, dass die Völkerpsychologie von den „Tatsachen des Völkerlebens“ ausgeht, indes deren wissenschaftliches Vorgehen bzw. Methodik vorerst nur in der „Beobachtung, Ordnung und Vergleichung der Erscheinungen“ gesehen (vgl. Lazarus und Steinthal 1860, S. 23). Auch in Lazarus‘ *„Synthese“* wurde nicht darauf hingewiesen, dass durch die Exteriorität der Psyche dieselbe unmittelbar realwissenschaftlich zugänglich wird (Lazarus 1862). Allerdings blieb Wundt in *theoretischer* Hinsicht (insb. bezüglich der Konzepte „Objectivation“ und „Aneignung“, s.o.) hinter den Begründern der Völkerpsychologie (und insbesondere hinter der *„Synthese“*) zurück. Von ihm selbst wurde dies aber nicht so gesehen, vielmehr bemerkte er eine grundsätzliche Differenz zwischen den beiden Ansätzen:

> In dem vorliegenden Werk haben wir uns auf das Gebiet der Völkerpsychologie in dem Sinne, wie diese Wissenschaft zuerst von Herbart erfaßt und dann von seinen Nachfolgern bestimmter erstrebt wurde, nicht eingelassen. Wir stehen vielmehr auf dem Boden der (…) *allgemeinen* Psychologie, es ist uns darum zu thun, die allgemeinen Gesetze des psychologischen Geschehens zu ermitteln, von denen auch die Völkerpsychologie nur besondere Anwendungen bieten wird (Wundt 1863, S. 452; Hervorhebung von Wundt).

Damit wurde die Völkerpsychologie auf eine Anwendung der allgemeinen (für den jungen Wundt physiologisch begründeten) Psychologie reduziert. Folgerichtig behandelte Wundt in den weiteren Vorlesungen die objektiven Tatsachen der Gesellschaft quasinaturwissenschaftlich wie stoffliche Lebensbedingungen. Dabei trug er einerseits das auf Darwin zurückweisende, von Wundt aber nicht in dessen Sinne ausgearbeitete naturwissenschaftliche Paradigma der Evolution bis in die menschliche Gesellschaft hinein, andererseits sah er sich aber auch der sittlichen Höherentwicklung des Menschen in einem idealistischen Sinne verpflichtet.

In *„Wege und Ziele der Völkerpsychologie"* stellte sich Wundt (1886) gegen die Kritiker der Völkerpsychologie sowie gegen deren Begründer. Er erklärte das erste Programm der Völkerpsychologie von Lazarus und Steinthal als „unhaltbar" (ebd., S. 16) und stellte ihm schließlich ein eigenes Programm gegenüber (ebd., S. 21 f.). Nachdem sich der junge Heidelberger Dozent in seinen *„Vorlesungen über die Menschen- und Tierseele"* noch positiv zum Programm der Völkerpsychologie von Lazarus und Steinthal geäußert und mit den „objektiven Thatsachen, die hier gleichsam an die Stelle des Experimentes treten" (Wundt 1863, S. IV) scheinbar einen gewichtigen methodologischen Gesichtspunkt ins Blickfeld gerückt hatte (s.o.), wandte sich der älter gewordene und inzwischen renommierte Wundt energisch gegen die beiden Pioniere der Völkerpsychologie mit Argumenten, welche u.a. die Position der Völkerpsychologie innerhalb der etablierten Wissenschaften, die Ausdehnung der neuen Wissenschaft auf die Geschichte des Menschen sowie den Gegenstand und fehlenden physiologischen Bezug dieser Wissenschaft betrafen, ohne indes auf den bedeutendsten Beitrag zur Völkerpsychologie, die *„Synthese"* von Lazarus (1862), überhaupt einzugehen.

Gleich zu Beginn seiner Stellungnahme stellte Wundt den Stellenwert infrage, welchen die Lazarus-Steinthal'sche Völkerpsychologie beantspruchte. Er bezweifelte, dass die etablierten Wissenschaften damit einverstanden wären, ihr künftig „Handlangerdienst zu leisten" (ebd., S. 4). Wenn es möglich sein sollte, Gesetze des geschichtlichen Geschehens zu finden, würden die Historiker diese Aufgabe sicherlich nicht an eine andere Wissenschaft abtreten. Im Übrigen habe man sich in der Philosophie der Geschichte bemüht, allgemeine Gesetze der Entwicklung nachzuweisen; Herder und Hegel seien indes aufgrund ihrer „unvollkommenen" bzw. „zweckwidrigen" Methoden gescheitert (vgl. ebd., S. 16).

Wundt zufolge ist die Psychologie für die Geschichte ein wichtiges Hilfsmittel, allerdings ließen sich aufgrund des „*singulären* Charakters aller historischen Ereignisse" (ebd., S. 18; Hervorhebung von Wundt) keine allgemeinen psychologischen Gesetze aus der Geschichte ableiten. Wundt schloss jegliche historische Gesetzmäßigkeit aus und ließ damit generelle Zusammenhänge nur für die Psychologie gelten, die er ausdrücklich als *Allgemeine Psychologie* verstand (s.o.); eine letztlich in sich widersprüchliche Argumentation, die bei den Begründern der Völkerpsychologie auf kein Verständnis stoßen konnte.

Im Weiteren wies Wundt darauf hin, dass Kunst und Wissenschaft sich *nicht* als Gegenstände psychologischer Untersuchungen eignen, da ihre Prinzipien von der Ästhetik, Ethik, Erkenntnistheorie und Logik behandelt würden. Indessen wies Wundt nicht alle möglichen Gegenstände des Lazarus-Steinthal'schen Programms an die bereits bestehenden Disziplinen zurück.

> (Es bleiben) *drei* große Gebiete übrig, für die eine specifisch psychologische Betrachtung gefordert scheint, – drei Gebiete, die, weil ihr Inhalt den Umfang des individuellen Bewußtseins überschreitet, zugleich als die drei Grundprobleme aller Völkerpsychologie betrachtet werden müssen: die *Sprache*, der *Mythus* und die *Sitte* (ebd., S. 20; Hervorhebung von Wundt).

Demnach sah Wundt für die Völkerpsychologie durchaus einen Platz im System der Wissenschaften. Freilich begrenzte er ihren Gegenstand auf die Vorgeschichte der Menschheit, die er im Sinne eines naturhaften Prozesses verstand. Deren Sachverhalte waren auf jene der physiologischen Psychologie reduzierbar, was einen ebenso einheitlichen wie allgemeinen psychologischen Gegenstand versprach, der sich lediglich in seiner je besonderen methodischen Zugänglichkeit von der nicht völkerpsychologischen Vorgehensweise unterschied (experimentell versus nicht experimentell). Dabei blieben allerdings die gesamtgesellschaftlichen Aspekte der Phänomene in der eigentlichen Menschheitsgeschichte ausgeschlossen; ein Sachverhalt, der in der Wundt-Interpretation bisher zu wenig herausgearbeitet wurde (u.a. auch von Danziger 1983, S. 307).

Nach Wundt wird die Geschichte durch Einzelleistungen vorangetrieben und kann nicht Gegenstand der neuen Wissenschaft sein. Die Frage, ob durch sein Singularitätskriterium die gesellschaftliche – und im Sinne von Lazarus und Steinthal auch die menschliche – Entwicklung in ihrem gerade wesentlichen Gehalt preisgegeben wird, diskutierte Wundt nicht; vielmehr griff er unvermittelt die Herbart'sche „Vorstellungsmechanik" an, also die Assoziationstheorie, die seiner Meinung nach von den Begründern der Völkerpsychologie nicht infrage gestellt worden war.

> Wenn alle psychischen Processe von den niedrigsten bis zu den höchsten auf der einförmigen Wiederholung der nämlichen *Vorstellungsmechanik* beruhen, so müssen die Bedingungen jeder Entwicklung consequenter Weise in äußere *zufällige* Wechselwirkung mit der Naturumgebung verlegt werden (ebd., S. 4, Hervorhebungen von M.G.).

Offenbar vermisste Wundt in Herbarts Assoziationsmodell die naturhafte Zwangsläufigkeit der Prozesse. Da Wundt (1886) jedoch in seiner Kritik auf die *„Synthese"* von Lazarus *nicht* eingeht, bemerkte er nicht, dass nach den Autoren des Programms von 1860 eine „Vorstellungsmechanik" im Sinne von Herbart allenfalls „am Objekt" erfolgen könnte. Wenn die Objekte der Psychologie auch in materialisierte Gegenstände transformierbar und diese wiederum über die Aneignung substituierbar sind, kann die Entwicklung nicht zufällig sein; vielmehr werden die subjektiven Prozesse durch gesellschaftliche Objektivationen weitgehend geregelt und abgesichert. Da Wundt die theoretische Bedeutung der „Erzeugnisse des objectiven Geistes" und deren Aneignung nicht erfasst hatte, verkannte er in seiner Kritik am ersten Programm der Völkerpsychologie nicht nur dessen theoretischen Gehalt, sondern beschränkte auch sein eigenes Programm auf eine thematisch eher willkürliche Auswahl (s.o.).

Steinthal (1887) reagierte in der *„Zeitschrift für Völkerpsychologie"* mit dem Artikel *„Über den Begriff der Völkerpsychologie"* auf den ablehnenden Artikel Wundts (1886). Im Zentrum von Steinthals Replik stand die Systematik des völkerpsychologischen Programms. Am meisten zeigte sich der Autor von Wundts Vorwurf betroffen, die Völkerpsychologie reduziere die anderen Wissenschaften auf „Handlangerdienste" für eigene Belange. Im Weiteren reagierte Steinthal auf den damals nicht nur von Wundt erhobenen Vorwurf, dass der Umfang der völkerpsychologischen Aufgaben zu breit gesteckt worden sei. Er wies diese Kritik zwar nicht zurück, maß ihr aber nur eine sekundäre Bedeutung zu, indem er darauf hinwies, dass es Lazarus und ihm nicht in erster Linie darum gegangen sei, eine Disziplin zu umgrenzen, sondern vielmehr einen Komplex von Aufgaben zu charakterisieren, „gleichviel innerhalb welcher Disciplinen dieselben liegen" (Steinthal 1887, S. 246).

Der Autor bezog sich auch auf die seiner Meinung nach willkürliche Eingrenzung des *Gegenstandes* der Völkerpsychologie durch Wundt. Wenngleich die Völkerpsychologie gegenüber der Geschichte, welcher sie eine psychologische Zutat vermittle, keine andere Position als die eines Hilfsmittels annehmen könne, so sei sie doch an und für sich als eine selbstständige Wissenschaft zu betrachten. Deren Gegenstand sei nicht willkürlich auf Sprache, Mythos und Sitte zu reduzieren, denn für diese von Wundt favorisierten Gebiete gelte nichts anderes als für die „Geschichte überhaupt" (ebd., S. 247).

Steinthal warf Wundt vor, universelle Aspekte menschlicher Geschichte zu verkennen, wenn er in Letzterer nur singuläre Ereignisse sehe, die keine Formulierung allgemeiner Gesetzmäßigkeiten (i.S. der Psychologie und Physiologie) zuließen: „Wer nicht aus der Völkerpsychologie den Begriff des ‚objectiven Geistes' gewonnen hat, versteht nichts von Geschichte, weder von ihrem Objecte, noch der Weise ihres Fortganges" (ebd., S. 255). Steinthal zufolge besteht bei jedem Forschungsgegenstand (und nicht nur bei Wundts „allgemeinen Naturvorgängen") die Realität aus einzelnen Dingen und Vorgängen und die sprachliche und wissenschaftliche Wiedergabe derselben aus allgemeinen Ausdrücken. Die menschliche Geschichte wird durchaus auch in einem generellen Sinne begreifbar, wenn ein Verständnis von Tradierung – und als deren Grundlage: von Objektivation – entwickelt wird.

Steinthal warf indes Wundt *nicht* vor, dass er in seiner Kritik Vergegenständlichung und Aneignung nicht berücksichtigt hatte. Er verwies nur kurz auf die *„Synthese"* von Lazarus (1862) und verzichtete auf eine eigene, womöglich präzisere Fassung dieser zentralen Begriffe. So wie Wundt in seiner Argumentation die theoretische Bedeutung *objektiver Gedanken* nicht mehr berücksichtigte, bemerkte Steinthal nichts Weiteres zu Wundts (1863) methodischer Würdigung *objektiver Tatsachen.*

Auf Steinthals Verteidigung des Programms von 1860 antwortete Wundt mit keinem besonderen Artikel. Da er im Unterschied zu den Begründern der Völkerpsychologie das Akzeptanzproblem, das sich der neuen Wissenschaft stellte, nicht unterschätzte, befasste er sich in den folgenden Jahren immer wieder mit den wissenschaftstheoretischen Fragen der Völkerpsychologie und auch mit den von seinen Kontrahenten vernachlässigten systematischen Fragen (Oelze 1991).

Im Jahre 1900 erschien der erste Band von Wundts *„Völkerpsychologie"*. In der Einleitung wurden die wichtigsten Einwände gegen das Lazarus-Steinthal'sche Programm wiederholt, wobei der Autor auf Steinthals Replik mit keinem Wort hinwies. Eine neue, für die Völkerpsychologie spezifische Methode wurde *nicht* vorgestellt. Offenbar konnte Wundt die von ihm 1863 bemerkten „objektiven Tatsachen" nicht methodisch fruchtbar machen.

Wundt beachtete neben experimentellen Befunden diverse ethnologische Berichte. Als Gegenstand der neuen Wissenschaft wird die Trias „Sprache, Mythus, Sitte" bekräftigt und kein neues theoretisches Paradigma in Aussicht gestellt. Dabei versucht er ausschließlich, die *universellen* Bedingungen der *psychophysischen* Organisation der Organismen bis hin zur Schwelle der menschlichen Geschichte zu eruieren.

Wundt interessierte sich in erster Linie für den *natürlichen* Entwicklungsprozess bis zur Homogenese, diesem Übergang zum eigentlichen menschlichen Dasein, wo für ihn mit den persönlichen Einflussmöglichkeiten die „historischen Ereignisse" ansetzen, die er aus seiner Völkerpsychologie ausschloss. Beispielsweise behandelte er bezüglich der Gebärdensprache (Wundt 1900, I, Kap. 2, S. 142–257) nachahmende, hinweisende, darstellende und nachbildende Gebärden und stellte sich die Frage, worin sich die nachbildenden Gebärden des Menschen von den Imitationen im infrahumanen Bereich unterscheiden.

> Was sie von diesen scheidet, ist nur die Entwicklung, die sie unter dem Einfluß der *Wechselwirkung der Individuen* erfahren. Indem die Affektäußerung von dem, an den sich der Affekt richtet, auf seinen Urheber zurückgeht, verändert sie zugleich ihren Inhalt, und indem diese Veränderung auch die Vorstellungsinhalte des Affekts (…) trifft, wird allmählich jene hin und her gehende Bewegung des Gebärdenspiels zu einem Austausch der im Bewußtsein des Einzelnen hervortretenden Vorstellungen (Wundt 1900, S. 232; Hervorhebungen von Wundt).

Die menschliche Sprache, im Besonderen die Verbalsprache, bezeichnete Wundt zwar als ein „kollektives Phänomen", behandelte sie aber nicht als solches, sondern ähnlich wie die Gebärdensprache als naturhaftes individuelles Phänomen. Die Verbalsprache konstituiere sich aus psychischen Elementen (Empfindungen von Schall, Wärme, Licht usw.) über psychische Gebilde (Vorstellungen, Affekt usw.) und Zusammenhänge psychischer Gebilde (Aufmerksamkeit, Verschmelzungen usw.) schließlich zu Wechselwirkungen (z.B. zwischen Kind und Umgebung). Demnach behandelte Wundt die menschliche Sprache als eine biologisch fundierte und ans Individuum gebundene „Privatsprache" und nicht umgekehrt als primär öffentliche Sprache, die als solche über soziale Regelungen und zwischenmenschliche Bezüge entstanden war und artefaktisch tradiert wurde, mithin von Anfang an bedeutungsvoll war und demnach historisch und nicht bloß naturhistorisch verstanden werden kann.

Nach Wundt ist die Psychologie menschlicher Organismen im Sinne universeller Regularitäten nur unter Einbezug ihrer unwillkürlichen Interaktionen mit anderen zu verstehen. Was darüber hinausweist, liegt jenseits seines Singularitätskriteriums und gehört deshalb nicht zum Gegenstand der Völkerpsychologie. So weist Wundt ausdrücklich darauf hin, dass zum Beispiel die Schrift außerhalb der Grenzen seiner neuen Wissenschaft liegt. „(Sie gehört) dem Umkreis technischer Erfindungen an, die in dem allgemeinen Kulturmedium, in welchem sich die spätere Entwicklung der Sprache vollzieht, einen nicht wegzudenkenden Wert besitzen" (Wundt 1900, S. 240 f.).

Immerhin versuchte Wundt mit seinem *Emergenzprinzip*, dem Prinzip, dass ein komplexes System Eigenschaften ausbilden kann, die dessen Komponenten nicht besitzen, auf der Basis kontinuierlicher Entwicklung gewissermaßen ebenfalls über die Naturgeschichte hinauszugelangen. beispielsweise indem er die Entstehung sozialer Institutionen dadurch erklärte, dass deren Träger nach dem Prinzip der Heterogonie der Zwecke allmählich die Motive änderten, von denen sie ursprünglich ausgegangen waren. So dehnte er seinen Ansatz stellenweise vom ausschließlich naturwüchsig verstandenen Individuum auf den gesellschaftlichen Bereich aus, auch wenn naturhistorische Sachverhalte (wie z.B. Ergebnisse der natürlichen Selektion) in der spezifisch menschlichen Geschichte nur noch als untergeordnete Momente der Entwicklung betrachtet werden können.

Wundts *„Völkerpsychologie"* kann zwar sicherlich auch als geisteswissenschaftliches Unternehmen betrachtet werden (Jüttemann 2006); letztlich handelt es sich aber um ein naturhistorisches (und nicht um ein materiell-historisches) Werk, weil mit ihm die externe Welt ausschließlich als Einwirkung oder Widerständigkeit begriffen wird. So war Wundt zwar an historischen Veränderungen auf individueller Basis interessiert, doch grenzt er den Gegenstandsbereich der Völkerpsychologie – angefangen bei der Kontroverse mit den Begründern derselben – jeweils streng von dem der Geschichtswissenschaft ab (vgl. u.a. auch Zitterbarth 2006).

1911 erschien von Wundt die Aufsatzsammlung *„Probleme der Völkerpsychologie"*. Im dritten Aufsatz stellte der Autor unter anderem fest, dass die Völkerpsychologie nicht mehr jene von Lazarus und Steinthal sei (vgl. Wundt 1911, S. 59). Im folgenden Jahr veröffentlichte Wundt die *„Elemente der Völkerpsychologie"*. In der Einleitung fehlt der Hinweis auf die *„Zeitschrift für Völkerpsychologie"* zwar nicht, doch wie in den vorangegangenen Schriften wird auf eine Auseinandersetzung mit den Pionieren der Völkerpsychologie verzichtet. Der Autor gelangte indes zum Schluss, dass man „heute wohl die Völkerpsychologie als einen Teil der Psychologie betrachten darf" (Wundt 1912, S. 2).

Felix Krueger, der 1910 auf Wundts Vorschlag hin dessen Nachfolge in Leipzig antrat, veröffentlichte 1915 die Arbeit *„Über Entwicklungspsychologie, ihre Sachlichkeit und geschichtliche Entwicklung"*, in der er gegenüber Wundt vorschlug, den Namen „Völkerpsychologie" für die neue Wissenschaft durch „Entwicklungspsychologie" zu ersetzen. In einem Brief (16.06.1915) wies er darauf hin, dass er sich bemüht hätte, eine noch wenig verstandene Seite von Wundts Schaffen historisch und sachlich ins rechte Licht zu rücken. Im folgenden Jahr wies Wundt (1916) mit der Replik *„Völkerpsychologie und Entwicklungspsychologie"* die von Krueger vorgeschlagene Bezeichnung „Entwicklungspsychologie" zurück. Krueger teilte hierauf Wundt in einem Brief (26.10.1916) mit, dass es für ihn eine Enttäuschung sei, dass der „Begründer der wissenschaftlichen Völkerpsychologie", der ihn zu eigenen Arbeiten angeregt hätte, seine Ergebnisse im Großen und Ganzen ablehne. Krueger widmete sich fortan der Ganzheitspsychologie (Krueger 1926 und 1953).

Wundt vermochte mit seiner Völkerpsychologie die weitere Entwicklung der deutschen, amerikanischen oder russischen Psychologie kaum zu beeinflussen, wenngleich einzelne Befunde aus seinem Werk durchaus rezipiert wurden (u.a. auch in Russland von Wygotski, 1934/1974). Karl Marbe kritisierte Wundts Konzepte (u.a. Volk, Volksseele). Nach Wundts Tod im Jahre 1920 gab es kaum mehr eine Weiterentwicklung seiner Völkerpsychologie. Indessen wurden verschiedene andere Konzeptionen unter dem Namen Völkerpsychologie in die Welt gesetzt, mit denen ebenfalls deren ursprüngliche Perspektive naturalistisch verkürzt wurde. So lässt sich dieses Verständnis der Völkerpsychologie bis in politische Zusammenhänge hinein nachweisen. Entsprechende Ansätze wurden teilweise rassentheoretisch ausgelegt, wie z.B. in den Untersuchungen von Rudolf Hippius. Aus antisemitisch eingestellten Kreisen wurde eine „Charakterologie der Völker" vorgeschlagen, besonders vom Wagner-Schwiegersohn Houston Stewart Chamberlain, der in seinen „Grundlagen" die Einrichtung einer „Commission für differentielle Völkerpsychologie" forderte (Guski-Leinwand 2010).

Lazarus und Steinthal formulierten in ihren völkerpsychologischen Arbeiten jedoch erstmals einen Ansatz der Psychologie, der weit über die elementarpsychologischen Ansätze (u.a. psychophysiologischer, aber auch assoziationspsychologischer Art) ihrer Zeit hinausreichte. Während sie eine kulturhistorische Wissenschaft anvisierten, beschränkte sich Wundt im Wesentlichen auf die naturhistorischen Voraussetzungen der Entwicklung, die von den Pionieren der Völkerpsychologie vernachlässigt wurden.

Der kulturhistorische Entwicklungsansatz in der UdSSR fügte sich einerseits in den naturhistorischen ein und führte andererseits auf dieser Basis über denselben hinaus in die Homogenese, was ohne Konzepte wie Vergegenständlichung, Tradierung und Aneignung wohl kaum möglich gewesen wäre (vgl. u.a. Leontjew 1959/1980). Auf der Grundlage eines detailgenau herausgearbeiteten Verhältnisses zwischen natur- und kulturhistorischer Entwicklung könnten bis heute umstrittene Fragen wie die Anteile vererbter und erlernter Verhaltensweisen oder der Übergang von unwillkürlichen zu willkürlichen Verhaltensweisen diskutiert werden.

Der von Lazarus und Steinthal thematisierte Kreislauf von Vergegenständlichung und Aneignung, der sich mit der Homogenese vom naturwüchsigen Kreislauf (zunächst nur minimal) abzuheben beginnt, setzt die empirische Bestimmbarkeit des Übergangs einer ausschließlich biologischen Evolution zu einer kulturellen Entwicklung voraus. Nach Fischer (2014) kann für den Homo sapiens anhand von Funden nachgewiesen werden, „dass in der Zeit zwischen 40.000 und 25.000 Jahren vor unserer Zeitrechnung das Gehirnvolumen (…) sich nicht mehr vergrößerte", indessen die Effizienz und die Mannigfaltigkeit der Werkzeugherstellung (insb. bei der damaligen Klingenherstellung) exponentiell anstiegen" (vgl. ebd., S. 184).

Der völkerpsychologische Ansatz von Lazarus und Steinthal machte deutlich, dass sich die Psychologie nicht auf die Biologie reduzieren lässt; eine Einsicht, die nach wie vor von aktuellem Interesse ist (Kap. 6.2). Insbesondere die auf Personen ausgerichtete Psychologie hat nicht einen unmittelbaren Charakter wie die Biologie, die sich auf die Fortpflanzung und Selbsterhaltung der Lebewesen konzentriert.

> Die Biologie verliert sich (…) nicht auf Umwegen, sondern geht, ebenso wie die Tiere, geradewegs auf ihr Ziel zu. Daher kann sie nicht zur Fundamentalwissenschaft des Menschen und seiner Welt werden. Die teleologische Unentschiedenheit der menschlichen Wege fügt sich nicht in den biologischen Funktionsrigorismus (Toepfer 2014, S. 220).

Die im Unterschied zu den *naturwüchsigen* Sachverhalten aus der spezifisch menschlichen Entwicklung hervorgehenden *artifiziellen* Sachverhalte spielen auch in der geistes- und sozialwissenschaftlichen Psychologie eine wichtige Rolle (Kap. 4.2). Rath (2014) schreibt von der „zweiten Natur“ der Menschen, allerdings indem er sich direkt auf Hegel und auch Cicero zurückbesinnt, ohne die Begründer der Völkerpsychologie Lazarus und Steinthal zu referieren. Der Autor weist darauf hin, dass die Menschen auf „Ersatzbildungen“ angewiesen sind und von den (von ihnen selbst produzierten) externen Gütern abhängig werden, die sich ihnen gegenüber verselbstständigen und schließlich auch „unentrinnbare Macht“ über sie gewinnen können (vgl. ebd., S. 61).

4.2 Naturwissenschaftlicher versus geisteswissenschaftlicher Ansatz

In der Völkerpsychologie-Kontroverse vertraten die Kontrahenten einerseits mehr die kulturhistorischen und andererseits mehr die naturhistorischen Aspekte in der Entwicklung der menschlichen Psyche. Erstere könnte man als eher geisteswissenschaftliche und Letztere als eher naturwissenschaftliche Aspekte der Psychologie bezeichnen. Die beiden Auffassungen sollten in den folgenden Jahren besonders herausgestellt und gegeneinander ins Feld geführt werden. Die Völkerpsychologie-Kontroverse setzte sich in gewisser Weise in der Dilthey-Ebbinghaus-Kontroverse fort (Galliker 2010).

Die von Moritz Lazarus in Gemeinschaft mit Hajim Steinthal begründete Völkerpsychologie war für den 1833 in Biebrich am Rhein geborenen Wilhelm Dilthey während längerer Zeit eine wichtige Anregung für eigene Untersuchungen. 1894 veröffentlichte er seine grundlegende psychologische Arbeit *„Ideen über eine beschreibende und zergliedernde Psychologie“,* die als geisteswissenschaftliches Forschungsprogramm der Psychologie betrachtet werden kann (Galliker 2013). Diltheys Formel „Die Natur erklären wir; das Seelenleben verstehen wir“ war gegen die einheitliche, naturwissenschaftliche Behandlung sämtlicher wissenschaftlicher Erkenntnisgebiete gerichtet und damit auch gegen Übergriffe der Naturwissenschaften auf einen Bereich, der ihnen nicht zusteht.

Dilthey lernte in Berlin den 1850 in Barmen (Wuppertal) geborenen Hermann Ebbinghaus kennen, der seit 1880 Dozent an der Berliner Universität war und dort auch das erste Berliner Labor für experimentelle Psychologie einrichtete (das zweite im deutschsprachigen Raum nach Wundts Labor in Leipzig). 1885 erschien seine Habilitationsschrift *„Über das Gedächtnis“*, mit der u.a. aufgezeigt wurde, dass experimentelle Untersuchungen auch hinsichtlich höherer psychischer Prozesse möglich sind (siehe hierzu auch Kap. 5.1). 1894 wird Ebbinghaus Professor in Breslau. Von dort aus wandte er sich 1896 mit dem Artikel *„Über erklärende und beschreibende Psychologie“* gegen die von Dilthey 1984 veröffentlichten *„Ideen“*.

Die Aufgabe, die sich Dilthey (1894/1990) in den *„Ideen“* stellte, war die Unterscheidung einer geisteswissenschaftlich orientierten „verstehenden Psychologie“ von der damals noch jungen naturwissenschaftlich orientierten „erklärenden Psychologie“. Die erklärende Psychologie wurde von Dilthey als unberechtigte Erweiterung naturwissenschaftlicher Konzepte auf das Gebiet des Seelenlebens und der Geschichte bewertet. „Dieser Zusammenhang der Natur nach Kausalgleichungen ist durch die in der äußeren

Wahrnehmung repräsentierte objektive Ordnung der Natur unserem lebendigen Denken aufgedrungen worden“ (ebd., S. 195).

Hingegen könnten Personen im Sinne der in Aussicht gestellten alternativen „verstehenden Psychologie“ reale Zusammenhänge der Gesellschaft immer in ihr und durch sie erfahren; sie könnten diese Zusammenhänge persönlich erleben und gedanklich nachvollziehen bzw. verstehen: Beim „Verstehen“ anderer Menschen werde aus dem auf dem gemeinsamen Erfahrungshaushalt der Menschen basierenden eigenen Erleben heraus so gut wie möglich auf die Erlebnisse anderer Menschen sowie auf menschliche Angelegenheiten und Sachverhalte geschlossen. Dabei gehe es darum, andere und anderes in ihrer Besonderheit zu erfassen; mithin im Verhältnis zu dem, woraus sie herkämen. sowie zu dem, wohin sie führten.

Von Menschen verstanden werden können unter anderem die mit der Menschwerdung entstandenen Institutionen sowie die (Kultur-)Güter, wurden dieselben doch von ihnen geschaffen und werden von ihnen auch weiterhin reproduziert und/oder neu produziert:

> In der Sprache, dem Mythus, der Literatur und Kunst, überhaupt in allen geschichtlichen Leistungen haben wir gleichsam gegenständlich gewordenes psychisches Leben vor uns: Produkte der wirkenden Kräfte, welche psychischer Natur sind (ebd., S. 195).

Demnach wird im Sinne der Begründer der Völkerpsychologie von Dilthey nicht nur angenommen, dass von Menschen Gemachtes von eben diesen auch verstanden werden kann, sondern auch, dass psychische Prozesse in der *Außenwelt* erscheinen (i.S. einer „externen Seele“). Zu dieser äußeren Welt gehören die von den Menschen (in langwierigen, nur teilweise bewussten gesellschaftlichen Prozessen) konstituierten Systeme des Staates, der Wirtschaft, der Religion, der Kunst und des Zusammenlebens. Aus der menschlichen Organisation dieser Systeme gehen dann auch die entsprechenden Institutionen und die jeweils aktuellen Beziehungen der Individuen hervor.

Menschliche Beziehungen werden, so Dilthey, primär *in* gesellschaftlichen Zusammenhängen erfahren bzw. erlebt; aus den übergreifenden Relationen gehen in ihrer Bedeutung die psychischen Phänomene hervor und können entsprechend auch untersucht bzw. studiert und reflektiert werden, und zwar primär in ihren unmittelbar erlebten Verbindungen, wobei mit ihnen nicht nur bewusste, sondern auch weniger bewusste Züge derselben zum Vorschein kommen. Als Beispiel führt Dilthey u.a. auch die Phänomene des Willens an:

> Wir studieren Natur, Gesetze, Zusammenhang unserer Willenshandlungen an der äußeren Organisation der Gesellschaft, an der wirtschaftlichen und rechtlichen Ordnung. Hier haben wir dieselbe Objektivation des Zusammenhangs in unserem praktischen Verhalten vor uns, welche in Zahl, Zeit und Raum und den anderen Formen unserer Welterkenntnis für unser Wahrnehmen, Vorstellen und Denken vorliegt. Die einzelne Willenshandlung ist ja selbst im Individuum nur der Ausdruck einer dauernden Willensrichtung, welche das ganze Leben erfüllen kann, ohne uns beständig gegenwärtig zu sein (ebd., S. 190).

Nach Dilthey orientiert sich die geisteswissenschaftliche Untersuchung psychischer Phänomene in erster Linie am *Strukturzusammenhang* derselben; ein Begriff, der sich auf das Lebensverhältnis bezieht, das zwischen verschiedenen Personen sowie ihrer Umgebung besteht. Dieser Zusammenhang ist den Menschen „durch die innere Erfahrung in den Verhältnissen des Einwirkens als ein lebendiger, freier und geschichtlicher gegeben" (vgl. ebd., S. 193). Erfahren wird zwar ein äußerer Strukturzusammenhang, der aber individuell „er-lebt" wird, mithin als „innerer" erscheint, als solcher indes nicht in einem psychologistischen Sinne verstanden werden kann, sondern als „Innewerden der eigenen Zustände" (vgl. ebd., S. 109).

Dilthey zufolge ist das Innewerden des Strukturzusammenhangs die einfachste Form des „Bewusstseins". Durch die Lage des Menschen innerhalb seines konkreten Lebenskontextes schließen sich von allem Anfang an homogene Ereignisse spontan zusammen und konstituieren einen Zusammenhang, aus dem allmählich eine klare Form hervortreten kann. Demnach wird die „innere Welt" als Inneres der äußeren Welt betrachtet und nicht als innere Welt im Sinne eines Ausschlusses der äußeren Welt (über-)interpretiert, eine Deutung, zu der Personen gelangen mögen, wenn sie sich von der äußeren Welt zurückziehen, sich abschließen, die Augen schließen, nachsinnen, imaginieren oder meditieren.

Der Autor versucht mit seinem Konzept des Verstehens (s.o.) die Trennung von *Kausalität* und *Finalität* in der Darstellung des anschaulich erfahrbaren Partikularen zu überwinden. Das Bewusstsein als Innewerden des Strukturzusammenhangs eröffnet – nun auch wissenschaftstheoretisch betrachtet – einen „unverkürzten neuen Wirklichkeitsbereich", wenngleich der Autor hier und auch in seinem weiteren Werk die erkenntnistheoretische Frage nicht zu lösen vermag und auch nicht zu lösen versucht (vgl. Scholtz 1995, S. 241).

Die Geisteswissenschaften untersuchen die gesellschaftliche Realität „von innen", mithin in ihrem lebendigen Zusammenhang. Wenn Menschen in diesem Lebenszusammenhang zur Besinnung kämen, werde ihnen dieses „(Innen-)Leben" (bzw. das ihnen in diesem Zusammenhang nahegelegte gedankliche und gefühlsmäßige Leben) auch wissenschaftlich zugänglich, insbesondere wenn dabei die menschlichen Vergegenständlichungen berücksichtigt werden. Personen, die als solche in und durch die von ihnen geschaffenen Institutionen, Kulturgüter bzw. „Objektivationen" (z.B. Sprache) lebten sowie in und durch *deren* Verhältnisse und Sachverhalte, seien in ihrer Bedeutung auch „auslegbar", während die Wissenschaft, welche ausschließlich der Kausalität verpflichtet sei, sich das geistige Leben zu unterwerfen versuche.

Nach Dilthey beginnt das psychologische Denken beim Strukturzusammenhang: „Wir finden nicht durch Ergänzung zu den einzelnen Gliedern deren Zusammenhang, sondern *das psychologische Denken artikuliert und distinguiert von dem gegebenen Zusammenhang aus*" (vgl. Dilthey 1894/1990, S. 173 f.; Hervorhebung von Dilthey). Das heißt, die wissenschaftliche Betrachtung bezieht sich nicht in erster Linie auf das elementare, sondern primär auf das *entwickelte* Seelenleben, und die Forschungsarbeit beginnt auch bei diesem und bedient sich dann jener Hilfsmittel, die von demselben gegenständlich nahegelegt werden.

Nach Dilthey setzt sich die Methodologie aus Deskription und Analyse zusammen. Zunächst erfolgt eine *Beschreibung* des Strukturzusammenhangs, wobei die objektiv gegebene feste Struktur der externen Welt, in welcher der Beschreibende steht, die konkrete Grundlage der Deskription bildet. Letztere hebt u.a. die regelmäßige Abfolge der Vorgänge heraus. Im Dienste der wissenschaftlichen Deskription stehen Operationen wie Vergleichen, Unterscheiden, Klassifizieren, Abmessung von Graden, Sonderung und Verbindung sowie wiederum Verknüpfung von Teilen zu einem Ganzen (vgl. ebd., S. 221). Die psychologische Einzelerkenntnis erfolgt dann durch die *Zergliederung* der gegebenen komplexen Wirklichkeit. Die auf der Höhe des entwickelten Zusammenhangs des Seelenlebens beginnende Analyse weist zurück auf die Voraussetzungen ebendieser Entwicklung. Durch diesen Prozess wird jedoch die Realität nur in „Bestandteile gesondert, die in der Wirklichkeit verbunden sind" (vgl. ebd., S. 174). Beim Rückblick auf frühere Stufen der Entwicklung und der Sondierung ihrer Voraussetzungen und Bestimmung ihrer Elemente habe der Forscher immer zu beachten, dass es sich bei dieser Isolierung nur um eine *künstliche* handeln könne, die dazu beitrage, dass das „individuelle Seelenleben eine hellere Beleuchtung" empfange (vgl. ebd., S. 214).

Im Unterschied zur naturwissenschaftlichen Psychologie wird in der geisteswissenschaftlichen Psychologie der psychische Prozess von seinen höchsten Formen bis zu seinen elementarsten in erster Linie immer als *Einheit* aufgefasst.

> Das Seelenleben wächst nicht aus Teilen zusammen; es bildet sich nicht aus Elementen; es ist nicht ein Kompositum, nicht ein Ergebnis zusammenwirkender Empfindungsatome oder Gefühlsatome: es ist ursprünglich und immer eine übergreifende Einheit. Aus dieser Einheit haben sich seelische Funktionen differenziert, verbleiben aber dabei an ihren Zusammenhang gebunden (vgl. ebd., S. 214).

Demgegenüber versuche die naturwissenschaftliche Psychologie, ihr Ziel durch eine Verbindung von als primär gesetzten Elementen durch Ergänzungen oder angenommene Verbindungen bzw. Hypothesen zu erreichen. Unter den naturwissenschaftlichen Hypothesen versteht Dilthey die Bedingungen der Möglichkeit der Konstruktion von Erkenntnis: „Wie in den Sinnen nur Koexistenz und Sukzession ohne ursächlichen Zusammenhang dieses zugleich oder nacheinander Bestehenden gegeben ist, entsteht Kausalzusammenhang in unserem Naturauffassen nur durch Ergänzung" (ebd., S. 140). Dieses von Dilthey kritisierte wissenschaftstheoretische Verständnis erinnert gewissermaßen an Kant und auch an Helmholtz (Kap. 3.3 und 3.5).

Allerdings lehne die geisteswissenschaftliche Psychologie die Entwicklung von Hypothesen bzw. die Hypothesenbildung im Sinne eines *heuristischen* Verfahrens nicht ab; die Hypothesenbildung sei ausschließlich als rein konstruktives oder auch rein rekonstruktives Verfahren fragwürdig.

> An den Stellen, an welchen dem Psychologen die Erfahrung keinen Zusammenhang mehr darbietet (...): da müssen Beobachtung, Vergleichung, Experiment und Analyse vermittels der Hypothese auf ein bestimmtes Ziel gerichtet werden. Aber sie werden nicht behaupten, daß irgendeine Hypothese gegenwärtig anderen Hypothesen gegenüber beanspruchen könne, die wahren Erklärungsgründe des Seelenlebens uns zu enthüllen (ebd., S. 191).

Hinsichtlich der Methodologie sind bei geisteswissenschaftlichen Untersuchungen erlebter Strukturzusammenhänge *Übergänge* relevant. „Weil wir dieser Übergänge (...) inne werden, darum verstehen wir Menschenleben, Historie, alle Tiefen und Abgründe des Menschlichen." Der Autor führt u.a. aus dem Bereich Emotion und Motivation folgendes Beispiel an: „Wer erführe nicht in sich, wie Bilder, welche der Phantasie sich aufdrängen, plötzlich ein heftiges Verlangen hervorrufen, oder wie dieses im Kampf mit dem Bewußtsein großer Schwierigkeiten doch zu einer Willenshandlung hindrängt?" (ebd., S. 206).

Die einzelnen Glieder eines Lebenszusammenhangs sind weder nach dem Gesetz der Natur (Kausalität) noch nach einem solchen der logischen Begründung (zureichender Grund) miteinander verbunden, sondern „der Zusammenhang zwischen diesen verschiedenartigen, nicht auseinander ableitbaren Bestandteilen ist *sui generis*" (ebd., S. 213; Hervorhebung von Dilthey). Nach dem Autor erfolgt das Verständnis einer Entstehung durch sich selbst *ohne* vorgängige Deduktion aus übergeordneten Konstrukten. Das Verstehen geht vom unmittelbar Vorgefundenen aus und folgt den Vorgängen in ihrer Abfolge.

> Diese Entwicklungsgesetze und Gleichförmigkeiten gewinnt (der Psychologe) aus den Beziehungen zwischen Milieu, Strukturzusammenhang, Lebenswerten, seelischer Artikulation, erworbenem seelischen Zusammenhang, schöpferischen Prozessen und Entwicklung: Momenten, welche in der inneren Erfahrung und ihren Ergänzungen durch die äußere ohne jede Hinzunahme hypothetischer Kausalverhältnisse anschaulich gegeben sind (ebd., S. 221 f.).

Demgegenüber werde in der erklärenden Psychologie ein kausaler Rahmen *konstruiert*, in dem, ausgehend von einzelnen Elementen, *strukturbildende Hypothesen* erstellt und miteinander kombiniert werden. Die verstehende Psychologie bezieht sich jedoch auf das *Nacherleben* seelischer Zusammenhänge, welches das Konzept der Objektivation voraussetzt. „Nacherleben" erfordert als solches ein aktives, gestaltendes Antworten auf Fragen und Auflösen von Problemen, die sich in den betreffenden Strukturzusammenhängen tatsächlich stellen. Dilthey versucht zwar, seine Psychologie durchaus auch im Sinne von „Gesetzmäßigkeiten" ihrer „realwissenschaftlichen Struktur" zu erfassen, doch ist *Verstehen* ein „Sich-hinein-Versetzen" in diese Struktur und von dort aus ein Nacherleben oder Nachbilden; *nicht* eine abstrakte Konstruktion, sondern allenfalls ein – primär phänomenologisch orientiertes – Rekonstruieren eines ganzen Zusammenhangs (Scholtz 2001).

Der damals noch in Breslau lehrende Hermann Ebbinghaus, welcher in seiner Berliner Zeit Dilthey nahestand, indes durch die Publikation seiner Habilitationsschrift zur experimentellen Untersuchung des Gedächtnisses (Ebbinghaus 1885/2011) zu einem der wichtigsten Repräsentanten der erklärenden Psychologie wurde, reagierte ablehnend auf die Programmschrift von Dilthey. In der *„Zeitschrift für Psychologie und Physiologie der Sinnesorgane"* veröffentlichte er einen 45-seitigen Artikel *„Über erklärende und beschreibende Psychologie"*, in dem er die Kritik Diltheys an der naturwissenschaftlichen Psychologie zurückwies (Ebbinghaus 1896).

Ebbinghaus warf Dilthey vor, dass die von ihm bemühten „Strukturzusammenhänge" nicht als unmittelbare Gegebenheiten vorliegen könnten, denn sie müssten zunächst *konstruiert* werden und könnten nicht unmittelbar selbst erlebt werden, denn dies sei nur bei Einzelereignissen und allenfalls bei Zustandsveränderungen der Fall.

> Die Übergänge eines Zustandes in den anderen und alle möglichen Einzelerlebnisse mögen in die innere Erfahrung fallen; der Strukturzusammenhang wird *nicht* erlebt; er ist *nicht* lebendigste Erfahrung (...), dieser eigenartige *Zusammenhang* jener Erlebnisse findet sich als solcher niemals in der inneren Wahrnehmung; er wird erraten, rückwärts erschlossen, hinzukonstruiert (ebd., S. 193 f.; Hervorhebung von Ebbinghaus).

Das erforderliche Erklären in der Psychologie, mithin die naturwissenschaftlich ausgerichtete Erstellung und Überprüfung von *Konstrukten*, reduziere sich bei Dilthey auf eine Verkennung der Art, wie die seelischen Tatsachen gegeben seien, sofern er sich auf unmittelbare innere Erfahrungen beziehe. Bei Dilthey müsse selbst das nicht unmittelbar Erlebbare ohne Konstruktionen auskommen, doch psychologische Hypothesen könnten niemals nur verifiziert werden.

Demnach stellte Ebbinghaus Diltheys empirische Basis infrage und wies darauf hin, dass das von Dilthey skizzierte Verfahren ebenfalls *hypothetische* Elemente enthalte, die einer Erprobung an den Tatsachen bedürften. „Introspektion" führe kaum zu intersubjektiv vergleichbaren Resultaten, und auch Nachbefragungen würden selten Klärung bringen. „Die gewissenhafteste Befragung der inneren Erfahrung liefert (...) dem einen dieses, dem anderen ein anderes Ergebnis; und trotz vielfacher und sorgfältiger Nachprüfung gelingt es oft nicht, die Sache zu zweifelsfreier Klarheit zu bringen" (ebd., S. 200).

Im Weiteren behauptete Ebbinghaus, dass die von Dilthey verlangten Deskriptionen in der naturwissenschaftlichen Psychologie schon lange selbstverständlich seien. Indes beschränkte sich die damalige naturwissenschaftliche Psychologie größtenteils auf Experimente (etwa i.U. zu der der Biologie zugehörigen Verhaltensforschung, die das Verhalten von Tieren in der Natur oder auch unter mehr oder weniger künstlichen Voraussetzungen beobachtete) – jedenfalls schrieb der genauen Beschreibung kaum ein Repräsentant der erklärenden Psychologie Priorität zu. Und in der Tat wird dieselbe in der akademischen Psychologie bis heute nicht wirklich als relevant erachtet und spielt auch in der Ausbildung an den meisten Universitäten und Hochschulen nach wie vor eine geringe oder gar keine Rolle.

In theoretischer Hinsicht fragte sich Ebbinghaus, worin sich Diltheys Ansatz von jenem der erklärenden Psychologie eigentlich unterscheide, insbesondere von jenem der aktuellen experimentellen Assoziationspsychologie. Seine Antwort: Er könne keinen grundsätzlichen Unterschied erkennen; nur mangelndes Verständnis Diltheys gegenüber der erklärenden Psychologie, ja auch dessen eigener Vorgehensweise gegenüber.

> Dilthey hält die der Wirklichkeit entnommenen Teilinhalte und den daraus durch hypothetische Übertragungen gewonnenen Zusammenhang (die Erklärungsmittel und den Erklärungsgegenstand) nicht scharf genug auseinander. Wo er an seine Ergänzungsprobleme herantritt, sagt er überall ausdrücklich, dass hier die unmittelbare Erfahrung, das direkte Erlebnis fehle (ebd., S. 192).

Schließlich wies der junge Breslauer Professor auf die *Widersprüche* in der Argumentation Diltheys hin. So könne man an einigen Stellen des Textes annehmen, dass der Autor mit seiner Psychologie nur eine Vorbereitung und/oder Ergänzung zur erklärenden Psychologie intendiere; hingegen strebe er an anderen Stellen eine *neue* Psychologie als Alternative zur bestehenden an:

> Die beschreibende Psychologie meint es anscheinend gar nicht so schlimm; sie will die erklärende Psychologie nicht beseitigen, sondern empfiehlt sich den Liebhabern dieser letzteren nur als eine sehr wichtige Grundlage ihres Thuns. Indes das kann die eigentliche Meinung doch auch wieder nicht sein; es widerspricht der vorher an der erklärenden Psychologie geübten Kritik (ebd., S. 172).

Insgesamt vermisste Ebbinghaus wissenschaftliche Klarheit in Diltheys Darstellung. So werde das Thema zu generell behandelt. Zwar werde die Hälfte des Artikels konkreten Darstellungen gewidmet, doch werde kein Beispiel der neuen Vorgehensweise und Methode ausgeführt.

> Eine solche konkrete Behandlung des Gegenstandes hätte eigentlich zur Hauptsache gemacht werden müssen, um den Diltheyschen Ideen, wären sie denn originelle, Nachdruck zu verschaffen (...). Allgemeine Diskussionen über Möglichkeiten und Unmöglichkeiten von Methoden erzielen nicht leicht ein positives Ergebnis. Wo sie Altes beseitigen wollen, stoßen sie auf Widerstand, wo (sie) Neues empfehlen, wecken sie Zweifel. Selbst Leser, die von den Schwächen und Irrtümern des Alten vollkommen überzeugt werden, übersehen nicht, ob sich das Neue im Kampfe mit den harten Thatsachen nun besser bewähren werde (ebd., S. 173).

Tatsächlich lieferte Dilthey – ungleich Ebbinghaus mit seiner Gedächtnispsychologie – kein Beispiel konkreter Forschung, und auch in seinen späteren Arbeiten war dies nicht oder höchstens nur sehr bedingt der Fall. Indessen gewinnt man den Eindruck, dass Ebbinghaus den Kern von Diltheys Programm nicht richtig verstehen konnte oder wollte. So ignorierte er Diltheys Konzept der historischen Produktion und Reproduktion des psychischen Lebens. Er glaubte, schon mit der Assoziationspsychologie dem *gesamten* Gegenstandsbereich Diltheys genügen zu können, was zwar formal, aber keineswegs inhaltlich zutreffend sein mochte. Auch die spätere Psychoanalyse erschöpfte sich natürlich nicht in der Assoziationstheorie, sondern thematisierte nicht zuletzt auch *Lebensinhalte* der Analysanden.

In methodischer Hinsicht unterstellte Ebbinghaus Dilthey eine Art Selbstbeobachtung oder „Introspektion". Das „Hineinsehen" ist jedoch Dilthey zufolge die Einsichtnahme in den eigenen Lebenszusammenhang. Gerade auch in methodologischen und methodischen Fragen wird deutlich, wie sehr Ebbinghaus Diltheys Ansatz verkannte.

Der durch Ebbinghaus missverstandene Dilthey wollte ursprünglich ausführlich in Form eines Zeitschriftenartikels auf die Kritik von Ebbinghaus eingehen. Er verwarf dann aber diesen Plan und begnügte sich vorerst mit einer *„Anmerkung"* (Dilthey 1896/1990, S. 237–240). Der Autor sieht in seiner Antwort auf die Replik von Ebbinghaus den Hauptunterschied zwischen geisteswissenschaftlicher und naturwissenschaftlicher Psychologie in Folgendem: „Darin, daß Zusammenhang im Seelenleben primär gegeben ist, besteht der Grundunterschied der psychologischen Erkenntnis vom Naturerkennen" (ebd., S. 237).

Dilthey verstand die von Ebbinghaus kritisierte Position eines vornehmlich *erlebten* Strukturzusammenhangs wie folgt: Ziel der *„Ideen"* sei die Entwicklung des Strukturzusammenhangs des Seelenlebens als einheitliche Bedingung für Leben und Erkennen. Hinter diesen Strukturzusammenhang könne man nicht zurückgehen. Von ihm würden alle Einheitsbildungen und alle einzelnen Relationen umfasst.

Bei diesem scheinbar unabdingbaren Primat des Strukturzusammenhangs bzw. des entsprechenden unmittelbaren Erlebens stellt sich Dilthey zwar die Frage nach der Begründung desselben; dabei rekurriert er aber nur auf Erinnerungen früherer Ereignisse, die den Zusammenhang durchlaufen. „Aus solchen einzelnen Fällen wird dann der allgemeine Begriff des Strukturzusammenhangs abstrahiert und auf das Ganze des Seelenlebens übertragen" (ebd., S. 238 ff.).

Hinsichtlich des monierten hypothetischen Charakters der Forschung weist Dilthey darauf hin, dass er diesen keineswegs in Abrede gestellt, sondern gerade darin Berührungspunkte zwischen verstehender und erklärender Psychologie wahrgenommen habe, obgleich auch in Bezug auf die Benutzung des Begriffes des Hypothetischen die Differenzen offensichtlich seien:

> Trotzdem ist (...) Stelle und Tragweite des Hypothetischen in einer derartigen analytischen Psychologie eine gänzlich andere, als wenn die analytischen Ergebnisse durch Hypothesen von selbständigen Empfindungseinheiten, psychophysischem Parallelismus, Determinismus, unbewussten Vorstellungen ergänzt werden und nun hieraus konstruiert wird. Denn zunächst ist der Strukturzusammenhang selbst in ganz sicherer Weise gegeben (ebd., S. 238).

Demnach stellt Dilthey wissenschaftstheoretisch die Vorläufigkeit der Ergebnisse der Forschung nicht infrage, wenngleich er Möglichkeiten der Überprüfung von Ergebnissen und Zwischenergebnissen *nicht* thematisiert. Als allenfalls „dogmatisch" kann Dilthey dort verstanden werden, wo es um die „Axiome" seines Ansatzes geht (v. a. bezüglich des Primats des erlebten Zusammenhangs). Eigentlich abgelehnt werden von Dilthey ausschließlich „Hypothesen" im Sinne der heutigen Terminologie: „hypothetische Konstrukte", mit welchen nicht in die unmittelbare Erfahrung Fallendes zunächst zu einem Kausalzusammenhang (der Meinung des Autors nach: „willkürlich") ergänzt wird, um diese nicht durch konkrete Forschung gefundenen oder auch nicht entlang spezifisch menschlichen Belangen und Übergängen nötigenfalls hypothetisch rekonstruierten, sondern bloß konstruierten oder lediglich (spekulativ) angenommenen, ja unterstellten oder gar eingebildeten Ergänzungen *nachträglich* an den Erscheinungen zu erproben und zu überprüfen. „Fiktiven Essenzen" stellt Dilthey „psychische Wirklichkeiten" gegenüber, wobei er die

Differenzen zwischen „Nichtbewusstem“ und „Bewusstem“ keineswegs in Abrede stellt, dieselben aber nicht zu konstruieren versucht, sondern sie lediglich „nach Abfolge und Zusammenhang“ beschreibt.

Dilthey ging noch auf einige weitere Kritikpunkte ein und bekräftigte dann seinen Standpunkt wie folgt:

> Eine Psychologie, wie ich sie skizziere, welche von einer sicheren Grundlage aus dem lebendigen Wirkungszusammenhang im Seelenleben nachgeht und in diesem Verlauf Beschreibungen, Analysen, Einzelzusammenhänge vorlegt, (...) ist doch in Bezug auf die in ihr zurückbleibende Unsicherheit nicht dem *Grad* (...), sondern der *Art nach unterschieden* von dem hypothetischen Charakter einer Psychologie, welche das in die Erfahrung Fallende zu einem Kausalzusammenhang durch Hypothesen wie psychophysischen Parallelismus, unbewusste Vorstellungen usw. ergänzt und glaubt, solche Ergänzungen an den Erscheinungen erproben zu können (ebd., S. 240; Hervorhebung von Dilthey).

Zusammenfassend muss festgehalten werden, dass sich Dilthey offenbar nur dazu in der Lage sah, mit einer kurzen Antwort auf die Kritik von Ebbinghaus zu reagieren. Dieselbe scheint für die Leser und Leserinnen nicht sehr aufschlussreich gewesen zu sein, jedenfalls löste diese Replik auf die Replik vorerst kein signifikantes Echo aus. Dilthey verzichtete auch später auf eine umfangreiche Antwort auf Ebbinghaus’ Kritik sowie auf eine eigentliche Ausarbeitung des noch unklaren psychologischen Ansatzes. Doch versuchte er in den meisten seiner weiteren Schriften, ohne ausdrückliche Bezugnahme auf Ebbinghaus seinen methodologischen Ansatz stellenweise zu klären und auch zu ergänzen, um so wenigstens indirekt zur Lösung der aufgetauchten Probleme bzw. zur Auflösung von Missverständnissen etwas beizutragen.

In der 60-seitigen Schrift *„Beiträge zum Studium der Individualität“* weist Dilthey (1895–1896/1990) u.a. darauf hin, dass die Wirklichkeit, die in ihrem äußeren Erscheinen, in Wirkungen oder als objektivierter Niederschlag vom Leben vorgegeben und konkret erfahrbar, in „geistige Lebendigkeit“ (zurück-)übersetzbar ist, so wie die den Strukturzusammenhängen innewohnenden geistigen Erfahrungen (wiederum) auf externe Objekte übertragen werden können. Diese „Transposition“ erlaube es, aus der Fülle eigener Erfahrungen externe Erfahrungen nachzubilden bzw. zu verstehen, was es auch ermögliche, „in der Lebendigkeit die Ursachen- und Wirkungszusammenhänge aufzufinden“, wobei es sich *nicht* um eine Erklärung von, durch und mit Konstrukten, sondern um ein „Verständnis der konkreten gesellschaftlichen Wirklichkeit“ handle. Letztere ist demnach als „sinnvolle“ zu verstehen und kann entsprechend wiederum expliziert werden.

Dilthey (1900/1990) versuchte in seiner Arbeit zur *„Entstehung der Hermeneutik“* die *„Ideen“* u.a. auch methodologisch zu ergänzen. Die Hermeneutik diene dazu, Objektivationen (u.a. Kunstwerke) auszulegen, wobei der sich damit ergebende Zirkel zwar (rein logisch) nicht auflösbar, aber praktisch überwindbar sei. Die Auslegung bestehe primär im Beschreiben des Gegenstandes. Von der Deskription ausgehend erfolgten die Schritte der

Analyse (sowie intersubjektive Überprüfung des Materials und Interpretation). Dabei zeige sich, dass nichts Ganzes auch schon als etwas Definitives vorliege, sondern es erst mit seiner ausschließlich methodologisch zu denkenden Gliederung und Erfassung einzelner Elemente Profil gewinne und somit aufschlussreich (nach-)gestaltet werden könne. Demnach vollzieht Dilthey den ohnehin bei der Erkenntnis vorkommenden Zirkel bewusst (zum zirkulären Erkennen siehe auch Kap. 4.3).

Der Autor betrachtete als Voraussetzung der Hermeneutik ein *semiotisches* Verständnis der Strukturzusammenhänge der Individuen. Demgegenüber agiere die naturwissenschaftlich orientierte Psychologie *ohne* Berücksichtigung von Bedeutung und Sinn. Deshalb würden die Menschen mit ihren *realen Problemen* niemals in die Reichweite dieser Wissenschaft gelangen.

Dilthey schrieb bei der Konzeption der Geisteswissenschaften, deren Eigenart er gegen die im Zeichen des Positivismus sich vollziehende Einheit der Wissenschaften hervorhob, der Psychologie eine grundlegende Rolle zu, doch dieselbe entwickelte sich in den folgenden Jahren mehr in einem naturwissenschaftlich-experimentellen Sinne. Die verstehende Psychologie blieb allerdings im deutschsprachigen Raum als Lehrfach neben einer nun vorerst vorwiegend gestalt- und ganzheitspsychologisch orientierten Lehre und Forschung bis weit in die 1950er-Jahre hinein Teil der psychologischen Ausbildung an den Universitäten. In der inzwischen notwendig gewordenen Zusatzausbildung hinsichtlich Therapie- und Beratungspraxis bleibt sie, vermittelt über neuere Konzepte, auch weiterhin relevant. So beziehen sich Repräsentanten des personzentrierten Ansatzes und der Gesprächspsychotherapie ausdrücklich auf Dilthey (vgl. u.a. Wiltschko 2008).

Indes blieb die psychologische Forschung an den Universitäten weitgehend unbeeinflusst von Diltheys *„Ideen"*, wenn man vom Gedanken der Ganzheit absieht, der in der Gestalt- und Ganzheitspsychologie wesentlich war. In der seit den 70er-Jahren des letzten Jahrhunderts nun auch im deutschsprachigen Raum etablierten naturwissenschaftlich orientierten behavioristischen und kognitivistischen Psychologie – Letztere in methodologischer Hinsicht ebenfalls weitgehend behavioristisch ausgerichtet – spielen Gestalt- und Ganzheitsvorstellungen keine wesentliche Rolle mehr.

Die in den 20er-Jahren entstehende und dann nochmals in den 80er-Jahren des letzten Jahrhunderts aufkommende – wenn man will – „geisteswissenschaftliche Psychologie" war m. E. methodologisch pluralistisch ausgerichtet und bezog sich nicht nur auf Diltheys Forschungsprogramm. Allerdings wird auch die Meinung vertreten, dass sich „in der Nachfolge" von Diltheys wissenschaftstheoretischen Vorstellungen eine eigentliche „geisteswissenschaftliche Psychologie mit relativ eigenständigem Gegenstand, Methode und Anwendungsbereichen" entwickelt hat (vgl. u.a. Brauns 1987).

Da der Einfluss Diltheys in der Psychologie jedoch nie stark wurde und spätestens seit dem Aufkommen des Behaviorismus innerhalb der akademischen Psychologie, insbesondere in ihrem Mainstream, minimal blieb, stellt sich die Frage, warum Diltheys programmatisches Werk *„Ideen"* sich in der akademischen Psychologie nicht durchsetzen konnte. Eine Begründung liegt vermutlich im Sachverhalt, dass weder Dilthey selbst noch seine

Nachfolger Beispiele von Forschungsarbeiten im Sinne seines Forschungsprogramms vorgelegt haben (s.o.; die Bemerkung von Ebbinghaus).

Nach Dilthey ist die Psychologie kein rein „individualistisches Unternehmen" naturwissenschaftlicher Prägung. Die psychologische Forschung sollte nicht von elementaren Vorgängen ausgehen, sondern sich primär am entwickelten Dasein der Menschen im jeweiligen kulturellen und gesellschaftlichen Kontext orientieren. Die externe Welt, die aus gegenständlichen Bedeutungen, Kulturgütern sowie sprachlichen und nichtsprachlichen Zeichensystemen besteht, ist von primärer Bedeutung für die sogenannte innerpsychische Welt.

Dilthey hat in seinem geisteswissenschaftlichen Forschungsprogramm der Psychologie gewissermaßen die Kritik Herders an Kant oder auch Goethes an Newton oder Herings an Helmholtz (vgl. Kap. 3) implizit berücksichtigt, in einem übergreifenden gesellschaftlichen Zusammenhang umgesetzt und hinsichtlich eines neuen Umgangs mit den anstehenden Fragen wenigstens ansatzweise expliziert. Seiner Meinung nach beginnt eine Forschungsarbeit mit der Beschreibung bedeutungsvoller Strukturzusammenhänge; ein Anliegen, das verständlich wird, wenn man etwa auf die Nachbarwissenschaft Biologie blickt, die *in ihren Grundlagen* methodisch einen weitgehend deskriptiven wie komparativen und nicht primär erklärenden Charakter hat (vgl. u.a. Toepfer 2014, S. 223). Im Fortgang der psychologischen Forschung erfolgt von den zunächst deskriptiv erfassten Relationen her und auf dieselben hin die Analyse. Dabei werden die Strukturzusammenhänge als Wirkungszusammenhänge verstanden, in denen jeweils kausale und finale Momente aufgehoben sind. Die realen Bedingungen und Konsequenzen menschlicher „Erfahrungen" werden untersucht, und zwar unter der besonderen Berücksichtigung, dass die Konsequenzen derselben wiederum zu neuen Voraussetzungen führen. Demnach wird der Gegenstand der Forschung in seinen Bewegungen analysiert, wobei insbesondere beachtet wird, wie die Phänomene ineinander übergehen. Die Übergänge werden in der Linie des Geschehens bzw. der Veränderungen studiert, wobei vom (vorläufigen) Ergebnis her wieder zu dessen Genese zurückverwiesen wird. Bei den Transformationen der Struktur-, Wirkungs- und Kulturzusammenhänge (u.a. Sprache, Musik, Malerei) sind die Übertragungen aus der gegenständlichen in die psychische Welt und umgekehrt von besonderem Interesse. In methodologischer Hinsicht handelt es sich um die Explikation des Impliziten sowie um die Implikation des Expliziten. Die Übergänge könnten durchaus auch experimentell überprüft werden, indes würden diese „Versuche" anders aussehen als in der auf hypothetische Konstrukte fixierten experimentellen Psychologie, welche das Verhalten von Probanden vornehmlich im Labor unter Eingrenzung künstlicher Bedingungen zu objektivieren und zu kontrollieren versucht. Sie wären „aus dem Leben gegriffen" und würden mehr den Charakter von Übungen annehmen, mit welchen die Vielfalt verschiedener Handlungsweisen von Subjekten unter bestimmten konkreten Lebensbedingungen aufgezeigt würde.

Demgegenüber führte Ebbinghaus logische Konstruktionen bzw. Konstrukte in die Psychologie ein. Dadurch wurde aus der Phänomenologie der Psyche eine eigentliche „Psycho*logie*". Für Dilthey musste es sich dabei um einen logizistischen Übergriff handeln. Die Bevorzugung logischer gegenüber anderen Beziehungen im psychischen Bereich sollte sich innerhalb der akademischen Psychologie durchsetzen und – wie noch zu zeigen sein wird – weitreichende (mitunter negative) Konsequenzen haben (u.a. Praxisferne der Allgemeinen Psychologie). Indessen gab es auch Übergriffe in umgekehrter Richtung: Übergriffe der Psychologie auf die Logik, was als Psychologismus bezeichnet wird (Kap. 4.3).

Bei allen Differenzen zwischen Dilthey und Ebbinghaus, der geisteswissenschaftlichen und der naturwissenschaftlichen Position, gibt es auch eine Gemeinsamkeit zwischen den beiden Positionen, nämlich dass sie sich gegenseitig ausschließen. Dies muss aber nicht der Fall sein. In der Psychologie des 20. Jahrhunderts wird es durchaus Versuche geben, kulturwissenschaftliche und naturwissenschaftliche Strukturen zu vereinigen. An dieser Stelle kann nur auf die Untersuchungen innerhalb der kulturhistorischen Schule hingewiesen werden (vgl. u.a. Leontjew 1959/1980; Lurija 1973/1996).

4.3 Die Psychologismus-Antipsychologismus-Kontroverse

An der Wende des 19. zum 20. Jahrhundert erreichte die „Psychologismus-Antipsychologismus-Kontroverse", kurz auch „Psychologismus-Debatte" genannt, ihren Höhepunkt. Indessen handelt es sich bei dieser Kontroverse um eine langwierige Auseinandersetzung, die bis ins letzte Viertel des 18. Jahrhunderts zurückweist und weit ins 20. Jahrhundert hineinreicht.

Immanuel Kant betrachtete das Werk seines ehemaligen Schülers Johann Gottfried Herder und insbesondere Herders (1786) *„Ideen zur Philosophie der Geschichte der Menschheit"* als fragwürdigen Ausläufer der von ihm überwundenen Ansichten (u.a. Empirismus). Auf der anderen Seite kritisierte Herder (1799/1955) die Ansichten Kants (1781) in der *„Kritik der reinen Vernunft"* als wider die unmittelbare Erfahrung und gegen den gesunden Menschenverstand gerichtet und hielt dem kritischen Erkenntnistheoretiker den Primat der Einheit von Sinnlichkeit, Verstand und Vernunft entgegen (siehe Näheres in Kap. 3.3).

Fries (1807/1967) fand in Abgrenzung von den nachkantianischen Philosophien idealistischer Prägung einen neuen Zugang zu dem von Kant gestellten Problem der Begründung apriorischer Erkenntnis. Gegen Kant selbst führte er u.a. an, dass derselbe die beiden Wissenschaften Logik und Psychologie nicht in den Kreis seiner Untersuchungen aufgenommen habe und dass er von der transzendentalen Erkenntnis als einer Erkenntnis a priori ausgegangen sei und die psychologische Natur des Erkennens verkannt habe. Die Bedingungen der Möglichkeit der Erfahrung seien kein ontologischer Grund der Naturgesetzlichkeit, sondern ein psychologischer Grund eines Bedürfnisses für deren Verständnis. „Diese ganze Betrachtung ist also richtig verstanden nur von psychisch anthropologischer Natur" (Vorrede zur 2. Auflage, 1828, S. XVII). Immerhin seien viele Leser der kantischen Werke zu einer weiteren Ausbildung der Psychologie angeregt worden, doch fehle immer noch eine „Theorie des Erkenntnisvermögens" (vgl. ebd., S. XIX).

Die Frage nach den Bedingungen der Möglichkeit synthetischer Urteile a priori beantwortete Kant für Urteile wie beispielsweise „die kürzeste Verbindung zwischen zwei Punkten ist die Gerade" durch die „reine Anschauung". Diese Antwort war für Fries allenfalls hinsichtlich geometrischer Axiome zutreffend, doch in Bezug auf andere wissenschaftliche Bereiche oder auch bezüglich des Gebietes der Metaphysik betrachtete er sie als fragwürdig.

Zu Beginn des 20. Jahrhunderts sollte Mach (1905/1991) die synthetischen Urteile a priori auch hinsichtlich des geometrischen Bereichs infrage stellen und sie stattdessen als ursprüngliche Erfahrungen griechischer Geometer verstehen. „So scheint es, daß der Satz: *die Gerade ist die Kürzeste zwischen zwei Punkten*, sich unmittelbar aus Beobachtungen an gespannten Schnüren ergeben hat" (ebd., S. 310). Demnach könnten die sogenannten synthetischen Urteile a priori induktiv verstanden werden. „Es ist ein Irrtum zu behaupten, daß die Gerade durch die bloße *Anschauung* als die Kürzeste erkannt wird" (ebd., S. 367; Hervorhebung von Mach).

Zurück zu Fries: Er stellte sich die Aufgabe, zu den Erkenntnisformen (insbesondere auch zu den apriorischen, *sofern* es sich um metaphysische handelte) einen *aposteriorischen* Zugang zu suchen. Die Antwort glaubte er in der „inneren Erfahrung" zu finden. Er versuchte mit der Methode der Selbstbeobachtung die Grundwahrheiten *psychologisch* zu rechtfertigen. Dabei ging es ihm um eine „innere Naturlehre" des menschlichen Geistes, die bisher vernachlässigt worden sei (vgl. ebd., S. 101).

Der Autor unterschied zwischen der *unmittelbaren* sinnlichen Anschauung oder Erfahrung (i.S. des britischen Empirismus) und der *mittelbaren* Erfahrung, die sich auf schon vorhandene Erkenntnisse bezieht. Entweder werde eine Erkenntnis selbst unmittelbar bewusst oder die Erkenntnis sei von der Art, dass sie Reflexion und Urteil bedürfe. Im ersten Fall sei die Anschauung der Grund des Urteils, wobei die Begründung in der Demonstration der Erfahrung liege. Die mittelbare Erfahrung werde hingegen in Sätzen ausgedrückt, aus denen ebendiese durch die unmittelbare Erfahrung *aufweisbar* seien.

Nach Fries kann man die Wahrheit einer Aussage nicht in der Übereinstimmung der Erkenntnis mit dem Gegenstande, sondern ausschließlich „in der Übereinstimmung der *mittelbaren* Erkenntnis mit der *unmittelbaren*" finden (vgl. ebd., S. 347; Hervorhebungen von Fries). Bei einer anschaulichen Erkenntnis eines Gegenstandes basieren die Evidenz und Wahrheit nur auf ihrem *geistigen* Dasein; das heißt, die „empirische Wahrheit" besteht ausschließlich „in der Übereinstimmung meiner Selbstbeobachtung mit den wirklich in meiner Vernunft gegebenen Erkenntnissen" (vgl. ebd., S. 350).

Es wäre ein Fehler, wenn ein Beweis so verstanden würde, als könnte er einer objektiven Begründung dienen. Ein Beweis leite ein Urteil nur von anderen Urteilen ab. Die Folge erhalte dieselbe Gültigkeit wie die Prämissen, doch sei fraglich, woher man die Gültigkeit der Prämissen nehme. Dass sie bei der unmittelbaren Anschauung liege, sei das empiristische Vorurteil. Nur das *mittelbare* Urteil, welches selbst noch von anderen Urteilen abhänge, sei ein *erweisliches* Urteil. Der Beweis diene nur dazu, ein Urteil von anderen Urteilen abzuleiten, so dass man mit ihm immer nur auf unbeweisbare Grundsätze komme. Im Prinzip müsste jeder Grundsatz wieder begründet werden, was in einen unendlichen Regress hineinführen würde. Das (klassisch rationalistische) Vorurteil, das für jede Wahrheit einen Beweis fordere, beruhe auf einer Missdeutung des *logischen Satzes vom Grunde*, der richtig verstanden laute, dass jedes Urteil eine mittelbare Erkenntnis sei.

Nach Fries liegt das logische Ganze der Erkenntnis in der „Theorie" (vgl. ebd., S. 419). Priorität kommt der *Theorie* zu; ihr in Auseinandersetzung mit der Empirie. Angesichts der Probleme einer rein logischen Begründung der Erkenntnisse entscheidet sich Fries somit für eine *psychologische Lösung* des Problems, indes nicht in einem fundamentalistischen, sondern in einem primär theoriebezogenen, progressiven Sinne; gewissermaßen schon die kritisch-rationalistische Lösung des Erkenntnisproblems vorwegnehmend (s.u.).

Später setzte Nelson (1904) dem Kant'schen „Transzendentalismus" den „Psychologismus" entgegen und betrachtete ihn als Alternative zum Dogmatismus und unendlichen Regress. Er suchte unter den Urteilen nach gewissen möglichst einfachen Urteilen und deklarierte diese als „Grundsätze", denen man vertrauen müsse; was bedeute, dass bei diesen angelangt nicht mehr nach weiteren Gründen gefragt werde.

Indessen glaubte Nelson nicht, dass damit das Problem der Erkenntnistheorie gelöst werden könnte. „Angenommen nämlich, es gäbe ein Kriterium der Erkenntnis, das zur Auflösung des Kriteriums dienen könnte. Dieses Kriterium würde entweder selbst eine Erkenntnis sein, oder nicht" (ebd., S. 444). Im ersten Fall würde es selbst dem Problematischen angehören, über dessen Gültigkeit erst mit der Erkenntnistheorie entschieden werden könnte; im zweiten Fall – wenn das Kriterium keine Erkenntnis wäre – müsste es schon erkannt sein; das Kriterium also schon angewendet worden sein.

> Wollte man, um diese Widersprüche zu vermeiden, vorschlagen, zur Prüfung der Erkenntnis des Kriterium ein *neues,* d. h. von ihm verschiedenes Kriterium anzuwenden, so wäre damit nichts gewonnen. Denn auch dieses Kriterium müßte, um anwendbar zu sein, erkannt werden, und diese Erkenntnis würde, um als gültig angenommen zu werden, wieder ein weiteres Kriterium voraussetzen, so daß wir auf einen unendlichen Regreß geführt wären. Dieser Regreß müßte vollendet vorliegen, ehe irgend eine Erkenntnis als gültig angenommen werden könnte. Die Annahme der Vollendung eines unendlichen Regressus schließt aber einen Widerspruch ein (ebd., S. 445; Hervorhebung von Nelson).

Auch wer behaupte, *keine* gültige Erkenntnis zu besitzen, spreche mit dieser Behauptung eine Erkenntnis aus, mit der er objektive Gültigkeit in Anspruch nimmt, und widerspricht sich insofern selbst.

Kastil (1912) argumentierte in den von Gerhard Hessenberg und Leonard Nelson herausgegebenen *„Abhandlungen der Friesschen Schule"* gegenüber Fries und Nelson wie folgt:

> Zwar erkennen beide, daß es einen *unvollendbaren Regreß*, also eine Unmöglichkeit, bedeuten würde, wenn man jede Erkenntnis durch eine andere begründen wollte. Aber, indem sie gleichwohl an der Meinung festhalten, jede Erkenntnis bedürfe eines zureichenden Grundes, geraten sie in eine gewisse Verlegenheit. Aus dieser bahnt sich die erste der beiden genannten Theorien, der sogenannte *Dogmatismus*, einen recht gewaltsamen und willkürlichen Ausweg: er sucht unter den Urteilen nach gewissen möglichst einfachen Gründen und deklariert diese

> als Grundsätze, denen man eben vertrauen müsse, ohne nach weiteren Gründen dafür zu fragen. Aber daß solche willkürlich aufgegriffene „Grundurteile" der Möglichkeit des Irrtums nicht entzogen sind, unterliegt gar keiner Diskussion und macht darum den Dogmatismus unannehmbar (ebd., S. 19; Hervorhebungen von M.G.).

Kastil lehnt den zur Begründung metaphysischer Urteile eingeschlagenen Weg der Begründung aus innerer Wahrnehmung oder Erfahrung ab, also den „dem Transzentralismus entgegengesetzten *Psychologismus*" (vgl. ebd., S. 29; Hervorhebung von Kastil). Ob er damit auch den von Fries angedeuteten Weg der Überprüfung von erfahrungswissenschaftlichen Aussagen infrage stellt, bleibe dahingestellt. Von Bedeutung ist hier lediglich, dass Kastil damit vor folgendes Trilemma gestellt ist: *„Dogmatismus – unendlicher Regress – Psychologismus?"* Popper (1934/1989) wird später dieses Trilemma als das „Friessche Trilemma" (vgl. ebd., S. 70) bezeichnen (s.u.).

Mill (1843/1862), neben Comte wohl der bedeutendste Positivist des 19. Jahrhunderts, behauptete in der Tradition des britischen Empirismus, dass alle Wissenschaften letztlich *induktive* Wissenschaften sind (inklusive der Wissenschaften, die als „deduktive" bezeichnet wurden). Die Logik verstand er als Wissenschaftslogik und dieselbe als Wissenschaft von den *Verstandesoperationen*, die *sprachlich* vermittelt werden.

> Die Logik ist (…) die Wissenschaft von den Verstandesoperationen, welche zur Schätzung der Evidenz dienen, sowohl des Processes selbst von unbekannten Wahrheiten zu bekannten zu schreiten, als auch von allen anderen geistigen Operationen, welche hierbei Hülfe leisten. Sie schliesst daher die Operation des Benennens ein, denn die Sprache ist wohl ein Instrument des Gedankens, als auch ein Mittel, die Gedanken mitzutheilen (ebd., S. 12).

Mill zufolge sind selbst die Axiome der Mathematik Generalisierungen von Erfahrungen. Mit anderen Worten: Die Evidenz wissenschaftlicher Axiome ist eine erfahrungsmäßige und nach dem Autor letztlich auch immer eine „experimentale". Das Gleiche gilt für jene Propositionen, für die es besonders viele empirische Belege gibt und die ihm deswegen als „psychologisch notwendige" erscheinen. Bei der Induktion werde mit einer vorläufigen Unterstellung der Gleichförmigkeit der Natur von dem, was wahrgenommen wird, auf dasjenige, was der Erfahrung entzogen ist respektive von beobachteten Tatsachen auf nicht beobachtete oder auch auf gar nicht beobachtbare geschlossen. Da zwar manchmal zu einer „vollständigen Induktion" nur einige wenige Beobachtungsbeispiele notwendig sind, umgekehrt aber manchmal auch sehr viele Beispiele unzureichend sind, also früher oder später doch noch ein Gegenbeispiel auftaucht oder gefunden werden kann, erfordert die Induktion eine besondere Vorgehensweise, mit der von besonderen Sätzen auf allgemeine geschlossen werden kann. „Sie besteht aus drei Operationen, die erste ist eine directe Induction, die zweite ein Syllogismus, die dritte eine Bestätigung" (ebd., S. 533). Demnach bedarf die Induktion der *Deduktion*, welche u.a. auch die direkte Induktion enthält. Es stellt sich die Frage, ob man Mills methodologische Regeln befolgen kann, ohne die Lösung des Problems bereits voraussetzen zu müssen.

Die an erster Stelle angeführte direkte Induktion, welche die Prämissen für die deduktive Methode, die auch die induktive legitimieren soll, liefert, besteht im Falle naturwissenschaftlicher Forschung darin, die besonderen Ursachen einer Erscheinung respektive die Wirkung zu bestimmen (unter Mithilfe von Experimenten sowie der Regel der begleitenden Veränderungen). Im zweiten Teil des Verfahrens werden die besonderen Umstände des fraglichen Falles auf ein allgemeines Gesetz bezogen. Um einen Irrtum auszuschließen, erfolgt schließlich im dritten Teil des Verfahrens eine „Probe". „Um das Vertrauen auf die durch Deduction erhaltenen allgemeinen Schlüsse zu rechtfertigen, müssen diese Schlüsse bei einer sorgfältigen Vergleichung mit den Resultaten der directen Beobachtung, wo man sie nur immer haben kann, übereinstimmend befunden werden" (ebd., S. 541). Die Überprüfung wird von Mill „Bestätigung" oder „Verifikation" genannt, der Begriff der „Falsifikation" wird vom Autor nicht verwendet und deren Möglichkeit auch nicht näher erörtert (vgl. ebd., S. 541).

In seiner Streitschrift gegen Hamiltons (1863) *„Logic"* behauptete Mill (1865/2005), dass die Logik nicht eine von der Psychologie isolierte Wissenschaft, sondern ein Zweig der Psychologie sei. Die Logik verdanke ihre theoretischen Grundlagen der Psychologie und schließe von derselben so viel ein, wie nötig sei, die Regeln der Logik zu begründen. So scheint wohl folgende Einschätzung der Bedeutung Mills hinsichtlich des Psychologismus-Diskurses berechtigt zu sein: „Er begründet (…) jenen Diskurs, der die Psychologie zur *Führungswissenschaft* erklärt und damit die Substitution der Logik, der Philosophie, ja der Wissenschaft überhaupt durch Psychologie betreibt" (Rath 1994, S. 130; Hervorhebung von M.G.).

Lipps (1880) wandte sich gegen die weit verbreitete Meinung, dass die Logik sich *nicht* mit dem Denkprozess, sondern mit dem Denken, wie es sein soll, befasst. Ihm zufolge sind die Regeln des Denkens mit „Naturgesetzen" identisch. Das Denken könne erforscht werden, indem die entsprechenden Vorgänge mit all ihren unmittelbar zugänglichen Eigenschaften zum Gegenstand der Untersuchung gemacht würden. Man kenne nur Bewusstseins- und Erkenntnistatsachen, die Inhalte des sinnlichen Vorstellens, die Farben, Töne, Gerüche usw., ferner die verschiedenen Stufen und Nuancen der Lust und Unlust, das Streben des Willens und das Widerstreben, und man könne keinen anderen Erkenntnisvorgang entdecken als den Wechsel jener Inhalte und Formen, ihr Kommen, Gehen und Sich-Verändern.

Der Autor bezog sich zwar ausdrücklich auf den britischen Empirismus und insbesondere auf Humes (1740/1978) *„Traktat über die menschliche Natur"*, doch scheint er dessen Problematisierung einer Ableitung von Sollensaussagen aus Seinsaussagen und damit den „naturalistischen Fehlschluss" (Moore 1903/1970, S. 41) nicht zu beachten, wenn er darauf beharrt, dass „jedes Soll auf ein Sein", mithin auch die Logik auf Empirie, auf Psychologie sich gründet (vgl. Lipps 1880, S. 529).

Lipps fasste die Erkenntnis in einem psychologischen Sinne subjektiv auf und gab schließlich zu erkennen, dass er auch die „Logik als eine psychologische Wissenschaft zu bezeichnen keine Bedenken trage" (ebd., S. 538). Er fragte sich, was denn überhaupt Philosophie anderes sein könne als Psychologie, was als ein sehr weitgehender Psychologismus, mit dem die Philosophie durch die Psychologie substituiert würde, aufgefasst wurde (Rath 1994).

Wundts (1880/1893) *„Logik“* befasste sich mit dem Ursprung der Entwicklung und den Prinzipien des logischen Denkens und der logischen Normen sowie mit der Methodologie der Natur- und der Geisteswissenschaften. Seine Untersuchung ist nicht in erster Linie eine „formal-logische“, sondern eine „psycho-logische“ in einem letztlich realwissenschaftlichen Sinne, die ihren Gegenstand, das Wissen, in seiner Entstehung unter der Berücksichtigung der Tatsachen des Bewusstseins thematisiert. Die wissenschaftliche Logik, so Wundt, habe in erster Linie Rechenschaft zu geben von denjenigen Gesetzen des Denkens, die bei der Erforschung der Wahrheit wirksam sind.

Nach Wundt lehrt die Psychologie, wie sich der Verlauf der Gedanken tatsächlich vollzieht, während die Logik im engeren Sinne feststellt, wie sich dieser Verlauf vollziehen *soll*, damit er zu richtigen Erkenntnissen führt. Letztere suche für die Methoden des Denkens, die bei den Forschungen der Einzelwissenschaften zur Anwendung komme, die allgemeingültigen Regeln festzustellen. Demnach hat die Logik ähnlich wie die Ethik einen *normativen* Charakter und nicht bloß einen theoretischen; eine Auffassung, die unter psychologisch sowie antipsychologisch gesinnten Denkern verbreitet war.

Die Aufgaben der Logik wiesen einerseits auf die psychologische Untersuchung zurück, andererseits führten sie vorwärts zu den allgemeinen Erkenntnisprinzipien und Verfahrensweisen der wissenschaftlichen Forschung. „Sollen die Gesetze des logischen Denkens nicht als gegebene unerklärbare Tatsachen gelten, so werden sie vor allem bei ihrem Ursprung in der inneren Erfahrung aufgesucht werden müssen“ (ebd., S. 4). Der Anfang des Erkennens sei in der Gestalt einer unmittelbaren Anschauung gegeben; indes sei der Fortschritt der Erkenntnis nicht immer die bloße Summe einzelner Anschauungen.

Die in bestimmten Verbindungen des Denkens enthaltenen Eigenschaften der Evidenz und Allgemeingültigkeit lassen aus den psychologischen Denkgesetzen die logischen hervorgehen, deren normativer Charakter darin begründet sei, dass gewisse Verbindungen des Denkens tatsächlich in einem evidenten und allgemeingültigen Sinne erfolgen würden; *mithin* könne vom Denken auch *gefordert* werden, den Bedingungen der Evidenz und Allgemeingültigkeit zu genügen. Der Autor behandelt u.a. das Prinzip der Kausalität, dem die Denkakte unterworfen sind, und betrachtet es als Anwendung des Satzes vom Grunde, dem allgemeinen Gesetz psychischer *und* physischer Kausalität.

Demgegenüber war für Frege (1884/1961) wie später auch für Husserl (1900/2009) die Logik *kein* psychologisches Unternehmen. Wie Frege in seiner Untersuchung *„Die Grundlagen der Arithmetik“* in Abgrenzung von Mill und anderen psychologisch ausgerichteten Autoren darlegte, sind Psychologisches und Logisches (oder auch Mathematisches, Arithmetisches) ebenso wie Gegenstand und Begriff streng zu unterscheiden. Unter dem Titel *„Ist die Zahl etwas Subjektives“* wies Frege die Ansicht zurück, dass „innere Vorgänge“, die einem „Zahlurteil“ vorangehen, eine „eigentliche Begriffsbestimmung“ ersetzen könnten, denn sie würden nicht erlauben, eine Eigenschaft der Zahlen zu erfahren oder einen arithmetischen Satz zu beweisen, sei doch die Zahl „so wenig ein Gegenstand der Psychologie oder ein Ergebnis psychologischer Vorgänge, wie es etwa die Nordsee ist“ (ebd., S. 34).

Nach Frege kann die Zahl keine Vorstellung sein; andernfalls wäre die Arithmetik Psychologie, mithin auch die Astronomie Psychologie. Astronomie beziehe sich nicht auf die *Vorstellungen* der Himmelskörper, sondern beschäftige sich mit ebendiesen selbst. Frege gelangte bezüglich der Zahl zum Schluss, dass sie weder räumlich und physikalisch noch subjektiv wie die Vorstellungen, sondern unsinnlich *und* objektiv ist. Der Grund der Objektivität könne nicht in dem „Sinneseindrucke" liegen, der als „Affection" der Seele subjektiv sei, sondern nur in der Vernunft, denn wäre es nicht allzu wunderbar, wenn die exakte Wissenschaft der Zahlen, sich „auf die noch zu unsicher tastende Psychologie stützen sollte?" (vgl. ebd., S. 38).

Stumpf (1891a) verortete in seinem Akademieartikel *„Psychologie und Erkenntnistheorie"* den Ursprung einer Emanzipation der Erkenntnistheorie von der Psychologie in Kants Erkenntniskritik (insb. 2. Auflage). Auch in der neukantischen Schule versuchte man die Psychologie aus der Erkenntnistheorie auszuschließen, ja in einen „diametralen Gegensatz" zu ihr zu bringen (vgl. ebd., S. 468) sowie die Logik mit der Erkenntnistheorie zu vereinigen. Ähnlich wie Wundt (1880/1893) trennt Stumpf Psychologie und Erkenntnistheorie, um sie miteinander in Beziehung zu bringen. Nach Stumpf ist die Psychologie eine Erfahrungswissenschaft, während die Erkenntnistheorie sich mit den Bedingungen der Möglichkeit jeder Erfahrung befasse. Doch wie jede Wissenschaft dränge die Psychologie zu erkenntnistheoretischen Reflexionen hin und bedürfe derselben zu ihrer Vollendung, wenngleich nicht von Anfang an. So stelle sich die Frage, ob auch die Erkenntnistheorie in ihrem Anfang oder überhaupt von aller Psychologie unabhängig sei. Vielleicht setze sie doch psychologische Vorarbeit und Mitwirkung voraus, zumindest in der Frage nach dem Ursprung der Begriffsbildung (vgl. Herder 1778).

Im Kapitel *„Schöpfung der Natur durch den Verstand"* argumentiert Stumpf gegen die transzendentale Synthese, den Schematismus sowie die transzendentale Deduktion und weist schließlich auf „tautologische Wendungen" bei Kant und den ihm nachfolgenden Denkern hin, indem er auf folgende Argumentation die „Einheit der Apperception" betreffend hinweist:

> „Wir können a priori nur das von Dingen erkennen, was wir selbst in sie legen". Wenn jetzt die Antwort lautet: „aus dem Bewußtsein", so denken wir das Bewußtsein als den Inbegriff der Mittel und Methoden, die jenes Hineinlegen ausmachen. Werden wir hier nicht einfach im Kreise herumgeführt? Wir nehmen dasjenige, was wir in die Dinge legen müssen, aus dem Inbegriffe der Menschen, die das Hineinlegen ausmachen (ebd., S. 480).

Im Kapitel *„Materie und Form"* vertritt Stumpf die Meinung, dass Kants Primat der Form gegenüber dem Inhalt oder der Materie unhaltbar sei. Die Unterscheidung von Form und Materie trete bei Kant nicht nur durch die Gegenüberstellung der Kategorien und Erscheinungen auf, sondern vollziehe sich schon innerhalb der *sinnlichen Wahrnehmung*. Auch in diesem Bereich bezeichne er Raum und Zeit gegenüber den sinnlichen Qualitäten (Farben, Töne usw.) als bloße Formen der Anschauung. Das entscheidende Motiv für Kants Ausführungen über Raum und Zeit liege in der Möglichkeit der synthetischen Urteile a priori und insbesondere der mathematischen Erkenntnisse; gleichwohl müsse aber „das so Gewonnene“ psychologisch geprüft werden, denn es könne „*nicht etwas erkenntnistheoretisch wahr und psychologisch falsch sein*“ (vgl. ebd., S. 482; Hervorhebung durch Stumpf).

Nach Stumpf werden die Sinnesqualitäten nicht in einer unveränderlichen Ausdehnung und an unveränderlichen Orten wahrgenommen, sondern werden beständig sich verändernd bestimmt. Schon fast zwei Jahrzehnte zuvor hatte er aufgrund seiner tonpsychologischen Untersuchungen darauf aufmerksam gemacht, dass nicht zunächst die Form und erst dann der Inhalt, sondern von Anfang an beides zusammen wahrgenommen werde (vgl. Stumpf 1883, S. 308).

Stumpf (1891a) zufolge gilt nun Ähnliches auch für die *Denkformen*, die Kant den Empfindungen gegenüberstellte. Diese Trennung sei ebenso undurchführbar wie die gleichnamige ontologische früherer Philosophen (u.a. der Scholastiker). Wenn nun die Psychologie die Trennung von Form und Materie in den Vorstellungen als *unhaltbar* erweise, werde klar, dass psychologische Untersuchungen für die Erkenntnistheorie unentbehrlich seien. Der Psychologie falle die Aufgabe zu, den Ursprung der Raum- und Zeitvorstellungen, ganz besonders aber der Verhältnisvorstellungen immer genauer darzulegen. Bezüglich der Letzteren gehe es darum, diejenigen Inhalte der Wahrnehmung aufzusuchen, „in denen ein solches Verhältnis erfasst werden kann, und durch die feinste *Zergliederung des Gegebenen* die Abstraction des Verhältnisses von dem übrigen Wahrnehmungsinhalt zu ermöglichen“ (vgl. ebd., S. 490; Hervorhebung von M.G.). Durch diese Analyse erst käme man auf die letzten Elemente des Begriffs, die im gewöhnlichen sowie im wissenschaftlichen Denken relevant seien und in Letzterem je nach Bedarf in verschiedener Weise kombiniert würden.

> Es ist nun einfach nicht möglich, den Boden der Psychologie zu vermeiden, mag auch das Interesse noch so ausschließlich auf die Erkenntniskritik gerichtet sein. Die Vernachlässigung der Psychologie ist nicht, wie man sie vielfach hinstellt, eine nebenhergehende und irrelevante Eigenheit, sondern sie ist ein Grundschaden des Kantschen Philosophierens (ebd., S. 493).

Stumpf stimmte Kant nur insofern zu, als er dessen objektive (Natur-)Notwendigkeit gegen Hume behauptete, der alle Erfahrung dem Prinzip der Gewohnheit unterstellte (vgl. u.a. Hume 1740/1978). Allerdings wandte sich Stumpf hinsichtlich seines Verständnisses der Notwendigkeit gegen die kantische „kopernikanische Wende“ und stellte stattdessen die Frage nach dem Ursprung des Begriffs der Notwendigkeit wie nach dem Ursprung des Begriffs.

Im Schlusskapitel fragte sich Stumpf, warum man in der Wissenschaft oft die Vorstellungen von Raum und Zeit gegenüber den *Qualitäten* der Empfindungen präferiere. Seine Antwort:

> Sie verdanken diese Bevorzugung dem Umstande, dass sich mit ihnen in viel grösserem Umfange *rechnen* lässt (…) und dass die rechnerischen Consequenzen, die aus der Annahme objectiver räumlich-zeitlicher Vorgänge gezogen werden, wieder in neuen Erscheinungen zutreffen (ebd., S. 504; Hervorhebung von M.G.).

Im Unterschied zum Raum der Empfindung habe der Raum des Geometers und des Physikers in jedem Punkte und nach allen Richtungen dieselben Eigenschaften. So gebe es eine Reihe von Eigentümlichkeiten des Empfindungsraumes, von welchen mit der Annahme eines objektiven Raumes abstrahiert werden müsse (das ist die entscheidende Voraussetzung, um ihn *allgemein* wissenschaftlich zu behandeln), obschon sie aus der anschaulichen Vorstellung nicht entfernbar seien. Demgegenüber habe die empirische Psychologie hinsichtlich der Überzeugungen von der Außenwelt und der Vorstellungen von ihrer Beschaffenheit eine *andere* Aufgabe zu erfüllen, da Raum und Zeit den Empfindungen *immanente* Verhältnisse seien (s.o.). Erlebte Zeit ist nicht physisch messbare Uhrzeit. Erlebter Raum ist nicht messbarer, geometrischer Raum, sondern *pathischer* Raum (z.B. kann mit Tanzbewegungen der Raum zu einem ebenso in sich stimmigen wie gestimmten Raum werden).

Nach Stumpf ist die Untersuchung des Ursprungs der Begriffe Aufgabe der Psychologie und die Untersuchung der Urteile Sache der Erkenntnistheorie. Entsprechende Fragen seien zum Schaden der Psychologie *sowie* der Erkenntnistheorie lange Zeit miteinander vermischt worden. *Entweder* untersuche man die psychologischen Bedingungen von Urteilsprozessen und verlasse mithin das Feld der Erkenntnistheorie *oder* man erörtere die Prämissen zur logischen Begründung des Urteilsinhalts und beschäftige sich nicht wirklich mit den Erkenntnisprozessen im Sinne psychologischer Mechanismen; *dennoch* sei eine gedeihliche Lösung der anstehenden Probleme beider Wissenschaftsbereiche nicht möglich ohne gegenseitige Stützung.

Husserl (1900/2009) bezieht sich in seinen *„Prolegomena zur reinen Logik"*, der Einleitung zu den *„Philosophischen Untersuchungen"*, die er in Verehrung und Freundschaft Carl Stumpf widmete, nur am Rande auf diesen. In einer Fußnote (ebd., S. 64) weist Husserl darauf hin, dass er die Ausdrücke „Psychologismus" und „Psychologist" ähnlich wie Stumpf nicht pejorativ verwende, worüber man allerdings geteilter Meinung sein kann (s.u.). Auf Freges *„Grundlagen der Arithmetik"* aus dem Jahre 1884, die Husserl (1891/2003) in seiner *„Philosophie der Arithmetik"* noch kritisiert hatte, verwies er ebenfalls nur am Rande, indem er dieses doch grundlegende Werk seines antipsychologistischen Ansatzes lediglich als „anregende Schrift" bezeichnete (vgl. Husserl 1900/2009, S. 172; Fußnote**). Indes setzte sich Husserl in seinen *„Prolegomena"* v. a. mit Mill und an erster Stelle mit Mills (1865/2005) Kritik an Hamiltons Logik auseinander (vgl. Husserl 1900/2009, S. 19 ff.).

Nach Husserl stellten sich Ende des 19. Jahrhunderts in der Psychologismus-Antipsychologismus-Kontroverse folgende Fragen (vgl. ebd., S. 23):

1. Ob die Logik eine theoretische Disziplin oder eine Kunstlehre sei.
2. Ob sie eine von anderen Wissenschaften (insbesondere von der Psychologie) unabhängige Wissenschaft sei.
3. Ob sie eine formale Disziplin sei oder auch auf deren „Materie" Rücksicht zu nehmen habe.
4. Ob sie den Charakter einer apriorischen oder den einer empirischen Disziplin habe.

Zu Punkt 1 Husserl nimmt als Ausgangspunkt die seinerzeit häufig angenommene Bestimmung der Logik als eine Kunstlehre und versucht, ihren Sinn und ihre Berechtigung zu fixieren. Nach dem Autor ist in einem algebraischen Satz wie „$(a + b)(a - b) = a^2 - b^2$" keine Rede von der Art, wie er „verlaufen" soll, wohl aber beim korrespondierenden Satz: „Um das Produkt aus Summe und Differenz zweier Zahlen zu bestimmen, bilde man die Differenz ihrer Quadrate" (vgl. ebd., S. 160 f.). Der erste Satz sei ein theoretischer Satz, ein rein theoretisches Gesetz; der zweite Satz eine praktische Regel (innerhalb der Logik als Kunstlehre, die sie *auch* sei). Erst durch die Einführung des normativen Gedankens wandle sich das Gesetz in eine Regel. Letztere sei zwar eine selbstverständliche Folge des Gesetzes, jedoch nach dem Gedankengehalt vom Gesetz verschieden. Wie der algebraische Satz könne nun jede allgemeine Wahrheit, welchem theoretischen Gebiete sie auch angehöre, zur Begründung einer Norm richtigen Urteilens dienen. Die logischen Gesetze seien als solche nicht normative, sondern rein theoretische Wahrheiten; gegebenenfalls könnten sie aber auch als Grundlage zur Normierung von Urteilen dienen. Demnach dürfe der fundamentale Unterschied zwischen den *logischen* Grundsätzen und den *technischen* Regeln der Denkkunst nicht länger übersehen werden. „Beziehen sich die rein logischen Sätze, wenn wir auf ihren originären Inhalt sehen, nur auf *Ideales*, so jene methodologischen Sätze nur auf *Reales*" (ebd., S. 163; Hervorhebungen von M.G.). Die reine Logik regle alles Begründen, allen apodiktischen Zusammenhang, *a priori*, während die „methodologische Logik", die Methodologie, als Kunstlehre zu verstehen sei im Sinne „bloßer Hilfsvorrichtungen" im spezifisch humanen Bereich.

Zu Punkt 2 Für Husserl ist die Logik an und für sich eine rein theoretische, von der Psychologie unabhängige Wissenschaft, für die Kontrahenten ist sie indes schon von sich aus eine von der Psychologie abhängige Kunstlehre. Die psychologisch ausgerichteten Philosophen würden übersehen, dass die logischen Gesetze weder der Begründung noch dem Inhalt nach „Tatsächlichkeiten des Seelenlebens" voraussetzen (vgl. ebd., S. 81). Hingegen beziehe sich die logische Kunstlehre auf die spezifisch-menschliche Seite der Wissenschaften. Sie gründe in der allgemeinen Konstitution des Menschen und zwar in der psychischen sowie in der physischen Konstitution derselben. Nach dem Autor unterscheiden sich die „*subjektiv-anthropologische Einheit der Erkenntnis*" und die „*objektiv-ideale Einheit des Erkenntnisinhaltes*" grundsätzlich voneinander (vgl. ebd., S. 177; Hervorhebungen von Husserl).

Zu Punkt 3 Nach Husserl bezieht sich die reine Logik auf die allgemeine *Form* und nicht auf die *Materie* der besonderen Wissenschaften. In ihrer Idealität sei von individuellen Tatsachen gar keine Rede. Logische Beziehungen, Produkte von Buchstaben oder Zahlen und dergleichen, seien *nicht* Akte des Denkens (z.B. des Multiplizierens). Sie seien auch verschieden von den *Vorstellungen*, in denen sie jeweils vorgestellt würden. Die Zahl Fünf sei nicht meine oder irgend jemandes anderen Zählung der Fünf, sie sei auch nicht meine oder eines anderen Vorstellung der Fünf. „In letzterer Hinsicht ist sie möglicher Gegenstand von Vorstellungsakten, in ersterer ist sie die ideale *Spezies* einer Form, die in gewissen Zählungsakten auf Seiten des in ihnen Objektiven (…) ihre konkreten *Einzelfälle* hat. In jedem Fall ist sie ohne Widersinn *nicht als Teil oder Seite* des psychischen Erlebnisses, somit nicht als ein Reales zu fassen" (ebd., S. 173 f.; Hervorhebungen von Husserl). Bezüglich der Wissenschaften gelte es, den logischen Zusammenhang, den spezifischen Zusammenhang der theoretischen Ideen von den psychologischen Erkenntniserlebnissen (Einsichten, Urteilen, Vorstellungen usw.) sowie von den in der Wissenschaft erkannten Sachverhalten klar zu unterscheiden (vgl. ebd., S. 181 f.).

Zu Punkt 4 Husserl unterscheidet zwischen der *Wahrheit* der reinen Logik und den *Wahrscheinlichkeiten* der Wissenschaften, insbesondere auch jenen der Naturwissenschaften Newton'scher Prägung (eine Aussage, die sich mitunter auch gegen Kant und dessen Auffassung der klassischen Mechanik wendet). Während er die Psychologie aus der reinen Logik ausschließt, schließt er sie durchaus in die (Natur-)Wissenschaften ein, die sich als solche auf Wahrscheinlichkeiten beziehen. Gegen die Wahrheit selbst könne die stärkste psychologische Argumentation nicht aufkommen, denn dieselbe sei auf bloße Vermutung bezogen. Natürlich könnten auch Erkenntnisse im seelischen Zusammenhang allenfalls probabilistisch interpretiert, nie aber als richtig mit Gewissheit beurteilt werden. Auch die Behauptung der Empiristen, dass jegliches Wissen nur wahrscheinlich sei, sei nicht gewiss, sondern eben nur wahrscheinlich gültig und diese „neue Behauptung abermals und so in infinitum". „Da jede folgende Stufe den Wahrscheinlichkeitsgrad der nächstvorhergehenden in etwas herabdrückt, so müßten wir um den Wert aller Erkenntnis ernstlich besorgt sein" (ebd., S. 76).

Husserl setzt sich in seinen *„Prolegomena"* u.a. auch mit Wundts *„Logik"* auseinander, in welcher derselbe die Meinung vertritt, dass aus den psychologischen die logischen Denkgesetze hervorgehen (s.o.). Hierauf antwortet Husserl wie folgt:

> Die psychologistischen Logiker verkennen die grundwesentlichen und ewig unüberbrückbaren Unterschiede zwischen *Idealgesetz* und *Realgesetz* (…) zwischen logischer und realer Notwendigkeit, zwischen logischem Grund und Realgrund. Keine denkbare Abstufung vermag zwischen Idealem und Realem Vermittlungen herzustellen. Es ist kennzeichnend für den Tiefstand der rein logischen Einsichten in unserer Zeit, wenn ein Forscher wie (…) Wundt im Satz vom Grunde „das Grundgesetz der Abhängigkeit unserer Denkakte voneinander" erblickt (S. 80; Hervorhebung von M.G.).

Husserl attribuiert Wundts Logik nicht zuletzt deshalb als „psychologistisch", weil bei Wundt immer das psychologische Denken das „umfassendere" bleibe. Er rechnet Wundt zusammen mit Lipps und anderen Autoren sogar „der extremeren und konsequenteren Form des Psychologismus" zu (vgl. ebd., S. 131). Wundt (1910) wird in *„Psychologismus und Logizismus"* diese Zuordnung zurückweisen und darauf hinweisen, dass Psychologismus eine „wissenschaftliche Richtung“ sei, welche ihren Namen von ihren Gegnern und nicht von ihren Anhängern erhalten habe (vgl. ebd., S. 511). In seiner posthum veröffentlichten Stellungnahme wird Husserl (1913/2002) hierauf u.a. wie folgt antworten: „Wundt führt seine Untersuchungen parallel für den Psychologismus und Logizismus. Der Psychologismus gilt ihm (…) als eine parallele Verirrung, und die Wahrheit liegt nach ihm, ich will nicht sagen, in der Mitte, sondern irgendwo anders“ (Husserl 1913/2002, S. 314).

Im Unterschied zu Wundt (1910) bestätigte Lipps (1903) Husserls Verdikt, er vertrete eine psychologistische Auffassung, und fügte hinzu, dass er „Psychologist“ insbesondere gegenüber jenen Psychologen sei, „die meinen, man könne Psychologie treiben ohne überall auch die logischen und ebenso die ästhetischen und ethischen Tatsachen – da sie doch nun einmal psychische Tatsachen sind – im Auge zu haben“ (ebd., S. 78). Die Psychologie sei das Allumfassende, weshalb die Logik nicht auf Psychologie basiere, sondern zu ihr gehöre – auch die Logik Husserls.

In der Folgezeit vertrat Lipps allerdings nicht mehr diese umfassende Vereinnahmungsthese, sondern differenzierte zwischen verschiedenen Psychologien. So stellte er auf dem internationalen Kongress in Rom im Jahre 1905 die „reine Psychologie als Geisteswissenschaft“ und die Psychologie als „Seitenstück der Naturwissenschaft“ einander gegenüber. Diese Psychologien betrachtete er nicht mehr als philosophische Disziplinen. Ein Jahr nach dem Kongress in Rom wies er darauf hin, dass Psychologen, die gleich zu Beginn in ihrer Psychologie objektive Gegenstände mit Empfindungen und Vorstellungen oder Komplexen derselben verwechseln, als die eigentlichen „Psychologisten“ zu bezeichnen sind. Sie würden nicht nur die effektiven Gegenstände als Empfindungen und Vorstellungskomplexe betrachten, sondern umgekehrt diese „Bewusstseinserlebnisse“ auch als „Dinge“ oder eben als ihre Gegenstände, so dass sie die diesbezüglichen logischen Gesetze schließlich als Naturgesetze auffassen (vgl. Lipps 1906, S. 523).

Man kann sich nun die Frage stellen, ob Husserl dem „vorherrschenden Psychologismus“ den „Todesstoß“ versetzt hat (vgl. Mayer 2008, S. 1). Oder stellt sich nicht ebenso gut die Frage, ob seine Position überhaupt haltbar ist? Nach Husserl ist die Logik und auch die Mathematik, mithin die Geometrie, so formuliert, dass der Psychologismus, der sich auf die raumzeitliche, physikalische Welt bezieht, zu diesen „reinen Wissenschaften“ keinen ontologischen Zugang findet. Die universellen logischen Gesetze sind notwendig und a priori gültig, während die Gesetzmäßigkeiten der empirischen Wissenschaften nur a posteriori gültig sein können, auf Wahrscheinlichkeiten beruhen und sich so nur als Überzufälligkeiten erweisen können, letztlich also doch nur einen möglichen, jedoch in keiner Weise einen (wesens-)notwendigen Charakter haben. Indessen scheint auch für Husserl die Logik gegenüber den empirischen Wissenschaften zumindest „ihrem Endsinne nach“ zwar nicht auf die Realität bezogene Wissenschaft, aber immerhin „Wissenschaftslehre“ zu sein (vgl. Klockenbusch 1989, S. 139).

Nach Mach (1905/1991) gibt es „keine Geometrie ohne Raumempfindungen“ (vgl. ebd., S. 353). Das mag mitunter ein Grund dafür sein, dass er den Ausdruck „Psychologie der Geometrie“ verwendet (vgl. ebd., S. 361). Besondere Komplexe von Raumempfindungen lerne man durch den Verkehr mit der Umgebung kennen. Symmetrische und ähnliche Formen würden sich bereits durch die Erfahrung als verwandt offenbaren. Nicht unbedeutend sei die Mannigfaltigkeit an Gestaltung, die der Mensch schon aus der physiologischen Erfahrung kennenlernen würde. Bei der Beschäftigung mit körperlichen Objekten würde die physikalische Erfahrung bereichernd hinzutreten.

> So sehr es immer wieder und mit starkem Recht betont wird, daß sich die Geometrie nicht mit *physischen*, sondern mit *idealen* Objekten beschäftigt, so kann man andererseits nicht bezweifeln, daß dieselbe aus dem Interesse für die Raumverhältnisse der *physikalischen Körper* entsprungen ist (ebd., S. 356; Hervorhebungen von Mach).

Mach glaubte, dass erste geometrische Einsichten aus den handwerklichen Erfahrungen resultierten. Beispielsweise wurden Flechtarbeiten ausgeführt, bei denen sich vorzugsweise ornamentale Motive ergaben, die aus den einfachsten geometrischen Formen bestanden. Diese entsprachen der schematischen Auffassung abgebildeter Objekte; andererseits waren dieselben mit Handfertigkeit und einfachen Werkzeugen am leichtesten erreichbar (Abb. 4.2).

> Ein solches Ornament, aus einer Reihe (…) von gleichgeformten, abwechselnd verkehrt gestellten Dreiecken oder einer Reihe von Parallelogrammen bestehend, legt nun die Erfahrung sehr nahe, daß die Summe der 3 Winkel des Dreiecks beim Zusammenlegen der Scheitel, 2 rechte (Winkel) ausmacht. Diese Erfahrung konnte auch unmöglich den Ton- und Steinarbeitern der Assyrier, Ägypter, Chinesen, Griechen usw. entgehen, sobald sie aus gleichgeformten verschiedenfarbigen Steinen die gebräuchlichen Mosaiken, Pflasterungen zusammensetzten (ebd., S. 363 f.).

Demnach wurde die Einsicht, dass die Winkelsumme des ebenen Dreieckes gleich jener von zwei rechten Winkeln (2 R) ist, nicht auf ideellem Wege, sondern ursprünglich durch die Arbeit gewonnen. Erst sekundär wurde sie idealisiert. „Gewiß kann der bloße Augenschein und selbst die Messung mit den feinsten Instrumenten nicht lehren, daß die Winkel *absolut genau* 2 R" sind (ebd., S. 365).

Sheffer (1926) stellte gegenüber Husserl kritisch fest: Um einen Zugang zur Logik zu finden, muss man die Logik voraussetzen und verwenden (vgl. ebd., S. 228), und Hanna (2008) fragte: „How can pure logic in Husserl's sense ever be explained or justified, if every explanation or justification whatsoever both pressupposes and uses pure logic in Husserl's sense?" (ebd., S. 39). Ist Husserls Argumentation zirkulär? Jedenfalls versucht Husserl das Problem der Logik, vielleicht in einem gewissen Sinne doch auch *ihre* Zirkularität, nicht zu lösen, sondern er scheint ihr zu erliegen, indem er sie als Problem ver-

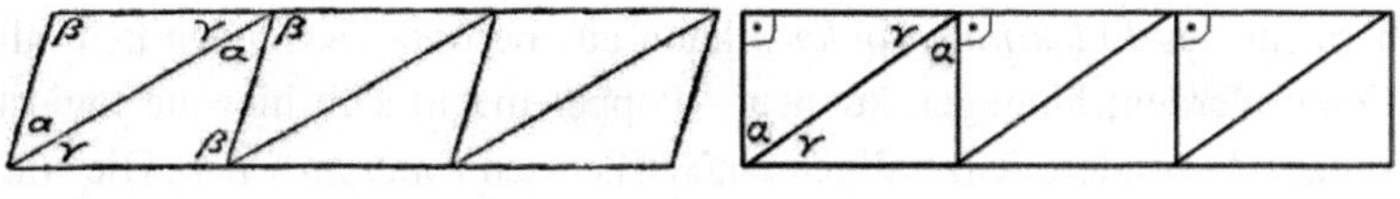

Abb. 4.2 Ornamente (vgl. Mach 1905/1991, S. 303)

schweigt. Und natürlich erhebt er sie nicht zu einem praktischen Prinzip wie etwa Dilthey (vgl. Kap. 4.2).

In der reinen Logik gelangt man zu Evidenzen; Evidenzen basieren indes auf reiner Logik. Allerdings wird von Husserl (1900/2009) die *Evidenz* als *Einsicht* verstanden, mitunter als Einsicht in analytische Gesetze (vgl. ebd., S. 718). Versteht der Autor unter Einsicht eine reine Einsicht, eine Art immanente Einsicht oder eine rationale *Intuition*, die als solche nicht empirisch, unzweifelhaft, gewiss, endgültig ist und a priori imponiert? Husserl stellt die reine Logik als (insbesondere von der Psychologie) unabhängige Wissenschaft dar, welche das Fundament aller anderen Wissenschaften bildet, die mit dieser Grundwissenschaft harmonieren müssen, vermacht ihr immanente Evidenzen als zwingendes Ergebnis unmittelbarer Einsichten *in* logische Relationen und rechtfertigt seine Behauptungen schließlich mit einer allgemein menschlichen Rationalität.

> Husserl is arguing that insofar as we must always reason *according* to pure logic, and insofar as the laws of pure logic are conceived as supreme (…) meta-principles for constructing all lower-order exact sciences, then it follows that pure logic is the necessary a priori condition of the possibility of any explanation or justification whatsoever, in the sense that it is innately constitutive of *human rationality* (Hanna 2008, S. 41; Hervorhebungen von Hanna).

Nach Loh (2011) wurde das in der Philosophiegeschichte wiederkehrende Problem des rationalen Maßstabes der Erkenntnis von Husserl sowie von Frege auf Logik und Mathematik hin spezifiziert. „Antipsychologismus" könne auch als Auffassung verstanden werden, Maßstäbe für das Zurechtfinden empirischer Menschen in nicht empirischen Bereichen zu erlangen. „Solche Maßstäbe sollen dann Orientierungen für ‚Deskriptives' wie Aussagen und Urteile sowie für ‚Präskriptives' wie Gebote und Imperative bieten" (vgl. ebd., S. 66f.). In der Psychologismus-Antipsychologismus-Kontroverse gehe es nicht darum, so Loh, Partei zu ergreifen (vgl. u.a. Kaiser-el-Safti 2011), sondern es gehe darum, die Argumentationen beider Seiten gegeneinander abzuwägen. So wurde auch Husserls Ablehnung des Psychologismus von verschiedenen Seiten infrage gestellt (vgl. u.a. Sukale 1988), und auch diese Kritiken wurden wiederum kritisiert (z.B. Sukale 1988, von Fröhlich 2000).

Popper (1934/1989) bezog sich in seiner *„Logik der Forschung"* nicht besonders auf Husserl. Im Vorwort zur ersten englischen Ausgabe im Jahre 1959 wies er lediglich darauf hin, dass die „Abwege" in der deutschen Philosophie seit Kant über „Husserls Essentialismus" führten (ebd., S. XXIV). Popper, der in erster Linie an der Wissenschaftslogik der Erfahrungswissenschaften interessiert war, wandte sich im Kapitel *„Basisprobleme"* zunächst wie folgt gegen den Psychologismus: „Dass die Erfahrungswissenschaften auf Sinneswahrnehmungen, auf Erlebnisse zurückführbar sind, ist eine These, die vielen fast als selbstverständlich gilt. Aber diese These steht und fällt mit der Induktionslogik; wir lehnen sie mit dieser ab" (ebd., S. 60).

In Anbetracht des *Induktionsproblems* kann aus besonderen Sätzen kein allgemeiner Satz abgeleitet werden; hingegen können – Popper macht sich hier die logische Asymmetrie zunutze – besondere Sätze allgemeinen Theorien *widersprechen.* Die Nachprüfung einer Theorie erfolgt über entsprechende *Basissätze*; das heißt über Sätze, die behaupten, dass sich in einem bestimmten individuellen Raum-Zeit-Bereich ein beobachtbarer Vorgang abspielt, der als solcher auch intersubjektiv überprüfbar ist.

> Jede Nachprüfung einer Theorie, gleichgültig, ob sie als deren Bewährung oder als Falsifikation ausfällt, muß bei irgendwelchen Basissätzen haltmachen, die *anerkannt* werden. Kommt es nicht zu einer Anerkennung von Basissätzen, so hat die Überprüfung überhaupt kein Ergebnis. Aber niemals zwingen uns die logischen Verhältnisse dazu, bei bestimmten ausgezeichneten Basissätzen stehenzubleiben und gerade diese anzuerkennen oder aber die Prüfung aufzugeben; jeder Basissatz kann neuerdings durch Deduktion anderer Basissätze überprüft werden; wobei unter Umständen die gleiche Theorie wieder verwendet werden muß oder auch eine andere. Dieses Verfahren findet niemals ein „natürliches" Ende. Wenn wir ein Ergebnis erzielen wollen, bleibt uns also nichts anderes übrig, als uns an irgendeiner Stelle für (vorläufig) befriedigt zu erklären (ebd., S. 69 f.; Hervorhebung von Popper).

Die Forscher und Forscherinnen blieben in der Regel bei Basissätzen stehen, die leicht nachprüfbar sind. Gegen die Position des Wiener Kreises gerichtet meinte Popper, dass sich dazu Wahrnehmungsprotokolle, sogenannte Protokollsätze oder Erlebnisaussagen, wohl nicht sehr eignen würden, denke doch auch niemand daran, einen logischen Schluss, den er vertritt, gegen Zweifel zu rechtfertigen, indem er neben dessen Darstellung schreibt: „Protokoll: Ich habe heute beim Durchrechnen dieser Schlußkette ein Evidenzerlebnis gehabt" (vgl. ebd., S. 65). Zwar könnten tatsächlich auch Protokolle verwendet werden (etwa von der „Phys.-Techn. Reichsanstalt angefertigte Prüfungsbescheinigungen"; vgl. ebd., S. 70), doch in der Regel werde man bei ihnen nicht stehen bleiben, weil gerade bei diesen die *intersubjektive* Nachprüfung von Sätzen über Wahrnehmungen verhältnismäßig schwierig und umständlich sei.

Unter Bezugnahme auf das Fries'sche *Trilemma „Dogmatismus – unendlicher Regress – Psychologismus"* (s.o.) räumt Popper ein, dass die Basissätze, die man jeweils als hinreichend geprüft anerkenne, den Charakter von Dogmen hätten, da sie ihrerseits nicht weiter nachgeprüft würden, doch dieser Dogmatismus sei harmlos, denn Basissätze könnten, falls doch noch ein Bedürfnis danach auftreten sollte, intersubjektiv nachgeprüft werden.

> Wohl ist dabei die Kette der Deduktion grundsätzlich unendlich, aber dieser „unendliche Degreß" ist unbedenklich, weil durch ihn keine Sätze bewiesen (oder auch nur unterstützt) werden sollen und können. Und was schließlich die psychologistische Basis betrifft, so ist es sicher richtig, daß der Beschluß, einen Basissatz anzuerkennen, sich mit ihm zu begnügen, mit Erlebnissen zusammenhängt – etwa mit Wahrnehmungserlebnissen; aber der Basissatz wird durch diese Erlebnisse nicht begründet; Erlebnisse können Entschlüsse, also auch Festsetzungen *motivieren* (vielleicht sogar entscheidend); aber sie können einen Basis*satz* ebensowenig begründen wie ein Faustschlag auf den Tisch (ebd., S. 71; Hervorhebungen von Popper).

Auch Popper gelangt zu einer Art Dogmatismus, doch diesen Dogmatismus schätzt er als harmlos ein, da die Priorität seinem Dafürhalten nach Theorien zukommt, die sich nie definitiv bewähren; sie können nur falsifiziert werden anhand von Basissätzen, die vorläufig durch intersubjektive Beschlussfassungen festgesetzt werden. „Die Beschlußfassung ist geregelt; vor allem dadurch, daß wir *nicht einzelne Basissätze*, voneinander logisch isoliert, anerkennen, sondern daß wir eine *Theorie* überprüfen und bei dieser Gelegenheit systematische Fragen aufwerfen, die wir dann durch Anerkennung von Basissätzen beantworten" (ebd., S. 71; Hervorhebungen von Popper).

Auch wenn auf den Primat der Theorie verwiesen wird, bleibt gleichwohl ein Problem an der Basis bestehen: „Die Festsetzung der Basissätze erfolgt anläßlich einer Anwendung der Theorie und ist Teil dieser *Anwendung*, durch die wir die Theorie *erproben*; wie die Anwendung überhaupt, so ist die Festsetzung ein durch theoretische Überlegungen geleitetes planmäßiges Verhalten" (ebd., S. 71; Hervorhebungen von Popper). In experimenteller Hinsicht bedeutet dies, dass Tests, die Theorien (im Einzelnen: Hypothesen) überprüfen, planmäßige Handlungsweisen darstellen, die als solche selbst theoriegeleitet sind. Es stellt sich die Frage, ob Poppers Argumentation entgegen seiner Intention nicht nur dogmatische und psychologistische Momente beinhaltet (u.a. Intersubjektivität, Motivation), sondern auch einen zirkulären Charakter aufweist.

Hans Albert widmete sein 1968 erschienenes Werk *„Traktat über kritische Vernunft"* Popper; mit Fries beschäftigte er sich explizit nur am Rande (Popper bezog sich noch explizit auf das „Friessche Trilemma"; s.o.). Im Zentrum seiner Wissenschaftstheorie stand die Auseinandersetzung mit dem Prinzip des zureichenden Grundes. Das sich mit dem klassischen Rationalismus stellende Trilemma nannte er mit Bezug auf das Problem, das der bekannte Lügenbaron zu lösen versuchte, *Münchhausen-Trilemma*. Dessen Möglichkeiten tauchten gewissermaßen schon bei Sextus Empiricus (1562/1993) auf, der im Kontext der Pyrrhonischen Skepsis neben dem „Tropus des unendlichen Regresses" und dem „Tropus aus der Voraussetzung" (Dogmatismus) u.a. auch den „Tropus der Diallele" (Zirkel) berücksichtigte (vgl. ebd., S. 130). Bei dem von Albert formulierten Trilemma gibt es nur die Wahl zwischen drei Möglichkeiten:

- einem *infiniten Regress*, der durch die Notwendigkeit gegeben erscheint, in der Suche nach Gründen immer weiter zurückzugehen, was jedoch nicht durchführbar ist und daher keine sichere Grundlage liefert;
- einem *logischen Zirkel* in der Deduktion, der dadurch entsteht, dass man im Begründungsverfahren auf Aussagen zurückgreift, die vorher schon als begründungsbedürftig aufgetreten waren, und der ebenfalls zu keiner sicheren Grundlage führt; und schließlich:
- einem *Abbruch des Verfahrens* an einem bestimmten Punkt, der zwar prinzipiell durchführbar erscheint, aber eine willkürliche Suspendierung der Prinzips der zureichenden Begründung involvieren würde (vgl. ebd., S. 13; Hervorhebungen von Albert).

In diesem Trilemma erscheint *kein* „Psychologismus" mehr. Dieser wird in der Aufzählung durch den „logischen Zirkel" substituiert. Somit werden die klassisch-rationalen Begründungswege ausschließlich logisch aufgezeigt mit dem Resultat, dass alle drei Optionen zurückgewiesen werden müssen. Es gibt kein rekursives Begründungsverfahren, das den wissenschaftstheoretischen Kriterien standhält, so dass das Prinzip des zureichenden Grundes aufgegeben werden muss. Gewissheit (im Sinne dieses Prinzips) ist niemals zu erreichen. An die Stelle desselben tritt wie bei Popper die Idee der Kritik. Jegliches Wissen ist provisorisch und hat einen hypothetischen Charakter.

Albert weist jeden Unfehlbarkeitsanspruch für welche Instanz auch immer (Autorität, Sinneswahrnehmung, Erfahrung, Intuition, Vernunft usw.) zugunsten eines konsequenten *Fallibilismus* zurück. „Es gibt weder eine Problemlösung, noch eine für die Lösung bestimmter Probleme zuständige Instanz, die notwendigerweise von vornherein der Kritik entzogen sein müßte“ (ebd., S. 36).

Alle bisherigen Rechtfertigungsversuche seien durch *Kritik* zu ersetzen, in der Wissenschaft insbesondere durch die Verwerfung überkommener Theorien sowie die Konstruktion neuer Theorien, die wiederum möglichst streng zu testen seien.

Psychologie spiele eine Rolle im Forschungsprozess, im Aufsuchen der Erkenntnisse; beim Überprüfen derselben werde sie indessen – im Prinzip wenigstens – ausgeschaltet. Anstelle des empiristischen Erstellens und (u.a. auch intersubjektiven) Überprüfens einzelner Hypothesen schlägt Albert folgende Vorgehensweise vor: Elaborierte Theorien, die weit mehr sind als dem (u.a. experimentellen) Setting angepasste Hypothesen, werden *nachträglich* überprüft, wobei *im Voraus* alles zu tun ist, damit diese Hypothesen (und nicht nur sog. Nullhypothesen) falsifiziert werden können. Voraussetzung hierzu ist, dass die Theorien primär aufgrund versierter Gedankenarbeit ganz genau formuliert werden und unter Verwendung präziser Prognosen nicht zuletzt auch gegenüber theoretischen Alternativen getestet werden (vgl. u.a. Albert 1968/1969, S. 52 f.). Aus konkurrierenden Theorien sind entsprechende Hypothesen ableitbar, die gegeneinandergestellt Entscheidungsexperimente nahelegen können.

Gerade auch wenn eine Theorie die ihr gestellten Probleme zu lösen scheine und/oder ihre Wahrheit als *evident* erscheine, lohne es sich, nach Alternativen zu suchen. Eine alternative Theorie verweist auf eine größere Erklärungskraft und wird sich gegebenenfalls durch eine solche auszeichnen und/oder verspricht, Schwierigkeiten irgendwelcher zu Art überwinden, die von der bisherigen Theorie nicht bewältigt worden sind.

Demnach gehört zur kritischen Prüfung nicht nur die Suche nach konträren Tatbeständen, sondern auch das *Denken in Alternativen.* In Anbetracht einer neuen Theorie, die außer den bisher schon erklärten Fällen auch die der bisherigen Theorie widersprechenden Fälle erklärt und darüber hinaus die Frage beantwortet, warum Letztere für gewisse Situationen zwar richtig ist, für andere Situationen aber Abweichungen an ihrer Basis erscheinen lässt, ist es nicht mehr so leicht wie bisher, die alte Theorie zu erhalten und noch länger durch Immunisierungsstrategien vor dem Scheitern zu bewahren. Mit alternativen Theorien könnten die in bestehenden Theorien aufkommenden Anomalien in ihrer Bedeutung erklärt werden (vgl. hierzu insb. auch Lakatos 1974).

Demnach kann eine alternative Theorie auch zu neuen Experimenten führen, welche Befunde erbringen, die mit der alten Theorie inkompatibel sind und sie infrage stellen. Darüber hinaus können Alternativen zur Feststellung neuer Tatbestände führen, die mit der bisher bevorzugten Theorie unvorhersehbar und/oder unvereinbar sind und so sogar bisher unbekannte Sachverhalte in den Forschungsprozess involvieren.

> Diese Reform beseitigt nicht etwa die Bedeutung der Erfahrungstatsachen für die Theoriebildung, die als solche der Empirismus immer mit einem gewissen Recht betont hat. Aber sie eliminiert die Dogmatisierung der Erfahrung, die ja in gleicher Weise die wesentliche Gefahr des empiristischen Denkens darstellt, wie etwa die Dogmatisierung der Intuition oder der Vernunft die permanente Gefahr des Intellektualismus ist (ebd., S. 53).

Der „Falsifikationismus" (Lakatos 1974) des Kritischen Rationalismus (i. U. zu den verschiedenen Spielarten eines dogmatischen Rationalimus) wurde indes von verschiedenen Seiten infrage gestellt. Es wurden weniger strenge Kriterien gefordert, um dem „realen wissenschaftlichen Fortschritt" in der Psychologie gerecht zu werden. Doch von den Kritischen Rationalisten wurde die Forderung einer „Liberalisierung" aus wissenschaftslogischen Erwägungen zurückgewiesen. In der Tat besteht die Gefahr, dass sie lediglich einer Immunisierung Vorschub leistet, dem Gegenteil dessen, wogegen die Wissenschaftstheoretiker und Wissenschaftstheoretikerinnen einst angetreten waren; andererseits erscheint es wenig sinnvoll, an Kriterien festzuhalten, denen nur wenige Wissenschaftler und Wissenschaftlerinnen genügen können (zur hier nur angedeuteten Problematik vgl. u.a. aber auch Wetterstein 1978).

Gegen den Kritischen Rationalismus kann sicherlich angeführt werden, dass dieser das Experiment zu sehr als ausschließliches Überprüfungsinstrument betrachtet. „Empirische Versuche" haben auch eine *schöpferische Funktion* und führen zuweilen zu neuen Erkenntnissen, gerade auch wenn sie nicht in einem heuristischen Sinne geplant waren. Bei allen Versuchen spielt der Irrtum und mit dem Versuchs- und Irrtumsverhalten der Zufall mit. Ein Beispiel aus der Physik ist die Entdeckung der Kernspaltung (Näheres in Hahn 1975). Demnach scheint die Dynamik der Wissenschaft nicht ausschließlich von der (expliziten) Theorie, sondern auch (oder primär) durch die Forschung selbst vorangetrieben zu werden, die als solche in bestimmten Bereichen sicherlich unabhängig von theoretischen Vorarbeiten oder auch nur Vorstellungen und in einem gewissen Sinne sogar „theoriefrei" erfolgt (zumindest frei von einer vorgängig formulierten expliziten Theorie). So weist beispielsweise Hacking (1996) dem Experiment keine zweitrangige Bedeutung zu, sondern betrachtet es im Vergleich mit der Theorie als mindestens gleichrangig; eine Position, die der (impliziten) Wissenschaftstheorie vieler experimenteller Psychologen sicherlich wieder entgegenkommen könnte. „Gelegentlich kann eine Theorie einem Experiment den Weg weisen; gelegentlich ist es aber genau umgekehrt" (Herzog 2012, S. 78).

Im real existierenden psychologischen Forschungsbetrieb spielt die Falsifikation faktisch nur eine geringfügige Rolle. Zwar erfolgten lange Zeit (insbesondere im letzten Drittel des 20. Jahrhunderts) Bekenntnisse zum Falsifikationsprinzip, doch in der Forschungspraxis versuchte man, die Falsifikation zugunsten der (rein wissenschaftslogisch betrachtet nicht gegebenen) „Verifikation" möglichst zu vermeiden (nicht selten auch mithilfe der „wissenschaftlichen Statistik"). Von den Herausgebern der Fachzeitschriften wurden an zur Begutachtung unterbreiteten Beiträgen mit falsifizierenden Befunden in der Regel – vorsichtig ausgedrückt – andere Maßstäbe angelegt als an jene mit „positiven Befunden", so dass sich aufstrebende Wissenschaftler nicht selten dazu veranlasst sahen, den Gutachtern nur noch experimentelle Ergebnisse der zweiten Art zu unterbreiten.

Sofern man die Psychologie als Naturwissenschaft versteht, bei der Subjekt und Objekt getrennt werden und Ersteres Letzteres beobachtet, begutachtet und zu seiner Verfügung stellt, sollten zumindest bei der effektiven Überprüfung der Erkenntnisse, bei deren Falsifikation oder vorläufigen Annahme so weit wie möglich psychologische Momente ausgeschaltet werden. Bei der Forschung im Sinne einer Naturwissenschaft beinhaltet dies eine vorhergehende strikte Trennung zwischen Verstand und Sinnlichkeit (resp. Theorie und Tatsachen), um nachträglich ihre Passung festzustellen oder zu verwerfen. Dies ist zumindest die Folgerung, die sich in methodologischer Hinsicht aus der Tradition Kants ergibt, und dies ist auch die Position des Kritischen Rationalismus.

Doch ist die Psychologie eine Naturwissenschaft, kann sie eine Naturwissenschaft sein? Vom Gegenstand her und/oder in methodologischer Hinsicht? Das ist die Frage, die sich stellt, wenn man sich die klassischen Kontroversen vor Augen führt (Kap. 3). In der Psychologie ist das Objekt der Erkenntnis das Subjekt sowie das Subjekt der Erkenntnis das Objekt. Dies ist in thematischer, inhaltlicher, gegenständlicher Hinsicht anzunehmen, aber womöglich auch in methodologischer Hinsicht zu berücksichtigen. Natürlich gibt es auch Gebiete der Psychologie, die eine möglichst weitgehende Verobjektivierung des Gegenstandes und damit auch eine entsprechende Verselbstständigung der Wissenschaftslogik verlangen, doch wie ist es beispielsweise in Bereichen, in denen neben kausalen Zusammenhängen auch finale Momente zu erwarten sind?

Alberts Lösung des Basisproblems der Wissenschaftstheorie war zwar durchaus empirisch, aber es handelte sich nicht um eine *empiristische* Lösung. Sie verzichtet auf jeglichen *Psychologismus* und damit zugleich auf den Positivismus im Sinne des wissenschaftstheoretischen Verständnisses dieses Begriffs. Sie erfolgt primär *durch permanente theoretische Arbeit.*

Aufgrund der bisherigen Diskussion kann man sich umgekehrt auch folgende Frage stellen: Wird es eines Tages auch der Psychologie gelingen, ihre Probleme ohne *Logizismus* zu lösen? In der Auseinandersetzung zwischen dem naturwissenschaftlichen und dem geisteswissenschaftlichen Ansatz (Kap. 4.2) zeichnete sich in dieser Beziehung im 19. Jahrhundert noch keine vergleichbare Lösung ab. Wird sich in dieser Hinsicht im 20. Jahrhundert eine Lösung ergeben oder vielleicht erst im 21. Jahrhundert?

5 Kontroversen und Existenzkämpfe der Psychologie im 20. Jahrhundert

Zusammenfassung

Im 20. Jahrhundert gab es zahlreiche Kontroversen, in denen es letztlich meistens um die mehr oder weniger offen gestellte Frage ging, ob und wie es die Psychologie verdient, als Realwissenschaft zu gelten, die an den Universitäten als selbstständige Disziplin geführt wird. Diese Kontroversen waren von inhaltlicher, formaler und methodologischer Bedeutung für die aufstrebende Wissenschaft. Ähnlich wie Wundt war Skinner in verschiedene Kontroversen involviert. In jener mit Rogers wurde seine Ausschaltung der Subjektivität moniert, welche die Möglichkeit der Manipulation eröffnete. In der Kontroverse mit Chomsky wurde Skinners zirkuläre Begriffsbildung und die Übertragung des im Labor versuchsweise eingeschränkten Verhaltens von Versuchstieren auf das menschliche Leben kritisiert. Demgegenüber wurden Chomskys Hypostasierungen von im Gehirn angeblich vorprogrammierten Regelungen aufgelöst und anstelle eines überkommenen Mentalismus die Berücksichtigung kultureller, gesellschaftlicher und sozialer Kontexte reklamiert. An der Tübinger Motivationskontroverse kritisierte Foppa aus der Perspektive von Skinners Wissenschaftsverständnis die Zirkularität in der gegenseitigen Bezugnahme kognitiver Konstrukte und Beobachtungen. Im Unterschied zu seinen Kontrahenten Heckhausen und insbesondere Fuchs verstand er das Operationalisierungsproblem nicht nur als Problem eines quantitativen Informationsverlustes, sondern als Problem im Sinne eines fragwürdigen Zirkelschlusses.

M. Galliker, *Ist die Psychologie eine Wissenschaft?*,
DOI 10.1007/978-3-658-09927-5_5

5.1 Experimente zu elementaren versus zu höheren psychischen Vorgängen

Als die Psychologismus-Antipsychologismus-Kontroverse um die Jahrhundertwende mit Husserl (1900/2009) ihren Höhepunkt erreichte, war die Psychologie schon auf dem besten Wege, eine „experimentelle Psychologie" zu werden. Bereits anderthalb Jahrzehnte zuvor hatte der junge Ebbinghaus (1885/2011) mit seinen *„Untersuchungen zur experimentellen Gedächtnispsychologie"* für viele Psychologen in plausibler Weise aufgezeigt, dass auch höhere Prozesse das Gedächtnis experimentell untersucht werden können (siehe auch Kap. 4.2). Andere Psychologen hielten mit Wilhelm Wundt, der 1879 an der Universität Leipzig das erste psychologische Labor gegründet hatte, daran fest, dass nur unmittelbar naturwissenschaftlich fundierbare psychische Prozesse experimentell untersucht werden können. Die Leitlinie hierfür boten *psychophysische* Experimente, wie sie bereits Mitte des 19. Jahrhunderts zunächst ansatzweise Weber (1851) und in der Folge insbesondere Fechner (1860/1964) durchgeführt hatten. Gemeinsam war beiden Fraktionen von Psychologen, dass sie eigentlich Philosophen oder Physiologen waren und an entsprechenden Lehrstühlen lehrten und forschten (siehe hierzu Kap. 5.2).

Wundt ruhte nicht, seine Vorstellungen des Experimentes in der Psychologie zu etablieren. Bei Tonuntersuchungen kritisierte Wundt (1891) Stumpf (1890), der dem Wundt-Schüler Carl Lorenz „Massenversuche" mit musikalisch begabten sowie mit nicht musikalisch begabten Probanden vorgeworfen hatte, ohne sie vorher musikalisch zu schulen. Stumpf gehe unmethodisch vor, wenn er sich auf die musikalische Erfahrung verlasse. Für Wundt war „planloses Herumtasten" noch kein „wissenschaftliches Experiment". Diese „Versuche" müssten mit *ungeschulten* Probanden tatsächlich experimentell durchgeführt werden; eine Methodenkritik, die Stumpf (1891b) zurückwies, indem er Wundt Unterstellungen und Beweisfehler vorhielt (siehe Wolfradt 2011, S. 59 ff.).

Bereits 1888 wurde Oswald Külpe Assistent bei Wundt in Leipzig. Er wurde u.a. damit beauftragt, dessen Psychologievorlesungen zu halten, damit sich Wundt mehr seinen Philosophievorlesungen widmen konnte. Fünf Jahre später publizierte Külpe (1893) die Monographie *„Grundriss der Psychologie"*, zu der ihn Wundt angeregt hatte. Dem damals in den Naturwissenschaften vorherrschenden, von jeglichen gesellschaftlichen Bezügen abstrahierenden Materialismus entsprechend war das Werk vorwiegend positivistisch geprägt. Dies missfiel Wundt. 1896 veröffentlichte er ebenfalls einen *„Grundriss der Psychologie"* und kritisierte jenen von Külpe in den *„Philosophischen Studien"*. Wundt monierte insbesondere den Vorschlag, die Psychologie von der Philosophie zu trennen. Külpes Vorschlag, die Psychologie als Einzelwissenschaft zu verselbstständigen, die im Grunde genommen dem „Psychophysischen Parallelismus" und dessen Konsequenzen entsprach (s.u.), sollte indes bei der Mehrzahl der Psychologen, darunter Schülern Wundts, Anklang finden.

Die Auseinandersetzung zwischen Wundt und Külpe nahm in gewisser Weise den *„Lehrstuhlstreit"* des Jahres 1913 vorweg, in dem sich der Altmeister der Psychologie entschieden gegen die Trennung der Psychologie von der Philosophie wandte (Kap. 5.2).

Der bis heute häufig von Psychologen auf experimentelle Psychologie reduzierte Wundt betrachtete eine philosophische Grundlegung der Psychologie als relevant, wenngleich er mit seinem „Psychophysischen Parallelismus" (vgl. u.a. Wundt 1874/1908) den Weg frei gemacht hatte, die Psychologie als selbstständige Wissenschaft zu kreieren; eine Freimachung, die indes in erster Linie die Unabhängigkeit von der Physiologie betraf (siehe hierzu Näheres in Kap. 5.9).

1896 verließ Külpe Leipzig und gründete in Würzburg das dortige Institut für Psychologie sowie ein psychologisches Labor. Er betreute in Würzburg u.a. auch experimentelle Untersuchungen, die sich nicht nur auf psychophysische oder psychophysiologische Bereiche beschränkten, sondern auch höhere psychische Prozesse berücksichtigten. Wundt konnte zunächst nicht glauben, dass der bis vor Kurzem noch streng naturwissenschaftlich gesinnte, über seine eigenen Anliegen hinaus positivistisch denkende Külpe sich mit diesen Arbeiten identifizierte oder diese gar selbst initiierte, sondern nahm vielmehr an, dass er sie nur aus liberaler Gesinnung seinen Schülern gegenüber zuließ.

Die von Külpe begründete experimentelle Denkpsychologie beinhaltete die Introspektion unter experimentellen Bedingungen. Grundlage hierzu war die „systematische Selbstbeobachtung" (auch kontrollierte Selbstbeobachtung, experimentelle Selbstbeobachtung oder gezielte Introspektion genannt). Die Versuchspersonen wurden von einem Versuchsleiter vor dem eigentlichen Versuch zur Selbstbeobachtung angeleitet oder – falls bei Novizen noch notwendig – ausgebildet. Der Versuchsleiter war nicht nur technischer Leiter, sondern auch psychologischer Leiter der Untersuchung. Als solcher ermöglichte er die Herbeiführung bestimmter psychischer Vorgänge sowie die genaue Beobachtung und Beschreibung der dabei hervortretenden Erlebnisse. Den Versuchspersonen wurde *sinnvolles* Aufgabenmaterial vorgegeben. Die trainierten Probanden (oft Professoren) berichteten im Anschluss an die gestellten Aufgaben (meistens Denkaufgaben) möglichst vollständig über das, was sie während des Versuchs erlebt hatten. Die Probanden blieben also nicht „naiv" im Sinne heutiger methodischer Vorstellungen (Näheres hierzu in Lück 2003, S. 35). Das *Erlebnisprotokoll* (oft auch Selbstbeobachtungsprotokoll genannt) war das Ergebnis der experimentellen Selbstbeobachtung. Häufig wurde auch die Zeit zwischen Reiz und Reaktion gemessen, wobei dieselbe damals noch nicht psychologisch interpretiert wurde (vgl. u.a. Lück und Miller 1993/2005).

Mit dieser Vorgehensweise wurde Oswald Külpe zum Begründer der sogenannten Würzburger Schule. Zu seinen bedeutendsten Schülern gehörten Karl Marbe, Narziß Ach, Otto Selz und Karl Bühler. 1909 übernahm Külpe eine Professur in Bonn, wohin ihm sein Assistent Bühler folgte. 1912 veröffentlichte Külpe in Leipzig *„Die Realisierung"*, einen Beitrag, in dem er die Realwissenschaften zu begründen versuchte. Külpe kritisierte Kants Lehre, dass ein vom Denken unabhängiges Objekt zwar gesetzt, aber nicht erkannt werden könne, und formulierte zur Bestimmung von Realitäten einen ersten Ansatz einer allgemeinen Theorie des Denkens (Külpe 1912).

Külpes (1920) *„Vorlesungen über Psychologie"* erschienen erst nach seinem Tod, herausgegeben von Bühler. In Abhebung von Wundt werden die Elemente des Bewusstseins mehr zu Einheiten zusammengefasst. Mit denselben stehen eine vorgegebene Aufgabe, ein Gedanke, eine Tendenz und ein Ziel im Fokus der Betrachtungsweise. Alles Übrige wird den Einheiten ein- und untergeordnet. Die entsprechende Integration erfolgt mit einer *Tendenz* zur Lösung der Aufgabe. Damit formulierte Külpe einen ersten Ansatz zu einem allgemeinen psychologischen Verständnis des Denkens, doch erst Selz (1924) gelang es, eine Denktheorie zu entwickeln, die bereits als kognitionspsychologische gelten konnte und in welcher die assoziationspsychologischen Momente nicht eliminiert, sondern aufgehoben waren. In späteren kognitiven Ansätzen wurden die großen Errungenschaften der traditionsreichen Assoziationspsychologie (Aristoteles, Hume, Herbart, Ebbinghaus usw.) oft vollständig verleugnet.

Bühler habilitierte sich bereits 1907 in Würzburg. Der erste Teil seiner dreiteiligen Schrift *„Tatsachen und Probleme zu einer Psychologie der Denkvorgänge"* wurde noch im gleichen Jahr in der Zeitschrift *„Archiv für die gesamte Psychologie"* veröffentlicht (der zweite und dritte Teil dieser Schrift erschienen im folgenden Jahr in der gleichen Zeitschrift). Bühlers (1907) besondere Methode kann als „rückwirkend kontrollierte Selbstbeobachtung" bezeichnet werden. In den Protokollen dieser Selbstbeobachtungen finden sich Deskriptionen wie „Da kam mir die Erinnerung an …" oder „Da wurde es mir bewusst, dass …", die auch aktualgenetische Momente der Denkprozesse erkennen lassen. Indessen wurde deutlich, dass Erkennender und Erkanntes nicht unabhängig voneinander sind.

Im selben Jahr erschien Wundts kritischer Artikel *„Über Ausfrageexperimente und über Methoden zur Psychologie des Denkens"* in den *„Psychologische Studien"*. Wundt (1907) kritisierte die Experimente der Würzburger Schule wie folgt (vgl. ebd., S. 301–360):

- *Mangelnde Unabhängigkeit von Subjekt und Objekt*: Der Versuchsleiter kann den Eintritt des zu beobachtenden Sachverhalts nicht genau bestimmen.
- *Mangelnde Modifizierbarkeit einer unabhängigen Variablen*: Die Bestandteile des Experimentes können nicht modifiziert bzw. variiert werden.
- *Mangelnde Replizierbarkeit*: Die Experimente können nicht in gleicher Weise wiederholt werden.
- *Nicht einlösbarer experimenteller Anspruch:* Der experimentelle Anspruch ist verfehlt, handelt es sich doch weder um vollständige noch um unvollständige Experimente.

Wundt war der festen Überzeugung, dass höhere intellektuelle (oder generell: psychische) Funktionen nicht experimentell zugänglich sind. Das Vorgehen der Würzburger Schule bei der Untersuchung dieser Funktionen wurde von ihm als „Ausfrageexperimente", „Scheinexperimente" und „Jugendsünde der experimentellen Psychologie" bezeichnet.

Bühler (1908) wies in seiner im *„Archiv für die gesamte Psychologie"* erschienenen Replik *„Antwort auf die von W. Wundt erhobenen Einwände gegen die Methode der Selbstbeobachtung an experimentell erzeugten Erlebnissen"* Wundts Argumente aus dem Vorjahr als Irrtümer zurück und versuchte aufzuzeigen, dass die Untersuchungen der Würzburger Schule sehr wohl als Experimente betrachtet werden können. Denkvorgänge seien keineswegs zu komplex, um experimentell untersucht zu werden.

In den Naturwissenschaften finden sich nicht nur (oder sogar eher selten) Experimente von der Art, wie sie die experimentellen Psychologen im Umkreis von Wundt und dessen Nachfolger durchführten. Andererseits werden auch in der Physik „experimentelle Beobachtungen" durchgeführt, wenngleich natürlich nicht selbstbezogene. Es existieren in diesem naturwissenschaftlichen Bereich auch diverse weitere empirische Vorgehensweisen, die keinen experimentellen Charakter haben (vgl. u.a. Kuhn 1962/2012).

Wundts (1908) *„Kritische Nachlese zur Ausfragemethode"* erschien noch im gleichen Jahr ebenfalls im *„Archiv für die gesamte Psychologie"*. Wundt beendete in dieser Replik auf die Replik die Auseinandersetzung mit den Würzburgern mit der Aussage, dass er in Zukunft Untersuchungen, die auf der Ausfragemethode basierten, nicht mehr lesen werde. Indessen war die Kontroverse damit nicht sofort beendet, sondern hatte an verschiedenen Orten noch ein Nachspiel. Beispielsweise wandte sich der in Bonn tätige Lindworsky (1923) in seiner Arbeit über die *„Methode der Selbstbeobachtung"* gegen den Vorschlag einiger Psychologen (u.a. Edward Bradford Titchener), Nach- und Erkundigungsfragen an den Beobachter zu unterlassen, und er empfahl, die protokollierten Erinnerungsbilder näher zu untersuchen.

Im Jahre 1927 erschien in Jena Bühlers *„Krise der Psychologie"*. Nach Bühler (1927/1978) rührten die Auseinandersetzungen, die Verwirrung mit sich gebracht hätten, daher, dass es in der Psychologie von Anfang an verschiedene Vorstellungen über die Struktur der psychischen Prozesse gegeben habe. Die methodischen Probleme seien hauptsächlich daraus entstanden, dass der Forschungsgegenstand tatsächlich von *verschiedenen Seiten* her angegangen werden könne. Der Gegenstand der Psychologie weise von sich aus drei Aspekte auf, nämlich den Aspekt der inneren Erlebnisse, den Aspekt des äußeren Verhaltens und den Aspekt der von den Menschen erzeugten Produkte. Nach Bühler kann man dieser drei Seiten des Gegenstandes mit verschiedenen Mitteln und in verschiedenem Grade habhaft werden; die Erlebnisse könne man beobachten, analysieren, interpretieren und mit ihnen auch experimentieren. Das Verhalten sei beobachtbar, zählbar, messbar und experimentell variierbar; die Produkte (Sprache, Werkzeuge, manuelle und geistige Werke) würden es erlauben, Schlüsse auf die sie hervorbringenden psychischen Vorgänge und Handlungen zu ziehen. Bühler betrachtete alle drei Verfahren als legitim; ja es sei geradezu notwendig, sich aller drei Zugänge zum seelischen Leben zu bedienen. Geschehe dies in der angedeuteten Weise, sei die Krise auch überwindbar, ja am Ende könne eine einheitliche Wissenschaft erwartet werden (siehe hierzu auch Kap. 2.4).

Nach Bühler sind für ein umfassendes Verständnis des psychologischen Gegenstandes Selbst- und Fremdbeobachtung, kontrollierte Selbstbeobachtung, eigentliche Experimente, Auszählungen, Messungen, Analysen, Rückschlüsse und Interpretationen notwendig. Selbstbeobachtung hat keinen prinzipiell anderen Stellenwert als die Beobachtung von Verhalten und externen Sachverhalten, denn *beide* Beobachtungen bedürfen der Interpretation.

Bühler und Wundt hatten nicht die gleiche Vorstellung von einem wissenschaftlichen Experiment. In der Würzburger Schule wurde die infrage gestellte Vorgehensweise korrekterweise als „experimentelle Selbstbeobachtung" bezeichnet. Wundt wiederum war der Introspektion zur Untersuchung höherer geistiger Prozesse nicht abgeneigt und machte diesbezüglich auch eigene Vorschläge (z.B. anspruchsvollere Aufgaben zu stellen, damit das für das Denken Spezifische wirklich untersucht werden könne), doch grenzte er dieses Verfahren von der eigentlichen *experimentellen* Methodik ab, die er auf den Bereich der naturwissenschaftlich erfassbaren elementaren Prozesse beschränkt wissen wollte.

Wundt reduzierte die Psychologie nicht auf die experimentelle Psychologie, wie es einige Apologeten der Psychologie in ihrem heutigen Zustand gern sehen. Im Gegenteil – mit seiner Völkerpsychologie betrieb er eine Wissenschaft, deren Gegenstand eher der Beobachtung zugänglich war, wenngleich Wundt das Experiment in den grundlegenden Bereichen dieses Wissenschaftszweiges keineswegs ausschloss, war er doch auch in diesem Gebiet seiner Wissenschaft in erster Linie an den grundlegenden natürlichen Prozessen interessiert (vgl. Kap. 4.1). In der Kontroverse mit Külpe und Bühler versuchte Wundt lediglich, die *Voraussetzungen* für psychologisches Experimentieren zu bestimmen und damit die einwandfreie Verwendung psychologischer Experimente wissenschaftstheoretisch einzugrenzen. Dabei stellte er sich vor allem einen besonderen Typus von Experimenten vor; nämlich jenen, der sich seit Gustav Fechner in der zweiten Hälfte des 19. Jahrhunderts durchgesetzt hatte und sich immer mehr zu einem Unternehmen entwickelte, mit dem – unter dem Einfluss von Francis Galton – herausgefunden werden sollte, unter welchen Voraussetzungen statistisch überzufällig häufig in bestimmter Weise reagiert wird. Wundt verkannte, dass es auch in der Physik diverse Arten von empirischen Beobachtungen, Versuchen und Experimenten gibt (bei Letzteren bis hin zu sogenannten Gedankenexperimenten).

Hinsichtlich der experimentellen Behandlung der höheren Bereiche der Psyche war Wundt indes nicht ohne Grund skeptisch. In diesen Bereichen gibt es neben kausalen Zusammenhängen auch finale Bezüge, insbesondere hinsichtlich spezifisch menschlichen Gegenstandsbedeutungen. Gerade deshalb wäre es aber eher verständlich gewesen, wenn er der empirischen Vorgehensweise der Würzburger Schule, der experimentellen Selbstbeobachtung, mehr Interesse entgegengebracht und sich weniger an der Beeigenschaftung „experimentell" gestoßen hätte.

5.2 Lehrstuhlstreit zwischen Philosophen und Psychologen

nfang des 20. Jahrhunderts führte schon eine beachtliche Anzahl von Philosophen und 'issenschaftlern, die der Psychologie zugeneigt waren, ihre Untersuchungen experimenll durch. Andere Philosophen und Wissenschaftler wehrten sich dagegen, einerseits aus er theoretischen, andererseits aus eher praktischen Gründen (Hochschulpolitik und andesinteressen).

Der von Husserl dem „Psychologismus" zugerechnete Wundt (Kap. 4.3) gab seit 1881 e *„Philosophischen Studien"* heraus, sah er doch selbst keine Veranlassung, *psychologihe* Untersuchungen nicht auch als Teil der Philosophie zu behandeln; indessen stieß er i den „Vertretern der speculierenden und schreibenden Philosophie" mit diesen Studien f Widerstand (vgl. Wundt 1883, S. 616). Doch da für Wundt Psychologie und Philosophie keine Gegensätze waren, beabsichtigte er weiterhin, „in der bisherigen Weise der Philosophie zu dienen“ (ebd., S. 617). Erst im Jahre 1903 verzichtete er auf den ursprünglichen, von ihm präferierten Namen der Zeitschrift; offenbar weil er in der Zwischenzeit auch von vielen vorzüglich experimentell tätigen Psychologen mit diesem Titel nicht mehr verstanden wurde. Wundt gab seiner Fachzeitschrift fortan den Namen *„Psychologische Studien“* (vgl. Wundt 1903, S. 794).

Die im wilhelminischen Deutschland ansonsten starke Expansion der Wissenschaftsförderung hatte die Philosophie nicht in demselben Maße wie andere Disziplinen erfasst. Die Zahl der ordentlichen Professoren für Philosophie stieg zwar zwischen 1892 und 1914 von 19 auf 44; im selben Zeitraum verdreifachte sich jedoch die Zahl der Lehrstühle für experimentelle Psychologie (vgl. Frischeisen-Köhler 1914, S. 371). Indessen wurden im Jahre 1912 bei der Eröffnung des 5. Kongresses der Gesellschaft für experimentelle Psychologie in Berlin neue Lehrstühle für Psychologie gefordert. Allerdings wurde von Seiten der Behörden keine einzige Stelle zugesichert, sondern es wurde von ihnen nur auf die relativ kleine Zahl experimenteller Psychologen und die Probleme psychologischer Forschung hingewiesen sowie die Hoffnung ausgedrückt, dass die Psychologie bald „handfeste Ergebnisse“ liefern könne (vgl. Goldschmidt 1912, S. 56).

Im gleichen Jahr wurde nach Hermann Cohens Emeritierung in Marburg der Lehrstuhl des Neukantianers mit dem Straßburger Privatdozenten und Psychologen Erich Jaensch besetzt. Dieses Ereignis löste den später sogenannten Lehrstuhlstreit aus. Offenbar waren die Repräsentanten und Freunde der Marburger Schule, die sich dem Neukantianismus verpflichtet sahen, nicht bereit, ihren Lehrstuhl an einen „Fachfremden“ abzugeben (vgl. Ash 1985, S. 53).

Der Streit begann mit einem Artikel Paul Natorps in der *„Frankfurter Zeitung“* vom 12.10.1912 unter dem Titel *„Das akademische Erbe Hermann Cohens. Psychologie oder Philosophie?“* (vgl. Rath 1994, S. 254). In diesem Artikel wies Natorp darauf hin, dass ein Lehrstuhl für systematische und historische Philosophie mit einem Psychologen besetzt werde. Dabei bezeichnete er die Psychologie als „Spezialwissenschaft“, die mit der Philosophie nicht mehr gemein habe als irgendeine andere Spezialwissenschaft, sei es aus dem Gebiet der Geisteswissenschaften oder jenem der Naturwissenschaften. Sein Vorschlag war, der Psychologie endlich ein „eigenes Haus“ zu errichten, anstatt die Philosophie aus ihrem zu vertreiben und ihrem Nachwuchs die wissenschaftliche Entfaltungsmöglichkeit zu nehmen.

Im Januar 1913 wurde eine u.a. von Paul Natorp und Edmund Husserl verfasste *„Erklärung“* gegen die Besetzung philosophischer Lehrstühle mit Vertretern der experimentellen Psychologie veröffentlicht. 107 Lehrer der Philosophie unterstützten die Erklärung mit ihrer Unterschrift (das waren ca. zwei Drittel der Philosophiedozenten an deutschsprachigen Universitäten). „Die Erklärung wurde in sämtlichen philosophischen Fachzeitschriften abgedruckt und allen Kultusministerien zugeschickt. Es lag damit ein direkter Eingriff in die Wissenschaftspolitik vor, und zwar von Philosophen, die sonst gerne vorgaben, über alle Politik erhaben zu sein“ (Ash 1985, S. 53).

In der Erklärung wurde darauf hingewiesen, dass sich das Arbeitsgebiet der experimentellen Psychologie mit dem Aufschwung dieser Wissenschaft so erweitert habe, dass sie längst als eine selbstständige Disziplin anerkannt werde, deren Betrieb die volle Kraft eines Wissenschaftlers erfordere. Es müsse im gemeinsamen Interesse der Philosophie und der Psychologie darauf geachtet werden, dass der Philosophie ihre Stellung an den Universitäten erhalten bleibe. In der Stellungnahme der Philosophen war ausschließlich von der *experimentellen* Psychologie die Rede, die so behandelt wurde, als ob sie schon längst eine akzeptierte Disziplin sei. Die Erklärung eröffnete eine Debatte, die bald über den Kontext einer universitären Auseinandersetzung um die Besetzung eines Lehrstuhls hinausging und zu einer grundsätzlichen Kontroverse über das Verhältnis von Philosophie und Psychologie führte.

Die Erklärung war noch im Umlauf, als im Februar 1913 Wundt (1913/1921) seinen Essay *„Die Psychologie im Kampf ums Dasein"* publizierte. Eingangs wies Wundt darauf hin, dass die ursprünglich singuläre Frage um die Person des Nachfolgers für einen Lehrstuhl inzwischen zu allgemeineren Fragen führe. Eine für Wundt besonders wichtige Frage war, inwieweit die Psychologie wirklich die Philosophie entbehren könne. Wundt war der Ansicht, dass die Psychologie vielmehr überall, wo es um die Vertiefung ihrer eigenen Probleme gehe, der Mithilfe philosophischer Betrachtungen bedürfe, die nicht zuletzt auch aus eigener Arbeit hervorgehen müsse.

Wundt, der sich bei geringfügiger eigener experimenteller Produktivität nicht nur als experimenteller Psychologe, sondern nicht zuletzt auch als Völkerpsychologe verstand (Kap. 4.1), wies das Ansinnen zurück, die experimentelle Psychologie als die allein berechtigte Psychologie zu betrachten. Etwa die Hälfte der psychologischen Literatur bestehe aus Arbeiten, die in die Erkenntnistheorie und in die Metaphysik hineinreichen würden. Jede wirklich wissenschaftliche, nicht bloß oberflächliche Psychologie, die sich nicht mit zufällig aneinandergereihten Beobachtungen begnüge, setze sich mit der Erkenntnistheorie auseinander und münde in Zweiggebiete der Philosophie. Die Psychologen müssten sich wissenschaftlich bewusst mit diesen Fragen beschäftigen, ansonsten würden sie sich ohnedies ebenfalls mit „Philosophie" beschäftigen – in naiver, ungebildeter Art und Weise. „Dann wäre die Zeit wirklich da, wo sich die Psychologen in Handwerker, aber nicht gerade in Handwerker der nützlichsten Gattung verwandelt hätten" (ebd., S. 533).

Wundt wies darauf hin, dass es sowohl im Interesse von Psychologen also auch von Philosophen sei, niemanden zur Habilitation zuzulassen, „der bloßer Experimentator und nicht zugleich ein psychologisch wie philosophisch gründlich durchgebildeter und von philosophischen Interessen erfüllter Mann ist" (ebd., S. 543). Die wissenschaftliche Legitimation der an Universitäten tätigen Psychologen schätzte er als nach wie vor unzureichend ein. In Zukunft müssten sie einen definitiven Platz im Ausbildungssystem erreichen. Die Psychologie erhalte nur dann ihre Daseinsberechtigung an den Universitäten, wenn sie Bestandteil der allgemein-philosophischen Ausbildung von Lehrern werde. Die meisten Studierenden seien künftige Gymnasiallehrer, die Philosophie oder Pädagogik hören müssten. Wundt wies darauf hin, dass Regierungsbehörden der Psychologie ohnehin wenig Unterstützung zugesagt hätten und es auch keine Anhaltspunkte dafür gebe, dass sie einer von der Philosophie unabhängigen Disziplin gegenüber großzügiger sein würden. „Wundt leugnete das wachsende Interesse an angewandter Psychologie nicht; nur stand er der in den USA sich durchsetzenden Tendenz äußerst skeptisch gegenüber, theoretische, rein wissenschaftliche Psychologie einer vor allem im Schulbereich situierten angewandten Psychologie pragmatisch unterzuordnen" (Ash 1985, S. 54).

Wundt wollte verhindern, dass in Zukunft bloße Pragmatiker, die sich in ihrer wissenschaftlichen Tätigkeit auf das Experiment beschränkten, berufen werden. Er versuchte „nochmals eine Versöhnung von Philosophie und Psychologie herbeizuführen" (vgl. Rath 1994, S. 261). Allerdings vermochte er es in dieser Schrift *nicht*, die Notwendigkeit der Philosophie für die Psychologie klarzustellen. „Vielmehr konnte seine Betonung der Grundlagenfunktion der Psychologie für die Geisteswissenschaften im Sinne eines ‚wissenschaftstheoretischen Psychologismus' gedeutet werden" (ebd., S. 261).

Richard Rickert, ein Mitverfasser der Erklärung der Hundertsieben, entgegnete Wundt in der *„Frankfurter Zeitung"* vom 4.3.1913, den Philosophen ginge es nicht primär um die Psychologie als Wissenschaft, sondern um das Fernhalten von Spezialwissenschaftlern von Lehrstühlen der Philosophie (vgl. Rath 1994, S. 261 f.). Es dürfe nicht der Eindruck entstehen, dass die Erklärung durch den Streit zweier verschiedener Tendenzen innerhalb der Philosophie veranlasst worden sei, von denen die eine Richtung die Psychologie zur Philosophie zähle, wohingegen dies bei der anderen Richtung nicht der Fall sei. Quintessenz von Rickerts Beitrag war, dass der Diskurs aus der Philosophie hinaus- und auf hochschulpolitischer Ebene weitergeführt werden sollte.

Aufgrund einer statistischen Arbeit, mit der nachgewiesen werden sollte, dass die Unterzeichner der Erklärung der Hundertsieben in Fragen hinsichtlich psychologischer Lehre und Forschung weniger interessiert und kompetent waren als die Nichtunterzeichner (Marbe 1913a), stellte Marbe (1913b) fest, dass die Aktion der Philosophen auf eine Unterdrückung der Psychologie hinauslaufe und geeignet sei, junge Kräfte davon abzuhalten, sich der Psychologie zuzuwenden.

Moritz Geiger kritisierte in den *„Süddeutschen Monatsheften"* vom September 1913 die Position Marbes insofern, als dieser allzu sehr als Psychologe die Interessen der Psychologie vertrete. Seiner Meinung nach kann es indes weder im Interesse der Philosophie noch in jenem der Psychologie liegen, wenn experimentalpsychologisch ausgerichtete Wissenschaftler auf Philosophielehrstühlen auf allen Gebieten der Philosophie „dilettieren" (vgl. Rath 1994, S. 266).

Infolge der Erklärung der Hundertsieben und Wundts Einschätzung der Psychologie „im Kampf ums Dasein" wurden diverse Artikel publiziert, in denen die empirische und insbesondere die experimentelle Psychologie verteidigt und ihre Bedeutung gegenüber der Philosophie hervorgehoben wurde. So wies Hillebrand (1913) darauf hin, wie viele irrelevante Auseinandersetzungen der Metaphysik und der Erkenntnistheorie den Wissenschaftlern erspart geblieben wären, wenn die rein theoretischen Philosophen die psychologischen Untersuchungen über den Ursprung der Raum- und Zeitanschauung ernst genommen hätten; stattdessen würde „die Fiktion ihres aprioristischen Charakters noch bis zum heutigen Tag ihr Unwesen" treiben (ebd., S. 12). Ferner erschienen zahlreiche Monografien, in denen Psychologen die Relevanz ihrer Wissenschaft für andere Wissensgebiete sowie für die Praxis thematisierten (Rath 1994).

Fischer (1913) nahm die Kontroverse zum Anlass, die Fixierung der von der Philosophie verselbstständigten Psychologie auf die experimentelle Psychologie zu kritisieren. Indessen wies auch er auf das hochschulpolitische Problem hin. Da keine Psychologieprofessuren an deutschen Universitäten existierten, müssten eben welche geschaffen werden, gerade auch angesichts der Tatsache, dass die Philosophie wieder erstarkt sei. Die Besetzung eines philosophischen Lehrstuhls mit einem Psychologen würde dem Psychologismus in der Philosophie (wieder) Tür und Tor öffnen (Kap. 4.3).

Frischeisen-Köhler (1914) wies nochmals auf die prinzipiellen Unterschiede zwischen Philosophie und Psychologie hin und bekräftigte das Anliegen der Philosophen, sich vor einer Spezialwissenschaft wie der experimentellen Psychologie zu schützen, die sich ausschließlich *methodisch* definiere.

Im Weiteren beschränkte sich der Diskurs nicht auf das fragwürdige Verhältnis zwischen Psychologie und Philosophie, sondern bezog sich auch auf die Bedeutung der Psychologie für die Geisteswissenschaften in einem generellen Sinne. Lamprecht (1913a) hielt der Erklärung der 107 Philosophen entgegen, dass sie sich gegen die selbstständige Entwicklung der Psychologie in der Philosophie und in den Geisteswissenschaften wende. Letztere hätten sich nur noch mit den „großen seelischen Erscheinungen" befasst (ebd., S. 19), und nun drohe mit dem Auszug der Psychologie, dass ihnen auch noch der Rest individueller Betrachtungen genommen werde. Ähnlich wie Dilthey erscheint ihm die Psychologie als eine „propädeutische Wissenschaft für den tieferen Betrieb der Geisteswissenschaften" (ebd., S. 21). Wenn die Psychologie in die Rolle einer Spezialwissenschaft der Naturwissenschaften abgeschoben werde, verfielen die Geisteswissenschaften wieder der „reinen Begrifflichung" im Sinne der Metaphysik.

Simmel (1913) betonte direkt gegen Lamprecht den Differenzierungsprozess in der gegenwärtigen Philosophie, welcher *nicht* durch die Experimentalpsychologie getragen werde, sei doch möglicherweise keine andere Naturwissenschaft momentan so wenig relevant für ihre Bestrebungen wie die Experimentalpsychologie. Hierauf entgegnete Lamprecht (1913b), dass Simmel als Philosoph den Stand der Philosophie zum gegenwärtigen Zeitpunkt gar nicht beurteilen könne, da ihm ein externer Standpunkt fehle.

Barth (1913), ein Unterzeichner der Erklärung, der indessen die Relevanz der experimentellen Psychologie nicht bestritt, nahm in der Kontroverse eine mittlere Position ein. Mit einer Neuregelung der Lehrstühle seien Philosophie und Psychologie inhaltlich nicht geschieden. Auch die Philosophie erfahre durch experimentalpsychologische Befunde eine mannigfache Förderung. Umgekehrt stoße die Psychologie mit ihrer Forschung immer wieder auf Begriffe, die nur die Erkenntnistheorie klären könne. Deshalb sei eine „Ehe" zwischen Philosophie und Psychologie für beide Parteien förderlich. Lamprecht (1913c) war von Barths These der inneren Zusammengehörigkeit von Psychologie und Philosophie, die sich nur aufgrund der Arbeitsteilung extern separieren, angetan, und unter Bezugnahme auf Rickert (s.o.) stellte er fest, dass die Psychologie den Geisteswissenschaften innerhalb der philosophischen Fakultät auch in Zukunft dienlich sei.

Ein weiterer Vermittler im Lehrstuhlstreit war der Psychologe Maier (1914), der die Psychologie in der Nähe der Philosophie situierte und auf die gegenseitige Abhängigkeit von wissenschaftlichen Disziplinen aufmerksam machte, die interdisziplinär zusammenarbeiteten. Unabhängige Lehrstühle für Psychologie im Rahmen der philosophischen Fakultät einzurichten, könnte noch am ehesten zu einem „akademisch-politischen Konsens der Beteiligten" führen, ließen doch die „vielfachen Beziehungen der Psychologie zu den Geisteswissenschaften" sowie zu den „philosophischen Spezialgebieten" (u.a. zur Erkenntnistheorie) diese Lösung als sinnvoll erscheinen (vgl. Ash 1985, S. 56).

Wundt gehörte zu den 93 Repräsentanten der deutschen Wissenschaft und Kunst, die kurz nach Beginn des Ersten Weltkrieges den Aufruf der 93 *„An die Kulturwelt"* (4.10.1914) unterschrieben. Die Unterzeichner verwahrten sich dagegen, dass Deutschland den Krieg verschuldet hatte und für das Massaker in Leuven (Belgien) verantwortlich war (Piper 2013).

Obwohl die Psychologie sich nach dem Ersten Weltkrieg mit eigenen Lehrstühlen und Instituten weitgehend institutionalisieren konnte, waren einige Repräsentanten des Faches mit ihrer Stellung an den Universitäten noch nicht zufrieden. So beklagte Marbe (1922) in einem Vortrag auf dem VII. Kongress für experimentelle Psychologie 1921 in Marburg die Diskrepanz zwischen Interesse an der Psychologie und deren Behandlung an den Universitäten und regte ein Rundschreiben an die Regierungen und Universitäten an, in welchem die notwendige Erweiterung des psychologischen Unterrichts und der psychologischen Institute sowie die Anerkennung der Psychologie als eigenes Fach in allen philosophischen Fakultäten gefordert werden sollte. Es wurden bereits die Möglichkeiten eines eigenen Diplomstudienganges Psychologie erörtert. Ratsam erschien eine größere Nähe zwischen praktischer und reiner Psychologie. „Die angewandte Psychologie muß in der reinen wurzeln und die reine Psychologie kann nur gewinnen, wenn sie aus *allen* Beziehungen der Psychologie zu anderen Gebieten schöpft" (ebd., S. 151; Hervorhebung von Marbe).

Die Psychologie befand sich in der Weimarer Zeit in einem Übergangsstadium, nicht nur in einem äußeren institutionellen, sondern auch in einem inneren wissenschaftlichen. Die großen Ansprüche an die Psychologie bei relativ geringen Ressourcen forcierten auch innerwissenschaftliche Auseinandersetzungen. Fünf Jahre nach dem Kongress in Marburg erschien die Schrift *„Krise der Psychologie"* von Bühler (1927/1978), in der er u.a. die methodischen Auseinandersetzungen behandelte, die in den letzten Jahren Verwirrung mit sich gebracht hätten. Nach Bühler konnte die Krise nur überwunden werden, wenn die Psychologie ihren dreiseitigen Gegenstand Erlebnis-Verhalten-Produktion introspektiv, experimentell und analytisch untersuchen würde (siehe auch Kap. 2.45.1).

Auf dem XI. Kongress der experimentellen Psychologie in Wien (1929) wandte sich die Deutsche Gesellschaft für Psychologie, vertreten durch ihre Vorstände, darunter auch Bühler, an Universitäten, Hochschulen, Ministerien und Regierungen, um über die Stellung der Psychologie an den deutschen Hochschulen zu klagen. Befürchtet wurde, dass die Psychologie aus ihrer bisherigen Stellung durch die Pädagogik und die reine Philosophie verdrängt werde. „Die vorgebrachte Argumentation der Psychologen gegen die Okkupation psychologischer Güter erinnert stark an die Argumente der Philosophen von 1913" (Rath 1994, S. 306).

Auf dem XII. Kongress der Deutschen Gesellschaft für Psychologie in Hamburg (1931) verwendete Cassirer (1932) – wie früher schon Barth – das Bild der „Ehe" zwischen Psychologie und Philosophie. Trotz Trennung könne sie weiterhin bestehen. Im Grunde genommen seien es lediglich äußere Gründe gewesen, die für eine Trennung von Psychologie und Philosophie gesprochen und einerseits zu einer Psychologie ohne Seele und andererseits zu einer Philosophie ohne Körper geführt hätten. „Dieses Bündnis birgt keine Gefahr mehr, wenn beide nur klar genug sind über ihre methodische Struktur und über die besonderen Aufgaben, die sich notwendig aus ihr ergeben" (ebd., S. 272).

Diese Hoffnung sollte sich nicht erfüllen. Einige relevante Gründe hierfür finden sich aufseiten der Psychologen, wobei an dieser Stelle nur auf zwei hingewiesen werden kann. Trotz der Initiative Bühlers (1927/1978) in seiner *„Krise der Psychologie"* war den meisten Psychologen weiterhin nicht klar, worin der eigentliche Gegenstand ihrer Wissenschaft bestand, so dass die Eigenständigkeit, die Voraussetzung für eine Partnerschaft, in Frage gestellt war. Der zweite Grund: Spätestens mit der europäischen Annäherung an die amerikanische behavioristische Psychologie in den 50er- und frühen 60er-Jahren des letzten Jahrhunderts grenzten sich insbesondere die deutschsprachigen Psychologen vehement von aller Philosophie ab (s.u.).

Der Lehrstuhlstreit zwischen Philosophen und Psychologen verdeutlicht mehr als die anderen Kontroversen der Psychologie, dass neben den wissenschaftlichen Streitpunkten auch die materiellen Interessen der Beteiligten zu berücksichtigen sind. Diese können von vordergründiger Natur sein (Verteilung der Lehrstühle), doch wären auch weniger offensichtliche Interessen zu beachten. Beispiel: Wem und wozu dient eine von der Philosophie und den Geisteswissenschaften losgelöste Psychologie, die ihren fraglichen Gegenstand im scheinbar historisch-gesellschaftlichen Vakuum experimentell untersucht mit dem Ziel, zu allgemeinen, immer und überall gültigen Aussagen zu gelangen?

5.3 Meinungsverschiedenheit hinsichtlich der egozentrischen Sprache

Im Jahre 1896 wurde Jean Piaget in Neuchâtel geboren. Von 1915 bis 1918 studierte er Biologie an der Universität dieser Stadt der französischen Schweiz. Während eines mehrmonatigen Aufenthaltes in Zürich besuchte er die psychiatrische Klinik Burghölzli, wo er Eugen Bleuler und Carl Gustav Jung begegnete. Von 1919 bis 1921 lebte er in Paris. Er führte im Labor von Alfred Binet die Standardisierung amerikanischer Intelligenztests für Pariser Kinder durch und schrieb seine ersten entwicklungspsychologischen Arbeiten. 1921 wurde er am Rousseau-Institut in Genf Oberassistent von Edouard Claparède, 1923 erschien in Neuenburg *„Le langage et la pensée chez l'enfant"* und 1924 *„Le jugement et le raisonnement chez l'enfant"*, Untersuchungen, auf die sich Wygotski bei seiner Kritik von Jean Piagets Verständnis der egozentrischen Sprache beziehen wird.

Piaget (1923/1983) verwendete für die Selbstgespräche von sechs- bis achtjährigen Kindern den Begriff „egozentrische Sprache" und unterschied diese kindliche Sprache von der „sozialisierten Sprache" der Erwachsenen. Wenn das Kind egozentrisch spreche, rede es nur um des Vergnügens willen und kümmere sich nicht darum, mit wem es spreche, und auch nicht darum, ob man ihm zuhöre oder nicht. „Diese Sprache ist egozentrisch zunächst einmal, weil das Kind nur von sich erzählt, vor allem aber, weil es nicht versucht, auf den Standpunkt des Zuhörers einzugehen" (ebd., S. 21). Es bestehe kein Zweifel darüber, dass dieses Phänomen der egozentrischen Sprache dem intellektuellen Egozentrismus der Kinder einer bestimmten Altersstufe entspreche, auch wenn der verbale Egozentrismus variabler sei als der intellektuelle und von äußeren sozialen Faktoren abhänge. Nach Piaget erkennt man die egozentrische Sprache wie folgt:

> Einmal spricht das Kind, ohne auf den Gesprächspartner einwirken zu wollen. Wenn es etwa in Gegenwart von Erwachsenen oder auch von Spielkameraden spielt oder arbeitet, spricht es in einem Zuge, ohne daß man weiß, ob es sich an jemand wendet oder für sich spricht (ebd., S. 75).

Piaget bezeichnete das kindliche Denken als egozentrisch, um auszudrücken, dass dasselbe zwar seiner Struktur nach noch autistisch ist, seine Ziele jedoch nicht mehr ausschließlich auf die Befriedigung von organischen oder spielerischen Bedürfnissen, sondern schon ähnlich wie das erwachsene Denken auf die geistige Anpassung ausgerichtet sind. Nach Meinung des Autors wirkt sich der Egozentrismus bis zum achten Lebensjahr auf das gesamte Gebiet des Denkens und der Wahrnehmung des Kindes aus. Da der Egozentrismus des Kindes gewissermaßen mit Sigmund Freuds Primat der Lust korrespondiere, gehe er auch noch mit Unbewusstheit einher. Piaget war zwar davon überzeugt, dass der soziale Aspekt ein notwendiger Aspekt der Entstehung logischer Operationen als solcher ist, doch betrachtete er denselben jeweils eben nur als „Aspekt" in einem eingeschränkten Sinne.

Piaget sah in der Tatsache, dass das Kind offenbar „egozentrisch" spricht, den direkten Beweis für die Egozentrizität des kindlichen Denkens, das in seinem Werk viel mehr Platz einnimmt als das kindliche Sprechen. Die egozentrische Sprache dient nicht den Zwecken des Verkehrs, erfüllt also keine kommunikative Funktion im eigentlichen Sinne. Piaget zufolge geht die egozentrische Sprache mit zunehmendem Alter zurück. Hierauf wies die Abnahme des Quotienten des Sprechens für sich selbst in Relation des Sprechens für andere bzw. des Egozentrismus-Koeffizienten bei Untersuchungen im „Maison des Petits" in Genf und in einem Kindergarten in Hamburg hin. Die knappe Mehrheit aller Äußerungen von Kindern im Alter von sechs bis sieben Jahren hat nach Piaget einen egozentrischen Charakter. Im Alter von acht Jahren ist der Koeffizient der egozentrischen Rede schon klein; bald wird, so jedenfalls der Entwicklungspsychologe, die egozentrische Sprache vollständig verschwinden. Nach Piaget ist in diesem zeitlichen Abschnitt der kindlichen Entwicklung der Koeffizient des egozentrischen *Denkens* noch bedeutend größer als jener der egozentrischen Rede. Diese Tatsache gelte „unabhängig von den Beziehungen zwischen den verschiedenen möglichen Formen des Milieus" (vgl. ebd., S. 77 f.).

Piaget wies auf seine Beobachtungen in Kindergärten hin, in welchen den Kindern eine Vielzahl von Spielen (Rechen- und Leselottos, Rechenmaschinen, Bauklötze, Platten usw.) zur Verfügung stand: „Dieses Material ist so beschaffen, daß die Beschäftigung damit zu Anfang ein rein motorisches oder symbolisches Spiel ist und erst allmählich in eigentlich intellektuelle Untersuchung übergeht. In einem solchen Milieu läßt sich keine scharfe Grenzlinie zwischen Spiel und Arbeit ziehen. Und gerade in diesem Milieu ist die egozentrische Sprache am meisten entwickelt" (ebd., S. 78).

Diese bisher wenig beachtete Textstelle ist interessant, weil sie in gewisser Weise schon einen Gesichtspunkt von Lew Semjonowitsch Wygotski vorwegnahm. Wygotski wurde 1896 in der weißrussischen Stadt Orsa geboren. In den Jahren 1913 bis 1917 studierte er Jura in Moskau. 1918 ging er ans Psychologische Institut der Universität Moskau. 1926 musste er sich nach einer Tuberkuloseerkrankung sechs Monate in einem Sanatorium aufhalten. 1927 entstand der programmatische Essay *„Die Krise der Psychologie in ihrer historischen Bedeutung"*, also im gleichen Jahr wie Bühlers *„Krise"*, doch erschien Wygotskis Arbeit erst knapp ein halbes Jahrhundert später. In den Jahren 1928 bis 1931 entwickelte Wygotski zusammen mit seinem Kollegen Alexej Nikolajewitsch Leontjew und Aleksandr Romanowitsch Lurija eine erste Fassung der kulturhistorischen Theorie. 1934 besprach er Piagets erste Bücher zur Psychologie des Kindes und kritisierte insbesondere dessen Verständnis der egozentrischen Sprache. Im gleichen Jahr starb Wygotski an den Folgen seiner Tuberkuloseerkrankung.

Nach Wygotski kommt das Kleinkind mit all seinen Sinnen (u.a. auch aktiv, v. a. durch den Tastsinn) in eine Welt sinnhafter Gegenstände und sinnreicher Bezugspersonen, was für das Kind immer „sinnfälliger" wird, kleiden doch Eltern, Geschwister und Spielgefährten die Interaktionen sowie die involvierten Gegenstände stets weitergehend auch sprachlich ein. Die verbal vermittelten Personen und Gegenstände werden später in ihrer Bedeutung sukzessive interiorisiert und in eine „innere Sprache", in das Denken, überführt (s.u.), ein Prozess, der vor allem von Wygotski untersucht wurde. Schon in den klassischen Kontroversen wurde auf den sinnlichen Bezug von Gegenständen hingewiesen und diese *mit* der Sprache als Gegenstandsbedeutungen gefasst (Kap. 3).

Wygotskis (1934/1974) bekanntestes Werk *„Denken und Sprechen"* ist eine posthum publizierte Aufsatzsammlung, der kurz nach Erscheinen für mehr als 20 Jahre die offizielle Zulassung in der UdSSR entzogen wurde. Nach Wygotski haben Denken und Sprechen verschiedene Wurzeln. In der Entwicklung des Sprechens kann man ebenso ein *vorintellektuelles* wie ein *vorsprachliches* Stadium beobachten. Bis zu einem bestimmten Alter fahren beide Vorgänge in verschiedenen Zügen unabhängig voneinander auf verschiedenen Gleisen. Im Folgenden wird indes das Denken sprachlich und die Sprache intellektuell. Die zunächst unabhängigen Züge fahren nun zusammen und bilden eine Einheit in der *Bedeutung*. Diese ist konstituierendes Moment des Wortes sowie Begriff; also ebenso ein Phänomen des Sprechens wie des Denkens. Die äußere, lautliche Seite der Sprache und die innere, semantische Seite derselben bilden im Einwortsatz des Kindes eine Einheit.

Wygotski untersuchte zusammen mit Leontjew und Lurija, wann das egozentrische Sprechen auftrat. Diese Untersuchung wurde 1929 beim Internationalen Kongress für Psychologie in New Haven erstmals vorgestellt (vgl. ebd., S. 37, Fußnote 1). Bei ihren Beobachtungen hatten die Forscher Bedingungen eingeführt, die kindliche Tätigkeiten erschwerten. Dabei konnten sie feststellen, dass der Koeffizient für egozentrische Sprache bei den Probanden, die auf Schwierigkeiten stießen, auf fast das Doppelte anstieg im Vergleich zum Koeffizienten bei Kindern, die keinen erschwerten Bedingungen ausgesetzt waren. Die Kinder der ersten Versuchsgruppen sprachen vor sich selbst hin. Beispiel: „Wo ist der Bleistift, ich brauche jetzt einen blauen Bleistift; macht nichts, ich male statt dessen mit einem roten und mache ihn naß, das wird dunkler und wird dann wie blau“ (ebd., S. 37). Wygotski bezeichnete solche Sätze als „Selbstgespräche“. Anscheinend dachten die Kinder über die ihnen gestellten Probleme nach und fanden dann auch Lösungen für dieselben. Auf die Frage, worüber sie nachgedacht hätten, erhielten die Versuchsleiter Antworten, die dem lauten Denken der Vorschulkinder nahekamen und entsprachen.

Nach Wygotski ist das in Kindergärten beobachtete „Vor-sich-hin-Babbeln“ einzelner Kinder eine Übergangssprache von der äußeren Sprache zur sogenannten inneren Sprache. Seinem Dafürhalten nach ist diese Übergangssprache ihrer Struktur nach noch eine äußere Sprache, während sie ihrer psychischen Funktion nach bereits eine innere Sprache ist. Die innere Sprache ist im Vergleich mit dem äußeren Sprechen lückenhaft, fragmentarisch und verkürzt. Die Verkürzung zeigt sich in einer sukzessiven Ausschaltung verbaler Elemente, in der Reduktion der Syntax auf Prädikativität sowie in der Dominanz des Sinns über eine elaborierte Bedeutungsstruktur. Die Umwandlung des Redens in Gedanken bedeutet neben der Elimination der Vokalisation auch Subjektivierung und Entmaterialisierung. Umgekehrt stellt die Umwandlung von Gedanken in Reden eine Objektivierung und Materialisierung dar.

Demnach bedeutet für Wygotski der Rückgang der egozentrischen Sprache in der Schulzeit keine Zunahme des sozialisierten Sprechens wie für Piaget, sondern eine Zunahme des Denkens des Kindes. „Diese Sprache stellt einen notwendigen Bestandteil des kindlichen Denkens dar und beginnt so, ein Mittel zur Bildung einer Absicht und eines Plans bei einer komplizierten Tätigkeit des Kindes zu werden“ (Wygotski 1934/1974, S. 48). Da Piaget bei Schulkindern ein Fallen des Koeffizienten der egozentrischen Sprache feststellte, sah sich Wygotski veranlasst, dieses Fallen zu reinterpretieren. Wygotski zufolge verbirgt sich hinter ihm „die Abstraktion von der lautlichen Seite der Sprache und die endgültige Differenzierung zwischen äußerer und innerer Sprache“ (ebd., S. 321).

Damit die Hypothesen gefestigt werden konnten, führten die russischen Forscher Entscheidungsexperimente durch. Entschieden werden sollte zwischen der Annahme, dass die egozentrische Sprache eine *ungenügende Sozialisation* ist (Piaget), und der Annahme, dass die egozentrische Sprache eine *ungenügende Individualisierung* ist (Wygotski). Nach der ersten Hypothese müsste jede Förderung der Isolierung des Kindes zu einem Ansteigen des Koeffizienten der egozentrischen Sprache auf Kosten der sozialisierten Sprache führen. Um diese Hypothese zu testen, wurden die Versuchspersonen (einzelne Kinder mit egozentrischer Sprache) im Sinne einer Isolierung in eine Gruppe taubstummer Kinder versetzt. Hierbei war die veränderliche Größe die Illusion, verstanden zu werden. Ergebnis des Versuchs: Der Koeffizient für egozentrische Sprache fiel steil ab. Man brauchte also nur die Illusion, verstanden zu werden, dieses wichtige Moment jeder sozialen Sprache, auszuschalten, und schon reduzierte sich die egozentrische Sprache. Dieses Ergebnis musste aus der Perspektive Piagets betrachtet paradox erscheinen:

> Je weniger ein psychologischer Kontakt zwischen dem Kind und seiner Umgebung besteht, je weniger die Situation eine sozialisierte Sprache und die Anpassung seines Denkens an das anderer fordert, um so freier müsste der Egozentrismus im Denken und folglich auch in der Sprache des Kindes in Erscheinung treten (Wygotski 1934/1974, S. 324 f.).

Das Experiment wurde unter Variation der Ausgangsbedingungen mehrmals wiederholt. In einem Experiment wurden die egozentrisch sprechenden Kinder in fremdsprachige Gruppen gebracht, in einem anderen Experiment wurden sie von anderen Kindern isoliert und an einen Tisch in der Ecke des Zimmers platziert. Bei einem weiteren Versuch war das Kind nur mit dem Versuchsleiter zusammen im Raum; mitten im Versuch verließ der Versuchsleiter den Raum und ließ das Kind allein in diesem zurück. Versuchsergebnisse des ersten Experimentes konnten mit diesen zusätzlichen Experimenten reproduziert werden. „Die Ausschaltung des kollektiven Monologs führt in der Regel zu einem jähen Absinken des Koeffizienten, nur etwas weniger deutlich als im ersten Fall" (ebd., S. 325). Für Wygotski bedeutete dieser Befund die Falsifikation der ersten Hypothese und die vorläufige Annahme der Alternativhypothese. Nach Angaben des Autors wiesen sämtliche Experimente darauf hin, dass die egozentrische Sprache auf der Grundlage der sozialen erfolgt respektive die soziale Sprache voraussetzt (und nicht umgekehrt).

Wygotski zufolge verläuft also die Entwicklung *nicht* von einem mutistischen (monologischen) Denken über das egozentrische Sprechen zum sozialisierten (dialogischen) Sprechen, sondern im Gegenteil: von einem bereits von Anfang an sozialisierten Sprechen über das egozentrische zum inneren Sprechen bzw. Denken. Das egozentrische Sprechen ist ein Übergangsphänomen auf dem Weg vom äußeren zum inneren Sprechen.

Piaget (1999/1962) entdeckte – nach seinen eigenen Angaben – erst ein Vierteljahrhundert nach dem Tod von Wygotski dessen Werk und antwortete drei Jahre später auf dessen Kritik. In der betont konziliant gehaltenen Antwort gab Piaget zu, dass er die Ähnlichkeit von Egozentrismus und Phänomenen wie frühkindlichem Autismus und Lustprinzip (in einem vergleichbaren Sinne des ursprünglichen psychoanalytischen Ansatzes) überbetont habe. „There is no reason to believe that cognitive egocentrism (…) has no application to the field of interpersonal relations, in particular those which are expressed in language" (ebd., S. 3).

Piaget räumte ein, dass Messungen der egozentrischen Sprache starken Schwankungen unterliegen und deshalb methodisch fragwürdig sind: „The measurement of egocentric speech has shown that there are very great environmental and situational variations, so that contrary to my initial hopes we do not posses in these measures a valid gauge of intellectual egocentrism or even of verbal egocentrism" (ebd., S. 4).

Piaget akzeptierte auch Wygotskis Ansicht, dass die Sprache eine primär globale kommunikative Funktion habe, die sich indes später in eine eigentliche kommunikative und eine egozentrische Sprache unterscheide, die zur innerpsychischen Sprache führe; allerdings bezweifelte er, dass sich die beiden Sprachen nur in ihrer Funktion unterscheiden würden und dass sie im Übrigen gleich sozialisiert worden seien.

> I cannot go along with (Wygotski) because the word socialization becomes ambiguous in this context: if an individual A mistakenly believes that an individual B thinks the way A does, and if he does not manage to understand the difference between the two points of view, this is, to be sure, social behavior in the sense that there is contact between the two, but I call such behavior unadapted from the point of view of intellectual co-operation. This point of view is the only aspect of the problem which has concerned me but which does not seem to have interested (Wygotski) (ebd., S. 5).

In der Tat hat sich Wygotski vor allem für die grundsätzliche Frage der Priorität der sozialen Relationalität oder des Denkens interessiert und nicht für die Bedingung der Möglichkeit der Übernahme des Standpunktes eines Gesprächspartners. Die Dezentrierung des eigenen Standpunktes mag in kognitiver Hinsicht erst ab einer bestimmten Altersstufe möglich sein, was Piaget zu zeigen versuchte; allerdings ist empathisches Verhalten nicht nur von der Entwicklung kognitiver Kompetenzen abhängig. Auch emotionale und motivationale Gesichtspunkte müssten berücksichtigt werden. Was die „Dezentrierung von den eigenen Interessen" anbelangt, haben Erwachsene in gewisser Hinsicht vielleicht sogar mehr Schwierigkeiten als Kinder; natürlich besonders dann, wenn es sich nicht nur um momentane, spontane Bedürfnisse handelt, sondern um längerfristige handfeste materielle und finanzielle Interessen.

Piaget scheint zwar richtig wahrgenommen zu haben, dass er und Wygotski nicht unbedingt das Gleiche intendierten und der Begriff „Sozialisation" unterschiedlich verstanden werden kann, nämlich entweder hinsichtlich des kooperativen Verhaltens oder mehr im ursprünglich soziologischen Sinne. Man kann Piaget zugestehen, dass es ihm nicht um die Frage ging, ob der sozialen Interaktion, letztlich dem Gesellschaftlichen, oder dem Individuellen, also dem Individuum und dessen Reflexion, Priorität zukomme, doch scheint der Westschweizer Autor nicht erkannt zu haben, welche eminenten Konsequenzen die Position Wygotskis für seinen eigenen Ansatz und die Kognitive Psychologie hätte, sollte denn sein Kontrahent tatsächlich recht behalten (zum gegenwärtigen Stand der empirischen Forschung siehe Staemmler 2015).

Piaget war ein Pionier der Kognitiven Psychologie. Die meisten heutigen Kognitiven Psychologen würden wohl Partei für Piaget ergreifen, wenn sie sich mit dem Einzelphänomen der egozentrischen Sprache auseinandersetzen würden. Würden sie wider Erwarten für Wygotski Partei ergreifen, müssten sie ihren Individualismus aufgeben und ihre bisherige Arbeit infrage stellen, würde ihr doch die theoretische Grundlage und damit auch die Daseinsberechtigung dieser Art Wissenschaft und Forschung entzogen (siehe hierzu auch Kap. 7.9).

5.4 Der Methodenstreit in der deutschen Psychologie

Der 1904 in Wien geborene Albert Wellek promovierte dort 1928 mit einem Beitrag zur Synästhesieforschung. Nach Lehrtätigkeiten in Leipzig, Breslau und Halle wurde er 1946 nach Mainz berufen. Seine Beziehung zum Faschismus wurde als vielschichtig und nicht völlig geklärt bezeichnet (Herrmann 2015).

Der ebenfalls in Wien geborene Peter Hofstätter (1913 bis 1994), studierte Physik und Psychologie. Nach einem Aufenthalt in den USA kritisierte er in den Jahren 1953 bis 1955 in mehreren Publikationen die damals in Deutschland noch relevante ganzheitstheoretisch und geisteswissenschaftlich orientierte Psychologie.

1956 verdichtete sich der *„Methodenstreit in der deutschen Psychologie"* (Métraux 1985) an Problemen der Psychodiagnostik. Der Streit bezog sich zunächst auf die Validität persönlichkeitsdiagnostischer Untersuchungen und wurde fachintern zuerst im Jahre 1956 im *„Studium Generale"* ausgetragen. Ab 1958 fanden in mehreren Städten Gespräche zu methodologischen Themen statt (u.a. 1958 in Darmstadt unter dem Titel *„Ist der Mensch messbar?"*). Anzumerken ist, dass der Aufschwung der Angewandten Psychologie zur NS-Zeit die Professionalisierung der Psychologie in Richtung *Psychodiagnostik* beschleunigt hatte (vgl. Lück 2014, S. 164).

Hofstätter (1956) behauptete im Artikel *„Zur Frage der Intuition in der Psychodiagnostik"*, dass die Voraussagemöglichkeiten der Faktorenanalyse und anderer statistischer Verfahren sowie deren empirische Kombination es ermöglichen, diagnostische Untersuchungen *vollständig* durchzuführen. Voraussagen basieren ausschließlich auf quantitativen Methoden. Zur Lösung von Problemen, theoretischen sowie praktischen, sei unmittelbares Erkennen, also die *Intuition*, nicht notwendig. Hofstätter bezeichnete die Intuition als eine unbewusste und unkontrollierte Vorgehensweise.

Nach Hofstätter war mit der Verwendung quantitativer Methoden eine Untersuchung abgeschlossen. Begründung: Bei intuitiven Urteilen handle es sich letztlich wie bei statistisch untermauerten Urteilen „um die Auswertung der in unserer Erfahrung niedergelegten Ereignismatrize im Sinne korrelativer Beziehungen" (ebd., S. 238). Demnach sei die Auswertung in Wirklichkeit in beiden Fällen statistischer Natur, nur erfolge sie in einem Fall in impliziter und im anderen Fall in expliziter und damit in wissenschaftlicher Art und Weise.

> Sie (die Auswertung) kann so vor sich gehen, daß wir uns über die Schritte, die wir dabei tun, völlig im klaren sind, oder auch so, daß uns die Einzelschritte nicht deutlich zum Bewußtsein kommen. Im letzteren Falle spricht man von intuitiven Urteilen. So gesehen erscheint aber „die Intuition" als durchaus analysierbares Letztes. Die in intuitiven Urteilen zur Geltung kommende Ereignisstatistik läßt sich vielmehr in Analogie zur Ereignisstatistik des diskursiven Verfahrens beschreiben und analysieren (ebd., S. 533).

Wellek (1956) wandte sich noch im gleichen Jahr mit dem Artikel *„Mathematik, Intuition und Raten"* gegen Hofstätter. Der Autor wies darauf hin, dass quantitative Methoden vielleicht zwar notwendig, aber keinesfalls hinreichend seien. Diese Verfahren seien durch unmittelbare Erfahrung zu *komplementieren.* Die Intuition, also das unmittelbare, nicht auf Reflexion basierende Erfassen eines Sachverhaltes, werde indes häufig falsch verstanden. Sie beziehe sich auf ein unanalysierbares Letztes. Mit der Verwendung quantitativer Methoden sei eine Untersuchung unvollständig und *nicht* abgeschlossen. Intuition sei eine unabdingbare Ergänzung quantitativer Verfahren.

Außerdem sei in vielen Fällen kein echtes Maß für eine quantitative Vorgehensweise auffindbar. Werde trotzdem ein Maß verwendet, müsse die Vorgehensweise als *unwissenschaftlich* bezeichnet werden. Um weitere Missverständnisse zu vermeiden, wies er darauf hin, dass es ihm nicht darum gehe, *kein* Maß anzugeben oder den Verzicht auf das Messen als Vorteil auszugeben. „Was ich allerdings behaupte, ist, daß man in sehr vielen Fällen kein Maß angeben *kann* – jedenfalls kein echtes, *angemessenes* Maß. Tut man es dann trotzdem, dann wäre es allerdings doch ein Vorteil gewesen, es nicht zu tun" (ebd., S. 549; Hervorhebungen von Wellek).

Damit warf Wellek Hofstätter letztlich „Pseudowissenschaftlichkeit" vor, was später beanstandet wurde, zumal Wellek keine Aussagen über die mathematischen Voraussetzungen des Messens machte. Indessen lässt sich die Adäquatheit eines Maßes ganz klar mit den Bedingungen der Möglichkeit des betreffenden Skalenniveaus bestimmen: Viele statistische Tests (insb. inferenzstatistische Verfahren) können nur durchgeführt werden, wenn die Voraussetzungen des Intervallskalenniveaus erfüllt sind (z.B. bei einer Messung von Reaktionszeiten). In den meisten Fällen sind diese Voraussetzungen in der Psychologie jedoch *nicht* erfüllt, und der psychische Gegenstand kann bestenfalls auf dem Niveau einer Ordinalskala gemessen (z.B. bei klaren Größer-Kleiner- resp. Schwächer-Stärker-Differenzen) oder wenn nicht – wie etwa bei Emotionen – allenfalls noch auf dem Nominalskalenniveau identifiziert werden (vgl. u.a. auch Kriz 1973).

Wellek (1959/1970) setzte den vom Kontrahenten forcierten Operationalismus mit dem Physikalismus gleich, was, falls diese Position richtig wäre, die mit operationalisierten Variablen arbeitende experimentelle Psychologie auf basale Prozesse reduzieren würde (bei Hofstätter war dies indes nicht der Fall). Anzumerken ist, dass in *dieser* Frage des Geltungsbereichs der experimentellen Psychologie schon Wundt eine ähnliche Position vertreten hatte (Kap. 5.1).

Wellek setzte indessen der reduktionistischen Psychologie die sogenannte Ganzheitspsychologie gegenüber. Er bemühte sich um die methodologische Autonomie der Psychologie und suchte nach einem *dritten Weg* zwischen Geisteswissenschaft und Naturwissenschaft. Seiner Meinung nach sollte die Psychologie eine sachlich sowie methodisch eigene Position (er)halten, die geisteswissenschaftliche und naturwissenschaftliche Elemente verklammert und zu einer Brücke unter den Wissenschaften wird.

Die „Amerikanisierung der Psychologie" (Métraux 1985) dauerte in der BRD von 1950 bis 1970. Die Auseinandersetzung um das neue Verständnis der Psychologie fand in der Kontroverse zwischen Wellek (1956) und Hofstätter (1956) ihren Kristallisationspunkt. In der Folge entwickelte sie sich zu einem Streit um die Psychologie und deren Methoden schlechthin und breitete sich auch auf die Soziologie und die Sozialforschung aus.

So wandte sich Hofstätter (1957) auch gegen die methodischen Defizite der unter Beteiligung von Theodor W. Adorno durchgeführten Untersuchungen des 1950 in die BRD zurückgekehrten Instituts für Sozialforschung über Antisemitismus und Demokratiefeindlichkeit in der deutschen Bevölkerung. In einer Replik verdeutlichte Adorno (1957) seine Position u.a. wie folgt:

> Die empirische Sozialforschung steht einer Art Antinomie gegenüber. Je exakter ihre Methoden sind, um so mehr sind (sie) in Gefahr, an Stelle des eigentlich erfragten Gegenstandes einen in „operational terms“ definierten zu setzen (…), das gesellschaftlich Relevante zu vernachlässigen (ebd., S. 107).

Der Streit weitete sich schließlich zu einer Auseinandersetzung aus, in der es nicht zuletzt um die Annahme oder Ablehnung der amerikanischen Hegemonie in wissenschaftlichen und kulturellen Fragen ging.

> Man berief sich in beiden Lagern (…) auf etablierte Forschungstraditionen dies- und jenseits des Atlantiks und bemühte sich, der Gegenpartei historische Kurzsichtigkeit, fehlendes Verständnis für die Aufgabe der Psychologie und Mißdeutung des Psychischen dadurch nachzuweisen, daß man auf beispielhafte Gegenbelege gerade aus der vom Gegner evozierten Forschungstradition zurückgriff. Kurzum, was als Auseinandersetzung über ein methodisches Problem begonnen hatte, entwickelte sich nach und nach zu einem Kulturkampf mit austauschbaren Masken (Métraux 1985, S. 240).

Der Methodenstreit entschied sich im Zeitraum von einigen Jahren zugunsten von Hofstätter und der damals auch in Europa aufkommenden behavioristisch orientierten Psychologie. Das Psychologiestudium bekam ein neues Gesicht. Psychologische Dissertationen oder Habilitationen unter Berücksichtigung geisteswissenschaftlicher Ansätze waren bald nur noch in Ausnahmefällen möglich. Wer eine akademische Laufbahn einschlagen wollte, musste in der Regel auf Philosophie verzichten. Psychologische Fachzeitschriften wiesen Beiträge der theoretischen Psychologie, die über den behavioristischen Mainstream der Psychologie hinauswiesen, meistens zurück. Gefragt waren fast ausschließlich experimentalpsychologische Beiträge. Dabei waren sich die Repräsentanten der experimentellen Psychologie oft nicht bewusst, dass sie selbst nicht ohne Philosophie operieren konnten. Stillschweigend praktizierten sie eine positivistische Philosophie, die sich indes mit jener der Pioniere des Positivismus im 19. Jahrhundert nicht vergleichen ließ (vgl. Kap. 4.3). Explizit lehnten sie zwar häufig den Positivismus ab und favorisierten den Kritischen Rationalismus, doch bewegte sich der Mainstream kaum je nach dessen wissenschaftstheoretischen Vorstellungen und Kriterien.

Wellek sah sich 1972 veranlasst, die wichtigsten Punkte seiner psychologischen Position in methodologischen Fragen nochmals in Form von Thesen zu resümieren. Nicht die Methode sollte die Fragestellung bestimmen, sondern die Fragestellung die Methode. Der „naturwissenschaftlich“ genannte (de facto eher rechnerische) Methodenmonismus ist seiner Meinung nach nicht nur unfruchtbar, sondern auch unhaltbar. Der Gegensatz zwischen operationeller und verstehender Methode werde zumeist übertrieben. Experimentalismus und statistischer Formalismus seien weder identisch noch aufeinander angewiesen. Statistik garantiere keine Exaktheit: Sie mache das Ausgangsmaterial um nichts exakter, als es in sich selbst schon sei. Der extreme statistische Formalismus sei ein Empirismus ohne Empirie, ein Objektivismus ohne Objekt. Der Reduktionismus verfälsche in seinen Modellen die Wirklichkeit. Psychologie sei weder Natur- noch Geisteswissenschaft, sondern etwas sui generis, mit eigener Fragestellung und Methode; sie habe je eigene Gegenstände: Erleben, Verhalten und psychische Struktur.

Welleks Wirken blieb nicht ganz ohne Nachwirkungen. Er leistete sicherlich einen Beitrag zu einem weder naturwissenschaftlich noch geisteswissenschaftlich fixierten Psychologieverständnis. Das behavioristische Paradigma konnte sich zwar unter der Dominanz der USA im politischen und wissenschaftlichen Bereich durchsetzen und blieb bis heute in methodologischer Hinsicht wegleitend, doch in inhaltlicher Hinsicht war dies keineswegs der Fall. Mit der „kognitiven Wende" wurden Aspekte des Psychischen einbezogen, die vom strengen Behaviorismus und Operationalismus noch ausgeschlossen wurden (vgl. hierzu Kap. 5.7).

Hofstätter konnte sich zwar gegen Wellek innerhalb des Mainstreams der Psychologie durchsetzen. Doch in praktischer Hinsicht war dieses Ergebnis der Auseinandersetzung nicht so eindeutig. Insbesondere in der ambulanten Beratungspraxis pädagogischer und klinischer Ausrichtung konnte die Argumentation Hofstätter *nicht* nachvollzogen werden. Quantitative Tests wurden zwar auch in diesen Institutionen verwendet, indes nicht in einem solchen Ausmaß wie in der Berufsberatung oder im stationären klinischen Bereich. Im Laufe der Zeit wurde der Psychodiagnostik vielerorts immer weniger Relevanz beigemessen; die Intuition, zwar nicht mehr so sehr als solche, indes mehr als Moment einer diskursiven Verfahrensweise, wurde als relevanter erachtet. Zunehmende Bedeutung wurde dem Gespräch beigemessen, während auf vorgängige Diagnosen weniger Wert gelegt wurde. In den Beratungsstellen (u.a. Jugend- und Drogenberatungsstellen) wurden der Dialog und das Prozessdenken relevant, unterstützt durch regelmäßige Supervision.

Hofstätter schien sich nicht bewusst gewesen zu sein, dass die Intuition in einem engen Verhältnis zur Logik steht (Kap. 4.3). Nach einem Rückgang der Bedeutung der Intuition für die akademische Psychologie im Verlaufe des 20. Jahrhundert wird sie im 21. Jahrhundert wieder an Bedeutung gewinnen (vgl. u.a. Gigerenzer 2007). Insbesondere ist sie in der sogenannten Psychologik von Interesse (Kap. 7.12).

5.5 Humanistische versus behavioristische Psychologie

Der amerikanische Psychologe Burrhus Frederic Skinner hat sich ähnlich wie Wilhelm Wundt mit diversen Wissenschaftlern auseinandergesetzt. In der für seinen experimentellen Ansatz grundlegenden Studie *„The behavior of organism"* geht Skinner (1938) im Unterschied zu den Klassikern des Behaviorismus (u.a. John Broadus Watson) *nicht* davon aus, dass eine Verhaltensweise in erster Linie durch einen (vorher) bestimmten Reiz hervorgerufen werden muss, sodass sie damit auch nicht auf eine bloße Reaktionsweise reduzieren lässt. Vielmehr kann umgekehrt jedes Verhalten dadurch habitualisiert werden, dass es im Nachhinein „verstärkt" wird. Jede Verstärkung beeinflusst wiederum das Verhalten. Wenn sie positiv ist, bewirkt sie die Tendenz zur Wiederholung des vorausgegangenen Verhaltens; wenn sie hingegen negativ ist, bewirkt sie eine Löschung der betreffenden Verhaltensweise, sei es sofort oder erst längerfristig. Mit einer systematischen und kontrollierten Verabreichung von positiven und negativen Verhaltenskonsequenzen gelingt es, Verhaltensweisen und Fertigkeiten zu verändern sowie auch neue zu formen, zumindest wenn dieselben den organischen Voraussetzungen entsprechen.

Der Autor geht also davon aus, dass für das Erlernen von Verhaltensweisen die Bekräftigung entscheidend ist, wodurch er ein eigenes *Konzept der operanten Konditionierung* vom Konzept der klassischen Konditionierung unterscheidet. Demnach bezieht sich die operante Konditionierung auf den Sachverhalt, dass das Verhalten in erster Linie durch dessen Folgen beeinflusst wird. Es handelt sich um ein Vorgehen, das ein Versuchstier oder nach dem Dafürhalten von Skinner auch eine Versuchsperson dazu bringt, bestimmte Verhaltensweisen auszuführen. Das Verhalten werde, wenn man so will, durch nachfolgende „Reize" bekräftigt bzw. verstärkt (reinforcing), die zu „Anreizen" für weiteres Verhalten werden.

> The operation of reinforcement is defined as the presentation of a certain kind of stimulus in a temporal relation with either a stimulus or response. A reinforcing stimulus is defined as such by its power to produce the resulting change (in strength). There is no circularity about this: some stimuli are found to produce the change, others not, and they are classified as reinforcing and nonreinforcing accordingly (ebd., S. 62).

Nach dem Konditionierungsgesetz nimmt die Häufigkeit des Verhaltens zu, wenn demselben ein bekräftigendes Ereignis folgt, bzw. die Reaktionen treten häufiger auf, wenn sie verstärkt werden. Dabei kommt es nicht auf eine kontinuierliche positive Verstärkung an. Im Gegenteil: In kontrollierter Weise unterbrochene Verstärkungen haben einen größeren Effekt. Falls aber wiederholtem Verhalten gar kein bekräftigender Reiz mehr folgt, so nimmt es wiederum in seiner Tendenz ab bzw. das Verhalten erscheint seltener und wird schließlich extinguiert. Ohne Wiederverstärkung wird also das Verhalten gelöscht. Der positiven Verstärkung stellt der Autor die negative Verstärkung gegenüber, deren Entfernung ebenfalls zu einer Zunahme der Reaktionswahrscheinlichkeit führen kann. Negative Bekräftigung wird von Skinner hinsichtlich einer Verhaltensänderung als signifikant weniger wirksam als die positive Verstärkung eingeschätzt.

Carl R. Rogers, der 1962 zusammen mit Abraham Harold Maslow und anderen Psychologen und Psychologinnen (u.a. mit Charlotte Bühler) die American Association for Humanistic Psychology gründen wird, bezieht sich in seinem 20 Jahre zuvor publizierten Werk *„Counselling and Psychotherapy"* nur am Rande auf Skinner. Anhand zahlreicher Beispiele legt er jedoch dar, dass ein erfolgreicher Berater oder Therapeut *nicht direktiv* vorgeht; das heißt, dass er das Verhalten des Ratsuchenden oder Patienten nicht zu steuern versucht. Es gehe darum, Führung und Verantwortung dem Klienten zu überlassen. In Absetzung von älteren Vorstellungen und Maßnahmen psychiatrischer und psychologischer Praxis (u.a. Anordnen, Verbieten, Deuten, Ermahnen, Suggerieren), die zwar gelegentlich nützlich sein könnten, um ein kurzfristiges Ziel zu erreichen, dem *Wachsen der Persönlichkeit* des Klienten aber nicht förderlich oder sogar abträglich seien, lässt sich der Autor von folgender Hypothese leiten:

> Wirksame Beratung besteht aus einer eindeutig strukturierten, gewährenden Beziehung, die es dem Klienten ermöglicht, zu einem Verständnis seiner selbst in einem Ausmaß zu gelangen, das ihn befähigt, aufgrund dieser neuen Orientierung positive Schritte zu unternehmen (Rogers 1942/1989, S. 28).

Der neue, auf den Klienten zentrierte Ansatz von Rogers unterschied sich von älteren psychologischen Ansätzen durch die größere Unabhängigkeit und Integration des Individuums. Der Berater oder Therapeut versucht nicht, ein Problem für den Klienten zu lösen oder ihm dabei in direktiver Weise zu helfen, indem er ihm Ratschläge erteilt oder ihn in anderer Weise beeinflusst oder gar konditioniert.

> Das Ziel ist es nicht, ein bestimmtes Problem zu lösen, sondern dem Individuum zu helfen, sich zu entwickeln, so daß es mit dem gegenwärtigen Problem und mit späteren Problemen auf besser integrierte Weise fertig wird (ebd., S. 36).

In erster Linie versucht der Therapeut, eine gute Beziehung zum Klienten aufzubauen. Nach Rogers bleibt gerade auch wohlgemeinte Beratung im traditionellen Sinne deshalb ohne Erfolg, weil dadurch keine befriedigende therapeutische Beziehung konstituiert werden kann.

> Die therapeutische Beziehung ist eine Beziehung, in der warme Zugewandtheit und das Fehlen jedweden Zwangs oder persönlichen Drucks durch den Berater dem Klienten den maximalen Ausdruck von Gefühlen, Einstellungen sowie Problemen ermöglicht. Die Beziehung ist eine wohlstrukturierte Beziehung mit Begrenzungen der Zeit, der Abhängigkeit und der aggressiven Handlung (…). In dieser einmaligen Erfahrung vollständiger emotionaler Freiheit innerhalb eines genau definierten Rahmens hat der Klient die Möglichkeit, seine Impulse und seine Strukturen, die positiven wie die negativen, zu erkennen und zu verstehen wie in keiner anderen Beziehung (ebd., S. 107).

Rogers nennt seine therapeutische Vorgehensweise „nicht direktiv" oder auch schon „klientenzentriert", aber noch nicht „personenzentriert" oder kurz „personzentriert", wie dies in weiteren Werken der Fall sein wird. Während die direktive Beratung und Therapie einengend ist, eröffnen sich bei einem nicht direktiven Vorgehen neue Perspektiven. Die wesentliche Aufgabe des Therapeuten bestehe lediglich darin, den Klienten zu begleiten und ihm zu ermöglichen, seine Gefühle, Einstellungen und Reaktionen zu verstehen. Der Berater oder Therapeut erreiche dieses Ziel, indem er „den Inhalt dessen, was der Klient gesagt hat, wiederholt oder klärt" (ebd., S. 117). Bei den Äußerungen des Klienten oder der Klientin werde dabei vorrangig den emotionalen Äußerungen Aufmerksamkeit geschenkt. Rogers begründet die Priorität des *emotionalen* Inhalts der Äußerungen der Klienten von seinem nicht direktiven Standpunkt aus u.a. wie folgt: „Wenn wir auf den *intellektuellen* Inhalt reagieren, ist der Prozeß (…) eher von der Struktur des Beraters abhängig als von der des Klienten" (ebd., S. 128; Hervorhebung von M.G.).

Demgegenüber interessierte sich Skinner mehr für die *externen* Voraussetzungen und Konsequenzen menschlichen Verhaltens. Skinner (1948/1972) stellte in *„Walden Two"* den Lesern und Leserinnen eine (fiktive) gesellschaftliche Formation vor (ca. 1.000 Personen), in der das Leben ihrer Mitglieder nach den Erkenntnissen der modernen Verhaltenspsychologie ausgerichtet ist. Von den optimalen Erziehungsmethoden bis hin zu den Voraussetzungen zufriedenstellender Arbeit schildert Skinner in der Gestalt von Frazier, des Initiators dieser Gesellschaft, die Voraussetzungen für ein Leben, das seiner Meinung nach „menschenwürdig" ist.

Der Erzähler des in Ich-Form geschriebenen Romans ist der Psychologieprofessor Burris. Kurz vor den Semesterferien besucht ihn ein ehemaliger Studierender, der Rogers genannt wird. Rogers hat in einer Zeitschrift gelesen, dass ein Psychologe namens Frazier in der Nähe eine Gemeinde namens Walden Two gegründet habe, in der nach psychologisch fundierten Gesetzen und Regeln gelebt würde. Burris, der Frazier flüchtig von früher kennt, wird neugierig und schreibt Frazier, der ihn einlädt, mit seinen Bekannten ein paar Tage in Walden Two zu verbringen. Burris reist mit Rogers, dessen Verlobter Barbara, einem Freund von Rogers namens Steve und dessen Partnerin Mary sowie mit dem Philosophieprofessor Castle nach Walden Two. Steve und Mary werden in Walden Two bleiben, während Rogers und Barbara zurückkehren werden, weil sich Barbara ein Leben in Walden Two nicht vorstellen kann.

Frazier nimmt sich für seine Besucher viel Zeit und erläutert ihnen meistens mit großer Überzeugungskraft, oft auch enthusiastisch und stellenweise prätentiös, diverse Aspekte des Zusammenlebens in der Gemeinde, während sich Castle als ein für Frazier unangenehmer Kritiker herausstellt. Den Menschen in dieser neuen Welt gehört alles gemeinsam. Statt Geld erhalten sie Arbeitspunkte, wobei schwere und unattraktive Arbeiten mehr Punkte bringen als leichte und attraktive Arbeiten. Die Gesellschaft ist in Walden Two so eingerichtet worden, dass sich keine mögliche Subgruppe zu einer Klasse, privilegierten Schicht oder sozial besonders gestellten Gruppe verselbstständigen kann, auch nicht zu einer Gruppierung von Kopfarbeitern:

> Eine Kopfarbeiterklasse würde wie ein Krebsgeschwür anschwellen, bis die Belastung für das übrige Gemeinwesen unerträglich wäre. Wir könnten uns zu unseren Lebzeiten noch um die Konsequenzen drücken, aber ein dauerhaftes Gemeinwesen ließe sich bei solchem Zustand nicht aufbauen. Der wirklich intelligente Mensch möchte nicht die Empfindung haben, daß seine Arbeit von jedem anderen verrichtet wird (ebd., S. 57).

Bei der Lösung gesellschaftlicher Probleme werden zwar auch die ökonomischen und kulturellen Bedingungen berücksichtigt, doch stehen die unmittelbaren zwischenmenschlichen Voraussetzungen im Vordergrund. Für Frazier sind „die eigentlichen Probleme (…) psychologischer Art“ (vgl. ebd., S. 76). Dennoch wird bei diesem psychologischen Ansatz der Umwelt und deren Gestaltung große Bedeutung beigemessen. Das kommt beispielsweise bei einer Diskussion zum Ausdruck, in der Frazier behauptet, dass die Möglichkeit bestehe, jegliche musikalische Neigung zu entwickeln, indem die Kinder schon von Geburt an der Musik ausgesetzt werden, sowie mithilfe vortrefflicher Lehrer und verständnisvoller, wohlwollender Zuhörer und Zuhörerinnen, die auf erste Anzeichen musikalischer Leistungen warten. Auf den Einwand von Burris, wie viele Genies er denn aus einer so begrenzten Auswahl von Genen, wie sie ein kleines Gemeinwesen biete, erwarten könne, antwortet Frazier:

> Glauben Sie im Ernst, Genies kämen aus den Genen? Nun, vielleicht. Aber wie weit haben wir es denn bisher gebracht, jeweils das Beste aus unseren Erbmassen zu machen? Das ist die eigentliche Zwickmühle, und auf die können Sie keine Antwort geben, Burris, und das

> wissen Sie auch. Bis zum heutigen Tag hat es darauf keine Antwort gegeben, weil es nie möglich gewesen ist, das Milieu, die Umgebung in der erforderlichen Weise zu beeinflussen (ebd., S. 86).

Für Frazier sind „die richtigen Bedingungen (…) alles, was man braucht“ (vgl. ebd., S. 87). Das heißt für ihn aber auch, dass beständig experimentiert wird:

> Wir erziehen unsere Leute dazu, jede Gewohnheit, jeden Brauch auf Verbesserungsmöglichkeiten hin zu betrachten. Permanente Experimentierfreudigkeit gegenüber allem, das ist es, was wir anstreben. Lösungen von Problemen aller Art sind fast wie durch ein Wunder das Ergebnis (ebd., S. 35).

Dieser starke Optimismus der Behavioristen hinsichtlich Veränderungsmöglichkeiten wurde inzwischen von einer eher pessimistischen Haltung abgelöst. So sind in der Zwischenzeit Autoren und Autorinnen in Erscheinung getreten, die aufgrund ihres biologistischen Ansatzes bezweifeln, dass sich der Mensch überhaupt therapieren, erziehen und beeinflussen lässt (vgl. u.a. auch Degen 2002/2008).

In Walden Two werden die Kinder von den Erwachsenen gemeinsam erzogen, so dass auch Personen, die keine leiblichen Kinder haben, mütterliche respektive väterliche Rollen ausüben können. Wichtigstes pädagogisches Mittel ist die experimentell erforschte positive Verhaltensverstärkung, während Strafe und Strafandrohung im Erziehungs- und Lernprogramm nicht vorgesehen sind. Das programmierte Lernen erscheint als gesellschaftliche Anwendung der Lernprinzipien. Vorgegangen wird nach einem ausgeklügelten System der Verstärkung von Reaktionen in bestimmten Zeitintervallen. Bei einer In kontrollierter Weise unterbrochenen Verstärkungssequenz werden nicht nur erwünschte Verhaltensformen optimal konditioniert, sondern auch für die betreffenden Leistungsbereiche entsprechend ausgeprägte Interessen konstituiert, was insbesondere in motivationspsychologischer Hinsicht relevant ist.

Die Besucher begegneten im Kindersaal von Walden Two Babys verschiedenen Alters. Die Säuglinge schliefen in schalldichten Zellen, so dass sie sich nicht gegenseitig störten. Sie lagen auf Plastikunterlagen, welche die Nässe nicht aufsaugten, so dass sie sich jederzeit problemlos sauberwischen ließen. Sie schliefen ohne lästiges Bettzeug, das sie eingeengt, zu unbequemen Stellungen genötigt oder in ihren spontanen Bewegungen gehindert hätte. Einige schon etwas ältere Kleinkinder waren zur Zeit des Besuches wach und beschäftigten sich mit Spielsachen. Ein anderes Kleines drückte seine Nase am Fensterglas platt und lachte die Besucher an. Die Luft war filtriert, so dass die Kleinen nur einmal pro Woche gebadet werden mussten und die Augen und Näschen nie eine grobe Reinigung erforderten. Die Räume waren so eingerichtet, dass die Kinder vor jeglichen Infektionen bewahrt wurden. Sämtliche Umweltbedingungen waren genau reguliert und kontrolliert; die Luftfeuchtigkeit und die Temperatur wurden insbesondere bei den Neugeborenen exakt auf deren Bedürfnisse abgestimmt und auch bei den schon etwas älteren Kleinkindern optimiert.

Frazier bemerkte gegenüber den Besuchern, dass ein Säugling, der aus dem Kleinkinderzimmer herauskomme, weder Ängste noch Eingeengtsein oder Aufregung kenne.

Er schreie nicht, außer vielleicht wenn er krank sei, was selten vorkomme, und nehme an allem lebhaften Anteil. Castle fragte, ob das Kind unter diesen idealen Voraussetzung auch wirklich auf das Leben vorbereitet werde. „Man kann es doch nicht für immer und ewig vor allen beängstigenden Situationen des Lebens bewahren?" (ebd., S. 91), worauf Frazier antwortete: „Natürlich nicht. Es kann aber auf sie vorbereitet werden. Wir können ihm einen Spielraum für widerborstige Empfindungen schaffen, indem wir gradweise Widerstände einführen, sobald das Kind kräftig genug ist, sich mit ihnen auseinanderzusetzen" (ebd., S. 91). Als Castle darauf bestand, dass die Kinder verzärtelt werden könnten, meinte Frazier:

> Es stimmt bis zu einem gewissen Grade, daß Belästigungen Abhärtung erzeugen, aber meistens ist das Resultat doch, daß das Baby müde und nervös wird. Wir schaffen allmählich Belästigungen, gemäß der Fähigkeit des Babys, mit ihnen fertigzuwerden (ebd., S. 92).

In dieser Diskussion tauchte auch das Problem der Mutterliebe auf; wer denn die Kinder küsse, hätschle usw., eine Frage, die Frazier wie folgt beantwortete:

> Wir verabreichen das alles freigiebig dosiert. Aber wir beschränken es nicht auf die Mütter. Wir kümmern uns ebenso um Vaterliebe, um Liebe von jedermann (…). Unsere Kinder werden von jedermann mit zärtlicher Zuneigung behandelt, mit verständiger Zuneigung vor allem, die nicht aus Temperamentsausbrüchen, Unwissen, Gedankenlosigkeit besteht (ebd., S. 92).

Damit das Zusammenleben der Mitglieder von Walden Two aggressionslos erfolgte, wurden die Kinder schon früh gegen widrige Reize und auch verführerische Anreize immunisiert, um beispielsweise verletzenden Erfahrungen adäquat zu begegnen oder Frustrationen zu verarbeiten respektive Verzicht leisten zu können. Nur auf diese Weise sei es möglich, negative Emotionen wie Wut, Neid oder Eifersucht zu minimalisieren. So wurden Kindern, die das vierte Altersjahr noch nicht erreicht hatten, Lutschstangen gegeben, die mit Puderzucker bestreut waren, so dass man es ihnen ansah, wenn sie die „Schleckstängel" mit der Zunge berührten. Den Kindern wurde gesagt, dass sie die Süßigkeit später genießen dürfen, aber nur wenn sie nicht vorzeitig an den Stängeln lutschen würden. Um ihr Ziel zu erreichen, müssten die Kinder lernen, der Versuchung rechtzeitig zu widerstehen. Frazier räumte ein, dass dies für die Kinder in einem so frühen Stadium noch schwierig sei, doch müsse das gesamte ethische Training bis zum sechste Altersjahr durchgeführt sein, u.a. weil man nur bis zu diesem Alter die soziale Umgebung kontrollieren könne. Er fragte Castle, was er in einer solchen Lage tun würde, worauf dieser meinte, dass er ein Ding, das ihn in Versuchung bringen könnte, so schnell wie möglich außer Sicht schaffen würde, eine Antwort, die vom Fragesteller positiv bekräftigt wurde:

> Genau. Ich sehe, Sie sind gut trainiert. Oder Sie haben das Prinzip selber entdeckt. Wir sehen selbständiges Nachdenken gern. Aber in diesem Fall verfolgen wir ein wichtigeres Ziel und wollen mit Zureden nicht zögern. Vor allem werden die Kinder ja genötigt, während sie auf die Lutschstange starren, ihr eigenes Verhalten zu bedenken. Das hilft ihnen, die Notwendigkeit einer Selbstbeherrschung zu erkennen. Dann wird die Süßigkeit weggelegt und das

> Kind veranlaßt, einen Gewinn an Behagen oder ein Nachlassen der Spannung zu bemerken. Darauf folgt eine Ablenkung etwa in Form eines fesselnden Spiels. Später wird das Kind dann wieder an die Lutschstange erinnert und zum Nachdenken über seine eigene Empfindung angeregt (…). Wird das Experiment nach einem Tag oder später wiederholt, laufen die Kinder unweigerlich mit ihrem Naschwerk an ihre Schubladen und tun genau das, was Mr. Castle tun würde. Ein hinreichender Beweis für das Gelingen unseres Trainings (ebd., S. 99).

Nach Frazier handelt es sich um ein Training zur Selbstkontrolle mittels Veränderung der externen Reizkonstellation bzw. der Umgebung. Demgegenüber legte Castle Wert darauf, seine Reaktion auf die Kenntnisnahme dieser Vorgehensweise verlauten zu lassen: „Ich fühle mich von dieser Ausübung einer sadistischen Tyrannei abgestoßen“ (ebd., S. 99). Hierauf entgegnete Frazier, dass er Castle die Entfaltung einer Emotion, die er zu genießen scheine, nicht verargen wolle, doch solle er ihn nun lieber in seiner Darstellung des Versuchs fortfahren lassen.

> Eine verlockende, aber verbotene Sache zu verstecken, ist ein harter Entschluß. Zunächst ist er nicht immer ratsam. Was wir im Auge haben, ist eine Art psychologischen Versteckens, nämlich das Naschwerk auszuschalten, indem man ihm keine Aufmerksamkeit mehr zuwendet. Bei einem späteren Experiment bewahren die Kinder ihre Lutschstangen ein paar Stunden lang auf als wären es Kruzifixe (ebd., S. 99 f.).

Burris erachtete es als fragwürdig, dass man mit solchen Methoden Neid vorbeugen könne, worauf Frazier folgenden Fall vorstellte: Nach einer längeren Wanderung kommen schon etwas ältere Kinder müde und hungrig zurück und freuen sich auf ein Abendessen. Sie können aber nicht sofort mit dem Essen beginnen, sondern müssen fünf Minuten lang vor der dampfenden Suppenschüssel stehen bleiben.

> Die Zumutung wird wie ein arithmetisches Problem aufgefaßt. Jedes Murren und Klagen wäre eine falsche Reaktion. Nein, die Kinder beginnen sofort, dem Unglücksgefühl während der Verzögerung entgegenzuarbeiten. Eines macht vielleicht einen Witz (…). Vielleicht tut das Kind ganz einfach so, als wollte es sich die Suppe in den Mund gießen. Ein anderes stimmt vielleicht irgendeinen Singsang mit vielen Strophen an. Die anderen fallen ein; sie wissen, daß damit die Zeit rasch verstreicht (ebd., S. 100).

In einem weiteren Stadium des Experiments werde jede gemeinsame Unternehmung untersagt und Stillschweigen verschrieben, so dass jedes Kind auf seine eigenen Hilfsmittel verwiesen sei. Dabei werde jedes Kind sorgfältig beobachtet. Wenn es die nötigen Techniken noch nicht beherrsche, werde ein Schritt zurückgegangen. In einem weiter fortgeschrittenen Stadium des Versuchs werde per Münzwurf die Gruppe in zwei Untergruppen unterteilt: Die Kinder der einen Untergruppe dürfen die Suppe nun essen, während die Kinder der anderen Untergruppe weitere fünf Minuten stehen bleiben müssen. Dabei würden selten Aggressionen gegen die Sieger entstehen; wenn überhaupt, richteten sich die Emotionen gegen die Glücksgöttin. Verbitterung gegenüber *allgemeinen* Sachverhalten, wenngleich ebenso törichte wie persönliche Aggressionen (oder eben Neid), ließen sich so leichter im Zaum halten und seien im sozialen Sinne weniger verwerflich. Indessen stellte sich die Frage, ob diese Vorgehensweise nicht zu Empfindungen der Ungewissheit und der Angst führe, worauf Frazier wie folgt antwortete:

> Möglich. Wir hatten herauszufinden, wie oft unsere Lektionen unbedenklich erteilt werden konnten. Aber unsere gesamten Abstufungen sind experimentell ausgearbeitet. Wir achten auf unerwünschte Abstufungen wie Wissenschaftler auf störende Faktoren bei ihren Versuchen. Alles in allem (…) ist es ein simples und vernünftiges Programm. Wir errichten ein System sich allmählich vermehrender Widrigkeiten und Frustrationen vor dem Hintergrund absoluter Gelassenheit. Eine behagliche Umwelt wird allmählich beschwerlicher gemacht, in dem Maße, wie die Kinder lernen, sich anzupassen (ebd., S. 102).

Später kam es zwischen Frazier und Burris, der sich im Gegensatz zu Rogers und Barbara nach langem Zögern Walden Two anschließen wird, zu einem persönlichen Gespräch, in dem Frazier u.a. auch zu evaluieren versuchte, wie er als Initiator des Projektes in den Augen von Burris dastand:

> Sie halten mich für eingebildet, aggressiv, taktlos, selbstsüchtig. Sie meinen, ich sei total unempfindlich, was meine Wirkung auf andere betrifft, außer – wenn ich diese Wirkung berechne. Sie können in mir nichts von der persönlichen Wärme und natürlichen Stärke entdecken, auf der das Gelingen von (Walden Two) beruht. Meine Motive sind versteckt und hinterlistig, meine Gefühle unecht. Mit einem Wort, Sie glauben, daß von all den Menschen, die Sie in diesen Tagen gesehen haben, ich zumindest einer sei, der kein echtes Glied so einer Gemeinschaft sein kann (ebd., S. 221).

Burris erwiderte auf diese Selbstbeschreibung nichts; ein Stillschweigen, das Frazier als Zustimmung interpretierte. Und sehr emotional fügte er hinzu, dass er eben *kein* Produkt von Walden Two sei. Der Autor des Romans, Skinner, ließ an dieser Textstelle Frazier zwischenmenschliche Grundhaltungen ansprechen, die in der *Humanistischen Psychologie* von zentraler Bedeutung sind: Kongruenz, Empathie und Wertschätzung bzw. persönliche Wärme.

Ende des Jahres 1955 bat Skinner Rogers, einen der bekanntesten Vertreter der Humanistischen Psychologie, an einer Debatte im Rahmen der American Psychological Association teilzunehmen. Die beiden Wissenschaftler waren sich bewusst, dass sie konträre Ansichten vertraten bezüglich der Anwendung wissenschaftlicher Erkenntnisse zum Wohlbefinden der Menschen; sie stimmten indessen miteinander überein, dass das Problem wissenschaftlicher Verantwortung diskutiert und das Interesse hierfür bei einem größeren Publikum geweckt werden sollte.

Im September 1956 fand die Debatte unter Bezugnahme auf *„Walden Two"* sowie auf Huxleys (1932/1953) *„Schöne neue Welt"* und Orwells (1948/1950) *„1984"* vor einem großen und aufmerksamen Publikum statt, erbrachte jedoch in wesentlichen Punkten keine Einigung. „Die meisten Teilnehmer (gingen) zweifellos mit dem Gefühl weg, in den Ansichten bestätigt worden zu sein, die sie bereits hatten" (Rogers 1961/2006, S. 351).

Der Wortlaut der Diskussionsbeiträge wurde am 30.11.1956 in *„Science"* publiziert (Rogers und Skinner 1956, S. 1057–1066): In seinem ersten Beitrag wies Skinner darauf hin, welche Fortschritte die Wissenschaft in den letzten Jahren im Verständnis des zwischenmenschlichen Verhaltens erzielt habe, so dass es jetzt möglich sei, erfolgreicher im Alltag mit anderen Menschen umzugehen, und auch die Bedingungen auffindbar seien, ihr Verhalten vorauszusagen und zu kontrollieren. Wenn ein Individuum sich in einer Gruppe inakzeptabel verhalte, werde es kritisiert und zurückgewiesen, wenn es sich akzeptabel verhalte, erhalte es Anerkennung, Zuneigung, Bewunderung usw. und somit positive Verstärkungen, welche die Wahrscheinlichkeit erhöhten, sich in dieser Art zu verhalten. Dabei handle es sich um eine „Technik", einander zu kontrollieren, die man auch als „ethische" bezeichnen könne, wenn man wolle; indessen werde aber gerade aus ethischen Gründen Widerstand gegen die im Alltag ohnehin gegebene gegenseitige Kontrolle angemeldet, wenn man sie wissenschaftlich zu verfeinern trachte, bestehe man doch darauf, dass Wissenschaft entweder in dieser Weise nicht möglich sei oder nicht möglich werden dürfe. „We hesitate to admit, even in ourselves, that we are engaged in control, and we may refuse to control, even when this would be helpful, for fear of criticism" (ebd., S. 1057).

Skinner wies selbst auf die Probleme hin, die sich ergeben würden, wenn das – seiner Meinung nach obsolete – Konzept der Verantwortung durch jenes der Kontrollierbarkeit ersetzt würde. So müsste etwa bezüglich der Kriminalität das bestehende Konzept aversiver Kontrolle durch ein Konzept abgelöst werden, das sich auf die Umwelt im Sinne von „positive reinforcement" bezieht und somit von der Regierung ein grundsätzliches Umdenken verlange.

> All men control and are controlled. The question of government in the broadest possible sense is not how freedom is to be preserved but what kinds of control are to be used and to what ends. Control must be analysed and considered in its proper proportions. No one, I am sure, wishes to develop new masterslave relationships or bend the will of the people to despotive rulers in new ways. These are patterns of control appropriate to a world without science. They may well be the first to go when the experimental analysis of behavior comes into its own in the design of cultural practices (ebd., S. 1060).

Skinner leugnete nicht die der Kontrolle inhärenten Gefahren. Doch sei Kontrolle schon immer ausgeübt worden (u.a. mittels Religion), und zwar in roherer Form als jetzt durch diese moderne Wissenschaft. Indessen müsse die wissenschaftliche Kontrolle ebenfalls kontrolliert werden. „The new techniques emerging from a science of behavior must be subject to the explicit *countercontrol* which has already been applied to earlier and cruder forms" (ebd., S. 1060; Hervorhebung von M.G.).

Rogers räumte in seiner Replik zunächst ein, dass er und mit ihm wohl viele Psychologen und Psychologinnen zumindest in einigen Punkten mit Skinner übereinstimmen würden; beispielweise dass sich Individuen oder gesellschaftliche Instanzen immer schon bemüht hätten, menschliches Verhalten zu verstehen, vorauszusagen, zu beeinflussen und auch zu kontrollieren, und dass mit der Entwicklung der Verhaltenswissenschaften hierin wohl auch große Fortschritte erzielt worden seien. Allerdings glaube er, dass Skinner das Problem der Macht zwar nicht gänzlich ignoriere, aber unterschätze und Fragen wie den folgenden zu wenig Bedeutung beimesse: „Who will be controlled? Who will exercise control? What type of control will be exercised? Most important of all, toward what end or what purpose, or in the pursuit of what value, will control be exercised?“ (ebd., S. 1060).

Wenn Skinner früher Ziele genannt habe wie glückliches Leben, Wohlverhalten, Informiertheit und Produktivität der Menschen, dann habe er diese Ziele für andere Menschen formuliert und nicht für sich selbst; jedenfalls würde er es nicht so gern sehen, wenn er selbst sich künftig „wohlverhalten“ müsste. Jedes verhaltenswissenschaftliche Experiment gründe in einer Wertsetzung, die offenzulegen sei. Die implizierten Werte könnten nicht durch das jeweilige Experiment selbst untersucht werden.

> Consequently, any discussion of the control of human beings by the behavioral science must first and most deeply concern itself with the subjectively chosen purposes which such an application of science is intended to implement (ebd., S. 1062).

Ähnlich wie Skinner glaubte zwar auch Rogers daran, dass die Verhaltenswissenschaft bald in der Lage sein werde, menschliches Verhalten vorauszusagen und zu kontrollieren, doch vermisste er die Kontrolle der Kontrolleure, auch wenn Skinner in seinem ersten Beitrag zur Debatte das Problem der Kontrolle kurz angesprochen habe (s.o.). Nach Rogers werden die Verhaltenswissenschaften die Kontrollmacht jener Personen oder Gruppen vergrößern, welche über die notwendigen Mittel verfügen, sie auszuüben, und dieselben werden auch die Werte festsetzen und die Ziele bestimmen, während alle anderen zunehmend kontrolliert werden, und zwar möglicherweise so subtil, dass sie nicht einmal merken, dass sie kontrolliert werden. Demgegenüber möchte Rogers die Wissenschaft als *Prozess* verstehen, *in den Menschen als aktive Subjekte involviert sind* und für sich selbst und die Wissenschaft entsprechende Werte auswählen und ihr voraussetzen.

> We might then value: man as a process of becoming, as a process of achieving worth and dignity through the development of his potentialities; the individual human being as a self-actualizing process, moving on to more challenging and enriching experiences; the process by which the individual creatively adapts to an ever-new and changing world; the process by which knowledge transcends itself, as, for example, the theory of relativity transcended Newtonian physics, itself to be transcended in some future day by a new perception (ebd., S. 1063).

In *„On becoming a Person“* wird Rogers (1961/2006) auch die Wissenschaft (nicht nur die Psychotherapie) als Prozess verstehen und versuchen, dieses Ziel anzustreben und wenigstens ein Stück weit im Allgemeinen und hinsichtlich der Therapieforschung im Besonderen zu realisieren (s.u.). Rogers zufolge könnten zwar die Prinzipien der Therapie als effektive Mittel der Beeinflussung und externen Kontrolle des menschlichen Verhaltens verwendet werden; insofern würde keine Differenz zu Skinner bestehen, doch müsse der Therapeut es dem Klienten ermöglichen, dass dieser selbst mehr bestimme, flexibler, expressiver und offener werde. Damit soll ein Prozess in Gang gesetzt, nicht ein vorgängig definiertes Ziel anvisiert werden. Bei dieser Schritt-für-Schritt-Entwicklung, basierend auf kontinuierlichen subjektiven Entscheidungen, sei es unmöglich, vorauszusagen, *wohin* der Prozess führe. „I trust it is also evident that the whole emphasis is on process, not on end-states of being" (Rogers und Skinner 1956, S. 1064).

Skinner konnte sich in seinem zweiten Beitrag, seiner Antwort auf Rogers Replik, in erster Linie mit Rogers Ansicht, dass die Wissenschaftspraxis von den Wissenschaftlern eine vorhergehende Entscheidung bezüglich Wertsetzung und Ziel der Forschung erfordere, nicht einverstanden erklären. Rogers sehe die Lösung des Wertproblems in subjektiven Entscheidungen, was jedoch bedeuten würde, strengere wissenschaftliche Kriterien aufzugeben, um über eigenes Verhalten zu diskutieren. Doch bei einer experimentellen Analyse des Verhaltens würden andere Termini verwendet, welche die Wertfrage im Sinne Rogers' erübrigen würden.

> Any list of values is a list of reinforcers – conditioned or otherwise. We are so constituted that under certain circumstances food, water, sexual contact and so on will make any behavior which produces them more likely to occur again. Other things may acquire this power. We do not need to say that an organism chooses to eat rather than to starve. If you answer that is a very different thing when a man chooses to starve. I am only too happy to agree. If it were not so, we should have cleared up the question of choice long ago. An organism can be reinforced by – can be made to "choose" – almost any given state of affairs (ebd., S. 1064).

Rogers konzentriere sich auf Entscheidungssituationen mit konfliktiven Konsequenzen wie beispielsweise kurzfristiges Wohlbefinden und längerfristiges Leiden, die man zwar wie bisher ethisch, jetzt aber endlich auch wissenschaftlich behandeln könne. Kombinationen von positiven und negativen Konsequenzen sowie ihre Nebenbedingungen könnten problemlos im Labor untersucht werden.

> Even a pigeon can be taught some measures of self-control! And this work helps us to understand the operation of certain formulas – among them value judgements – which folk-wisdom, religion, and psychotherapy have advanced in the interests of self-discipline. The observable effect of any statement of value is to alter the relative effectiveness of reinforcers (ebd., S. 1064).

Hier spielt der Autor auf seine Versuche mit Tauben in der später sogenannten Skinner-Box an, das vielleicht bis heute bekannteste experimentelle Setting innerhalb der Psychologie (Abb. 5.1). Bei diesen „Taubenversuchen" veranlasste Skinner seine Versuchstiere, diverse Verhaltensweisen zu lernen (u.a. Tischtennisspielen). Dabei wird wie folgt vorgegangen: Verhaltensweisen der Versuchstiere, die in der Richtung eines vom Versuchsleiter ausgewählten Zieles liegen, werden positiv verstärkt. Dabei werden zunächst noch recht grobe Verhaltensweisen ausgewählt, die nur generell in die gewünschte Richtung weisen. Doch diese Verhaltensweisen können mittels gezielter Verstärkung immer mehr verfeinert und zu einer spezifischen, exakten Abfolge vorausbestimmter Verhaltensweisen werden führen (vgl. u.a. Schönpflug 2000/2004).

Nach Skinner verhalten sich Personen so, dass sie ethischen, religiösen und staatlichen Verhaltensmustern entsprechen, werden sie doch dadurch bekräftigt. Das resultierende Verhalten habe weitreichende Konsequenzen, was das Überleben anbelange, welches – ob

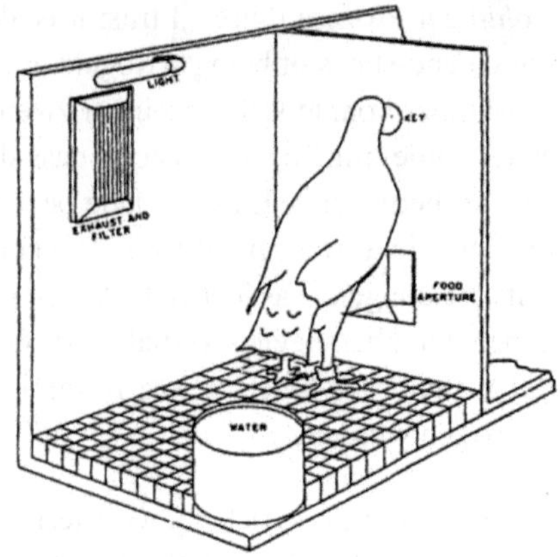

Abb. 5.1 Skinner-Box (vgl. u.a. Schönpflug 2000/2004, S. 341)

man wolle oder nicht – das ultimative Kriterium sei. „This is where, it seems to me, science can help – not in choosing a goal, but in enabling us to predict the survival value of cultural practices" (ebd., S. 1065).

Rogers' therapeutische Situation sei nur ein kleiner Teil der Welt des Klienten. Vom Standpunkt des Therapeuten sei es sicherlich möglich, die Kontrolle aufzugeben; indes erfolge dieselbe nicht durch das „Selbst" des Klienten (diesem zentralen Begriff bei Rogers), sondern durch Kräfte in der alltäglichen Umgebung desselben. Die Lösung des Machtproblems sei nicht eigentlich Aufgabe des Wissenschaftlers, der in erster Linie sämtliche Einwirkungen auf das Individuum zu berücksichtigen habe.

Rogers war mit dem Ergebnis der Debatte nicht zufrieden. Obwohl sich die Kontrahenten bemüht hätten, Streit um des Streits willen zu vermeiden, sei die Tonart nichtsdestotrotz die des Entweder-oders geblieben, weshalb er sich weiterhin mit der Problematik der Verhaltenswissenschaft beschäftigte und seine Gedanken hierzu auch niederschrieb, zunächst ohne an eine bestimmte Verwendung seiner Arbeiten zu denken. Diese Gedanken nahm er dann in *„Die Entwicklung der Persönlichkeit"* auf, wo sie im letzten Teil des Buches, in den Kapiteln 20 (*„Die wachsende Macht der Sozialwissenschaften"*) und 21 (*„Der Einzelne in der Neuen Welt der Verhaltenswissenschaften"*) erschienen (Rogers 1961/2006, S. 351–389). Die Argumente, die Rogers schon in der Diskussion vorgebracht hatte, wurden von ihm wiederholt, näher ausgeführt, mit zahlreichen Beispielen konkretisiert und teilweise weitergeführt.

Rogers weist in diesem Buch u.a. darauf hin, dass die Verhaltenswissenschaft sich zwar noch in einem *Anfangsstadium* befinde; ihrem Ziel, eine „Wenn-dann-Wissenschaft" zu werden, sei sie aber jetzt schon relativ „nahegekommen" (vgl. ebd., S. 352). Als Beispiel führt er die von Skinner in der Debatte schon angesprochenen „Taubenversuche" an (s.o.). Diese Modellierung erfolge auch in Experimenten mit Versuchspersonen, nur seien sie etwas weniger klar umrissen. Mittels der operanten Konditionierung (wie z.B. durch zustimmendes Kopfnicken) könne man sicherlich Versuchspersonen dazu bringen, mehr Aussagen über die persönliche Meinung zu machen, ohne dass sie sich dessen bewusst würden. Einem Therapeuten könnte dieses Ergebnis seines Verhaltens ebenfalls unbewusst bleiben, wenn er die Möglichkeit der operanten Konditionierung nicht zur Kenntnis nehme, sich nicht auf sie einstelle und sie nicht selbst nutzbringend therapeutisch verwende. Entsprechende Möglichkeiten, Verhalten vorauszusagen und zu kontrollieren, würden noch weiter reichen und wiesen darauf hin, was alles auf die Menschen noch zukommen könne.

> Trotz der ganzen Unfertigkeit dieser jungen Wissenschaft und ihrer erheblichen Wissenslücken eröffnet schon der jetzige Wissensstand erstaunliche Möglichkeiten. Nehmen wir an, daß irgendeine Person oder Gruppe sowohl das Wissen wie auch die Macht besäße, jenes Wissen zu irgendeinem Zweck zu benutzen. Man könnte Individuen auswählen, die Führer wären, und andere, die folgten. Menschen könnten entwickelt, bereichert und gefördert, oder aber geschwächt und desintegriert werden. Man könnte Unruhestifter entdecken und behandeln, ehe sie zu solchen würden (ebd., S. 367).

Unter Verhaltenswissenschaftlern scheine es selbstverständlich zu sein, dass die Ergebnisse ihrer Wissenschaft zur Voraussage und Kontrolle menschlichen Verhaltens eingesetzt würden. Über die Implikationen und Konsequenzen ihrer Vorgehensweise würden sie sicherlich wenig nachdenken – vielleicht mit Ausnahme von Skinner, der zwar die Macht zur Kontrolle vor allem unter dem Vorzeichen der guten Absicht in Aussicht stelle, sich aber der Gefahr des Missbrauchs der Verhaltenswissenschaft und der mit ihr gegebenen Manipulationsmöglichkeiten durchaus bewusst sei (vgl. u.a. auch Skinner 1948/1972).

Sobald die Methoden zur Erreichung bestimmter Ziele entdeckt seien, könne sich eine Gruppe von Personen die Macht verschaffen, um die Bedingungen herzustellen, die notwendig seien, um diese Ziele zu realisieren. Orwell (1948/1950) habe die Ergebnisse einer im negativen Sinne angewandten Macht dargestellt, die eine diktatorische Regierung ausüben könne, um den Grad an Kontrolle zu erhöhen. „Wenn die Verhaltenswissenschaftler sich allein dafür interessieren, ihre Wissenschaft voranzubringen, dann werden sie höchstwahrscheinlich den Zwecken jedweder machthabenden Person oder Gruppe dienen" (ebd., S. 375).

Skinner habe selbst darauf hingewiesen, dass die These, der Mensch sei *nicht* frei, wesentlich sei für die Anwendung der wissenschaftlichen Methode auf die Untersuchung menschlichen Verhaltens. Die Schwierigkeit liege darin, dass eine Verhaltenswissenschaft, welche die Ursachen des Verhaltens außerhalb des Einzelnen verorte, strukturell im Gegensatz zur traditionellen demokratischen Vorstellung vom Menschen stehe.

> Jede Entdeckung eines Geschehens, das mit dazu beiträgt, menschliches Verhalten zu formen, verringert anscheinend den Anteil, den man dem Menschen selbst zuschreiben könnte, in eben diesem Umfang. Je umfassender solche Erklärungen werden, desto mehr nähert sich die Summe der Beiträge, die der Einzelne selber geleistet haben könnte, dem Nullpunkt. Die gepriesenen kreativen Mächte des Menschen, seine originellen Leistungen (...), seine Fähigkeit zu wählen und unser Recht, ihn für die Folgen seiner Entscheidung verantwortlich zu machen – keines dieser Elemente ist in diesem neuen Selbstbild zu sehen (ebd., S. 377).

Nach Rogers beinhalten einige Entwicklungen innerhalb der Verhaltenswissenschaften das Potenzial, das menschliche Wesen, so wie er es in der Therapie kennengelernt habe, zu zerstören. Er glaube, dass er bis an die Grenze seiner Fähigkeiten seinen Teil zur Förderung der Verhaltenswissenschaften beigetragen habe, doch befürchte er die Verwissenschaftlichung der Welt im Sinne von Skinner und wie sie wohl auch viele andere Wissenschaftler für die Zukunft weniger offen erhofften oder stillschweigend in Kauf nähmen.

> Sollte (…) das Ergebnis meiner und anderer Bemühungen so aussehen, daß der Mensch ein Roboter wird, der von einer Wissenschaft geschaffen und kontrolliert wird, die er selber ins Leben gerufen hat, dann werde ich in der Tat höchst unglücklich sein. Wenn das zukünftige gute Leben darin besteht, Individuen durch die Kontrolle ihrer Umwelt und Belohnungen, die sie bekommen, dahingehend zu konditionieren, daß sie unerbittlich produktiv, gut erzogen, glücklich, oder was auch sonst sind, dann will ich davon nichts. Mir scheint dies eine Pseudoform des guten Lebens zu sein, die alles beinhaltet außer dem, was es erst zu einem guten Leben macht (ebd., S. 378).

Ist eine Wissenschaft, die das Gegenteil von Kontrolle, nämlich Öffnung und Eröffnung neuer Wege anstrebt, ein Widerspruch in sich? Da Rogers' Wissenschaftsverständnis sich in methodologischer Hinsicht ursprünglich kaum von jenem Skinners unterschied und er auch nicht – was bei seinem Therapieverständnis naheliegend wäre – in wissenschaftstheoretischer Hinsicht beim verstehenden Ansatz Diltheys (1894/1990) Zuflucht suchte (Kap. 4.2), kann er nur repetieren, was er schon in der Debatte mit Skinner vorgebracht hatte, nämlich dass es sich um eine schrittweise Entwicklung handle, die auf wiederkehrenden *subjektiven* Entscheidungen basiere. So orientierte sich Rogers ähnlich wie Skinner vornehmlich an Wenn-dann-Bezügen. Die Wissenschaften könnten zwar in der vorliegenden Form die Menschen entpersonalisieren; sie könnten aber auch deren Personalisierung fördern. Die Wissenschaftler müssten sich bei der Verwendung von Wissenschaft nur ihres Entscheidungsspektrums bewusst werden:

> Wir können unser wissenschaftliches Wissen so anwenden, daß die Menschen notwendigerweise glücklich, verhaltensstabil und produktiv werden (…). Wir können, wenn wir so wollen, uns dafür entscheiden, die Menschen unterwürfig, konform, gefügig zu machen. Am anderen Ende des Entscheidungsspektrums steht die Wahlmöglichkeit, die Verhaltenswissenschaften so anzuwenden, daß sie befreien, nicht kontrollieren; daß sie zur konstruktiven Variabilität, nicht zur Konformität führen; daß sie Kreativität, nicht Selbstzufriedenheit entwickeln; daß jeder Mensch in seinem selbstbestimmten Prozeß des Werdens gefördert wird; daß sie Einzelnen, Gruppen und sogar dem Verständnis von Wissenschaft helfen, anpassungsfreudig in der Auseinandersetzung mit dem Leben und seinen Problemen über sich selbst hinauszugehen (ebd., S. 388).

Dieses Votum mutet fast so wie das eines Kernphysikers in den 60er-Jahren des 20. Jahrhunderts an, der jeden seiner zahlreichen Vorträge, die er u.a. auch vor Laienpublikum hielt, mit den Worten begann: „Meine Damen und Herren: Die Menschen können die Erkenntnisse der Atomphysik zu ihrem Guten oder zu ihrem Schlechten anwenden. Die Kernenergie ist neutral, es kommt drauf an, was die Menschen daraus machen; ob sie diese

Energie für fruchtbare, friedliche oder für furchtbare, kriegerische Zwecke verwenden." Im Unterschied zu Rogers hat der ebenfalls personzentriert arbeitende Eugene T. Gendlin, der Dilthey studiert hatte, der „atomistischen Wissenschaft", in welcher der Forschungsgegenstand ein „Dritte-Person-Objekt" ist, das von außen betrachtet wird wie etwas, das sich dem Forscher „gegenüber" befindet, eine „First-Person-Science" in Aussicht gestellt:

> Wenn diese Beobachter sich selbst studieren wollten, würden sie dafür andere Beobachter anheuern. Wir wollen eine Wissenschaft daneben stellen, mit deren Hilfe Menschen sich selbst erforschen (Gendlin nach Wiltschko 2008, S. 184).

Gendlin geht es nicht um wissenschaftliche Aktivitäten, mit denen versucht wird, etwas „dingfest" zu machen (z.B. den Erfolg einer therapeutischen Vorgehensweise), sondern es geht ihm um die Auflockerung des Durchgängigen und scheinbar Sicheren, um die Auflösung von Verdinglichungen. So versucht er nicht, Tatsachen und Effekte festzuhalten, sondern er sucht primär nach dem, was je besonders bzw. persönlich ist. Es handelt sich um Phänomene, die „von selbst kommen" – ohne externe Eingriffe, Manipulationen und Kontrollen von außen.

In Skinners (1971/1973) *„Jenseits von Freiheit und Würde"* tauchte der Name Rogers zwar nochmals unter den Danksagungen auf, doch ansonsten erwähnte Skinner Rogers nicht mehr. Am Rande bezog er sich jedoch auf den humanistischen Psychologen Maslow (1964), der die Meinung vertrat, dass durch die moderne Verhaltenswissenschaft das Sein der Menschen angegriffen werde. Skinner zufolge ging es allerdings angesichts der zahlreichen sozialen, wirtschaftlichen und gesellschaftlichen Probleme nicht primär darum, den einzelnen Menschen, dessen Persönlichkeit, zu verändern – zu verändern seien vielmehr die Kontingenzen von Gegebenheiten in der Umwelt der Menschen; das gemeinsame Auftreten von Umweltmerkmalen oder von Sachverhalten, die das Verhalten einer Person bedingen würden. Es handelt sich bei den Kontingenzen um externe „Zusammenhänge", die als solche überzufällig, aber nicht notwendig sind. Die Untersuchung des menschlichen Verhaltens lässt sich nach Meinung des Autors mit der inzwischen entwickelten Technologie des Verhaltens umsetzen, bei deren Planung (im Kleinen wie im Großen) die Ergebnisse behavioristischer Forschung angewandt werden. Dabei könne es keineswegs darum gehen, Personen von Kontrollen zu befreien: „Viele soziale Gewohnheiten, die für das Wohl der Spezies wesentlich sind, implizieren die Kontrolle einer Person durch eine andere, und niemand kann sie unterdrücken, dem menschliche Leistungen irgend etwas bedeuten" (Skinner 1971/1973, S. 48).

Skinners Probanden waren nach dem Dafürhalten Rogers' objektiviert und von außen gesteuert. Wenn Probanden keine Einsicht in den Prozess erlangen, kann Manipulation angenommen werden, insbesondere wenn die Steuerung nicht im Interesse der Versuchsperson erfolgt; aber auch wenn dies nicht der Fall sein sollte, wird doch in beiden Fällen versucht, die *Subjektivität* auszuschalten, mithin das unmittelbare Eigeninteresse der Versuchsperson zu überspielen.

Rogers versuchte mit seinem therapeutischen Ansatz, der Subjektivität wieder einen Spielraum zu eröffnen. Dabei orientierte er sich inhaltlich sowie methodisch an der Sprache. Die Verbalisierung des emotionale Geschehen insbesondere zwischen Therapeut und Klient betrachtete er als vorrangig. Rogers wollte über die Beziehung der Gesprächspartner und Gesprächspartnerinnen mehr herausfinden, als zu seiner Zeit bekannt war. Zu diesem Zweck machte er Tonbandaufnahmen des therapeutischen Ablaufs und erstellte Protokolle dieser Aufnahmen (vgl. u.a. Rogers 1946). Rogers war der Pionier der empirischen Therapieforschung in den frühen 1960er-Jahren. Bereits 1942 in *„Counseling and Psychotherapy"* beschrieb er den Verlauf einer Therapie. „Alle Interviews wurden mit einem für heutige Zeiten unvorstellbaren technischen Aufwand auf Tonband protokolliert und schließlich in allen Einzelheiten transkribiert" (Korunka et al. 2001, S. 69).

Die Protokolle waren die Grundlage, um eine Therapie im Nachhinein in aller Ruhe sorgfältig qualitativ und/oder quantitativ zu analysieren. Die Transkriptionen ermöglichten es Rogers, eine Therapie global zu betrachten und zugleich mikroskopisch genau in ihrem Ablauf zu beschreiben. Die Ergebnisse aus der Untersuchung vorwiegend verbaler, vereinzelt auch schon präverbaler und paralingualer Vorkommnisse während der Therapie verstand er als vorläufige Hypothesen, die durch weitere Untersuchungen von Psychotherapien zu überprüfen seien. Nur so könnten auch eigene unzureichende Vorstellungen korrigiert und das therapeutische Vorgehen langfristig verbessert werden.

Von den Nachfolgern Rogers' wurde die Evaluation von Gesprächspsychotherapien lange Zeit vernachlässigt, was dazu beigetragen haben mag, dass das Ansehen der personzentrierten Gesprächspsychotherapie zwischen 1970 und 1990 zurückging (vgl. Elliott 2007). In den letzten Jahren scheint jedoch die Gesprächspsychotherapie ihr Evaluationsdefizit gegenüber der Verhaltenstherapie, die nicht zuletzt mit dem Namen Skinner assoziiert ist, wieder verringert zu haben: Inzwischen existieren verschiedene Zusammenstellungen zu den modernen, auf die Gesprächspsychotherapie bezogenen Verfahren der Evaluation und Qualitätssicherung (u.a. Eckert 2006) sowie zum Stand der quantitativen und qualitativen personzentrierten Wirksamkeitsforschung im Rahmen der personzentrierten Gesprächspsychotherapie (u.a. Elliott 2007).

Nach der modernen Therapieforschung scheint Psychotherapie wirksam zu sein, wenn die schon von Rogers und seinen Nachfolgern hervorgehobenen Haltungen, Vorgehensweisen und Voraussetzungen realisiert werden. Entscheidend für den Therapieerfolg seien Echtheit, Empathie, Respekt, Wertschätzung, Glaubwürdigkeit und Engagement seitens des Psychotherapeuten sowie die Relevanz des Beitrages des Klienten. Demnach ist ein Therapeut erfolgreich, wenn er sich ähnlich verhält wie ein guter Freund, dem man sich mit einem schwerwiegenden Problem anvertraut. Professionelle Therapeuten oder Therapeutinnen und Laien erzielen vergleichbare Ergebnisse. Zu diesem Befund gelangt jedenfalls eine Reihe von Studien und Metaanalysen (vgl. u.a. Hattie 1984).

Yalom (1980/2010) glaubte indessen nicht, dass die „wahre Erfahrung" der Patienten mit „angemessenen" Verfahren beschrieben werden kann. Je mehr *Methoden* zur Messung der Ergebnisse verwendet würden, desto weniger könne man sich auf dieselben verlassen. Natürlich seien die statistischen Möglichkeiten nicht zu verkennen, um zumindest einen Teil der Probleme, die sich der Therapieforschung stellen, zu „handhaben". Doch um die Reliabilität zu erhöhen, stelle man sich weniger Fragen und müsse sich auf einseitige Datenquellen beschränken. Die „weichen" oder subjektiven Kriterien würden gemieden und nur noch objektive Zugänge gesucht (u.a. Zahl der Unterbrechungen der Gesprächspartner pro Zeiteinheit, Verlauf galvanischer Hautreaktionen).

> Aber wehe dem Forscher, der versucht, die bedeutenden Faktoren zu messen wie (…) die Sorge für jemand anderen (…), Großzügigkeit, Überschwang, Autonomie, Spontaneität, Humor (…). Immer wieder trifft man auf dieselbe Grundtatsache des Lebens bei psychotherapeutischer Forschung: Die Genauigkeit des Ergebnisses ist direkt proportional zur Trivialität der Variablen, die man erforscht hat (ebd., S. 39).

Bis heute gibt es keine Evaluationsstudien, die den kritisch-rationalen Wissenschaftskriterien genügen, was auch für die oben genannten Studien gilt (so bestehen zwischen verschiedenen Laiengruppen erhebliche Unterschiede im Gesprächsverhalten). Vergleiche zwischen professionellem und nicht professionellem Gesprächsverhalten, die in der herkömmlichen Therapieforschung nicht systematisch berücksichtigt werden, sind jedoch nicht der einzige Grund, weshalb dieselbe in ihren Befunden durchaus fragwürdig ist. Die Untersuchungen entsprechen nicht den in der Medizin beim Testen der Wirksamkeit von Medikamenten üblichen Standards. Die bisherige Therapieforschung wäre indes auch infrage zu stellen, wenn sie „doppelblind" vorgehen könnte und dies nicht schon aus ethischen sowie aus sachlogischen Gründen bei einem intersubjektiven Prozess außer Frage stünde. Bei den meisten Evaluationsstudien wird die Güte des Messinstruments (Reliabilität, interne und externe Validität usw.) nicht besonders thematisiert oder nur am Rande auf sie hingewiesen. Meistens wird so getan, als hätte das Instrument keine Rückwirkung auf den therapeutischen Prozess. Auf die Frage der Repräsentativität wird nur in Ausnahmefällen eingegangen, das Operationalisierungsproblem meistens ignoriert, die Einschätzung der Bezugspersonen selten berücksichtigt, die Abbruchquote kaum je einbezogen, die Langzeitwirkung fast nie abgeklärt usw.

Eine Behauptung wie beispielsweise jene heute weit verbreitete, dass die Verhaltenstherapie erfolgreicher sei als die Gesprächspsychotherapie, die Gestalttherapie oder die Psychoanalyse entbehrt schon deshalb jeder wissenschaftlichen Grundlage, weil für eine solche Beurteilung die methodologischen Voraussetzungen fehlen. Es kann diesbezüglich kein wissenschaftlich seriöses Urteil abgegeben werden. So lassen sich die genannten Therapiearten schon deshalb nicht wissenschaftlich korrekt vergleichen, weil sie ganz unterschiedliche Personen anziehen – sowohl aufseiten der Therapeuten und Therapeutinnen als auch aufseiten der Klienten und Klientinnen. Psychologische Vergleichsstudien, in welchem Gebiet auch immer, sind auch deshalb problematisch, da kaum sichergestellt werden kann, dass die verschiedenen Verfahren gleich gut umgesetzt werden (vgl. u.a. auch Renkl 2015).

5.6 Die psycholinguistische Empirismus-Rationalismus-Kontroverse

Für die Vertreter des *Empirismus*, Nachfolger von David Hume, ist die Sinneserfahrung die wichtigste oder konsequenterweise sogar einzige Quelle der Erkenntnis, während dem Verstand nur eine Ordnungs- und Generalisierungsfunktion zukommt. Demgegenüber basiert für die Vertreter des auf René Descartes zurückweisenden *Rationalismus* die Erkenntnis primär auf dem Verstand und der Vernunft.

Skinner (1957) beschreibt in seinem Werk „*Verbal Behavior*" verbales Verhalten als durch die Vermittlung beteiligter Personen bekräftigtes Verhalten. Ein Sprecher stimuliere mit seinem Verhalten einen Hörer, und dieser bekräftige mit seinem (Zu-)Hören wiederum den Sprecher. Bei verbalen Verhaltensweisen, die dem Hörer (bzw. Empfänger einer Nachricht oder anderer Äußerungen) „zusagten", erfolge die Bekräftigung verbal (Äußerungen wie gut, ja, genau), paralingual (mhm, ah, oh) oder nonverbal (z.B. mit dem Kopf nicken). Aussagen, die dem Empfänger missfielen, erteile derselbe eine „Absage" (z.B. Nein-Sagen, Kopfschütteln, Stirnrunzeln) oder er wende sich vom Sprecher ab.

Nach Skinner eignet sich das Kind sprachliches Verhalten an, indem relativ unstrukturierte Verbalisierungen, die selektiv verstärkt würden, nach und nach Formen annähmen, die in einer bestimmten Sprachgemeinschaft entsprechende (positive) Konsequenzen hätten. Skinner nimmt demnach keinen bestimmten Stimulus an, der als solcher bewirkt, dass das Kind einen bestimmten Laut äußert oder etwas sagt. Vielmehr ‚warteten' die Eltern oder andere Bezugspersonen darauf, bis eine Äußerung schon in eine bestimmte Richtung gehend gedeutet werden könne, um sie alsdann zu verstärken:

> In teaching the young child to talk, the formal specifications upon which reinforcement is contingent are at first greatly relaxed. Any response which vaguely resembles the standard behavior of the community is reinforced. When these begin to appear frequently, a closer approximation is insisted upon. In this manner very complex verbal forms may be reached (ebd., S. 29 f.).

Die Bezugspersonen eines Kindes verstärkten zunächst jedes Verhalten, das der Standardsprache nahekomme, und zwar in sukzessiver Annäherung, was schließlich auch die Entstehung komplexer Sprachgebilde ermögliche. Körperinterne, „private Stimuli" seien nicht direkt ansprechbar, sondern höchstens über – sprachliche wie nicht sprachliche – öffentliche Anreize, wobei diesem Ansatz die Annahme zugrunde liege, dass Reaktionen auf dieselben denen auf private ähnlich seien und so über Analogiebildung auf Letztere geschlossen werden könne. Nach Skinner haben Äußerungen oft einen aufschlussreichen metaphorischen Charakter. Wenn also die sogenannten inneren Zustände zuweilen als erregt, deprimiert oder überschäumend beschrieben würden, hätten zuvor bestimmte räumliche, zeitliche und gradmäßige Analogien und Übertragungen stattgefunden.

Skinner behandelte in seinem sprachpsychologischen Werk diverse weitere Aspekte des verbalen Verhaltens, u.a. auch die sogenannten Autoclitics. Darunter versteht er Responses, welche die Rezeption eines primären Operanten oder eines Umstandes desselben modifizieren. „An autoclitic affects the listener by indicating either a property of the speaker's behavior or the circumstances responsible for that property" (ebd., S. 329). Beispielsweise modifiziere in „All swans are white" die Einheit „all" die Aussage „swans are white" (also nicht nur das Wort „swan") und damit auch die Reaktion des Hörers. Die beiden Aussagen würden je nach Sprechsituation extensional differieren, wobei die Prädikation nicht wesentlich sei. So wäre etwa bei der zweiten Äußerung denkbar, dass auf einem Spaziergang an einem Seeufer entlang ein Sprecher, der nicht daran glaubt, dass auch schwarze Schwäne existieren, seine Kollegen in der Weise („all") auf eine Gruppe weißer Schwäne aufmerksam macht.

Nach Skinner beschreiben, qualifizieren oder kommentieren Autoclitics verbale Verhaltensweisen und klären, erläutern oder ändern so deren Effekte auf den Hörer. An sich würden sie zwar als bedeutungslos erscheinen (z.B. „the" oder „some"), doch seien sie für die Sprache von großer Bedeutung, nicht zuletzt für deren Grammatik und Syntax. Skinner verweist auf einzelne Wörter (wie z.B. „shall", „of", „but") sowie auf Morpheme (wie z.B. das Endmorphem „s" in „runs" in Ergänzung des Hauptmorphems „run").

Autoclitics dienten der Wortbeugung, der Gruppierung und Anordnung der Wörter sowie der Manipulation des verbalen Verhaltens. Die Funktion der Autoclitics sei zwar nicht immer offensichtlich oder es könnten manchmal durch sie nur minimale Bezüge angedeutet werden, die aber dennoch relevant seien (z.B. was den Takt in den zwischenmenschlichen Beziehungen anbelangt), indessen hätten sie nie eine selbstständige Bedeutung. Priorität käme immer dem verbalen Verhalten insgesamt zu. „Responses cannot be grouped or ordered until they have occurred or at least are about to occur; and the process of putting them in order has the effect upon the listener of an autoclitic" (ebd., S. 332).

In seiner Autobiografie wies Skinner (1984) darauf hin, dass *„Verbal Behavior"* zunächst wohlwollende Rezensionen erhielt. Doch dann sei ihm ein 55-seitiges Manuskript von einem jungen Linguisten zugestellt worden, dessen Namen er bis dahin noch nie gehört habe. „The first pages were not reassuring. An early footnote reported a ‚prevailing note of skepticism with regard to the scope' of the experimental analysis of behavior. (I could not take that seriously when work in the field was rapidly expanding, a new journal had just been founded, and many practical applications were beginning to be made.)" (ebd., S. 153).

Wenig später (1959) wurde eine 32-seitige Version dieser Kritik in der Fachzeitschrift *„Language"* publiziert. „When I saw that it was the same review, I put it aside again" (ebd., S. 153). Doch diese Kritik erfuhr bald noch mehr Aufmerksamkeit als *„Verbal Behavior"*. Der Name des Kritikers war Noam Chomsky.

Chomsky (1959) kritisierte den Behaviorismus von Skinner (1957), indem er in Abrede stellte, dass der Spracherwerb aufgrund der operanten Konditionierung erfolge. Er gestand Skinner (1938) zwar zu, dass er die Begriffe „Reiz", „Reaktion" und „Verstärkung" in *„Behavior of Organisms"* (Kap. 5.5) in Bezug auf dessen Experimente mit Tauben und Ratten noch relativ gut definiert habe, indes gelte es schon bei Versuchstieren, zwischen einer engeren und einer breiteren Definition von Response zu unterscheiden, und insbesondere bei deren Übertragung auf das reale Verhalten des Menschen in Alltagssituationen sehe sich der Wissenschaftler mit erheblichen Problemen konfrontiert.

Schon bei Versuchstieren müsse man sich zunächst entscheiden, ob *jeder* Teil des Verhaltens als Response zu bezeichnen sei oder nur ein ganz genau bestimmter, der mit einem physikalischen Stimulus (respektive Anreiz) in einem gesetzmäßigen Zusammenhang stehe. Skinner verwende beide Definitionen, indes nicht in konsistenter Art und Weise. „This creates the illusion of a rigorous scientific theory with a very broad scope, although in fact the terms used in the description of real-life and of laboratory behavior may be mere homonyms, with at most a vague similarity of meaning“ (ebd., S. 552).

Der experimentelle Psychologe stehe vor folgendem Dilemma: Wenn er die breite Definition akzeptiere, charakterisiere er jedes physikalische Ereignis, das sich auf den Organismus auswirke, als Reiz bzw. Anreiz (reinforcing stimulus) und jeden Teil des Verhaltens des Organismus als Response, so dass das Verhalten nicht mehr als „gesetzmäßiges“ demonstriert werden könne; bei der engeren Definition sei das Verhalten zwar im Prinzip als gesetzmäßiges bestimmbar, doch mit limitierter Signifikanz, da das Vorgehen der Versuchstiere meistens nicht als Verhalten betrachtet werde. Der Psychologe müsse also akzeptieren, dass das Verhalten nicht gesetzmäßig sei oder sich auf Tierexperimente beschränken lasse, in denen das Verhalten gegebenenfalls als gesetzmäßiges nachweisbar sei.

Nach Skinner sei die Einheit des verbalen Verhaltens, der verbale Operant, definiert als Klasse von Responses, eine Funktion einer oder mehrerer beteiligter Variablen. In seinen Tierversuchen sei zwar der Operant durch die Berücksichtigung der experimentellen Prozedur noch relativ leicht zu bestimmen, doch hinsichtlich des *menschlichen* Verhaltens werde diese Bestimmung ungenau. „No method is suggested for determining in a particular instance what are the controlling variables, how many such units have occurred, or where their boundaries are in the total response“ (ebd., S. 554). Demnach sieht der Autor der Kritik keine Möglichkeit, von experimentellen Befunden, die sich auf nonverbales Verhalten im infrahumanen Bereich beziehen, auf verbales Verhalten im Humanbereich zu schließen. „It is (…) completely meaningless to speak of extrapolating this concept of operant to ordinary verbal behavior. Such ‚extrapolation‘ leaves us with no way of justifying one or another decision about the units in the ‚verbal repertoire‘“ (ebd., S. 554 f.).

Ein Beispiel: Wenn eine Person angesichts eines Gemäldes mit „Dutch“ reagiere, erfolge dies unter den jeweils subtilen Gegebenheiten des physikalischen Objekts. Unter minimal anderen Voraussetzungen des Ereignisses hätte sie auch mit „Never saw it before“, mit „I thought you liked abstract work“ oder einem anderen Gedanken antworten können, der gerade in ihrem Bewusstsein aufgetaucht wäre (vgl. ebd., S. 552). Skinner könne dazu nur feststellen, dass jede dieser Antworten unter der Kontrolle jeweils anderer Reize stünde. Wenn jemand einen roten Stuhl betrachte und „rot“ sage, stehe er demnach unter der Kontrolle der roten Farbe; wenn er „Stuhl“ sage, unter der Kontrolle des Stuhls als Gegenstand.

> The only consequence of adopting the new term *stimulus control* is that the important differences between reference and meaning are obscured. It provides no new objectivity. The stimulus controlling the response is determined by the response itself; there is no independent and objective method of identification (ebd., S. 570; Hervorhebung von Chomsky).

Nach Chomskys Verständnis wird Skinners „reinforcing stimulus“ definiert durch seinen Einfluss, eine Veränderung (der Stärke) des Verhaltens zu erzielen. Skinner behaupte, dass auch verbales Verhalten durch Reinforcement erworben und aufrechterhalten werde. Einen Befund zu veröffentlichen, welcher die Theorie eines Rivalen infrage stellt, jemanden zu beschimpfen, ihm schlechte Nachrichten zu überbringen, Wiederholungen zu vermeiden, im Brabbeln eines Kindes nicht existierende Wörter zu hören, in einer Diskussion seinen eigenen Namen zu hören, obwohl er nicht erwähnt wird – all dies und noch viel mehr finde Skinner „reinforcing". „From this sample, it can be seen that the notion of reinforcement has totally lost whatever objective meaning it may ever have had" (ebd., S. 558).

Hinsichtlich der *Deprivation* stellte Chomsky fest, dass sie zwar im Tierexperiment operationalisiert werden könne (z.B. durch die Dauer des Entzugs von Futter), doch im Kontext des verbalen Verhaltens handle es sich bei diesem Konzept um eine mysteriöse Vorstellung. Wie könne man beispielsweise bei der Bitte „Please pass the salt" die Deprivation bestimmen oder gar messen? Eine Formulierung wie „X is under Y-deprivation" sei nur eine seltsame Paraphrase für „X wants Y" (vgl. ebd., S. 566). Skinners Behauptung, dass sein neues deskriptives System dem traditionellen überlegen sei, weil in ihm die Begriffe unter Berücksichtigung experimenteller Operationen definiert würden, sei eine Illusion.

Bezüglich der Autoclitics (s.o.) wies der Kritiker darauf hin, dass der Satz „Swans are white" gleich allgemein sei wie der Satz „All swans are white". Die (wissenschaftslogisch relevante) Paraphrase laute: „X *is white* is true, for each swan X" (vgl. ebd., S. 573; Hervorhebung von Chomsky). Doch diese Paraphrase sei im System von Skinner nicht gegeben, weil dort für „true" kein Platz vorgesehen sei. (Allerdings hatte Skinner bei seinem Beispiel diese Paraphrase nicht verwendet und auch darauf hingewiesen, dass die Prädikation nicht wesentlich ist.)

Beim Beispiel „The boy runs" weise Skinner (1957) darauf hin, dass „the final ‚s' in ‚runs' is in part a fragmentary tact under the control of specific features of a given situation" (vgl. ebd., S. 332). Anstelle des traditionellen (linguistischen) Begriffs „refer" verwende er den pseudowissenschaftlichen Begriff „control" (vgl. ebd., S. 573). Skinner betrachte die Satzproduktion als Aufbau von „key responses" (Substantive, Verben, Adjektive), wobei dieselben durch Autoclitics kombiniert würden mit dem Ergebnis eines grammatischen Satzes.

> The idea that sentences consist of lexical items placed in grammatical frame is of course a traditional one (…). Skinner adds to it only the very implausible speculation that in the internal process of composition, the nouns, verbs, and adjectives are chosen first and then are arranged, qualified, etc., by autoclitic responses to these internal activities (ebd., S. 574).

Zum Verständnis einer tiefer greifenden Bedeutung der Grammatik machte Chomsky folgenden Vorschlag: Man nehme Wortsequenzen gleicher Struktur wie beispielsweise „friendly young dogs seem harmless" und „furiously sleep ideas green colorless" und erkenne, dass von vorne nach hinten und von hinten nach vorne gelesen nur jeweils eine Sequenz einen englischen Satz bilde, was zeige, dass „more is involved in sentence structure than insertion of lexical items in grammatical frames" (vgl. ebd., S. 574). Ein Ansatz, der die tieferen Prozesse nicht berücksichtige, könne das eigentliche linguistische Verhalten nicht erklären.

Nach Chomskys Dafürhalten kann es nicht zutreffend sein, dass der Spracherwerb nur durch die elterliche Behandlung des bereits verbal Vorliegenden erfolge. Im Allgemeinen werde das verbale Repertoire nicht akribisch durch differenzielles Reinforcement geformt, auch wenn dies in einigen Familien von Akademikern zuweilen vorkommen könne. Kinder würden einen großen Teil ihres verbalen und nonverbalen Verhaltens durch Beobachtung und Imitation des Verhaltens von Bezugspersonen lernen. Immigrantenkinder eigneten sich ihre Zweitsprache auf der Straße an. Es sei also offensichtlich, dass ein Kind ab einem bestimmten Stadium auch neue Äußerungen in konstruktiver Weise verstehen könne. Auch wenn ein Erwachsener die Zeitung lese, werde er ständig mit neuen Sätzen konfrontiert, die er zuvor nie gehört habe und die er dennoch verstehen könne, wobei er auch Druckfehler erkenne, was nicht einfach mit einem Konzept der Generalisierung erklärt werden könne.

Chomsky zufolge beinhaltet die grammatische Sprachkompetenz des Menschen die Fähigkeit, *unbegrenzt* viele, nie gehörte Sätze zu produzieren oder zu verstehen. Ein solches Phänomen könne mit behavioristischen Begriffen wie Stimulus, Response und Reinforcements nicht erklärt werden, insbesondere wenn dieselben generalisiert und schließlich nur mehr in metaphorischer Form verwendet würden. Die menschliche Sprachfähigkeit könne nicht durch eine Habit-Formierung erkannt werden, sondern bedürfe einer Rekonstruktion im Sinne der generativen Linguistik.

> We constantly read and hear new sequences of words, recognize them as sentences, and understand them. It is easy to show that the new events that we accept and understand as sentences are not related to those with which we are familiar by any simple notion of formal (or semantic or statistical) similarity or identity of grammatical frame. Talk of generalization in this case is entirely pointless and empty. It appears that we recognize a new item as a sentence not because it matches some familiar item in any simple way, but because it is generated by the grammar that each individual has somehow and in some form internalized. And we understand a new sentence, in part, because we are somehow capable of determining the process by which this sentence is derived in this grammar (ebd., S. 576).

Chomsky wandte sich gegen die Zufälligkeit eines allenfalls im infrahumanen Bereich experimentell erfassbaren Lernprozesses. Von diesbezüglichen Befunden könne nicht auf den Erwerb und die Produktion der Sprache durch den Menschen geschlossen werden. Demgegenüber unterstellte Chomsky der menschlichen Sprachproduktion ein rationales System angeborener Erzeugungsregeln, die unter bestimmten Voraussetzungen zur Geltung gelangen bzw. produktiv in Sprache umgesetzt werden. Er suchte nach Erklärungsprinzipien mehr in der (tieferen) Struktur des Verhaltens als in der Funktion von dessen Voraussetzungen und hob zugleich den vielschichtigen Beitrag des Organismus hervor.

> If the contribution of the organism is complex, the only hope of predicting behavior even in gross way will be through a very indirect program of research that begins by studying the detailed character of the behavior itself and the particular capacities of the organism involved (ebd., S. 549).

Chomskys Unterscheidung zwischen (Sprach-)Kompetenz und der in einem Korpus sprachlicher Äußerungen gegebenen Performanz bedeutet eine methodologische Entscheidung zu einer *generativen* Theoriebildung, welche Beobachtungsdaten transzendiert und somit nur indirekt empirisch überprüfbar ist. Seine theoriegeleitete Linguistik beinhaltet wohldefinierte Begriffe, die über jedes finite Corpus von Daten hinausweisen. In seiner Generativen Transformationsgrammatik geht es Chomsky (1957) im Wesentlichen um die Befolgung respektive Nichtbefolgung von Regeln und nicht um Gesetzmäßigkeiten in einem naturwissenschaftlichen Sinne. Die linguistischen Annahmen werden anhand von Beispielen und Gegenbeispielen überprüft. Allerdings kann es sich bei dieser rationalistischen Vorgehensweise nicht nur um einen Übergang vom Induktionismus zum Falsifikationismus handeln (Kap. 4.3). Chomsky plädiert zwar durchaus im Sinne eines Kritischen Rationalismus für eine vorhergehende ausgeprägte Theoriebildung gegen „discovery procedures", die sich als induktivistisch und unmittelbar beobachtungsbezogen im Sinne des Empirismus verstehen, doch handelt es sich bei seinem methodologischen Verständnis eher um ein apriorisch-rationalistisches, das er auf einen angeborenen Mechanismus des Spracherwerbs projiziert.

Chomskys Kritik an Skinners Arbeit war einer der Auslöser der sogenannten *Kognitiven Wende* in der Psychologie. In seinen weiterführenden Arbeiten entwickelte Chomsky eine Erklärung der menschlichen Sprachkompetenz, die auch für Studien in anderen Gebieten der Psychologie relevant war.

Indessen verharrte Skinner gegenüber Chomsky auf seinem Standpunkt. So wiederholte noch Skinner (1984), dass bei einem Kind, das sprechen lernt, schon die ersten verbalen Reaktionen bekräftigt würden, und zwar auch dann, wenn sie keinen bestimmten Stimuli entsprächen oder nicht richtig ausgeführt würden. „This suggested that I was arguing that children always had to be taught to speak. But many of the contingencies of reinforcement maintained by a verbal community were quite unrelated to instruction" (ebd., S. 154).

Auf Chomskys Kritik, dass Skinners Darstellung der Verursachung des Verhaltens zu einfach sei, antwortete Skinner mit dem Hinweis auf die von ihm behandelten *Kontingenzen*: „Operant reinforcement was perhaps simple, but the contingencies of reinforcement were quite complex" (ebd., S. 153). Seiner Meinung nach sind dieselben auch aufschlussreich hinsichtlich der von Chomsky favorisierten internen Vorgänge: „The role of contingencies (…) assigned to intentions, ideas, meanings, and so on" (ebd., S. 154).

Im Weiteren ging Skinner auf Chomskys Kritik ein, dass der behavioristische Ansatz die unendliche Anzahl von Sätzen nicht erkläre, die ein Sprecher, wenn ihm unbeschränkte Zeit zur Verfügung stünde, produzieren könnte. Skinners Antwort:

> But the same thing had been said about natural selection and the creation of a potentially infinite number of species. The origin of behavior was comparable to the origin of species: variations, quite possibly random, were selected by their effects on an environment – in this case, on the verbal community (ebd., S. 154).

Skinner (1984) kritisierte insbesondere Chomskys Behandlung der Regeln beim Spracherwerb. Er könne nicht glauben, dass ein Kind, das eine Nominalphrase wie „A coat" bilde, die Regel („generative rule") befolge „Select first one word from the small class of modifiers and select, second, a word from the large class of nouns" (vgl. ebd., S. 154). Chomsky nehme angeborene syntaktische Regeln an und unterstelle damit universale Merkmale aller Sprachen.

> But take a baby boy from Peking to New York and he will grow up speaking English rather than Chinese. True, there will be common features – universals – but they will be due, not to inborn rules of grammar, but to the fact that both languages serve the same functions. In all languages people ask questions, state facts, describe objects, give orders, and so on, and ‚use grammar' in doing so (ebd., S. 154).

Indessen unterstützte der damals wiederkehrende Mentalismus in der Gestalt des Kognitivismus Chomskys Position. Fortan folgten die Psycholinguisten mehr der von Chomsky vorgezeichneten Linie der Erklärung. Indem dieselben versuchten, komplexere Formen des Verhaltens in ihrer Entstehung zu erklären, wurde die Umgebung des verbalen Verhaltens immer weniger beachtet. Hierzu führte Skinner selbst u.a. Folgendes an: „My former student John Carroll is said to have begun a speech by saying, Behaviorism is dead and it was a linguist (Chomsky) who killed it" (ebd., S. 155). Doch für Skinner konnte diese Argumentation offensichtlich nur zwischenzeitlich Bestand haben. „It was not the first time the death of behaviorism had been announced" (ebd., S. 155).

Obwohl Chomsky (1959) das behavioristische Forschungsprogramm kritisch-rational infrage stellte (u.a. Geltungsbereich des Bekräftigungsbegriffs im Experiment versus Geltungsbereich bei seiner Anwendung im Alltag), sah Skinner noch Jahre später nach der Auseinandersetzung keinen Grund, seine Grundsätze aufzugeben. So hielt Skinner (1974) in *„About behaviorism"* fest, dass die den Organismus betreffenden Kontingenzen nicht in einem kognitionspsychologischen Sinne „gespeichert" werden, sich also nicht (fiktional) *im* Organismus befinden können, sondern den „ganzen Organismus" verändern. Das würde bedeuten, dass nicht nur neue (An-)Reize, sondern auch schon bekannte und dieselben mit ihnen assoziierten Verhaltensweisen zu berücksichtigen wären. Sämtliche Stimuli, die auf den Organismus treffen, würden diesen jeweils zumindest marginal verändern, während sich die Wahrscheinlichkeit minimalisiere, dass andere Stimuli bestimmte Reaktionen erzeugen (vgl. Fischer 1990, S. 224).

Nach Deutscher (2011) spiegelt der nativistische Ansatz Chomskys eine generelle menschliche Natur in einem durchaus fragwürdigen Sinne wider. Sämtliche Differenzen zwischen den syntaktischen Strukturen verschiedener Sprachen werden als arbiträr betrachtet. Dementsprechend wiesen die Grammatiken der Menschen verschiedener Kulturen zumindest in den grundlegenden Aspekten keine Abweichungen auf. Es wird also eine genetisch angelegte Universalgrammatik unterstellt. Kinder, die sich ihre Muttersprache aneignen, bräuchten grammatische Regeln nicht zu lernen, würden doch vorprogrammierte Prinzipien einfach neuronal „einsetzen" – wenn auch unterschiedlich je nach der jeweiligen Muttersprache, der die betreffenden Kinder ausgesetzt sind.

Gegen die rationalistischen Vorstellungen einer angeborenen Universalgrammatik wird insbesondere angeführt, dass die Variationsbreite der real existierenden Sprachen viel zu groß sei, um von einer beschränkten Anzahl Parametern abgedeckt zu werden. Die Wörter verschiedener Sprachen werden nicht in gleicher Weise geordnet. So wird Deutsch sprechenden Personen beispielsweise folgende wörtliche Übersetzung eines türkischen Satzes unverständlich sein: „Sultan Wesir seinen Truppe seine von Spitze ihre an stellte." Umgekehrt wäre für einen Türkischsprecher, der ausschließlich wörtlich in die deutsche Sprache übersetzen könnte, die folgende richtige deutsche Übersetzung des genannten türkischen Satzes, die somit für deutsche Leser/-innen verständlich sein müsste, unverständlich: „Der Sultan stellte seinen Wesir an die Spitze der Truppen" (vgl. ebd., S. 113).

Deutscher (2011) zufolge stellen solche Differenzen den Ansatz einer angeborenen Universalgrammatik infrage. „Denn wenn die Regeln der Grammatik in den Genen codiert sein sollen, dann könnte man erwarten, dass die Grammatik sämtlicher Sprachen die gleiche wäre, und es ließe sich dann nur schwer erklären, warum Grammatiken in grundlegenden Aspekten jemals Abweichungen aufweisen sollten" (ebd., S. 113 f.).

Anzuführen wären noch viele weitere Stimmen zu den Positionen der beiden Kontrahenten. So wies etwa Herzog (2012) nochmals auf die problematische Begriffsbildung bei Skinner hin, indem er sich die Frage stellte, woran man operantes Verhalten erkenne.

> Man kann es nur daran erkennen, dass sich seine Auftretenswahrscheinlichkeit durch Verstärkung beeinflussen lässt. Und woran erkennt man einen Verstärker? Man kann ihn nur daran erkennen, dass er die Auftretenshäufigkeit einer operanten Verhaltensweise zu verändern vermag (ebd., S. 98).

Im Wesentlichen wurde an Skinner die *zirkuläre Begriffsbildung* und die Übertragung des im Labor versuchsweise eingeschränkten Verhaltens von Versuchstieren auf das menschliche Leben kritisiert; an Chomsky dessen Hypostasierung von im Gehirn vorprogrammierten Regeln sowie die Vernachlässigung der Umgebung zugunsten eines überkommenen Mentalismus.

Die Empirismus-Rationalismus-Kontroverse gehört zu den großen Kontroversen des 20. Jahrhunderts, die unentschieden blieben in dem Sinne, dass *beide* Positionen schließlich als unhaltbar erschienen, aber trotzdem – partiell verändert – bestehen blieben und/oder weiter ausgeführt wurden. Die aufkommende Kognitive Psychologie stellte eine Art Synthese von Elementen beider Ansätze her. Von beiden Ansätzen versuchte man das Positive zu übernehmen (die behavioristische Methodologie respektive die spezifisch menschlichen Inhalte der linguistischen Analyse) mit dem Ergebnis eines neuen Problems (Kap. 5.7).

5.7 Die Tübinger Motivationskontroverse

Beim Tübinger Symposium über Motivation im Jahr 1963 (Galliker 2014) stellte der 1924 geborene Heinz Heckhausen eine *„Person-Umwelt-Rahmentheorie der Motivation"* in zehn Thesen vor (Heckhausen 1963a, S. 606 ff.), die den Ausgangsbeitrag der Debatte zwischen den aufkommenden Kognitivisten und den Behavioristen bildete. Gemäß These 1 beruhen Motivationen auf hoch organisierten *kognitiven* Systemen von Person-Umwelt-Bezügen, wobei dieselben sich als komplexe Gefüge von Ansichten, Überzeugungen und Wertungen beschreiben lassen. Nach These 2 bauen sich diese Systeme aus relativ überdauernden Erfahrungsniederschlägen der bisherigen Lebensgeschichte auf, bleiben jedoch mehr oder weniger erfahrungsunabhängig, das heißt wandlungsfähig. An dieser Stelle kann nur noch auf die letzte These in Heckhausens Vortrag hingewiesen werden: Die unterschiedliche Gerichtetheit des Erwartungsgefälles, die zu einem aufsuchenden oder meidenden Verhalten führt, entspricht den Erwartungsemotionen vom Typ der Hoffnung und vom Typ der Furcht. Heckhausen fasste die Motivierung als Erwartungsgefälle zwischen gegenwärtiger und erwarteter Istlage auf, wobei die Gerichtetheit des Erwartungsgefälles im Bezugssystem der Solllage einer gegebenen Inhaltsklasse von Person-Umwelt-Bezügen bestimmt und emotional interpretiert wird. Heckhausen schloss seinen ersten Vortrag auf diesem Symposium mit folgendem Hinweis:

> Lassen Sie mich (…) auf das Dilemma hinweisen, in dem sich die Motivationsforschung gegenwärtig befindet. Es besteht darin, daß ihre Methoden weit hinter der Problemlage zurückgeblieben sind, während die Unzufriedenheit mit den hergebrachten Erklärungsmodellen aufgrund neuerer experimenteller und phänomenologischer Befunde wächst. Betrachten Sie diesen unvollkommenen Beitrag als eine Form des Unmuts gegenüber diesem Dilemma! (ebd., S. 624).

Im Folgenden sprach Rainer Fuchs (1963a) zum Thema *„Funktionsanalyse der Motivation"*. Er bezeichnete Motive als affektive Erwartungen (z.B. Furcht, Hoffnung). Motive seien als Istlagen- und Solllagen-Bezüge intellektuell und affektiv organisiert. Erwartet werde jeweils eine von der gegenwärtigen Istlage abweichende valente Solllage der Person. Hierzu führte Fuchs folgendes Beispiel an:

> Nehmen wir an, ein Primaner, der 3 Monate vor der Reifeprüfung noch zwischen 4 und 5 steht, habe sein Anspruchsniveau festgelegt: Er möchte mindestens ein Ausreichend erzielen, weiß sich von diesem Ziel aber noch entfernt. Es besteht also eine Diskrepanz zwischen realer Istlage und erwarteter Solllage (ebd., S. 627).

Diese Diskrepanz könne in den drei folgenden für die motivierende Wirkung maßgebenden Dimensionen variieren:

- *Zeitdimension:* „Istlage und Solllage werden von der Vp als zwei Spannen auf der Zeitachse aufgefaßt, zwischen denen ein Zeitintervall liegt."
- *Wahrscheinlichkeitsdimension:* „In der Istlage besteht eine Erwartung der Solllage mit einem Wahrscheinlichkeitswert unterhalb der vollen Gewißheit."
- *Valenzdimension:* „Zwischen den Istlagen der 100 %igen Erfolgsgewißheit und der 100 %igen Gewißheit der Examenskatastrophe besteht eine Wertdifferenz vergleichbarer Werte. Daher kann man eine Skala von Zwischenwerten interpolieren." (ebd., S. 628)

Fuchs zufolge ist das physikalische Analogon eines Motivs nicht die Antriebskraft eines Motors, sondern eine der Solllagen-Istlagen-Diskrepanz proportionale Potenzialdifferenz. Diese Differenz wirkt sich als „Impuls" aus, der den Umsatz der „Reglerenergien" in einem kybernetischen System steuert. Dies geschieht im Sinne einer „Aufhebung der Istlagen-Solllagendiskrepanz“ (vgl. ebd., S. 644).

Nach dem Referat von Fuchs präsentierte Klaus Foppa die Motivation aus *lerntheoretischer* Perspektive. Dabei bezog er sich in erster Linie auf Untersuchungen, die im Rahmen des behavioristischen Paradigmas durchgeführt wurden (u.a. Skinner 1938; Miller 1948) und die er zwei Jahre später in seinem Lehrbuch über Lernen, Gedächtnis und Verhalten ausführlich darstellen sollte (Foppa 1965/1972). Nicht Hunger, Durst oder Furcht gewährleisten den Lernverlauf, sondern Hunger plus Nahrung, Durst plus Flüssigkeit, Furcht plus Beruhigung. „Die Annahme liegt deshalb nahe, daß jeder Lernprozeß eine Funktion der Bekräftigung und damit abhängig von der die Bekräftigungswirkung konstituierenden Bedürfnisreduktion ist“ (Foppa 1963a, S. 651). Durch die Bekräftigung wird das Individuum über die Umwelt sowie über das eigene Verhalten informiert.

Die Verschiedenartigkeit der Bekräftigungswirkungen könne nicht durch einen Motivationsfaktor erklärt werden. Indes sei der Lernprozess auch abhängig „von der die Bekräftigungswirkung konstituierenden Bedürfnisreduktion; mithin ist ‚Antrieb‘ neben ‚Reinforcement‘ wohl der wichtigste motivationspsychologische Begriff der Lernpsychologie“ (vgl. ebd., S. 651).

Heckhausen und Fuchs würden den Begriff „Motivation“ zwar nicht mehr in einem vermögenspsychologischen Sinne als „zielgerichtete Energie“ und auch nicht als „ungerichtete Energie“, durch welche sich die Schwellen verschiedener, in einer bestimmten Situation möglicher Verhaltensweisen verändern (Habits), sondern vielmehr (in einem kognitionspsychologischen Sinne) als organisierende bzw. steuernde (indes nicht anregende) Funktion spezifischer Bedingungen verstehen.

Foppa wies u.a. darauf hin, dass in bestimmten Situationen durch Koppelung neutraler Hinweisreize mit elektrischen Schlägen neue Lernvorgänge „motiviert“ werden, so dass es schließlich genüge, dass die früher gelernten Furchtsignale auch ohne elektrische Schläge die Versuchstiere dazu veranlassen, der Gefahr rechtzeitig zu entkommen (vgl. Miller 1948). Nach dem behavioristischen Verständnis der „Motivation“ manifestiert sich dieselbe ausschließlich in („motivierten“) Verhaltensweisen, also zum Beispiel im Fluchtverhalten oder in Bewegungen der Annäherung. Nach Foppa gibt es verschiedene Methoden, um beispielsweise Bewegungen der Flucht zu analysieren. Eine Methode besteht darin, sie räumlich, in verschiedenen Abständen vom gefürchteten Ziel, festzustellen (Abb. 5.2). Um den Körper der Versuchstiere wird eine Manschette gelegt, woran eine Schnur befestigt ist, mit deren Hilfe über eine geeignete Vorrichtung die Stärke des Zuges registriert werden kann (Näheres in Brown 1948).

Sind die signifikativen Anteile der sogenannten gelernten Motive effektiv als Merkmale der eigentlichen Motivation zu verstehen oder handelt es sich lediglich um Verhaltensauslöser im behavioristischen Sinne? Zusammenfassend hielt Foppa daran fest, dass das Verhalten durch die *Situation*, nämlich das Furcht*signal*, gesteuert werde und somit die Signalfolgen antizipiere, und stellte sich die Frage, ob sich mit der „Antizipation“ also doch ein kognitionspsychologisches Konzept als notwendig erweise. Foppas Antwort: „Analoge Steuerungen und entsprechende Vorwegnahmen künftiger Ereignisse kann man

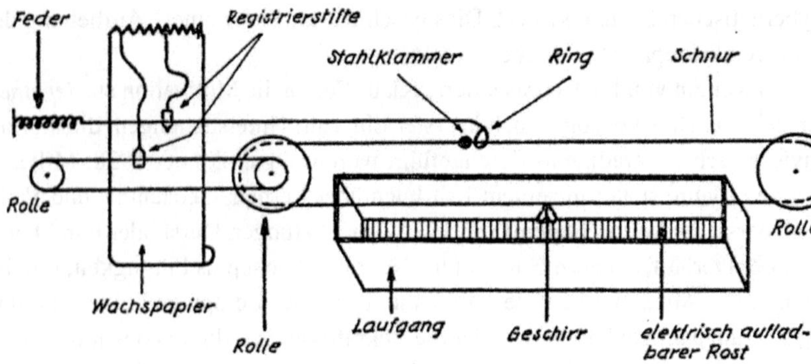

Abb. 5.2 Vorrichtung zur Erfassung des Fluchtverhaltens (vgl. Foppa 1965/1972, S. 78)

(…) in jeder einfachen Konditionierungs-Situation beobachten. Selbstverständlich könnte man auch dort von ‚motiviertem', d. h. gesteuertem Verhalten sprechen", nur glaube er, „daß man dadurch den Begriff ad absurdum führte, weil schließlich nichts anderes mehr damit gesagt wäre, als ‚Ursache vom Psychischen'" (vgl. ebd., S. 656).

Foppa räumte also durchaus ein, dass Menschen „Ansichten, Überzeugungen und Wertungen" besitzen und durch dieselben ihr Verhalten bestimmt würde; doch müssten im Weiteren „auch niedrigeren Lebewesen affektive Resonanzmöglichkeiten", welche nach Lust/Unlust angeordnet sind, zugebilligt werden, wenn diese Begriffe wirklich als wissenschaftliche Konzepte eingeführt werden sollten (vgl. ebd., S. 656). Man könne sich fragen, ob diese Bedingungen das Verhalten tatsächlich in spezifisch anderer Weise steuern als die bloßen Verhaltensauslöser. Foppas Schlussbemerkungen:

> Vom Lernvorgang her sehe ich keine Möglichkeit, eine sinnvolle Abgrenzung zwischen motiviertem und unmotiviertem Verhalten zu treffen, d.h. spezifische Steuerungsbedingungen zu formulieren, die mit Recht als eigene Klasse von Verhaltensdeterminanten angesprochen werden könnten (…). Daß es erlebte Bedürfnisse, Triebe, Interessen und „Motive" gibt, soll damit natürlich nicht bestritten werden. Sie haben, wie ich glaube, eine eminent wichtige Signalfunktion für den Organismus (…) etwa im Sinne von Heckhausens „Ist-Lagen", denen die Mitteilungsfunktion der Bekräftigungen als Informationsquelle im Hinblick auf überdauernde „Soll-Lagen" gegenübersteht. Sie deshalb als Motivationen zu bezeichnen, halte ich, allein der möglichen terminologischen Mißverständnisse wegen, für unzweckmäßig. Solange der Nachweis nicht geführt ist, wodurch sich diese Funktionsgefüge von anderen Funktionszusammenhängen unterscheiden, halte ich es für irreführend, von einer eigenen Motivationspsychologie zu sprechen. Denn Motivationspsychologie in diesem Sinn bedeutet nichts anderes als Psychologie überhaupt (ebd., S. 656 f).

Heckhausen (1963b) stellte in seinem *„Kommentar zu den Referaten von Fuchs und Foppa"* fest, dass er mit Fuchs fast und mit Foppa weniger übereinstimme. Auf Ansätze zur möglichen Vereinigung widersprüchlicher Befunde sei Foppa kaum eingegangen; stattdessen habe er mehr die Schwierigkeiten des Motivationskonzeptes referiert.

> Herr Foppa hat die Befunde innerhalb jenes Theorierahmens und seiner Nomenklatur vorgestellt, dem die Befunde ihre Entstehung verdanken, nämlich der behavioristischen Lerntheorie. Das hat zumindest zwei Vorteile. Einmal bleibt man den Intentionen der Experimentatoren verbunden. Zum andern hat uns der Referent durch die theoretische Darstellung um so nachhaltiger darauf aufmerksam gemacht, daß die motivationspsychologischen Variablen des Bedürfnisses, des Antriebs und der Bekräftigung nicht unter eine einheitliche und befriedigende Konzeption zu bringen sind, wenigstens nicht, wie ich hinzufügen möchte, in diesem Theorierahmen. Ohne Zweifel geht es Herrn Foppa mehr darum, die Schwierigkeiten, die das Motivationskonzept in der Lernpsychologie macht, aufzudecken, als darum, Widersprüchliches durch neue theoretische Ansätze miteinander zu versöhnen (ebd., S. 662).

Auch Foppa komme bei den von ihm angeführten Experimenten nicht um den Begriff des „Erwartungsgefälles" herum (vgl. ebd., S. 663). Jede Veränderung der Reizsituation löse entsprechende „Erwartungen" aus. Es gelte auch, Verhaltensweisen zu berücksichtigen, bei denen die Triebreduktion keine Rolle spiele; umgekehrt seien Lebewesen auch bei ausgesprochenen Hungerzuständen *nicht* unbedingt nahrungsmotiviert wie etwa bei der klassischen Konditionierung. Phänomene wie sekundäre Bekräftigung, latentes Lernen oder abergläubisches Verhalten korrespondierten *nicht* mit der Triebreduktion. Entscheidend seien Erwartungen bzw. Hypothesenbildungen (resp. beim abergläubischen Verhalten: inadäquate Hypothesenbildung). Im Übrigen löse eine Reizkonstellation aufgrund früherer Erfahrung *„nicht unmittelbar ein bestimmtes Verhalten*, sondern die furchtgetönte Erwartung von Schmerzen aus" (ebd., S. 668; Hervorhebung von Heckhausen).

Zusammenfassend stellte Heckhausen fest, dass anscheinend auch Behavioristen Begriffe wie „Verhaltensauslöser", „Signalfunktion" oder gar „Furchtsignal" verwenden müssten. Wenn nun auch Foppa den Motiven „eine eminent wichtige Signalfunktion" zuschreibe, dürfe er eigentlich den Motivationsbegriff ebenfalls nicht als überflüssig erklären. Tatsächlich mache Foppa bei der Argumentation gegen das Steuerungsmodell der Motivation einen freigiebigen Gebrauch von kognitiven Zwischenvariablen. So werde menschlichen Wesen die „Vorwegnahme von Änderungen" und tierischen die „Antizipation von Signalfolgen" zugebilligt (vgl. ebd., S. 665). Heckhausen warf Foppa eine inkonsistente Argumentation vor und schloss wie folgt:

> Man mag statt Motivation andere Termini einsetzen. Darüber würde ich nicht streiten. Ich gebe Herrn Foppa recht, daß es in gewissem Sinne berechtigt ist, statt von Motivationspsychologie von „Psychologie überhaupt" zu sprechen. Bescheidener wäre es, einstweilen von Verhaltenspsychologie zu sprechen. (…) Die gängigen Lern- und Motivationstheorien müßten neu konzipiert und integriert werden. Vorderhand begnügen wir uns noch damit, einen Teil des komplexen Wirkungsgefüges, welches offensichtlich die Bedingungsgrundlage dafür ist, daß Verhalten „motiviert" erscheint, mit der (nicht unbedenklichen, aber üblichen) Bezeichnung „Motivationspsychologie" zu bezeichnen (ebd., S. 669 f.).

Foppa (1963b) wies in seinem *„Kommentar zum Referat von Heckhausen"* darauf hin, dass dem Begriff des „Erwartungsgefälles" innerhalb der Rahmentheorie von Heckhausen die Stellung einer intervenierenden Variablen zukommt.

> Solche intervenierenden Variablen müssen bestimmten Anforderungen genügen, vor allem der, daß die funktionalen Beziehungen zwischen dem theoretischen Konstruktum und Beobachtungsgrößen eindeutig formuliert sind (unabhängige Variable → intervenierende Variable → abhängige Variable) (ebd., S. 678).

Foppa stellte sich die Frage, ob das theoretische Konstruktum des Erwartungsgefälles wissenschaftstheoretischen Standards genügt. Seine Antwort lautete wie folgt: Einerseits werde das (hypothetische) „Erwartungsgefälle" als Funktion bestimmter Bedingungen (*unabhängige Variable*) angesehen; andererseits manifestieren sich dieselben als Indikatoren des „Erwartungsgefälles" (*abhängige Variable*). Das „Erwartungsgefälle" sei aber gleichzeitig eine Funktion ebendieser Verhaltensweisen (jetzt wiederum *unabhängige Variable*). Die intervenierende Variable werde somit als Funktion einer Beobachtungsgröße, diese Beobachtungsgröße andererseits als Funktion des theoretischen Konstruktums dargestellt (ebd., S. 678).

Nach Foppa werden also die intervenierende Variable (bzw. das theoretische Konstrukt Motivation) einerseits als Funktion einer Beobachtungsgröße und andererseits eben diese Beobachtungsgröße als Funktion des theoretischen Konstrukts eingeführt. Foppas Schluss: „Soll der Begriff (der Motivation) tatsächlich auf diese Weise eingeführt werden, muß sein Erklärungswert notwendigerweise gering bleiben" (S. 678).

Fuchs (1963b) begann seinen „Kommentar zu dem Kommentar von Foppa" unter dem Titel *„Über die Möglichkeit, eine psychologische Theorie der Motivation operational zu formulieren"* wie folgt:

> Die vorliegenden Ausführungen im Kommentar von Herrn Foppa sind leider so allgemein, daß sie mit der Substanz der vorgelegten Motivationstheorie gar nichts mehr zu tun haben. Sie gelten für jedes Konzept einer Zwischenvariablen. Ich bedaure, daß die Diskussion auf ein derartiges Abstraktionsniveau hinaufgespielt worden ist (ebd., S. 689).

Nach Fuchs müsste Foppas Argumentation, wenn sie denn stimmig wäre, auch die klassische Mechanik treffen. Klar sei indes, dass eine Wechselbeziehung zwischen der Zwischenvariablen Erwartungsgefälle (z.B. Furcht) und den beobachtbaren Wirkungsgrößen (z.B. Furchtwirkungen) bestehe.

> Wenn diese Wirkungsgrößen eine Funktion der Zwischenvariablen sind, so ist umgekehrt auch die Zwischenvariable eine Funktion der Wirkungsgrößen. Das ist selbstverständlich, da es ja zu jeder Funktion $y = f(x)$ zwischen zwei Variablen eine Umkehrfunktion gibt: $x = g(y)$ mit $g[f(x)] = x$. (Von den mathematischen Einschränkungen der Umkehrbarkeit sei hier abgesehen.) Kann man hieraus den Schluß ziehen, daß der Erklärungswert des Motivationsbegriffs notwendig gering sein müsse? (ebd., S. 690).

Im Bereich des Leistungsverhalten des Sports werde ebenfalls eine Zwischenvariable verwendet, nämlich die physikalische Variable der Kraft. Diese könne aufgrund ihrer Wirkungen gemessen werden, beispielsweise aufgrund der beobachtbaren Verformung x einer Schraubenfeder bzw. eines Ergometers. Die Kraft sei eine wesentliche Zwischenvariable sensomotorischen Humanverhaltens (z.B. notwendig hinsichtlich des Leistungsverhaltens). Da diese Kraft auch aus *unabhängigen* Informationen aufgrund von andersartigen funktionalen Beziehungen erschlossen werden könne, behalte sie durchaus ihren Erklärungswert. Es resultiere also nicht nur eine formal relevante Umkehrfunktion mit minimalem Erklärungswert, sondern ein sinnvoller Zusammenhang, wie er aufgrund der Argumentation Foppas nicht erwartet werden könne. Der Fehler von Foppas Argumentation liege darin begründet, dass die Zwischenvariable Kraft eben nicht nur mit der („statischen") Observablen der Federdehnung, sondern noch mit anderen (etwa dynamischen) Observablen („Kraftwirkungen") in funktionalen Zusammenhängen steht, so z.B. mit der Beschleunigung einer Masse, die durch die Kraft der gespannten Feder bewegt wird (ebd., S. 690).

Die Trivialität, dass das Konstruktum Kraft die Ursache der Wirkung sei, aufgrund derer die Kraft gemessen werden könne, würde nur dann als Gegenargument gelten, wenn es unmöglich wäre, die Kraftgröße aus unabhängigen Informationen aufgrund anderer funktionaler Beziehungen zu erschließen. In der Mechanik stünde die Kraft nicht nur mit der Federdehnung, sondern auch mit anderen Variablen in funktionalen Zusammenhängen (etwa mit der Beschleunigung einer Masse). So könne man statische und dynamische Gesetze der klassischen Mechanik miteinander verbinden. Da die Kraft aus unabhängigen Informationen erschlossen werden könne, gelange man zu „nicht-trivialen Konsequenzen" (vgl. ebd., S. 690).

Für die Motivationspsychologie gelte nun Ähnliches wie für die Mechanik. Entscheidend sei lediglich, ob man die Motivation auch aufgrund von anderen Informationen, gewonnen durch andere Kausalzusammenhänge mit observablen Sachverhalten, bestimmen könne. Diese Voraussetzung sei bei der Zwischenvariablen Motivation „in hervorragendem Maße erfüllt", lasse doch auch „diese Variable an Reichtum der Verflochtenheit mit observablen Größen nichts zu wünschen übrig" (vgl. ebd., 691).

Als Beispiel führte Fuchs' die Phobie an. Dieselbe lasse sich mit Variablen des verbalen Verhaltens (bzw. anhand von Einstufungen von Bedrohtheit auf einer Phänomenskala), mit den Häufigkeiten von Vorstellungseinheiten bestimmter Inhaltsklassen (bzw. anhand von Bedrohungsinhalten) sowie mit den furchtreduzierenden Wirkungen von Tranquilizern erfassen und messen. Hier stellte sich allerdings die Frage, ob es sich dabei immer um ein und dieselbe Furcht oder Angst vergleichbar der durchgängigen Kraft handelt.

Außerdem ist Fuchs' Analogiebeispiel mit der Konstruktproblematik der Motivationspsychologie *nicht* vergleichbar, da beim funktionalen Zusammenhang zwischen der Ausdehnung der Schraubenfeder respektive der Messung mit dem Ergometer kein Wechsel des Mediums (körperlich → kognitiv) erforderlich ist, wohl aber bei Messungen im Bereich der Phobie. Wenn dieselbe mit verschiedenen Instrumenten zugänglich gemacht wird, ergeben sich diverse „Übersetzungen" bzw. die Feststellung oder gar Messung der Angst/Furcht wird ein heterogenes Unterfangen. Fuchs unterstellte einen *homogenen Geltungsbereich* des Konstruktes Motivation vergleichbar der Kraft in der klassischen Mechanik, doch in den Eingangsthesen von Heckhausen wurde darauf hingewiesen, dass es so viele verschiedene Motivationen gibt, wie sich Inhaltsklassen unterschiedlicher Person-Umwelt-Bezüge herausgebildet haben (s.o.; These 3). Demnach wurde Fuchs' Behauptung durch Heckhausens These 3 ausgeschlossen. Am Schluss seines Beitrages *„Über die Möglichkeit, eine psychologische Theorie der Motivation operational zu formalisieren"* (ebd., S. 689) fügte Fuchs noch einen interessanten Nachtrag an: Funktionale Zusammenhänge im Sinne eindeutiger Wertordnungen würden in der Motivationspsychologie *nicht* existieren, sondern nur Korrelationsstatistik und Varianzanalyse. Ein System von Interkorrelationen (resp. Wechselwirkungen zwischen den Faktoren) könne aber berechnet werden. Zu berücksichtigen sei, „dass diese Interkorrelationen stets untersucht worden sind mit dem Ziel, Hypothesen über Kausalzusammenhänge statistisch zu überprüfen in den Grenzen, in denen dieses überhaupt möglich ist" (ebd., S. 693). Allerdings reiche die Untersuchung der statistischen Beziehungen, die der notwendigen Absicherung der Hypothesen über kausale Zusammenhänge dienen würden, *nicht* aus, „um die Dimensionen eines Furchtzustandes *hinreichend* operational zu kennzeichnen" (ebd., S. 694; Hervorhebung von Fuchs). Demnach deutet sich das Operationalisierungsproblem auch für Fuchs an:

> Die Unterscheidung zwischen Fakten und Zahlen ist informationstheoretisch so wesentlich, weil unsere psychologischen Quantifizierungen notgedrungen äußerst roh sind, und die Reduzierung unserer experimentellen und klinischen Beobachtungen auf Zahlen unvermeidlich einen gewaltigen *Informationsverlust* bedeutet (ebd., S. 694; Hervorhebung von M.G.).

Indes handelt es sich beim Operationalisierungsproblem nicht nur um ein *quantitatives* Problem („Informationsverlust"), sondern um ein qualitatives. Es besteht ein *Übersetzungsproblem* grundsätzlicher Natur: das psycho-physische Problem (siehe auch Kap. 5.9). Dieser wissenschaftstheoretische Befund scheint auch „nicht-triviale Konsequenzen" in diesem Bereich infrage zu stellen (s.o.), mithin auch präzise Prognosen zu verunmöglichen. Das heißt, es lassen sich aufgrund der Ergebnisse der kognitiv ausgerichteten experimentellen Motivationspsychologie keine (neuen) Sachverhalte prognostizieren (vgl. u.a. Lakatos 1974).

Foppa schien zwar in wissenschaftstheoretischer Hinsicht mit seinem Hinweis auf die Zirkularität der Argumentation beim sogenannten Basisproblem überzeugend zu sein (siehe hierzu auch Kap. 4.3), doch Noam Chomsky hatte in den USA auch das behavioristische Forschungsprogramm schon relativ früh kritisch-rational infrage gestellt (vgl. u.a. Chomsky 1959/1964). So stellte er u.a. den Geltungsbereich des Bekräftigungsbegriffs im Experiment und dessen Geltungsbereich bei seiner Anwendung im Alltag einander gegenüber (Kap. 5.6).

Wie schon erwähnt hielt Skinner (1974) in *„About behaviorism"* fest, dass die für den Organismus entscheidenden Kontingenzen nicht in einem kognitionspsychologischen Sinne „gespeichert" werden, sich also nicht (fiktional) *im* Organismus befinden können, sondern den Organismus als Ganzen betreffen. Das würde heißen, dass nicht nur neue (An-)Reize, sondern auch schon bekannte Reize und dieselben mit ihnen assoziierten Verhaltensweisen zu berücksichtigen wären. Sämtliche Stimuli, die auf den Organismus treffen, würden diesen jeweils zumindest marginal verändern, während sich die Wahrscheinlichkeit minimalisiere, dass andere Stimuli bestimmte Reaktionen erzeugen.

Den Behavioristen stellten sich ebenfalls Probleme. So ist insbesondere im Humanbereich die Reduktion der Bekräftigung auf die unmittelbare Verhaltenskonsequenz problematisch. Personen verhalten sich häufig nicht direkt im Sinne der unmittelbaren Verhaltenskonsequenz. Beispielsweise verhalten sich Personen im Bereich der Arbeit (Kooperation, Ausbildung usw.) oft gerade nicht gemäß unmittelbaren Bekräftigungen (vgl. u.a. Leontjew 1959/1980).

Im Rahmen der „Korrumpierungseffekt-Kontroverse“ stellte sich die Frage, inwiefern die Förderung der extrinsischen Lernmotivation durch unmittelbare Anreize (verbales Lob, Belohnungen wie kleine Geschenke, Geld usw.) eine allenfalls schon vorhandene „intrinsische Motivation“ beeinträchtigen könnte. Die Hypothese des Korrumpierungseffektes wurde bereits in den 1970er-Jahren untersucht und allem Anschein nach weitgehend bestätigt (vgl. u.a. Cameron und Pierce 1994). Die Befunde waren dennoch heftig umstritten, schienen sie doch den Geltungsbereich sowie die Relevanz der Prinzipien der Verhaltensmodifikation einzuschränken.

Das Motivationskonzept der Kognitiven Psychologie wurde in Tübingen wissenschaftstheoretisch kritisiert, was nicht verhindern konnte, dass es sich durchsetzte. Andererseits war die in der Kontroverse vorgetragene behavioristische Position bzw. lernpsychologische Konzeption der Motivation ebenfalls unhaltbar; dies nicht zuletzt aus jenen Gründen, die Chomsky (1959/1964) gegen Skinner (1957) ins Feld geführt hatte (Kap. 5.5). Seit der Kontroverse wurde die wissenschaftstheoretische Kritik am kognitionspsychologischen Forschungsprogramm ebenso wenig beanstandet wie beachtet, doch konnte das Operationalisierungsproblem der Kognitiven Psychologie bis heute nicht gelöst werden.

Heckhausen (1980) gelangte schließlich – vielleicht doch auch in Erinnerung an Foppa (1963a) – zur Überzeugung, dass es in Wirklichkeit „überhaupt keine Motive“ gibt (vgl. ebd., S. 28). Herrmann (1983) vertrat die Meinung, dass es sich bei den Begriffen der Psychologie und insbesondere der Kognitiven Psychologie, den sogenannten theoretischen Konstrukten, um „Fiktionen“ handelt, allerdings betrachte er diese Konzepte, die er selbst so oft verwendete, als „nützliche Fiktionen“ (vgl. ebd., S. 88).

Westermann (2000) wies darauf hin, dass Konzepte in wissenschaftlichen Hypothesen eine Einschränkung erfahren müssen, um zu Konzepten in konkreten empirischen Voraussagen zu gelangen, sind doch psychologische Hypothesen seinem Dafürhalten nach nur exemplarisch überprüfbar, also nur für ganz bestimmte Anwendungsfälle. „Jeder Anwendungsfall einer psychologischen Hypothese umfasst bestimmte situationale Bedingungen, bestimmte Personen sowie bestimmte Methoden zur Auslösung bzw. Erhebung der interessierenden Sachverhalte“ (ebd., S. 283). Im Fall der Kognitiven Psychologie stelle sich indes das zusätzliche Problem der Variablenvalidität: die adäquate Erfassung der nicht direkt beobachtbaren Konzepte durch beobachtbare respektive durch Messungen. Beziehen sich die beobachtbaren Variablen tatsächlich auf die theoretischen Begriffe bzw. Konstrukte und umgekehrt? Nach Westermann läge eine perfekte Variablenvalidität nur dann vor, „wenn wir aus der Ausprägung der erhobenen empirischen Variablen mit Sicherheit auf die Ausprägung der interessierenden theoretischen Variablen schließen könnten“ (ebd., S. 298). Eine derartige absolute Sicherheit wäre jedoch nur zu erreichen, wenn die theoretische und empirische Variable äquivalent wären (z.B. Reaktionszeiten, die bereits in der psychologischen Hypothese vorkämen). Doch wie viele psychologische Hypothesen gibt es, die *ausschließlich* aus Konzepten wie der „Reaktionszeit" bestehen? Und ist die erlebte (Reaktions-)Zeit auf der psychologischen Ebene identisch mit der messbaren Reaktionszeit?

Im Unterschied zu Gadenne (1984), der die Operationalisierung als Hypothese betrachtete (Kap. 7.7), kann nach Westermann (2000) die Operationalisierung auch als analytische Aussage verstanden werden. In diesem Fall müsste die empirische Variable oder in Anbetracht mehrerer Variablen auch die Hypothese (resp. deren Begriffe) mit der psychologischen Variablen respektive Hypothese (bzw. mit deren Begriffen) zusammenfallen oder aus ihr deduzierbar sein. Indessen sind Identität oder Deduktion aufgrund des Medienwechsels ausgeschlossen (s.o.). Der Autor realisiert das Operationalisierungsproblem ausschließlich als quantitatives Problem in dem Sinne, dass „ein theoretischer Begriff (…) meist mehr ausdrücken soll als jede empirische Variable" (vgl. ebd., S. 298) und gelangt zu folgender Aussage:

> Im Idealfall sollte jede Zuordnung einer empirischen und einer theoretischen Variablen nicht nur theoretisch gut begründet sein, sondern sich auch in strengen empirischen Überprüfungen bewährt haben. Tatsächlich lassen sich aber viele Operationalisierungsannahmen nur sehr unvollkommen theoretisch ableiten oder empirisch überprüfen. Mitunter werden deshalb nur Plausibilitätsüberlegungen angestellt oder Erfahrung aus dem Alltag herangezogen (ebd., S. 298).

Zum Problem der Operationalisierung soll ein konkretes Beispiel aus der psychologischen Forschungspraxis angeführt werden. Die Hypothese, dass die momentane Stimmung die Bewertung des eigenen Lebens beeinflusst (Kap. 1), wurde mit einem Experiment überprüft, an dem Studierende als Versuchspersonen und -leiter/innen teilnahmen.

> Als Versuchspersonen dienten 16 Studenten, die die Kopiergeräte der „undergraduate library" der University of Illinois at Urbana-Champaign benutzen. Acht Vpn der Experimentalbedingung fanden auf dem Kopiergerät einen scheinbar dort vergessenen „dime", entsprechend dem Gegenwert von zwei Fotokopien. Acht Vpn der Kontrollbedingung fanden kein Geldstück (Schwarz 1987, S. 12).

Durch eine Regalwand waren die Kopiergeräte von der übrigen Bibliothek getrennt. Beim Verlassen der Kopierecke wurden die Versuchspersonen von einer Studierenden angesprochen. Sie bat die Versuchspersonen, für eine Praktikumserhebung zwei Fragen zu beantworten (vgl. ebd., S. 12 f.).

- „How happy do you feel about your life as a whole these days?" (1 = not so happy; 7 = very happy)
- „All things considered, how satisfied or dissatisfied are you with your life as a whole these days?" (1 = dissatisfied; 7 = satisfied)

Die Versuchspersonen mussten auf einer Skala von 1 bis 7 angeben, wie zufrieden sie mit ihrem eigenen Leben waren. Die abhängige Variable wurde von einer zweiten Versuchsleiterin erhoben, der die jeweilige Experimentalbedingung nicht bekannt war.

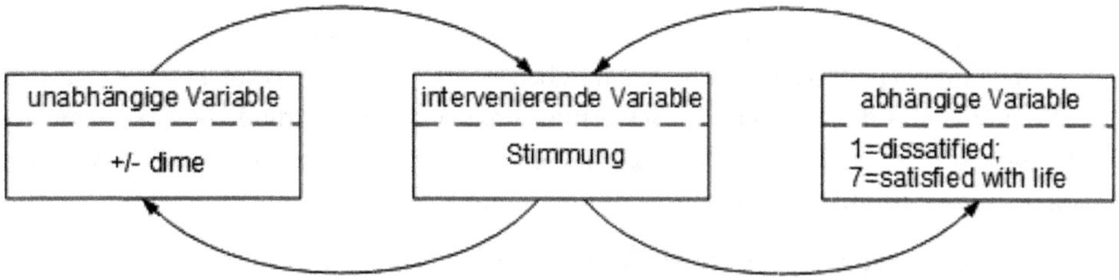

Abb. 5.3 Variablen im Stimmungseinfluss-Lebenszufriedenheit-Experiment

Versuchsergebnis: Erwartungsgemäß schätzten die Versuchspersonen der ersten Gruppe ihr Leben signifikant besser ein als die Versuchspersonen der zweiten Gruppe. Interpretation: „Die Daten dieses Feldexperimentes zeigen, daß objektiv unbedeutende Ereignisse die Bewertung des eigenen ‚Lebens als Ganzes' beeinflussen können. Sie liefern damit erste Hinweise auf kausale Einflüsse der momentanen Stimmung auf die berichtete Lebenszufriedenheit" (ebd., S. 13).

Offenbar ist die Stimmung der Versuchsteilnehmer von dieser bedeutsamen Münze abhängig. Die Beurteilung der Lebenszufriedenheit scheint eine Funktion dieser Stimmung zu sein. In der Lebensbeurteilung manifestiert sich die Stimmung, welche den Versuchspersonen dem Geldstück in seiner Bedeutung nahelegt usw. Demnach ist die intervenierende Variable eine Funktion der externen Variablen und die externen Variablen eine Funktion der internen Variable (Abb. 5.3).

Sofern das angeführte Experiment methodisch korrekt durchgeführt wurde, hat das Vorliegen der Münze in der Mehrzahl der Fälle bewirkt, das Kreuzchen auf hoher Stufenleiter zu machen. Offenbar ist das Zehncentstück ein Signal für eine positive Einschätzung des eigenen Lebens. Die „Glücksmünze" scheint mit „Lebensglück" verbunden zu sein.

„Stimmung" ist ein Konstrukt, das als intervenierende Variable zwischen unabhängiger und abhängiger Variablen vermittelt. Mindestens so allgemeine Konstrukte wären „Emotion", „Gemüt", „Reflexion", „Vorstellung" usw., die weiter ausgeführt werden müssten (z.B. hinsichtlich der „momentanen Gemütsverfassung"). Der Autor präferierte das Konzept der Stimmung ohne ausdrückliche zeitliche Einschränkung. Er untersuchte dieses Konzept in diversen Experimenten. Dabei variierte er unter anderem auch die unabhängige Variable. Schönes oder schlechtes Wetter, ein gewonnenes oder verlorenes Fußballspiel, ein angenehmer oder ein unangenehmer Raum zeigten offenbar ähnliche Wirkungen auf die positive respektive negative Beurteilung des eigenen Lebens wie das Vorfinden oder Nichtvorfinden einer Münze. Indessen weist der Autor selbst darauf hin, dass das obige Untersuchungsergebnis (noch) keine Rückschlüsse auf vermittelnde Prozesse erlaubt. Folgende Prozessannahmen seien mit den Daten kompatibel (vgl. ebd., S. 11):

- *Stimmung als Information:* Die Versuchspersonen schließen von einer guten momentanen auf eine gute allgemeine Befindlichkeit. Dieser Schluss scheint umso wahrscheinlicher zu sein, als die Kriterien für die Bewertung des Lebens insgesamt unklar sind.

- *Stimmung als Verfügung kongruenter Erinnerung:* Versuchspersonen in guter Stimmung kommen positive Dinge in ihrem Leben eher in den Sinn als solchen in schlechter Stimmung, was den gefundenen Bewertungsunterschieden zugrunde liegen könnte.
- *Stimmung als Veränderung der Wahrnehmung:* Wie Versuchspersonen die Welt und damit auch ihr Leben betrachten, wird durch ihre Stimmung bedingt.

Der Autor favorisierte die erste Hypothese und führte auch Experimente durch, mit denen sie überprüft und gegenüber anderen Hypothesen getestet werden konnte (vgl. u.a. Schwarz 1987; 1988). Indessen erweisen sich diese Experimente als ebenso problematisch wie das Ausgangsexperiment, zumindest was die logische Zirkularität anbelangt.

Schwarz (2008) stellte in Untersuchungen über Lebenszufriedenheit „intuitive Annahmen" über dieselben entsprechenden „realen Erfahrungen" gegenüber und referierte Differenzen (z.B. werde im ersten Fall die Zufriedenheit im Zusammensein mit Kindern gegenüber Erfahrungsberichten überschätzt). Während die intuitiven Annahmen gemessen wurden durch Antworten auf Fragen wie „Wie fühlte ich mich dabei letzten Herbst?" (Erinnerung an zurückliegende Episode), „Wie fühle ich mich dabei normalerweise?" (allgemeine Urteile) und „Wie würde ich mich dabei fühlen?" (Vorhersagen), wurden die realen Erfahrungen durch Erfahrungsstichproben erhoben, bei denen das Problem der Erinnerung umgangen wurde, indem die Probanden während oder kurz nach den betreffenden Erfahrungen zu ihren aktuellen respektive noch nicht weit zurückliegenden Gefühlen befragt wurden.

Demnach wird eine Reihe von Befragungsmethoden eröffnet, die verschiedene Berichterstattungen erbringen, deren Zufriedenheitswerte (u.a. erhoben mithilfe einer Skala von – 3 bis zu + 3) vor allem bezüglich der Konstrukte „intuitive Annahme" und „Gefühl" divergieren. Im Wesentlichen werden zwei Methoden einander gegenübergestellt, nämlich solche, welche die Zufriedenheit nicht im Zusammenhang mit dem fraglichen Ereignis erheben, und solche, bei denen dies der Fall ist (die Zufriedenheit also während oder kurz nach dem fraglichen Ereignis erhoben wird). Im ersten Fall wird trotz der Fragen (s.o.) anscheinend vorausgesetzt, dass Gefühle keine Rolle spielen; im zweiten Fall, dass die Intuition nicht wirksam ist. In Wirklichkeit könnte aber die Intuition auch kurzfristig und die Emotion langfristig oder aber beides weder kurz- noch langfristig von Bedeutung sein. Bei den vorliegenden Untersuchungen wird indes die Intuition ausschließlich den langfristigen und die Emotion ausschließlich den kurzfristigen Beurteilungen zugeteilt. Die Intuition wird einerseits als Funktion ihrer Bedingungen, nämlich bestimmter Untersuchungsmethoden, bestimmt; andererseits bestimmt die Intuition die mit ebendiesen Untersuchungsmethoden erfassten Äußerungen bzw. verbalen Verhaltensweisen. Die Gefühle werden einerseits aufgrund der Verbalisierungen derselben bestimmt, und andererseits bestimmen die Gefühle die Verbalisierungen emotionaler Erlebnisinhalte.

Der Informationswert dieser Studien bleibt notwendigerweise gering, geht doch aus ihnen lediglich hervor, dass die Zufriedenheit mit verschiedenen Methoden erfasst wird und dass sich die Ergebnisse voneinander unterscheiden, wobei die Ergebnisse, die mit ähnlichen Methoden erbracht wurden, eher übereinstimmen als solche, die mit Methoden gewonnen wurden, die sich stärker voneinander unterscheiden.

Neben dem Operationalisierungsproblem stellen sich bei diesen Untersuchungen noch weitere Probleme. So werden die Befunde als allgemein-psychologische unabhängig von ihren gesellschaftlichen Voraussetzungen und generell „kontextfrei" dargestellt. Doch wären beispielsweise gerade in Bezug auf das Zusammensein mit Kindern (s.o.) besonders Differenzen betreffend Geschlechts-, Schicht- und Kulturzugehörigkeit der Probanden von Interesse.

Beim Operationalisierungsproblem handelt es sich um ein schwerwiegendes Problem der Psychologie und insbesondere der Kognitiven Psychologie. Spätestens mit der Kognitiven Wende erwies es sich als grundsätzliches Problem. Kann dieses Problem nicht gelöst werden, reduziert sich die empirische Psychologie wiederum auf die behavioristische Psychologie und deren Problematik. Was bei der Kognitiven Psychologie gegenüber einer rein behavioristischen Psychologie inhaltlich hinzukommt, löst sich formal in einem logischen Zirkel auf. Mit dem Operationalisierungsproblem der Kognitiven Psychologie wird deren Existenzberechtigung wissenschaftstheoretisch infrage gestellt (Kap. 7.7, 7.15 u. 7.16).

5.8 Die Kognitions-Emotions-Debatte

In den 1970er-Jahren entwickelte Richard Lazarus auf der Grundlage von Magda Arnold (1960) und unter besonderer Berücksichtigung von Stressphänomenen eine kognitive Emotionstheorie (Lazarus et al. 1970; Lazarus und Launier 1978). Schließlich erstellte Lazarus (1991) eine motivational-relationale Theorie, in deren Zentrum kognitive Einschätzungen der Situation standen, und zwar einerseits hinsichtlich der Befriedigung von Bedürfnissen (primäre Bewertung) und andererseits hinsichtlich der Bewältigung von Belastungen (sekundäre Bewertung). Die viel beachtete und hoch eingeschätzte kognitive Emotionspsychologie von Lazarus erwies sich indessen als durchaus fragwürdig. Beispielsweise stellte sich die Frage, ob sich bei Emotionen der physiologische Anteil tatsächlich auf Epiphänomene reduzieren lässt. Sind „Einschätzungen von Situationen" oder auch „Bewertungen" in jedem Fall (und auf jeder Ebene) als Kognitionen zu verstehen? Wie breit muss (oder darf) der Begriff der „Kognition" gefasst werden, sofern dieselbe tatsächlich konstitutiv oder zumindest mitkonstitutiv für eine Emotion sein soll?

Bereits 1980 griff Robert Zajonc im Artikel *„Feeling and thinking: Preferences need no inferences"* Lazarus an und löste damit die sogenannte Kognitions-Emotions-Debatte aus. Nach Zajonc (1980) kann man den Sachverhalt *nicht* wie folgt darstellen: Die von Gegenständen ausgelöste Reizkonstellation wird vom Sinnesapparat in Empfindungen umgesetzt, die in der Folge informationsverarbeitenden Prozessen unterworfen und dabei semantisch interpretiert werden, worauf Bewertungen erfolgen, die schließlich das emotionale Verhalten hervorbringen. Beispiel: Ekel wird häufig mit der Perzeption direkt ausgelöst, ohne Vermittlung durch Gedanken.

Die Reaktion kognitionspsychologisch orientierter Psychologen ließ nicht lange auf sich warten. Sie bemängelten u.a. die Enge des Kognitionskonzepts von Zajonc. Insbesondere Lazarus (1982) wies darauf hin, dass Zajonc „kognitiv" mit „rational" gleichsetze.

Gleichwohl könne er anscheinend – nach Lazarus „subjektive" – Bewertungen selbst nicht ausschließen, auch wenn er dieselben sicherlich auf einer stammesgeschichtlich älteren Ebene ansiedeln würde.

Es stellte sich die Frage, ob Kognitionen Emotionen vorangehen und beeinflussen, ja für dieselben sogar konstitutiv sind (Lazarus), oder ob Emotionen auch ohne vorangehende Kognitionen auftreten können (Zajonc).

Zajonc (1980) insistierte gegen Lazarus auf der traditionellen Meinung, dass Gedanken und Gefühle sich klarerweise voneinander unterscheiden lassen und demzufolge Emotionen und Kognitionen zwei unterschiedliche Systeme darstellen, die allenfalls miteinander interagieren. Demnach können Emotionen auch *ohne* vorausgehenden kognitiven Bewertungsprozess auftreten. Zajonc nahm an, dass Menschen ein primäres *emotionales* Bewertungssystem besitzen, was bedeuten würde, dass bestimmte Objekte nicht oder nur minimal kognifizierbar wären, bevor sie eine Emotion evozieren. Das war jene Möglichkeit, die Lazarus für Zajonc zuvor in Aussicht gestellt hatte (s.o.).

Ähnlich wie die früheren Ganzheitspsychologen nahm Zajonc an, dass Emotionen Priorität zukommt und dass sie als solche in vielen alltäglichen Situationen eine weit wichtigere Rolle spielen, als oft – und nun auch von den kognitivistischen Emotionstheoretikern – angenommen wurde. So ist es sehr schwierig, jemanden durch vernünftige Argumente davon zu überzeugen, seine Vorurteile aufzugeben, beispielsweise gegen Migranten, was bei einer primär kognitiven Konstitution eher möglich sein sollte.

Bernard Weiner vertrat 1986 die Meinung, dass Denken zwar wesentlich das Fühlen beeinflusst, doch setzen nach ihm *nicht sämtliche* Emotionen gedankliche Einschätzungen voraus. Demnach gehen kognitive Einschätzungen zwar in der Regel emotionalen Reaktionen voraus, doch einige könnten auch ohne dieselben ausgelöst werden. Daraus ergebe sich die gegen die Übergeneralisierung gewendete Sprachregelung, dass Emotionen „üblicherweise" durch gedankliche Einschätzungen bedingt seien.

Der Ausgangspunkt von Weiners (1986) Ansatz – unter Verweis auf Vorgänger wie Arnold und Lazarus – war die Annahme, dass die Gedanken einer Person ihr Fühlen beeinflussen oder sogar konstitutieren können. Kognitionen differenzierten das Befinden in besondere Emotionen und seien damit verantwortlich für den Reichtum und die Vielfalt des emotionalen Lebens. Wie bereits erwähnt, betonte indes Weiner, dass es u.a. *auch* Emotionen gebe, die nicht kognitiv vermittelt seien:

> The cognitive perspective adopted here does not deny that some emotions may be elicited *without* intervening thought processes. (…) Nor does this perspective deny that emotional states influence dignitive processes. (…) Rather, it is simply postulated that cognitions quite typically procede and determine affective reactions. To an attributionist, this means that perceptions of what caused a positive or a negative outcome in part determine the affective reactions to that outcome (Weiner 1986, S. 119; Hervorhebung von M.G.).

Für den Organismus ist es in bestimmten Situationen angemessen, sofort zu reagieren, in anderen Situationen ist dies jedoch nicht der Fall. Der erste Vorgang ist Ausdruck der spontan auftretenden und unverfälschten Grundemotionen (primäre Emotionen), während die über die Tatsachen- und Wertüberzeugungen konstituierten Emotionen einen mittelbaren Charakter haben (sekundäre Emotionen). Dementsprechend sind neuropsychologisch zwei emotionale Prozesse vorgesehen: eine automatische Version und eine, die über Tatsachen- und Wertüberzeugungen verläuft und auch Rückmeldungen einschließen kann. Dieser letzte Schritt erfolgt nicht bei jeder Emotion, doch bei der Generierung der von Weiner besonders berücksichtigten spezifisch menschlichen Emotionen (u.a. Dankbarkeit, Mitleid und Stolz) scheint er in der Regel vorzukommen (auch repetitiv i.S. von „Abwägen"). Indessen kann bei oft hervorgebrachten Emotionen dieser Weg unter Einschluss eines Gedächtnisfilters (kognitives Schema) ebenfalls kurzgeschlossen werden.

Während ein Teil der Wissenschaftler und Wissenschaftlerinnen (u.a. Weiner 1986) die Meinung vertrat, dass bestimmte Emotionen auch unmittelbar durch Reize, also *ohne* einen dazwischengeschalteten Einschätzungsprozess, ausgelöst werden können, vertraten andere die Meinung, dass diese Prozesse konstitutiv für Emotionen, also wesentlich sind, doch nicht unbedingt in einem bewussten Sinne (z.B. Ortony et al. 1988). Im zweiten Fall nahm man also an, dass die fraglichen kognitiven Prozesse notwendig sind, indes sehr schnell, unwillkürlich und unbewusst erfolgen können.

Diese Hypothese müsste bei einem Nachweis unbewusster Bewertungen *nicht* falsifiziert werden. Mit einem affektiven *Priming-Verfahren*, das als Methode der Aktivierung oder Bahnung von Bewertungen bezeichnet werden kann, versuchte man den automatisierten Prozessen auf die Spur zu kommen. Beispielsweise wurden Versuchspersonen auf einem Computerschirm Serien von Adjektiven präsentiert, welche eine positive Bewertung (P) oder eine negative Bewertung (N) beinhalteten (z.B. „erfreulich" bzw. „schrecklich"), wobei die Probanden durch möglichst rasche Betätigung von mit „gut" oder „schlecht" bezeichneten Tasten die Bewertung des präsentierten Wortes anzeigen mussten. Kurze Zeit vor der Präsentation dieser Wörter (sog. Zielwörter) wurden den Probanden positive oder negative Substantive (sog. Aktivierungswörter) präsentiert (z.B. „Geschenk" bzw. „Tod"). Experimenteller Befund: Bei übereinstimmender Valenz (P-P; N-N) erfolgte eine Beschleunigung der Reaktion, und bei nicht übereinstimmender Valenz (P-N; N-P) wurde die Reaktion verzögert (Fazio et al. 1986).

Die unwillkürliche „Bewertungsaktivierung" war auch nachweisbar, wenn die auslösenden Reize nicht bewusst erkennbar waren (vgl. u.a. Klinger et al. 2000). Demnach werden Emotionen kognitiv (i. S. von Bewertungen) konstitutiert, wobei diese Konstitution u. U. sehr schnell und unterschwellig erfolgt. Allerdings stellen sich bei diesem experimentellen Nachweis auch methodologische Fragen (z.B. ergibt sich ein Operationalisierungsproblem, auf das in Kap. 7.7 näher eingegangen wird).

Mit der Zeit konzentrierte sich die Kognitions-Emotions-Kontroverse auf die Frage nach der richtigen Definition von Kognition. Bei experimentell nachweisbaren automatischen Prozessen kann man sich fragen, ob es sich um kognitive Vorgänge im eigentlichen Sinne handelt. Je nachdem, wie Kognition definiert wird, gelangt man zu anderen Schlussfolgerungen.

Auf dem 36. Kongress der Deutschen Gesellschaft für Psychologie in Berlin im Jahr 1989 beschäftigten sich verschiedene Referenten mit dieser Frage. Bischof (1989a) verstand in seinem Beitrag *„Emotionale Verwirrungen"* unter Kognitionen *sämtliche* Prozesse, die potenziell wahre Abbildungen von Umweltmerkmalen konstituieren. Während Bischof Kognitionen quasi als „Unterbau" der Emotionen betrachtete, waren für Zajonc „thoughts" eher als mentaler „Überbau" der „feelings" zu verstehen.

Zajonc (1989) antwortete auf Bischofs *„Emotionale Verwirrungen"* mit dem Beitrag *„Bischofs gefühlvolle Verwirrungen über Gefühle"*, in dem er feststellte, dass für den Autor Kognition nicht nur eine notwendige, sondern auch eine hinreichende Bedingung für Emotion sei, woraus man folgenden Schluss ziehen müsste: „Everything is cognition, and emotion is just a special case" (ebd., S. 219). In seiner Replik attestierte Bischof (1989b) seinem Kontrahenten einen „naiven Begriffsrealismus" (ebd., S. 222). Nur wenn man bei der Kognition nicht immer gleich an Rationalität denke, lasse sich ihr Verhältnis zur Emotion in einer Weise klären, die Zajoncs Anliegen, „falls er es denn begreifen sollte, (…) abdecken kann" (ebd., S. 224).

Dörner (1989) sah in seinem Kongressbeitrag *„Emotion, Kognition und Begriffsverwirrungen"* den Kern der Kognitions-Emotions-Kontroverse im unreflektierten Gebrauch des Begriffs „Kognition". Seit der Kognitiven Wende habe die Verwendung des Kognitionskonzeptes eine inflationäre Verbreitung erfahren und damit auch eine immense Bedeutungserweiterung erlangt. Bischof trage nichts zur Begriffsentwirrung bei, sondern er führe die Verwirrung noch weiter. Sein Verständnis der Kognition als potenziell wahre Abbildung von Umweltmerkmalen sei ein Begriff, der einerseits als zu weit und andererseits als zu eng erscheine.

> Er erscheint mir zu weit, da damit jeder Händedruck auf einem feuchten Lehmklumpen, jedes Photographieren (…) zum „kognitiven Akt" wurde. Ist ein solcher Begriff (Kognition = Herstellen einer Isomorphie) noch praktisch? Auf der anderen Seite ist in der Bischofschen Definition von Abbildungen von Umweltmerkmalen die Rede. Und wenn ich mich selber erkenne? Ist das dann keine Kognition? Oder bin ich dann für mich selbst Umwelt? Hier erscheint mir also der Begriff als zu eng. Und schließlich ist die Rede von „potentiell wahren" Abbildern. Ganz davon abgesehen, daß ich mit dem Begriff „potentiell wahr" meine Schwierigkeiten habe: wie ist es mit meinen Phantasieprodukten (…)? Ist es kein kognitiver Prozeß, wenn ich mir eine Geschichte ausdenke, in der ich fliegen kann, indem ich meine Arme bewege? (ebd., S. 206).

Der Begriff „Kognition" stamme vom lateinischen Wort „cognoscere" („zusammen-wissen") ab. Die Verwendung des Konzeptes ergebe nur dann Sinn, wenn damit eine „Abbildung" der Welt gemeint sei, bei der ein allgemeiner, also raumzeitlich übergreifender Zusammenhang zwischen Sachverhalten festgestellt werde, der zunächst noch nicht sinnfällig gewesen sei. Bei einem kognitiven Vorgang werde etwas im Wissen zusammengebracht, was vorher noch nicht zusammen gewesen sei. „Das, was m. E. sinnvollerweise mit ‚Kognition' bezeichnet werden sollte (und vor der Kognitiven Wende in der Psychologie so bezeichnet worden ist), ist der Prozeß, der in der Umgangssprache mit ‚Einsicht' bezeichnet wird und der von der bloßen Feststellung oder Wahrnehmung eines Sachverhalts abgehoben wird" (ebd., S. 207).

Dörner wollte wieder mehr Klarheit in die Begrifflichkeit der Kognitionspsychologie und der Cognitive Science bringen. Dem „schier unerträglichen Gerede" über „kognitive Systeme", das Mustererkennungsprozesse mit der Erfindung von Hypothesen in einen

Topf werfe, sei zu beendigen, indem die notwendigen Differenzierungen in den Diskurs aufgenommen würden. „Eine Definition von Kognition, wie sie Bischof vorschlägt, ist dafür nicht sehr nützlich" (ebd., S. 207).

Wie reagierte Bischof (1989b) auf diese Intervention? In seiner Replik stellte er zunächst die Frage, ob es sich überhaupt lohne, über Definitionen zu streiten. Sind Definitionen bloße Festsetzungen, die in sich stimmig sein müssen, oder „Findeleistungen", die mit etwas korrespondieren müssen, beispielsweise mit dem „Sprachgefühl", das seinem Dafürhalten nach allein für Dörner wesentlich war? Wenn ein Physiker „Energie" oder „Arbeit" definiere, kümmere er sich wenig um den gängigen Wortgebrauch. Dörner könnte also das Argument, er wolle die Leistung seines Wahrnehmungsapparates nicht „kognitiv" nennen müssen, mutatis mutandis einem Physiker gegenüber nicht anbringen.

> Dabei ist (…) zu beachten, daß wissenschaftliche Begriffe anders strukturiert sind als umgangssprachliche. Erstere haben Grenzen, letztere Zentren. Insofern hat das Definieren in der Psychologie etwas gemein mit der Arbeit des Geographen, der eine natürliche Landschaft in Höhenlinien kartographiert. Wobei er sich dann allerdings für genau eine dieser Höhenlinien entscheiden muß, wenn er die Grenze festlegen will, an der der „Berg" beginnt und das „Tal" aufhört. Die Karte kann falsch sein, wenn die Höhenlinien nicht stimmen. Hingegen bringt es wenig, darüber zu streiten, ob man besser eine engere oder weitere Grenze gewählt hätte. Ich habe zugegebenermaßen die Wortmarke „Kognition" für die weitestmögliche „Höhenlinie" gewählt und für die engeren, dem Prägnanzgipfel näheren Bezirke des konnotativen Gebirges die Etikette „Rationalität" bevorzugt. „Einsicht" im Sinne Dörners wäre für den engeren Begriff wahrscheinlich noch besser gewesen (ebd., S. 223).

Als Grund für die weit gefasste Definition von Kognition nannte Bischof die Explikation des unreflektierten Sprachgebrauchs. Er halte das, was die Wahrnehmung und das produktive Denken gemeinsam haben, für interessant genug, um einen gemeinsamen Namen zu verdienen. „Der Erkenntnisfortschritt eines weit gefaßten Kognitionsbegriffs (…) liegt (…) darin, uns daran zu erinnern, daß die ‚Kognitive Wende' eigentlich eine ‚semantische Wende' war oder hätte sein sollen" (ebd., S. 224).

Der Begriff „Kognition" hatte nach der Kognitiven Wende diverse Bedeutungen angenommen und wurde schließlich für fast alles verwendet, was nicht unmittelbar auf Reiz und Reaktion zurückführbar war. Wenn man berücksichtigt, dass auch implizite Prozesse als „kognitive" bezeichnet wurden und insbesondere auch spontane Bewertungen im emotionalen Bereich so benannt wurden, war der Meinungsunterschied zwischen Lazarus und Zajonc möglicherweise v. a. eine Differenz in der Definition und damit in sachhaltiger Hinsicht vielleicht gar nicht so gravierend, wie es ursprünglich den Anschein erweckt hatte. Jedenfalls wurde die Kognitions-Emotions-Debatte schließlich selbst kritisiert und von verschiedenen Seiten als sterile semantische Kontroverse bezeichnet (vgl. u.a. Leventhal und Scherer 1987).

Man kann die Meinung vertreten, dass eine erste spontane Bewertung eines Ereignisses u.a. auch auf rein emotionaler Basis erfolgen kann (s.o.). Bei dieser primären Bewertung geht es anscheinend ausschließlich um eine *reaktive* Zu- oder Abneigung der Person, so dass kein Zwang besteht, dieselbe als „kognitiv" zu bezeichnen. Andererseits besteht kein Zwang, Kognitionen auf rationale Gedanken zu reduzieren und den Emotionen gegenüberzustellen. Schon Herder (1778) hatte darauf hingewiesen, dass das Begreifen mit dem Greifen beginnt. Zwar ist die Kant'sche Trennung zwischen Emotion und Kognition im naturwissenschaftlichen Diskurs Realität (und nicht nur in diesem), doch schließt dies nicht aus, dass es sich um eine Separation auf einer Grundlage handeln könnte, die ursprünglich (phylogenetisch, ontogenetisch) eher ein Kontinuum vom rein Sinnlichen zum mehr Kognitiven darstellte (Kap. 3.3).

In der Kognitions-Emotions-Debatte stellte sich ähnlich wie schon in der Empirismus-Rationalismus-Kontroverse (Kap. 5.6) die Definitionsfrage in Bezug auf zentrale Inhalte der akademischen Psychologie. Wie das in der Tübinger Motivationskontroverse aufgeworfene Operationalisierungsproblem scheint auch das Problem der Terminologie nicht lösbar zu sein – jedenfalls so lange nicht, wie die Frage nach dem Gegenstand der Psychologie nicht beantwortet ist. Die Beantwortung der Gegenstandsfrage scheint indessen mit einer Klärung des Leib-Seele-Verhältnisses zu korrespondieren.

5.9 Die Würzburger Leib-Seele-Auseinandersetzung

Die Frage nach dem Verhältnis des Psychischen und des Physischen bzw. von Geist und Gehirn ist eine sehr alte Frage. Schon in der antiken Philosophie liegen die Ursprünge des Leib-Seele-Diskurses. Nach Demokrits monistisch-materialistischer Auffassung werden sämtliche Dinge durch Kombinationen von Atomen gebildet, die sich durch Ordnung, besondere Qualitäten und Quantitäten voneinander unterscheiden und fortwährend Atomgruppen („eidola") aussenden, die als feinste Abbilder derselben im Kontakt mit den Sinnesorganen der Menschen deren Erkenntnis ermöglichen.

Auch nach dem römischen Denker Titus Lucretius Carus besteht das Universum nur aus Körpern. Zwischen den Körpern ist Leere. Letztere wird auch zwischen den mehr oder weniger dicht gedrängten Elementarteilchen *innerhalb* der sicht- und greifbaren Körper erkannt (sog. Poren). Etwas Drittes außer den Körpern, dem Materiellen, und den mit ihnen konstituierten (Innen-)Räumen existiert nach Lukrez *nicht*. So besteht das der menschlichen Wahrnehmung nicht zugängliche, sublimale Seelische ebenfalls aus feinsten Partikeln, indes in minimaler Konzentration, und wird durch sich (mitunter wellenförmig) fortbewegende Korpuskel (u.a. Licht, Gerüche, Geräusche und Stimmen) über die Sinnesorgane der Organismen angestoßen und *mit* (wenn man will: auch *durch*) denselben in Bewegung versetzt und beständig verändert. Die Wahrnehmung erfolgt ausschließlich stofflich (bzw. in der modernen Ausdrucksweise: energetisch), wobei als Inneres der Reize die Empfindungen den Wahrnehmungen zugrunde liegen. Lukrez fasst die Seele der Lebewesen als Stoffliches sowie als Stoffliches in Relation zum Nichtstofflichen auf, wobei Letzteres nicht etwa mit irgendeiner positiven *Lehre* (z.B. des Übersinnlichen), sondern ausschließlich mit *Leere* gleichgesetzt wird (vgl. Lukrez 60 v.u.Z./2014, S. 135–169).

Demokrit und Lukrez gehören zu den konsequentesten Monisten der Philosophiegeschichte. Unter *Monismus* (bzw. der Einheitslehre) wird die Annahme von der Existenz nur *eines* Grundprinzips des Lebens verstanden. Bei diesem Grundprinzip kann es sich um den Geist (wie bei einem idealistischen Ansatz) oder (wie bei Demokrit und Lukrez) um die Materie (bzw. die Energie) handeln, wobei in wissenschaftlicher Hinsicht meistens nur der zweite Modus von Interesse ist. Dieser Modus setzt einen konsequenten Materialismus voraus, nicht zuletzt auch was das Verständnis des Seelischen anbelangt, so wie dies schon bei den angeführten antiken Philosophen der Fall war.

Demgegenüber wird unter *Dualismus* (bzw. der Zweiheitslehre) die Annahme der Existenz von *zwei* Grundprinzipien des Lebens verstanden. Der Dualismus beruht ontologisch betrachtet auf zwei unabhängig voneinander bestehenden Seinsprinzipien. Im Unterschied zum Monismus kann der Dualismus nicht entweder ausschließlich materialistisch oder ausschließlich idealistisch verstanden werden; allenfalls kann es sich um einen inkonsequenten Materialismus oder um einen inkonsequenten Idealismus handeln. Während Platon noch darauf bestand, dass Leib und Seele völlig unabhängig voneinander bestehen können, war Aristoteles der Auffassung, dass jeder Organismus eine Einheit von Leib und Seele, Form und Inhalt ist.

Das psychophysische Verhältnis wurde mit Descartes' (1637/2001) Gegenüberstellung von Geist und Materie als zwei verschiedene *Substanzen* zu einem grundlegenden Problem. Von diesem Denkansatz ausgehend nahm in der Folge die Psychologie als subjektives Geschehen sowie als objektiver Vorgang ihren Ausgang. La Mettrie (1747/2001) konzentrierte sich auf Descartes' materielle Substanz und verwarf eine ideelle Substanz als isolierbare und unabhängig von der materiellen bestehende (Kap. 3.1). Er stellte dem Descartes'schen Dualismus den Monismus gegenüber, den er als primär materiellen verstand: Das Psychische besteht nicht unabhängig vom Körperlichen sowie vom Materiellen. Schließlich wurde in Langes (1865/1974) *„Psychologie ohne Seele"* die Psyche als Gegenstand der Psychologie überhaupt negiert.

Der russische Physiologe Iwan Michajlowitsch Setschenow (1871/1965) fasste Reflexe in Fortführung der diesbezüglichen Arbeit von Descartes (siehe Näheres in Kap. 3.1) als Antwortbewegungen auf Reize auf. Gedanken waren für ihn nur Reflexe des zwischen Reiz und Reaktion vermittelnden Gehirns, deren motorische Bestandteile unterdrückt wurden. Der Autor versuchte, die Isolierung des Psychischen vom Physischen zu überwinden, indem er das Bewusstsein als Mittelglied einer reflektorischen Tätigkeit auffasste. Wladimir Michajlowitsch Bechterew (1913/1997) bezeichnete die Reflexologie als objektive Psychologie. Sämtliche Erscheinungsformen des Psychischen verstand er als Reflexe oder Reflexverbindungen. Bewusste Erlebnisse waren für ihn bloße Neben- oder Begleiterscheinungen der Nerventätigkeit (sog. Epiphänomene). Iwan Petrowitsch Pawlow (1904/1953) führte das Psychische auf das Physiologische zurück. Das sogenannte zweite Signalsystem, die Sprache, verweist auf das erste System, die unmittelbaren bedingten Reflexe (Pawlow 1923/1953). Auch im amerikanischen Behaviorismus wird das Psychische (z.B. die Emotion) auf das Körperliche reduziert (vgl. u.a. Watson und Morgan 1917). Konzepte und Aussagen über mentale Phänomene werden als unwissenschaftlich betrachtet, weshalb sie aus dem Diskurs entfernt und durch Konzepte und Aussagen über körpereigene Prozesse ersetzt werden. Bei diesem Reduktionismus wird die Wiedergabe der gesellschaftlichen Verhältnisse nicht in den Ansatz einbezogen, und infolgedessen werden die Vorgänge des Gehirns nicht als Durchgangsstation, sondern oft als letzte

Instanz behandelt. Es existiert kein „Bewusst-Sein" als das im Menschen ideell umgesetzte reale Sein mit dem Übergang von den Sinnesreizen zur Empfindlichkeit, so wie dies mit dem historisch-materialistischen Ansatz angenommen wird.

Fechner (1860/1964) bezeichnete die Lehre von der *funktionellen Abhängigkeitsbeziehung* der Psyche von der Physis als „Psychophysik". Er selbst bekannte sich zum Monismus, denn seinem Dafürhalten nach waren Geist und Körper *eins* (psychophysische Identität). Fechners Identitätslehre umfasste zwar körperliche und geistige Zustände, doch nach dem Pionier der Psychophysik handelte es sich bei diesen Zuständen um komplementäre Erscheinungsformen oder Aspekte ein und derselben Sache. Fechner betrachtete das Eine von *zwei* Standpunkten aus, was nach dem Dafürhalten zumindest einiger Psychologen in gewisser Weise dem von ihm gerade nicht intendierten Dualismus entsprach, was allenfalls in epistemologischer, jedoch letztlich nicht in ontologischer Hinsicht zutreffend sein mag (s.u.).

Nach dem funktionalistischen Verständnis werden durch die Veränderung physischer Eigenschaften auch psychische verändert (nicht aber umgekehrt). In dem Sinne führt also das Psychische *kein* Eigenleben gegenüber dem Physischen (bzw. Physiologischen). Allerdings lässt sich das Psychische als solches nicht auf das Physische (bzw. Physiologische) reduzieren. Insofern kann das Psychische dennoch als etwas Zusätzliches, mithin insoweit „Eigenständiges", aufgefasst werden. Diese Supervenienz (lat. von „super" = „über", „zusätzlich" und „venire" = „kommen") meint, dass mentale Zustände zwar auf physischen Zuständen basieren, jedoch nicht auf dieselben vollständig zurückgeführt werden können. Der Begriff dient in der Psychologie dazu, die Plausibilität des Reduktionismus infrage zu stellen und den Physikalismus (resp. Biologismus) zurückzuweisen (Kap. 7.14). Das Geistige, systemisch gefasst, wird zwar durch die Strukturen des neuronalen Systems, auf dem es beruht, (mit)erzeugt und geprägt, hat aber Eigenschaften, die nicht vollständig und eindeutig aus ihm ableitbar sind. Das mentale System trägt auch Eigenschaften, die sich nicht aus jenen seiner körperlichen Konstituenten ergeben. Das nicht auf Materielles reduzierbare Mentale ist zwar „emergent", indes als solches auch „supervenient" (vgl. Westermann 2000, S. 63).

Fechner wird zuweilen mit psychophysischer Parallelität in Verbindung gebracht. Er selbst postulierte jedoch keine Parallelität zweier Entitätsbereiche; allenfalls eine Parallelität der Erscheinungsweisen zweier verschiedener epistemologischer Zugänge als Produkte entsprechender Erkenntnisweisen, wie sie sich einerseits über die Reize und andererseits über die Empfindungen ergeben könnten. Dass Fechner zwischen Körper und Geist keine Parallelität, sondern eine *funktionelle* Beziehung annahm, geht u.a. aus folgender Textstelle hervor: „Allgemein nennen wir das Psychische Funktion des Physischen, davon abhängig und umgekehrt, insofern eine derartige Konstante oder gesetzliche Beziehung zwischen beiden besteht, daß von dem Dasein und den Veränderungen des Einen auf die des Anderen geschlossen werden kann" (ebd., S. 8).

Demgegenüber ging Wundt (1874/1908) von der Annahme aus, dass physische und psychische Vorgänge *parallel* geschaltet sind und einander entsprechend verlaufen. Dieser Psychophysische Parallelismus, den Wundt schon 1862 vertrat, bedeutete für ihn *ur-*

sprünglich, dass zur psychischen Dynamik (beständig) physiologische Korrelatprozesse bestehen respektive zu suchen sind. Indessen trat er seinen Schülern Hugo Münsterberg und Theodor Ziehen entgegen, den Psychophysischen Parallelismus im Sinne eines materialistischen Parellelismus als Widerspiegelung der Naturvorgänge zu betrachten (Wundt 1894). Physische und mentale Zustände entsprechen einander, doch wurden keine kausalen Beziehungen zwischen denselben unterstellt. Schließlich entlastete dieser Parallelismus die Psychologen von der Aufgabe, zu den psychischen Phänomenen physiologische Entsprechungen zu suchen. Wundts Paradigma legte in diesem Sinne den Weg frei, Psychisches mit Psychischem zu erklären; ein Unterfangen, das von den Vertretern der Wechselwirkungslehre, etwa von Carl Stumpf 1896 in seiner Eröffnungsrede auf dem 3. Internationalen Psychologie-Kongress in München, zurückgewiesen wurde (vgl. u.a. Wolfradt 2011, S. 67).

Wundts Parallelismus war hinsichtlich der Entwicklung der Psychologie als einer unabhängigen Disziplin sicherlich vorteilhaft. Er eröffnete einen eigenständigen psychischen Bereich, den Zuständigkeitsbereich der Psychologen, in dem durchgängig das Prinzip *psychologischer* Kausalität herrschte. Damit wurde den Psychologen ein Paradigma zur Verfügung gestellt, das ihnen die Verselbstständigung *ihrer* Wissenschaft nach Gegenstand und Methode ermöglichte. Allerdings öffnete sich auch das Tor, das Verhältnis Physis/Psyche wiederum dualistisch zu verstehen, wenngleich meistens nur noch die ideelle Seite beachtet wurde.

Die Gestaltpsychologen setzten anstelle des Psychophysischen Parallelismus die strukturelle Übereinstimmung von Physischem und Psychischem. Mit dem Isomorphismus wurde die Differenz zwischen physiologischer und psychologischer Erklärung wiederum aufgehoben. Psychische Vorgänge (z.B. bei der Wahrnehmung) entsprechen den physischen Vorgängen im Gehirn. Die psychischen stimmen gewissermaßen mit den physischen Gestalten überein (Köhler 1920/1924). Es gibt keine Grenze, bei deren Überschreiten die Erregungszustände des physikalischen Gebietes verlassen würden (vgl. u.a. Metzger 1975).

In neuerer Zeit verdichtete sich am Würzburger Symposium über Grundfragen der Psychosomatik nochmals die alte Geschichte der Dualismus-Monismus-Kontroverse. In relativ entspannter Atmosphäre erfolgte eine Auseinandersetzung über das Leib-Seele- respektive das psychophysische Problem. Es wurden u.a. folgende monistischen und dualistischen Positionen dargestellt:

Ereignis-zu-Ereignis-Identitätsthese: Karl-Ernst Bühler (1990) setzte sich mit psychophysischen Sachverhalten bzw. mit Leib-Seele-Verhältnissen auseinander, die als Einheit im Sinne des Monismus verstanden werden. Nach der Identitätsthese kann sich ein Gegenstand nicht in einer psychischen Hinsicht verändern, ohne dies auch in einer physikalischen zu tun. Demnach unterstellt die Identitätsthese eine sogenannte eindeutige Beziehung zwischen Psyche und Physis. Es handelt sich um eine Ereignis-zu-Ereignis-These, mit der angenommen wird, dass irgendein mentales Ereignis mit irgendeinem physikalischen Ereignis identisch ist, wobei unter dem physikalischen Ereignis eine raumzeitliche Veränderung eines physikalischen Zustandes verstanden wird. „Entsprechend der Ereignis-zu-Ereignis-Identitätsthese können (…) zwei Ereignisse nicht in allen physikalischen Aspekten gleich sein und sich nur in einem psychischen unterscheiden bzw. kann sich ein Gegenstand nicht in einer psychischen Hinsicht verändern, ohne dies auch in einer physikalischen zu tun“ (ebd., S. 14 f.). Bühler wies indes darauf hin, dass vom physikalischen Organisationsniveau ausgehend *keine* psychologischen Voraussagen möglich seien. So würden viele Handlungen psychologisch erklärt, ohne dass auf physikalische Prozesse zurückgegriffen werden könne (s.o.). Unterschiedlichen psychologischen Ereignissen könne u.a. auch der gleiche physikalische Vorgang zugeschrieben werden (z.B. könnte mit der gleichen Handbewegung eine Drohung oder ein Gruß gemeint sein). Zudem handle es sich bei den Gesetzen des mentalen Bereichs um *teleologische* Gesetze, die nicht auf die *kausalen* Gesetze des physikalischen Bereichs reduzierbar seien. Im zweiten Teil seines Beitrages behandelte Bühler den psychophysischen Funktionalismus (s.o.). Nach diesem (nach Fechner: monistischen) Ansatz sind psychologische Sachverhalte mit physischen Termini erklärbar – allerdings nur in einem bestimmten Sinne. Zur Illustration verglich er das psychophysische Verhältnis mit der Computertechnik. Software lässt sich zwar durch Hardware realisieren und nur durch dieselbe; doch heißt dies nicht, dass „physikalischen Vorhersagen oder Erklärungen auch ein spezifischer Erklärungswert für die Funktion selbst zukommt“ (Bühler 1990, S. 23). Die Übersetzung einer physikalischen Organisation in eine psychologische Deskription ist weder eindeutig noch vollständig. Das größte Problem dieses Ansatzes ist die materielle Unterdeterminierung des Psychischen.

Duales biologisch-kognitives System: Fischer (1990) ging in seinem Beitrag über *„Funktionale Architektur und mentale Repräsentation“* davon aus, dass die *duale* Natur biologisch-kognitiver Systeme *nicht* ernsthaft bestreitbar sei. Menschen sind einerseits biologische Wesen; andererseits haben sie auch die Möglichkeit, sich auf ihre interne sowie auf die externe Wirklichkeit reflexiv zu beziehen. Der Referent wies darauf hin, dass das Nervensystem als solches seine neuronalen Strukturen und Prozesse nicht mit der Realität vergleichen könne. Biologische Systeme wie die Wahrnehmungsorgane der Menschen sind indes nicht nur als physikalische Strukturen, sondern zudem als *bedeutungsvolle* Entitäten zu behandeln. Die Funktionsweise dieser „informationsverarbeitenden Systeme“ werde über Algorithmen, die quasi in der „Hardware“ des Systems als physikalisch-biochemische Strukturen implantiert seien, sowie über die Verwendung von Regeln oder Maximen der Verarbeitung semantisch interpretierter Informationen gesteuert. Die Konfigurationen im Nervensystem könnten an sich nicht mehr als eine Summe von elektrischen Prozessen sein; zu einem *Symbolsystem* würden sie erst durch das wahrnehmende Individuum, das die physikalische Ordnung der Ströme in eine mentale Ordnung bedeutungsvoller Entitäten abbilde (vgl. ebd., S. 227 f.).

Aus der Abb. 5.4 geht hervor, dass eine Kluft zwischen der biologischen und der kognitiven Seite des Systems besteht. Das biologisch-kognitive System des Menschen wisse in der Regel dennoch, wann es sich auf etwas außerhalb seiner selbst bezieht; es verfüge über „Repräsentationen“ der äußeren Welt, in welcher Relation auch immer (vgl. ebd., S. 230). Dabei sei der bloße *intentionale Akt der Bezugnahme* des wahrnehmenden Individuums entscheidend, der unbegrenzt viele Formen annehmen könne, womit aber nichts über die

Abb. 5.4 Vereinfachte Darstellung des dualen Modells biologisch-kognitiver Systeme (vgl. Fischer 1990, S. 228)

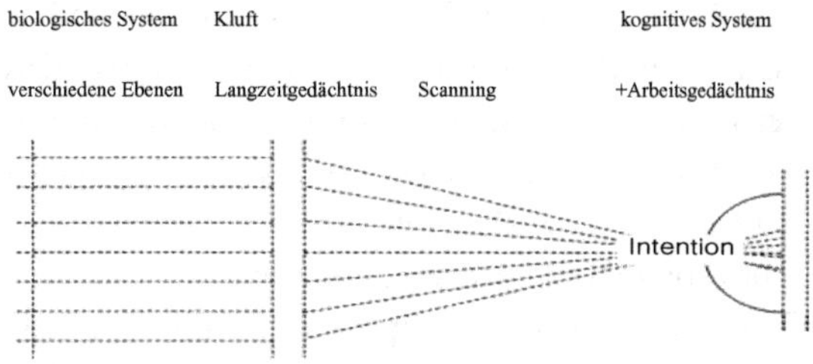

logische, strukturelle und kausale Beziehung zwischen Repräsentation und Repräsentiertem ausgesagt sei. „Es gibt keine privilegierte Form der Beziehung zwischen mentaler Repräsentation und dem Repräsentierten, sondern unbegrenzt viele gleichwertige Formen der Bezugnahme“ (ebd., S. 230). Da die Intentionen zum *mentalen* System gehören, müssten über ein „Interface“ Umkodierungen möglich sein (mental ↔ physisch).

Dualismus der Eigenschaften: Bei diesem Ansatz wird zwar der Monismus in substanzieller Hinsicht beibehalten, doch wie Birnbacher (1990) in seinem Referat darlegte, ist die wissenschaftlich geeignete Kategorie nicht die Substanz, sondern ein *Attribut* derselben. Das Psychische ist an die Existenz eines Physischen gebunden. „Das Psychische ist kein selbständig, sondern es bleibt ein unselbständig Seiendes. Es existiert nicht für sich, wie ein Ding existiert, sondern ist an die Existenz eines Substantiellen, des Physischen, gebunden“ (ebd., S. 61). Sofern eine Verdinglichung ausgeschlossen wird, kann also nicht von einem Dualismus die Rede sein. Andererseits ist nach dem Autor das Psychische doch etwas, das sich von den eigentlichen, die körperliche Beschaffenheit betreffenden Eigenschaften des Physischen *unterscheidet*. „Ich möchte sogar weiter gehen und sagen, daß wenn überhaupt etwas voneinander verschieden ist, dann psychische Ereignisse wie Schmerzen oder Denkprozesse von den mit ihnen korrelierenden neurophysiologischen Vorgängen“ (ebd., S. 61). Trotzdem kann sich Birnbacher *nicht* für einen (ontologischen) Dualismus im Sinne eines „Substanzdualismus“ erwärmen. Letzterer verbiete sich nicht nur aus Sparsamkeitsgründen, sondern auch „aufgrund der Tatsache, daß das Psychische angesichts der Struktur seiner zeitlichen Inzidenz gar nicht substantiell gedacht werden kann“ (ebd., S. 65). Hingegen betrachtet er eben einen „Dualismus der Eigenschaften“ als hinreichend, um dem seiner Meinung nach doch „unaufgebbaren Dualismus von Psychischem und Physischem“ Rechnung zu tragen (vgl. ebd., S. 65).

> Es spricht nichts dagegen, die *psychischen Eigenschaften* eines bewußtseinsbegabten Wesens demselben physischen Gegenstand zuzuschreiben (dem Körper oder auch dem Gehirn), dem die physischen Eigenschaften des Wesens zugeschrieben werden (ebd., S. 64; Hervorhebung von M.G).

Von der Frage nach dem ontologischen *Status* des Psychischen unterscheidet Birnbacher die Frage nach der ontologischen *Abhängigkeit* des Psychischen. Zwar existiert das Psychische, aber nicht als selbstständige Substanz, sondern nur in Abhängigkeit von der alleinigen Substanz des Physischen (insofern kann nur von einem Monismus die Rede sein).

Der Referent wies auf den Emergentismus und auf den neuralen Monismus hin; beides Positionen, für die das Psychische etwas Sekundäres ist. Die Differenz besteht darin, dass der Emergentismus, der das Physische als notwendige und hinreichende Bedingung des Psychischen versteht, das Psychische als ontologisch einseitig abhängig betrachtet, während der neurale Monismus davon ausgeht, dass ontologische Abhängigkeit für Physisches sowie für Psychisches besteht.

Von der auf dem Symposium ausführlich diskutierten Frage nach der ontologischen *Abhängigkeit* des Psychischen zur Frage nach dem ontologischen *Status* des Psychischen zurückkehrend, wies der Referent darauf hin, dass auch der Dualismus der Eigenschaften unterschiedlich verstanden werden könne. Blankenburg (1990) habe folgende Möglichkeiten gesehen, psychische und physische (bzw. zentralnervöse) Vorgänge als zwei Seiten ein und desselben psychophysischen Lebensprozesses zu verstehen (vgl. ebd., S. 215 ff.):

- Beide Seiten werden gegenwärtig noch in verschiedenen Sprachen beschrieben und untersucht. Auf der einen Seite wird die Sprache der Psychologie (bzw. des vorwissenschaftlichen Alltagsverständnisses) und auf der anderen Seite die Sprache der Neurophysiologie verwendet.
- Der psychophysische Lebensprozess wird als eine dialektische Einheit von Form und Inhalt betrachtet (neurobiologisch gesteuerte, zentralnervöse Funktionen/fluktuierende emotionale, voluntative wie auch ideelle Gehalte bzw. Informationen). Demnach sind die psychischen Informationen nur komplizierter komponiert als die zentralnervösen Funktionen, qualitativ „eigenartig", aber nicht grundsätzlich verschieden von den physikalisch-chemischen Prozessen.
- Die psychologischen und physischen Ansichten des einheitlichen Prozesses werden als zwei kategorial grundsätzlich verschiedenen Bezugssystemen zugehörig aufgefasst. Die beiden Ansichten sind zwar zwei nicht aufeinander rückführbare Teilaspekte des gleichen Prozesses, doch fügen sie sich in komplementärer Weise zu einem Gesamtbild der psychophysische Wirklichkeit zusammen.

Besonders bei der dritten Möglichkeit stellt sich die Frage, ob es sich wirklich um einen „Dualismus der Eigenschaften" oder nicht doch eher um einen „ontologischen Dualismus" handelt. Vom Dualismus der Eigenschaften sowie dem ontologischen Dualismus lässt sich klarerweise ein die Erkenntnistheorie betreffender Dualismus unterscheiden, der auf dem Symposium ebenfalls zur Diskussion gestellt wurde.

Epistemologischer Dualismus: Bonsack (1990) wies zu Beginn seines Referates darauf hin, dass es neben dem ontologischen Unterschied zwischen Leib und Seele einen nur die Erkenntnistheorie betreffenden gebe, den er wie folgt bestimmte: „Die Seele ist das, was wir von innen wahrnehmen, durch Introspektion oder Reflexion. Der Leib ist hingegen, was wir von außen wahrnehmen können, durch unsere Sinnesorgane" (ebd., S. 82). Zwischen dem objektiv Physiologischen und dem subjektiv Empfundenen bestehe quasi eine gläserne Wand. Zwar könne man auf jeder Seite der Wand ein Stück weit gehen, doch könne man diese Wand eigentlich nie durchbrechen. Angesichts des Leib-Seele-Problems besteht für den Forscher oder die Forscherin nur die Möglichkeit, auf beiden Seiten aktiv zu werden, „beispielsweise einen Menschen zu fragen, was er empfindet, während man auf der objektiven Seite eine Stelle im Gehirn elektrisch reizt" (ebd., S. 83).

Für jeden subjektiven Vorgang müsse ein objektiver Vorgang postuliert werden; das würde indes *nicht* bedeuten, dass der objektive Vorgang den subjektiven kausal bedinge, denn es gäbe auf der ontologischen Ebene nicht zwei Entitäten, sondern eben nur eine Entität, die aber von zwei Seiten erfasst werde. Vielmehr entspreche der objektive Vorgang dem subjektiven Erlebnis, und das subjektive Erlebnis entspreche dem objektiven Vorgang. Ontologisch betrachtet seien sie aber ein und dasselbe. „Der Stich einer Nadel bewirkt in meinem Gehirn einen objektiven Zustand, der von mir subjektiv als Schmerz empfunden wird, aber ich darf nicht sagen, daß dieser objektive Zustand den Schmerz bewirke, hervorbringe, *er ist selbst der Schmerz*" (ebd., S. 90; Hervorhebung von Bonsack).

Ob dieser objektive Vorgang in ontologischer Hinsicht materieller oder nicht materieller Natur sei, sei *nicht* relevant; entscheidend sei, dass objektive Ereignisse, auch die primär nur subjektiv zugänglichen, mit anderen objektiven Ereignissen in kausaler Verbindung stehen beziehungsweise dass *zwischen objektiven Sachverhalten* Kausalität bestehe. Nach Bonsack löst diese Vorstellung die Probleme der Kausalität zwischen Seele und Leib sowie zwischen Seele und Außenwelt und ermöglicht es zudem, allfällige Wechselwirkungen zu erklären. „Alle kausalen Verbindungen sind objektiv und gehören zur Welt, es gibt keine Kluft mehr zwischen einem Subjektiv-Empfundenen und einem objektiven Nicht-Empfundenen zu überbrücken" (ebd., S. 91).

Nur wenn die Sperre zwischen Leib und Seele an gewissen Stellen durchlässig sei, können Personen in den Ablauf des Geschehens eingreifen. Das öffne sie zwar für gewisse von außen kommende Einflüsse, doch gibt es ihnen auch die Möglichkeit, nach außen zu wirken und jenen Teil des Stromes, der durch sie fließt, zu beeinflussen. Dabei spielen irreversible Prozesse eine wichtige Rolle. Hingegen wäre es in einer reversiblen Welt unmöglich, ein System in einen Zustand unabhängig von der Vergangenheit zu versetzen. Jede Wahrnehmung eines äußeren Zustandes und jede Anpassung an diesen externen Zustand, mithin jede Beherrschung desselben, wäre unmöglich.

> Dank der irreversiblen Prozesse wird Ruhe möglich, und durch die Ruhe, Ordnung, Möglichkeit der gezielten Beeinflussung, des selektiven Eingreifens in den Ablauf der Ereignisse. Sie machen erst möglich, daß Kausalketten irgendwo enden und auch irgendwo starten, nicht etwa aus nichts starten, aber vom Zustand des Ichs und von nichts anderem ausgehen. Kurz, die irreversiblen Vorgänge geben uns die Möglichkeit, die Kausalketten zu kontrollieren, die uns durchziehen, so daß der Output nicht einfach vom Input abhängt, sondern auch von dem, was wir selbst sind (ebd., S. 92).

Nach Bonsack befinden sich Geist und Materie sowie ihre Wechselwirkungen *epistemologisch* auf derselben objektiven Seite. Auf dieser Seite erscheint also auch die Subjektivität – in objektivierter Form. Mit den Worten von Bonsack:

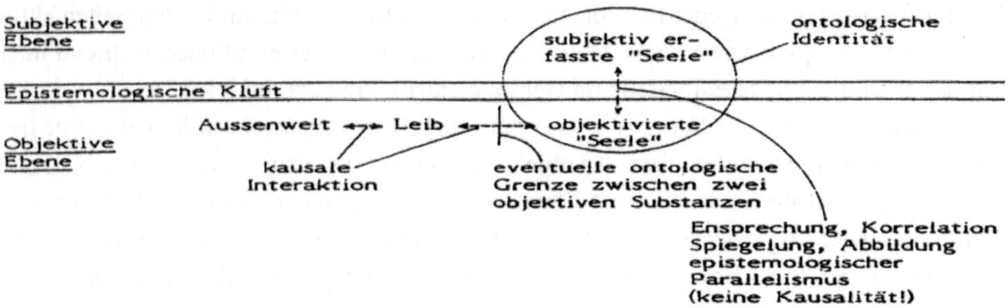

Abb. 5.5 Epistemologische Diskontinuität und objektive Kontinuität beim Leib-Seele-Verhältnis (vgl. Bonsack 1990, S. 93)

> Die Subjektivität muß objektiviert werden, sie ist nicht *nur* subjektiv, sie ist auch objektiv. Das sind nur zwei Aspekte: es gibt eine einzige ontologische Entität (z.B. Schmerz), die entweder von innen als Gefühl oder von außen als physiologischer Zustand angegangen werden kann. Es besteht epistemologischer Parallelismus (oder Korrelation), aber ontologische Identität (ebd., S. 92 f.; Hervorhebung von Bonsack).

Wie aus Abb. 5.5 hervorgeht, befinden sich auf der objektiven Seite der epistemologischen Grenze Leib, Außenwelt und *objektivierte* Subjektivität. Letztere bezeichnet Bonsack auch als „objektivierte Seele“. Demnach können Leib, Außenwelt und objektivierte Subjektivität objektiv-kausal aufeinander wirken, „auch wenn die Seele aus einem anderen ‚Stoff‘ aufgebaut sein sollte als Leib und Außenwelt“ (ebd., S. 93).

Phänomenologisches Verständnis des Leib-Seele-Problems: Schöpf (1990) orientierte sich weitgehend am frühen Edmund Husserl sowie am französischen Denker Maurice Merleau-Ponty. Seiner Meinung nach darf von der *praktischen* Bedeutung des Leib-Seelischen *nicht* abstrahiert werden. Bei einem sogenannten wertfreien naturwissenschaftlichen Verständnis des Leibes werde derselbe nicht in seiner Bedeutung empfindungs-/gefühlsmäßig und im tätigen Umgang wertmäßig betrachtet, sondern zu einem Objekt stilisiert. Für ein personal erlebendes Subjekt trenne sich der Leib *nicht* in „Bewußtseinsintention und Leibobjekt, sondern es erfaßt eben verleiblichte Intentionen“ (ebd., S. 196). Die ursprüngliche Einheit von Leib und Seele sei exemplarisch aufzuzeigen, doch dürfe dabei auch nicht die sich schon im Keim andeutende Differenz verkannt werden, so dass analysiert werden könne, wie Leib und Seele sich im Laufe der Zeit unterscheiden, ja in Gegensatz zueinander treten und auch entsprechende Einstellungen im Bewusstsein entstünden.

Dem auf dem Würzburger Symposium vorgestellten epistemologischen Dualismus, der den ontologischen Monismus nicht ausschließt, kann eine gewisse Plausibilität nicht abgesprochen werden. Indessen bewegte sich der psychologische Mainstream nach der Kognitiven Wende eher in die Gegenrichtung: Die erkenntnismäßige Vorgehensweise wurde als monistisch betrachtet und der Gegenstand als dualistisch, wobei in den letzten Jahren dem biologischen gegenüber dem psychologischen Bereich gerade auch von Psychologen wiederum mehr Bedeutung beigemessen wurde (Kap. 6.1).

Demgegenüber setzte sich innerhalb der *Humanistischen Psychologie* des 20. Jahrhunderts ein Verständnis des Organismus durch, das im Sinne von La Mettrie, Herder, Goethe oder Schöpf den Leib nicht entseelte, sondern als lebendige Ganzheit bestehen ließ; ein monistisches Verständnis, das für viele Theoretiker und Theoretikerinnen sowie Therapeuten und Therapeutinnen nach wie vor wegleitend ist, wenngleich es im Rahmen der akademischen Psychologie selten zur Diskussion gestellt wird.

Selbstbehauptungsdiskurse im 21. Jahrhundert

6

Zusammenfassung

Im 21. Jahrhundert gab es diverse (darunter auch öffentlich zugängliche) Diskurse, in denen versucht wurde, die akademische Psychologie in ihrer bisherigen Form zu behaupten (u.a. gegenüber der anwachsenden Bedeutung anderer Wissenschaften und dem Vorwurf der Praxisferne und der gesellschaftlichen Irrelevanz). So wurden auch im Rahmen der Deutschen Gesellschaft für Psychologie zwei Diskussionen geführt, in denen die Beteiligten nach einem neuen Selbstverständnis suchten. Der erste Gedankenaustausch zeugt von einer tiefen Besorgnis der akademischen Psychologen und Psychologinnen, dass die gesellschaftliche Bedeutung ihrer Wissenschaft durch den Aufschwung der Biologie und insbesondere der Neurologie minimalisiert werden könnte, was paradoxerweise viele von ihnen veranlasste, einer neurobiologischen Fundierung der Psychologie Vorschub zu leisten. Im zweiten Diskurs wurde die fehlende Praxisrelevanz der akademischen Psychologie thematisiert und nach Wegen gesucht, wie die Kluft zwischen psychologischer Grundlagenforschung und Praxis überbrückt werden könnte. Sollte die Psychologie noch ausgeprägter als Naturwissenschaft verstanden werden als bisher, besteht die Gefahr, dass ein potenzieller Anwendungsbereich der bestehenden akademischen Psychologie, die psychosoziale Praxis, noch stärker medikalisiert wird und die Aussicht auf einen spezifisch psychologischen Praxisbezug in diesem Gebiet sich weiter verringert.

M. Galliker, *Ist die Psychologie eine Wissenschaft?*,
DOI 10.1007/978-3-658-09927-5_6

6.1 Der Biologismus-Diskurs

In der 4. Nummer des 51. Jahrgangs der *„Psychologischen Rundschau"*, dem Organ der Deutschen Gesellschaft für Psychologie, erschien von Born, Güntürkün und Schwarting (2000) ein kurzer Bericht mit dem Titel: „Biologische Psychologie – Fach in der Psychologie?", dessen Auswirkungen bis heute zu spüren sind. Dieser Bericht begann mit folgenden Worten:

> Kaum gingen die vom US-amerikanischen Parlament zur „,Dekade des Gehirns" erklärten 10 Jahre zu Ende, wurde dieser Tage in Bonn die „Dekade des menschlichen Gehirns" eingeläutet, während das japanische Parlament, weniger bescheiden, sogar das „Jahrhundert des Gehirns" bekannt gab. Wer hinter diesen Parolen leere Effekthascherei vermutet, droht, eine der ganz großen Wissensrevolutionen zu verschlafen. Wir sind tatsächlich in atemberaubender Geschwindigkeit dabei, mehr und mehr die Funktionsprinzipien desjenigen Organs zu entschlüsseln, das uns Menschen erst zu Menschen macht. Die offiziellen Proklamationen sind Teil einer vermehrten Zuwendung der Öffentlichkeit auf Themen der Neurowissenschaften. Dieser Aufmerksamkeitsschwenk hat in den USA einen dramatischen Anstieg der Ausbildungsgänge in der „Kognitiven Neurowissenschaft" als einer neuen Studiendisziplin nach sich gezogen. Eine ähnliche Entwicklung ist innerhalb der nächsten Jahre auch in Deutschland wahrscheinlich. Und letztendlich haben schon jetzt die Geldströme innerhalb der Forschungslandschaft neue Bahnen genommen und fließen in stetig steigendem Umfang in die Neurowissenschaften (ebd., S. 218).

Diese für eine wissenschaftliche Fachzeitschrift ungewohnten Töne wurden auch im zweiten Absatz des Berichtes nur wenig abgeschwächt:

> Eine der damit in engem Zusammenhang stehenden Entwicklung ist, dass genuin psychologische Fragestellungen zu zentralen Forschungsthemen geworden sind, an denen weltweit Tausende von Wissenschaftlern verschiedenster Fachdisziplinen arbeiten: „Wie funktioniert Wahrnehmung?", „Wie sind Lernprozesse organisiert?", „Was sind die Bestandteile kognitiver Mechanismen?" und sogar: „Wie ist Bewusstsein strukturiert?" Damit ist die Biologische Psychologie, die noch vor 20 Jahren nicht als Kernfach der deutschen Psychologie galt, ins Zentrum einer Entwicklung gerückt, von der wichtige Impulse für die gesamte Psychologie ausgehen. Diese Wende führt dazu, dass Experimentalpsychologen mit Forschungsschwerpunkten z.B. in der Lern-, Wahrnehmungs-, Kognitions- oder Aufmerksamkeitspsychologie heute häufig die neurowissenschaftlichen Bezüge ihrer Daten diskutieren, während sie noch vor 10 Jahren ganz selbstverständlich ihre Ergebnisse ohne Referenz auf Hirnprozesse interpretiert hatten (ebd., S. 218).

Im dritten Absatz des Berichts zeigte sich hinsichtlich der Psychologie ein weniger erfreulicher Aspekt der neuen Forschungsperspektive:

> Diese Entwicklung, die für unser Fach sehr erfreulich ist, könnte allerdings zum Danaergeschenk werden, wenn biopsychologische Fragestellungen erfolgreich in Nachbardisziplinen exportiert würden, ohne innerhalb der deutschen Psychologie ebenfalls zu wachsen. Diese Gefahr existiert tatsächlich, da biopsychologische Forschung mehr und mehr in Einrichtungen

> außerhalb der psychologischen Institute und vor allem im medizinischen Bereich stattfindet. Wir halten es für außerordentlich wichtig, dass die Psychologie aus eigener Kraft den biologischen Aspekt ihres Gegenstandes in Forschung und Lehre angemessen vertritt. Eine Prävalenz biopsychologischer Forschung außerhalb der Psychologie und insbesondere in der Medizin könnte in der Tat der Psychologie insgesamt als eigenständiges Fach abträglich werden (ebd., S. 218).

Demnach sind die Psychologen bei einem wesentlichen Problem angelangt – bei den materiellen Voraussetzungen ihres Schaffens. Anhand von Datenanalysen werden einige Trends einer Verlagerung biopsychologischer Forschung in außerpsychologische Bereiche exemplarisch aufgezeigt. Die experimentelle Auseinandersetzung mit psychologischen Konzepten findet bereits (im Jahre 2000) zur Hälfte in nichtpsychologischen (meistens medizinischen) Institutionen statt. Die medizinischen Bereiche sind personell höher quotiert und technisch besser ausgerüstet (z.B. was die kostenintensiven Bildgebenden Verfahren anbelangt).

Die Psychologie müsse die Gefahr erkennen, dass sie den biologischen Aspekt ihres Forschungsgegenstandes an andere Fächer verlieren könnte. Damit würde ihr nur noch eine subalterne Rolle bei der sich abzeichnenden Schaffung neurowissenschaftlicher Ausbildungsgänge und Forschungseinrichtungen an den Universitäten zufallen. Der Bericht schließt wie folgt:

> Im Zuge der Entwicklung der Neurowissenschaften erhält die Biologische Psychologie eine einmalige Rolle. Sie kann dieser Entwicklung nur dann Rechnung tragen, wenn sie auch die dafür notwendigen institutionellen Rahmenbedingungen sowie die entsprechenden Forschungsmittel erhält. Seit Gorbatschow wissen wir, dass das Leben denjenigen bestraft, der zu spät kommt. Hoffen wir, dass die Psychologie in Deutschland die Zeichen der Zeit rechtzeitig versteht (ebd., S. 220).

Drei Jahre später eröffnete Born (2003) in der *„Psychologischen Rundschau"* als Sprecher der Fachgruppe Biologische Psychologie ein Diskussionsforum *„Biologische Psychologie 2010"*. Dabei bezog er sich auf den Bericht *„Biologische Psychologie – Fach in der Psychologie?"* aus dem Jahre 2000, den er nun als Arbeit der *„Fachgruppe Biologische Psychologie"* der Deutschen Gesellschaft für Psychologie bezeichnete. Die Beschreibung des „Ist-Zustandes" sei durch eine Darstellung des „Soll-Zustandes" zu ergänzen. Da Letzterer strittig sei, habe man Repräsentanten des Faches gebeten, den Zustand der Biologischen Psychologie im Jahre 2010 vorauszusagen. Die Kernfrage lautete wie folgt:

> Wird die Biologische Psychologie im Jahr 2010 noch ein Fach innerhalb der Psychologie sein, oder wird dieses Fach in Forschung und Lehre dann sehr viel kompetenter außerhalb, etwa in der Medizin oder in den sich gegenwärtig stabilisierenden Fächern der kognitiven bzw. behavioralen Neurowissenschaften, vertreten werden? (ebd., S. 120).

Birbaumer (2003) leistete den ersten Beitrag in der *„Rundschau"*. Unter der Voraussetzung eines anhaltenden Trends unveränderter Schwerpunkte in der Forschung und im Studium (Beibehaltung der Prüfungs- und Studienordnung) befürchtete er eine Marginalisierung der Biologischen Psychologie. Seine Bedenken hielt er im Wesentlichen in den drei folgenden Punkten fest (vgl. ebd., S. 120):

1. Die Biologische Psychologie werde in den nächsten Jahren v. a. an Medizinischen und Biologischen Fakultäten unter den Begriffen „Kognitive Neurowissenschaften" und/oder „Verhaltensneurobiologie" untersucht.
2. Eine Psychologie ohne ihre biologischen Wurzeln werde schnell insgesamt an Bedeutung verlieren.
3. Bei der Kognitiven Wende sei vergessen worden, dass die Wurzeln der gesamten experimentellen Psychologie in der Biologischen Psychologie liegen.

Des Weiteren fragte sich Birbaumer, was die Biologische Psychologie retten könnte. Seine Antwort betraf u.a. die personelle Besetzung und die technische Ausstattung der Institute:

> Jedes *Psychologische Institut* erhält einen Lehrstuhl oder eine C3-Stelle und Mitarbeiter sowie eine Juniorprofessur, welche mit Tier- *und* Humanversuchen arbeiten können, je nach Qualifikation eines der beiden als Schwerpunkt. Zugang zu einem Neuroimaging-Center oder ein eigenes Center mit fMRI, TMS, Multikanal EEG/MEG etc. muss ebenso gewährleistet sein wie molekularbiologische, endokrinologische, anatomische und elektrophysiologische Tierlabors. Jede Abteilung für Biologische Psychologie benötigt mindestens 4–10 post-docs, 1 Techniker/Ingenieur, 1 MTA. (ebd., S. 121; Hervorhebungen von Birbaumer).

Rösler (2003) wies im zweiten Beitrag der Auseinandersetzung darauf hin, dass die Psychologie traditionell philosophischen oder sozialwissenschaftlichen Fakultäten zugeordnet wurde, konnte sie doch *nicht* als exakte Wissenschaft gelten. Entsprechend seien für die neuen Anforderungen der Biologischen Psychologie ungenügende finanzielle Zuwendungen erfolgt.

> Man sieht Psychologie als „weiche" Wissenschaft. Was da gemacht wird, so die landläufige Meinung, ist eher unpräzise, stark heuristisch und nicht exakt theoretisch unterfüttert. Aufgrund dieses Images wird auch experimentell gut abgesichertes Wissen oft nicht ernst genommen bzw. die Nachbardisziplinen nutzen dieses Wissen zwar, ohne aber zu erkennen, wo es herkommt (ebd., S. 124).

Rösler zufolge sollten experimentell forschende Psychologen zusammen mit Biologen, Physiologen sowie Forschern und Forscherinnen anderer biomedizinischer Fächer Neurowissenschaftler und Neurowissenschaftlerinnen ausbilden. Sollte in Zukunft eine Integration der Biologischen Psychologie in diese naturwissenschaftlich-medizinischen Disziplinen gelingen, könne erreicht werden, dass psychologische Forschung in diesem Bereich ernst genommen und entsprechend finanziell gefördert werde.

> Nur so werden wir auch die Kollegen aus den anderen Disziplinen überzeugen können, dass Psychologie, als experimentelle Wissenschaft betrieben, genauso exakt ist wie die Neurobiologie. Und nur so werden wir für diesen faszinierenden Forschungsbereich auch diejenigen Studenten gewinnen können, die sich für systemorientierte Forschung am Menschen interessieren (ebd., S. 124).

Um die Integration einer nunmehr exakten Biologischen Psychologie in die naturwissenschaftlich-medizinischen Disziplinen zu erreichen, ist dem Autor zufolge eine Unterteilung der Psychologie in folgende Bereiche erforderlich (vgl. ebd., S. 124):

- angewandte psychologische Aktivitäten
- sozialwissenschaftlich forschende Psychologen und Psychologinnen
- experimentell forschende Psychologen und Psychologinnen

Dieser Vorschlag zur Neuordnung des Psychologiestudiums wurde von Markowitsch (2003) ausdrücklich unterstützt. Solange die Studienordnung nicht verändert werden könne, würde die Psychologie insgesamt ihren Ruf als „soft science" weiterhin behalten und „von Fachfremden als Hilfswissenschaft der Medizin betrachtet und ihre Fachvertreter entsprechend gering bezahlt" (ebd., S. 127).

Gegenfürtner (2003) wies indes darauf hin, dass das deutsche Universitätssystem zu starr ist, um die Lage der Biologischen Psychologie zu verändern und beispielsweise wie in den USA neue interdisziplinäre Forschungszentren für Neurowissenschaften zu gründen, in denen Psychologen mit Biologen, Medizinern, Informatikern usw. kooperieren könnten. Wenn nicht entsprechende Maßnahmen getroffen würden, gäbe es – so seine Prognose – in zehn Jahren die Biologische Psychologie *nicht* mehr. Idealerweise würden in Zukunft Psychologen *sämtlicher* Disziplinen biopsychologische Methoden verwenden. Dies sei für einige Bereiche durchaus denkbar, für andere aber eher nicht. „In der Sozialpsychologie zum Beispiel lassen sich die meisten Phänomene nicht auf die Aktivitäten einzelner Neuronen reduzieren. Ein massiver Einsatz der Biopsychologie wird hier wohl darauf warten müssen, bis in der Kernspinröhre mehrere Personen bequem Platz finden" (ebd., S. 125).

Nach Elbert (2003) waren faszinierende Bereiche der Psyche *mangels* experimentellen Zugangs an den Rand der Wissenschaft gedrängt worden. Mit den modernen Verfahren, Hirnaktivitäten zu beobachten, hätten sich eigentlich neue Wege zu genuin psychologischen Fragestellungen eröffnen können, doch sei das psychologische Territorium von der Biologie und der Medizin schrittweise besetzt worden, so dass die in diesen Wissenschaften lokalisierte Neurowissenschaft nun zunehmend besondere Bereiche der Psychologie wie Aufmerksamkeit und Gedächtnis vor dem Hintergrund *populärwissenschaftlicher* Vorstellungen bearbeitete.

Lüer (2003) riet in seinem Beitrag jedoch davon ab, „Verschwörungstheorien" zu bemühen und „Verhaltensszenarien" zu entwerfen, welche „nur zu fruchtlosen und zeitraubenden Konflikten führen können" (ebd., S. 127). Seiner Meinung nach befindet sich die Biologische Psychologie in einer *aussichtsreichen Ausgangsposition.* „Es wird die Zahl der Vertreter in unserem Fach sowie in interessierten Nachbarwissenschaften (…) immer größer, die ihr zutrauen, eine Favoritenrolle einzunehmen“ (ebd., S. 127).

Nach Westmeyer (2003) sind indes die neuen *Bildgebenden Verfahren* der Neurologie nicht kritiklos in der Psychologie zu verwenden. Sie seien zunächst auf ihre Güte hin zu überprüfen, wie dies auch für andere Datenquellen in der Psychologie der Fall sei. „Sie sind erst einmal methodenkritisch unter den Aspekten der Objektivität, Reliabilität und vor allem der Validität zu untersuchen, um abzuklären, was in den aus diesen Quellen gewonnenen Daten tatsächlich zum Ausdruck kommt“ (ebd., S. 128). Die gezeigten Bilder seien das Ergebnis eines hochkomplexen Analyse- und Interpretationsapparats, der als solcher keineswegs unumstritten sei (vgl. u.a. Hardcastle und Stewart 2002). Die inter- und intraindividuelle Variation müsse bei den einzelnen Probanden abgeklärt werden. Bei den Untersuchungen sei ebenfalls die Situationsabhängigkeit der Bildgebenden Verfahren zu berücksichtigen, zumal dieselben selbst eine hochgradig artifizielle Situation darstellen würden. „Auch für die Bildgebenden Verfahren ist es daher geboten, nach ihrem Geltungs- und Gültigkeitsbereich zu fragen“ (ebd., S. 128).

Mausfeld (2003) bezog sich in der folgenden Nummer der *„Psychologischen Rundschau“* auf die von „führenden Vertretern der Biologischen Psychologie“ vorgetragene Vision, dass die „psychologische Grundlagenforschung mit Biologischer Psychologie identisch werde“ (vgl. ebd., S. 185). Dabei spiele allerdings das Interesse, dem eigenen Fach die gesellschaftliche Anerkennung zu sichern, eine größere Rolle als Fragen eines Fortschritts der Theorie im Verständnis mentaler Prozesse. Da *keine* Theorie der elektrophysikalischen Vorgänge des Gehirns zur Verfügung stehe, könne man nicht erklären, warum fMRI-Befunde so und nicht anders aussehen würden. Sie könnten nur mit demjenigen in Beziehung gebracht werden, was zuvor an psychologisch-theoretischer Substanz in die Untersuchung hineingetragen würde. Die neuroreduktionistische These, dass die Antwort auf die Frage nach der Art des Geistes auf der Ebene der Neuronen zu finden sei, bewertete Mausfeld als dogmatische Feststellung, als Abbruch des Regresses. Dieser Regress könnte heute auch bis auf die Ebene quantentheoretischer Vorgänge weitergeführt werden (vgl. zum Regress auch Albert 1968/1969). Erklärungen für psychologische Sachverhalte auf der Ebene der Biologie zu suchen, wäre etwas Ähnliches, wie wenn Chemiker im 19. Jahrhundert Gesetzmäßigkeiten der Chemie nur dann als akzeptabel betrachtet hätten, wenn sie auf physikalische Gesetzmäßigkeiten zurückführbar gewesen wären. In Wirklichkeit sei es jedoch die Physik gewesen, die sich ändern musste, damit die Vereinigung dieser Naturwissenschaften möglich wurde. Was die Naturwissenschaft seit jeher antreibe, sei nicht die Reduzierung auf eine grundlegendere Wissenschaft im Vergleich zur praktizierten, sondern die explanatorische Vereinheitlichung von Prinzipien, auf denen unterschiedliche Klassen von Theorien basierten.

> Die Prämissen, die dem Neuroreduktionismus zugrunde liegen, sind also schwer mit den üblichen Prinzipien der Naturwissenschaften in Einklang zu bringen. Daher sind sie auch nicht als Leitlinien für die Allgemeine Psychologie geeignet. Was bleibt dann noch als Begründung? Da im real existierenden Wissenschaftsbetrieb das Sein das Bewusstsein bestimmt und da der Kampf um die immer knapper werdenden Ressourcen ein Nullsummenspiel ist, drängt sich

der Gedanke auf, dass es vorrangig gar nicht um eine inhaltliche Auseinandersetzung darüber geht, wie wir ein besseres Verständnis mentaler Phänomene erreichen, sondern um profanere und handfestere Dinge. Der Verweis auf teure Geräte, auf Mittelzuteilungen der DFG, auf Erfolge bei der Lösung drängender gesellschaftlicher Probleme (…) macht deutlich, warum man sich die Allgemeine Psychologie einverleiben möchte (ebd., S. 191).

Pawlik (2010) wird Mausfeld zustimmen, dass es in der Wissenschaft methodologisch nicht auf die Reduzierbarkeit oder Unreduzierbarkeit eines Gebietes oder einer Betrachtungsebene ankommt, sondern auf die *Entwicklung von Theorien*, die den Phänomenen möglichst angemessen sind (vgl. ebd., S. 207). Dies betreffe physikalische, physiologische, behaviorale und mentale Phänomene der Arbeitsweise des Gehirns, wobei für die unterschiedlichen „Phänomenebenen" auch entsprechend verschiedene „Beobachtungssprachen" verwendet werden (vgl. hierzu u.a. auch Bonsack 1990).

Im Jahre 2010 stellten Jäncke und Petermann (2010a) in einem Themenheft der *„Psychologischen Rundschau"* folgende Frage: „Wie viel Biologie braucht die Psychologie?" Im Editorial beziehen sich die Herausgeber auf das Symposium anlässlich des 47. Kongresses der Deutschen Gesellschaft für Psychologie in Bremen, an dem sich die Beteiligten mit entsprechenden Problemen auseinandersetzten (vgl. Petermann und Koglin 2010). Beim Symposium wurde diskutiert, ob die Psychologie in ihrer Bedeutung reduziert und durch biologische Disziplinen substituiert wird.

Was spricht dagegen, die Psychologie nicht einfach der Biologie oder den Biowissenschaften zuzuordnen? Sicherlich finden sich einige Befürworter für solche Zuordnungsversuche, sicher werden sich aber auch viele Kritiker finden, die zur Zurückhaltung mahnen und die *Eigenständigkeit der Psychologie* als Wissenschaftsdisziplin betonen. Insofern muss man sich natürlich fragen, was ist das Eigenständige und herausragend Besondere der Psychologie, das zwingend die Existenz einer eigenen wissenschaftlichen Existenz erfordert? (Jäncke und Petermann 2010a, S. 174; Hervorhebung von M.G.).

Jäncke und Petermann (2010b) befassten sich in ihrem Beitrag *„Zum Verhältnis von Biologie und Psychologie"* vor allem mit dem Problem, wie aus der Perspektive der Psychologen biologische Befunde wissenschaftlich einzuordnen sind (vgl. ebd., S. 175). Die Autoren stellten u.a. auch kritische Fragen, wie beispielsweise die, ob die Psychologen möglicherweise wichtige psychologische Forschungsfragen aus den Augen verlieren könnten (z.B. die Lebensqualität psychisch kranker Menschen), wenn sie ihre Wissenschaft nunmehr den neuen biologischen und neurowissenschaftlichen Ansätzen überantworteten, um allerdings gleich hinzuzufügen:

Diese kritischen Fragen sollen nicht bedeuten, dass die modernen biologischen und neurowissenschaftlichen Ansätze grundsätzlich infrage zu stellen sind. Es geht vielmehr darum, ob wir aktuell über angemessene Modelle und Theorien verfügen, um die biologischen und neurowissenschaftlichen Befunde sinnvoll einzuordnen und zu interpretieren (ebd., S. 177).

Zum Verhältnis von Biologie und Psychologie formulierten die Autoren die folgenden vier Empfehlungen (vgl. ebd., S. 178):

1. Da ein enger Zusammenhang zwischen Hirnforschung und Psychologie nicht ignoriert werden könne, müsse man mit deren Beziehung zielführend umgehen. Die akademische Psychologie sollte sich der Hirnforschung nicht verschließen, sondern derselben Anregungen geben, die notwendig sind, um zu untersuchen, wie man menschliches Erleben analysieren, erklären und vorhersagen kann. Hierbei sollte die Psychologie federführend sein und den neuen Forschungszweig gestaltend und kontrollierend vorantreiben.
2. Die akademische Psychologie sollte zu einer strukturellen Wissenschaft entwickelt werden. Biologie, Hirnforschung und Sozialwissenschaften sollten zu verwandten Disziplinen gemacht werden, so dass die verschiedenen Disziplinen sich gegenseitig befruchten und sich die Forscher von den traditionellen Disziplingrenzen befreien könnten.
3. Die Befunde der akademischen Psychologie sollte man der Öffentlichkeit offensiver zur Verfügung stellen. Es zeuge von Ignoranz und Missachtung der Psychologie durch die Nachbardisziplin, wenn ein Neurobiologe ein Buch über das Lernen von Schulkindern schreibe.
4. Die akademische Psychologie müsse in Zukunft (noch) besser werden. Erst wenn es ihr gelinge, menschliches Erleben und Verhalten nicht nur zu beschreiben, sondern auch vorherzusagen, sei sie im Wissenschaftsolymp angekommen.

Jäncke (2010) stellte die (rhetorische) Frage, ob die Psychologie die Biologie überhaupt braucht. Würde man sie ernst nehmen, befände sich die akademische Psychologie bereits in einer Verteidigungsposition, was aber, so jedenfalls Jäncke, *nicht* der Fall sei. Doch habe die akademische Psychologie innerhalb der nicht psychologischen Wissenschaften sowie im Laienpublikum mit Akzeptanzproblemen zu kämpfen (Kap. 6.2). Diesen Problemen könne man indes nicht entrinnen, indem man sich anderen Wissenschaften unterordne. „Die akademische Psychologie muss vielmehr ihren eigenen Weg finden, um das besser verstehen zu lernen, was das menschliche *Erleben* und *Verhalten* ausmacht" (ebd., S. 197; Hervorhebungen von Jäncke). Zwar dürfe man nicht vergessen, dass das Gehirn für das menschliche Erleben und Verhalten verantwortlich sei (vgl. ebd., S. 105), gleichwohl sei es nicht das Gehirn, das sein Verhalten verändert, sondern der Mensch verändere sein Verhalten.

Um die anstehenden Probleme zu lösen, schlug Jäncke vor, die Psychologie nicht länger als „Materiewissenschaft", sondern als „Strukturwissenschaft" (Küppers 2000) aufzufassen, die sich mit den Wirkmechanismen zwischen Elementen befasst, wobei die jeweiligen Strukturelemente in mehr oder weniger komplizierter Beziehung zueinander stehen und mit anderen Strukturwissenschaften wie der Biologie zusammengefasst werden können. Würde man die Psychologie tatsächlich als Strukturwissenschaft auffassen, wären auch die psychologischen Teildisziplinen miteinander vereinbar.

> Die Psychologie als Strukturwissenschaft sollte neben dem *Wie* auch das *Warum* des menschlichen Erlebens und Verhaltens zum Forschungsthema haben. Sie würde sich dann mit Strukturen und deren Wirkungsgefüge auseinandersetzen. Wie die Biologie würde sie sich um das *Wie* der jeweiligen Strukturen auf unterschiedlichen Ebenen kümmern. Wie funktioniert das Arbeitsgedächtnis und welche Elemente müssen zusammenwirken, um die Arbeitsgedächtnisfunktion zu unterstützen? Auf einer anderen Ebene könnte man sich fragen, wie das Arbeitsgedächtnis neuronal organisiert ist und welche neuronalen Strukturen zusammenwirken müssen, damit die Arbeitsgedächtnisfunktion möglich wird. In einem weiteren Schritt würde man sich fragen, welche Funktion für das Überleben das Arbeitsgedächtnis ausüben soll (ebd., S. 197; Hervorhebungen von Jäncke).

Jäncke würde bei einer Psychologie als Strukturwissenschaft keine Probleme mehr sehen, biologische und insbesondere neurowissenschaftliche Inhalte psychologisch zu bearbeiten, lägen doch mit diesen Inhalten nur verschiedene Ebenen der Strukturanalyse mit unterschiedlicher Auflösung vor, wobei sich die einzelnen Ebenen ergänzen und gegenseitig befruchten könnten. Insbesondere die psychologische Forschung sollte vermehrt befruchtend auf andere Forschungsgebiete einwirken. Gerade die Hirnforschung könnte erheblich von der Forschung in der Psychologie profitieren. Zur Illustration führte er folgende Fragestellungen an (vgl. ebd., S. 196):

- Welche Hirngebiete sind an der Bearbeitung von psychischen Funktionen beteiligt?
- Wie interagieren die verschiedenen Hirngebiete miteinander?
- Welche spezifische Funktion wird durch ein Hirngebiet kontrolliert?
- Welche besonderen Aktivitätsmuster sind mit bestimmten Hirnfunktionen verbunden?

Mausfeld (2010) bekräftigte im Beitrag *„Psychologie, Biologie, kognitive Neurowissenschaften"* nochmals seine Ablehnung des in neurowissenschaftlich orientierten Bereichen geäußerten Anspruchs, dass eigentliche Erklärungen (resp. sog. zureichende Begründungen) psychologischer Phänomene auf der Ebene neuronaler Prozesse zu suchen und zu finden sind (s.o.). Die Prämisse, mentale Prozesse als eine Funktion des Gehirns aufzufassen, sei zwar eine alte, scheinbar selbstverständliche These, doch sei das theoretische Verständnis dessen, was unter einer solchen Funktion zu verstehen sei, nach wie vor minimal.

> Denn weder verfügen wir gegenwärtig über eine angemessene theoretische Konzeption der jeweils als grundlegend anzusehenden mentalen Prozesse noch über eine theoretische Konzeption darüber, auf welcher physikalischen Ebene der Organisation des Gehirns die für eine Erklärung mentaler Phänomene relevanten Prinzipien verankert sind. Nehmen wir als Beispiel die Wahrnehmung und ihre Verankerung in Organisationsprinzipien des Gehirns: Auf psychologischer Seite verfügen wir bislang nicht einmal über eine auch nur in Ansätzen theoretisch adäquate Konzeption der Wahrnehmung (…). Auf biologischer Seite wissen wir nicht, auf welcher physikalischen Ebene der Gehirnorganisation die relevanten Prinzipien der Erzeugung „perzeptueller Objekte" auf der Basis eines physico-geometrischen Inputs zu suchen sind, etwa auf der Ebene von Neuronen oder komplexer dynamischer Systeme von Neuronen, auf der Ebene subzellulärer Strukturen von interagierenden Proteinen, auf der Ebene quantentheoretischer Vorgänge etc (ebd., S. 181).

Nach Mausfeld blieb die radikal-reduktionistische Ansicht, nach der eine eigenständige Ebene psychologischer Theoriebildung als letztlich überflüssig anzusehen sei, lange Zeit randständig, bis mit dem Aufkommen der kognitiven Neurowissenschaften in den 80er-Jahren des letzten Jahrhunderts eine neue Haltung auftauchte, mit der die neurologische Ebene als die maßgebende der Psychologie unterstellt wurde.

> Erst in den 80er Jahren band sich (…) die Psychologie an eine *metaphysische* Position, die im Lichte dessen, was in Philosophie, Wissenschaftstheorie und Wissenschaftsgeschichte an Klärungen erreicht wurde, philosophisch absonderlich und wissenschaftlich naiv ist. Mit dieser Anbindung weiter Teile der Psychologie an eine metaphysische Position kam in die lange und fruchtbare Beziehung von Psychologie und Biologie wieder ein *dogmatisches* Element, das für die Theorieentwicklung der Psychologie zu einem gravierenden Hemmnis geworden ist (ebd., S. 183; Hervorhebungen von M.G.).

Im Folgenden führte der Autor fünf Gründe für die fragwürdige Dominanz neuroreduktionistischer Perspektiven in der gegenwärtigen Psychologie an (vgl. ebd., S. 184–188):

- *Rückgriff auf Alltagskonzeptionen von „Erklärung":* Der Neuroreduktionismus stimmt mit den Alltagskonzeptionen der Menschen über mentale Phänomene und deren Erklärung überein. Mentale Phänomene erscheinen plausibler, wenn sie sich auf „konkrete Dinge" wie Hirnareale, Neuronen oder Transmittersubstanzen beziehen, als wenn sie auf abstrakte theoretische Konzepte verweisen. Der wissenschaftstheoretische Erklärungsbegriff weiche allerdings vom alltäglichen ab, werde doch in den Naturwissenschaften erst durch die Theorie bestimmt, was „real" ist.
- *Fokussierung auf lebensweltlich bestimmte mentale Phänomene:* Bei alltäglichen Beobachtungen neigt man dazu, das eigentlich theoretisch zu Erklärende stillschweigend schon vorauszusetzen. Deshalb ist es wenig überraschend, wenn interessante psychologische Fragen des Alltags von der naturwissenschaftlichen Psychologie und dem, was sie an theoretischen Einsichten bereitstellen kann, nicht berührt werden.
- *Rückgriff auf induktivistische Alltagskonzeption von „Wissenserwerb":* Es besteht eine Diskrepanz zwischen dem Überfluss von Einzelbefunden und den Möglichkeiten einer ernsthaften theoretischen Integration. Durch die Bildgebenden Verfahren ergeben sich unzählige Einzelbefunde, die sich schließlich zu einer Theorie über die Prinzipien und Arbeitsweisen des Gehirns zusammenfügen sollten.
- *Fokussierung auf Bedingungs- und Effektvariablen:* Für die positivistische Orientierung neuroreduktionistischer Positionen charakteristisch ist die Beschränkung der wissenschaftlichen Wahrnehmung auf die Messgrößen der Bedingungs- und Effektvariablen; doch sind Messgrößen eigentlich stets nur ein Medium der Theoriebildung und nicht deren eigenständiger Gegenstand. Auf diese Weise ergibt sich das Problem der Trivialisierung der psychischen Struktur, da dieselbe nurmehr als eine Art Widerspiegelung der Bedingungsvariablen aufgefasst wird.

- *Etablierung „einfacher" und „objektiver" Leistungsindikatoren:* Die Konsequenz des Einflusses neuroreduktionistischer Positionen ist eine nur mit dem Behaviorismus vergleichbare Monopolisierung und Degeneration des theoretischen Diskurses.

Strack (2010) stellte den Erkenntnisgewinn insbesondere lokationsorientierter Hirnforschung infrage und bezweifelte die Güte der Bildgebenden Verfahren. Der Autor wies darauf hin, dass der Zusammenhang zwischen Stoffwechselprozessen und neuronaler Aktivität empirisch nicht gesichert ist (vgl. ebd., S. 204). Ein weiteres methodisches Problem betreffe die Trennschärfe der identifizierten Areale im Gehirn. Auch wenn eine bestimmte Hirnregion mit einem psychischen Phänomen in einen Zusammenhang gebracht werde, hänge dessen Bedeutung davon ab, welche anderen Sachverhalte mit diesem Areal in Verbindung stünden. Beispielsweise lasse der Befund, dass die Region der Insula aktiviert sei, wenn Probanden faire Entscheidungen treffen, nicht auf eine Eins-zu-eins-Verbindung zwischen Hirn und Psyche schließen, denn Aktivitäten der Insula seien auch bei vielen anderen psychischen Phänomenen involviert (vgl. ebd., S. 202).

Pawlik (2010) wies darauf hin, dass es sich wohl kaum lohne, bildgebende Verfahren unter Fragestellungen einzusetzen, denen es an einer fundierenden Mind-Brain-Theorie mangle. Auf die induktive Forschungslogik könne man sich nicht verlassen (vgl. hierzu auch Popper, 1934/1989, zum Problem der Induktion, S. 3 ff.). Würden dann induktive Verallgemeinerungen gar an aposteriorisch ausgewählten Signifikanzen betrieben, und zwar unter Vorgabe von Korrelationen zwischen fMRT- und Verhaltensmaßen, die jenseits der Reliabilität beider lägen, müssten sich die Forschungsergebnisse tatsächlich den Vorwurf der „voodoo correlations" gefallen lassen (vgl. Vul et al. 2009, S. 2009).

Psychologische Laborforschung und Theoriebildung sei in psychologische Ökologie einzubinden, das heißt in Empirie zu den signifikanten verhaltensrelevanten Lebensumständen und -voraussetzungen, die ohne Zutun eines Forschers oder einer Forscherin zustande kommen. Dabei sei immer zu bedenken, dass viele dieser Bedingungen auch durch eigenes Verhalten (teilweise) ausgelöst oder ausgewählt würden.

Zwei Jahre später wies Lüdmann (2012) darauf hin, dass es prinzipiell unmöglich sei, die höherstufigen Theorien der Psychologie auf die niederstufigen Theorien der Naturwissenschaften respektive Biologie zu reduzieren (vgl. ebd., S. 78 u. 87). Zudem kann die „Sprache des Geistes" nicht einfach in eine „Sprache des Gehirns" übersetzt werden (siehe hierzu auch Kap. 5.9).

> Insofern kann der Psychologie nicht ihre Eigenständigkeit für den Bereich des Mentalen und seine phänomenale Realität abgesprochen werden. Sie befasst sich mit demselben Wirklichkeitsausschnitt, mit denselben Entitäten, wie bestimmte Bereiche der Biologie oder Medizin (Neurobiologie, Psychiatrie, Neurologie usw.), nur aus einer anderen Perspektive. Damit stünde der Gegenstandsbereich der Psychologie gleichberechtigt neben der Biologie oder Medizin und ist keineswegs der „unaufgeklärte Restbestand", geschweige denn kann von ihren Theorien behauptet werden, dass sie nur vorübergehende Hilfskonstruktionen sind (ebd., S. 87 f.).

Die Biologismus-Debatte in der Deutschen Gesellschaft für Psychologie zeugt von einer tiefen Besorgnis der akademischen Psychologen und Psychologinnen, dass ihrer Wissenschaft von einer anderen Wissenschaft das Wasser abgegraben werden könnte. Indessen wurde Wundts (1913/1921) Überzeugung, dass Forscher und Forscherinnen im Gebiet der Psychologie auch erkenntnistheoretisch wirksam sein sollten (Kap. 5.2), nicht berücksichtigt, wenn man von Mausfeld, Strack, Lüdmann und einigen wenigen anderen Wissenschaftlern und Wissenschaftlerinnen absieht (siehe auch Kap. 5.15.2).

Aus der Psychologismus-Antipsychologismus-Kontroverse ging hervor, dass zwar zwischen dem Erkenntnisprozess in ontogenetischer und in wissenschaftstheoretischer Hinsicht zu unterscheiden ist (Kap. 4.3), doch in beiderlei Hinsicht tritt man vermutlich nur auf der Stelle, wenn man sich einem biologistischen Reduktionismus verpflichtet sieht. Epistemologisch wäre zwar der kritisch-rationalistische Ansatz (u.a. Primat der Theorie) zu bevorzugen, insbesondere wenn unterstellt wird, dass es sich bei der Psychologie um eine Naturwissenschaft handelt, doch stellte sich schon in den klassischen Kontroversen (Kap. 3) und später bei der Behandlung der Leib-Seele-Problematik auch die Frage, ob *dieser* Reduktionismus zweckmäßig ist (vgl. Kap. 5.9).

Birbaumer (2003) zufolge sollte die Psychologie (und seiner Meinung nach gerade dieselbe auch als biologische Forschung) „zunehmend *sozialrelevante* Themen aufgreifen und experimentell zugänglich machen“ (ebd., S. 121; Hervorhebung von Birbaumer). In der Tat: Doch wenn die Psychologie noch ausgeprägter als Naturwissenschaft verstanden und deren Gegenstand neurobiologisch verankert werden soll, stellt sich die Frage, was dies für den Praxisbezug der Psychologie bedeuten wird.

6.2 Der Praxis-Diskurs

Im „Diskussionsforum“ der vierten Nummer des 60. Jahrgangs der *„Psychologischen Rundschau“* eröffneten Spiel, Lösel und Wittmann (2009a) unter dem Titel *„Transfer psychologischer Erkenntnisse in Gesellschaft und Politik“* eine schon lange fällige Debatte, in der über die Umsetzung psychologischer Erkenntnisse in den entsprechenden Praxisfeldern diskutiert wurde.

Die meisten Autoren gingen davon aus, dass die Psychologie Themen beforscht, die gesellschaftlich relevant sind; indessen vertraten viele die Meinung, dass es um den *Transfer* psychologischer Erkenntnisse in die relevanten Praxisfelder schlecht bestellt sei. Es sei zu befürchten, dass diese Kluft noch größer werde, da im Rahmen der europäischen Universitätsreformen der Stellenwert der Interdisziplinarität eher reduziert würde und bei Berufungsverfahren die praktischen Erfahrungen weiterhin nicht gewürdigt würden.

Die Psychologie sei zwar der „Evidenzbasierung“, aber nicht zugleich der entsprechenden „Anwendungsorientierung“ verpflichtet (vgl. ebd., S. 241). Hierbei stelle sich folgende Frage: Soll die sogenannte „evidenzbasierte Psychologie“ (eine andere Psychologie wäre wohl auch nicht als „wissenschaftliche“ zu bezeichnen) nicht auch für die Anwendung eben dieser Wissenschaft relevant sein?

Spiel (2009) wies darauf hin, dass es in den letzten Jahren in den anglo-amerikanischen Ländern eine deutliche Bewegung in Richtung einer „evidenzbasierten Praxis" gegeben hätte. Allerdings gäbe es in den verschiedenen Bereichen deutliche Differenzen in Bezug auf die Zugänge zur Schaffung von Evidenzen und deren Verwendung durch die Praxis. Einzelne Bereiche wie der Bildungsbereich seien besonders weit von der Evidenzbasierung entfernt. Zur Erklärung des Mangels der Evidenzbasierung in diesem Bereich formulierte die Autorin die folgenden Thesen (vgl. ebd., S. 255 f.):

- *Die Schwierigkeit, im Bildungsbereich handlungsnah Evidenz zu zeigen, begünstigt den Einfluss von Ideologien.* Die Befunde für Evidenz könnten nicht zeitnah, sondern oft erst in ferner Zukunft geliefert werden (z.B. hinsichtlich der Einführung der Gesamtschule). Die Untersuchungen seien oft mehr lokal als international ausgerichtet. Unter diesen Voraussetzungen werde der Einfluss von Ideologien auf bildungspolitische Entscheidungen begünstigt (vgl. u.a. den Diskurs um die Gesamtschulen).
- *Der Transfer von wissenschaftlichen Erkenntnissen in die Praxis ist im Bildungsbereich aufwendig und risikoreich.* Der Transfer von Erkenntnissen der Bildungsforschung erfordere viele Zwischenschritte, deren Umsetzung von der Einstellung, Kompetenz und Bereitschaft vieler Beteiligter abhänge und nur schwer kontrollierbar sei.
- *Die Forderung nach grundlegenden Verhaltensänderungen löst Widerstände aus.* Personengruppen, die lange in einer Position blieben und dort als Verantwortungsträger verharrten, seien aus Selbstschutz veränderungsresistent. Mit einer Veränderung müssten sie eingestehen, dass ihr bisheriges Verhalten unzureichend sei.
- *Mächtige Interessensgruppen behindern respektive verhindern den Transfer von der Forschung zur Praxis.* Eigen- und Gruppeninteressen dominierten oft Sachinteressen (als Beispiel werden die Lehrer- und Lehrerinnen-Gewerkschaften in Österreich genannt).

Zum Schluss wies Spiel auf Lösungsmöglichkeiten der anstehenden Probleme auf der Forschungsebene (u.a. Förderung und Anerkennung von standardbasierter Transferforschung) sowie auf der Praxisebene hin (z.B. Einbindung von Lehrern als Praxisexperten bei der Mitgestaltung von Veränderungen in einem vorgegebenen Rahmen).

Silbereisen (2009) stellte in seinem Beitrag *„Politik braucht Forschung, aber welche?"* fest, dass für die Auseinandersetzung mit der Politik und den von ihr angestoßenen Maßnahmen ein Verständnis der unterschiedlichen Forschungskulturen notwendig sei. Bei der *Grundlagenforschung* sei das Gütekriterium die zufallskritische Auseinandersetzung mit Hypothesen. In ihr herrsche ein Habitus der Unvollendetheit vor. Demgegenüber ziehe die *angewandte Wissenschaft* ihre Fragestellungen aus der Lebenswelt. Sie gelange zu Aussagen, deren Generalisierbarkeit begrenzt sei. Da beide Forschungskulturen für die Beratung in der Praxis (z.B. Beratung bzgl. sozialpolitischer Projekte) noch nicht unmittelbar geeignet seien, würden dieselben für die Umsetzung psychologischer Erkenntnisse noch nicht genügen. In der Politik würden sich Fragen aus einer ganz anderen Kultur heraus stellen. Politische Fragen würden sich jeweils auf die Veränderbarkeit eines als Problem aufgefassten Zustandes beziehen, und zwar mittels Anreizen, welche die angestrebten Ziele erreichen ließen. Deshalb käme zur Grundlagen- und zur Angewandtenforschung noch die Aufgabe der „translationalen Forschung“ hinzu.

> Die Aufgabe von translational research wäre es (…), ausfindig zu machen, was an der Organisation der Betreuung (…) mit vertretbarem Aufwand so veränderbar ist, dass eine mögliche Beeinträchtigung des Sozialverhaltens vermieden wird. Hier ist es wichtig festzuhalten, dass die durch Intervention veränderbaren Ursachen nicht unbedingt jene sein müssen, die aus Sicht von Grundlagen- oder angewandter Wissenschaft als die wichtigsten Ursachen angesehen werden (ebd., S. 244 f.).

Nach Frese (2009) lautet die Schlussfolgerung vieler Artikel in psychologischen Fachzeitschriften, dass noch weitere Forschung notwendig sei; dies insbesondere hinsichtlich konkreter Ratschläge für die Praxis. Indessen könne man innerhalb der Psychologie „fast immer eine *Alternativinterpretation* zu jeder wissenschaftlich abgesicherten Feststellung“ finden (vgl. ebd., S. 248). Deshalb sollte die Nutzung psychologischer Erkenntnisse evaluiert und optimiert werden. Frese schlägt vor, dass wissenschaftliche Gesellschaften Verantwortung für den Transfer von Forschungsergebnissen in die Praxis übernehmen und entsprechende Stützstrukturen schaffen. In fast allen Staaten der Welt gäbe es Sachverständigenräte für ökonomische Belange. In ähnlicher Weise könnten Sachverständigenräte zur Begutachtung der psychologischen Lage ins Leben gerufen werden.

> Die Einberufung solcher Sachverständigenräte sollte durch die jeweiligen wissenschaftlichen Gesellschaften (z.B. DGPs) erfolgen. So ein Sachverständigenrat würde Gutachten erstellen, z.B. zur Arbeitslosigkeit, zu Auswirkungen von Gesetzen (z.B. von Hartz IV), zur Frage, wie Veränderungen in Organisationen unterstützt werden können, wie man Humankapital stärken kann und welche Veränderungen sich aufgrund des demografischen Wandels ergeben, usw. (ebd., S. 248).

Nach Meinung von Lösel (2009) sollten sich die Psychologen fragen, welche ihrer Erkenntnisse „wirklich so solide Pfeiler sind, dass man sorglos über eine darauf gebaute Brücke fahren würde“ (ebd., S. 246). Häufig ginge es um die Prüfung von Einzelhypothesen in Laborexperimenten mit konstruierten Szenarien und studentischen Probanden (nach Lösel ist dies insbesondere in den sozialwissenschaftlichen Teilen der Psychologie der Fall). Dabei würden die zentralen Fragen der Generalisierbarkeit über Personen, Situationen, Messoperationen, Zeiten und Kulturen kaum angesprochen. Nur selten erfolge der erforderliche nächste Schritt zu Experimenten in Alltagsfeldern. Falls sie dennoch durchgeführt würden, ergäben sich häufig Implementierungs- und Evaluationsprobleme, die zu den unterschiedlichsten Ergebnissen führten.

> Um derartige Probleme zu vermindern, hat sich das unabhängige internationale Forschungsnetzwerk der Campbell Collaboration entwickelt (…). Benannt nach dem Nestor der modernen Evaluationsforschung, Donald Campbell, folgt es dem Vorbild der Cochrane Collaboration in der Medizin. (…) Die Campbell Collaboration initiiert, überwacht und verbreitet systematische

Forschungssynthesen zu sozialen Interventionen in den Bereichen „Crime and Justice“, „Education“ und „Social Welfare“. Für jedes dieser Felder sowie für „Methods“ und „Users“ gibt es eine Koordinierungsgruppe. Übergreifend arbeitet die Campbell Steering Group, die sich mit grundsätzlichen Strategien des Netzwerks befasst. Die thematischen Koordinierungsgruppen wählen die Themen für die Reviews, gewinnen und unterstützen Autoren/innen, achten auf methodische Standards, editieren und verbreiten die Ergebnisse (ebd., S. 247).

Nach Krüger (2009) gehen die meisten Psychologen bei der Transferfrage stillschweigend von der *unidirektionalen* Übertragung von Wissen in die Praxis aus. Somit werde die Praxis zum bloßen „Beispielgeber“ für die eigentliche Forschung. Dabei werde übersehen, „auf wie schmalem Validitätsfundament die Grundlagenforschung aufgebaut ist und wie begrenzt die Übertragbarkeit ist“ (ebd., S. 254). Nach dem Autor lassen sich die Unterschiede zwischen psychologischer Grundlagenforschung und angewandter Forschung in der Psychologie in folgenden Gegensatzpaaren formulieren (vgl. ebd., S. 254):

- *Theorie- versus Praxisbezug:* Untersuchungen der Grundlagenforschung resultieren regelmäßig aus Modellen mit begrenzter Reichweite, während die angewandte Forschung oft fragenbezogen erfolgt und ein komplexes Problem die Untersuchung bestimmt.
- *Paradigmen- versus Parameterbezug:* Die Grundlagenforschung ist auch theoretisch eng. Dies ist insbesondere durch die Zentrierung auf Paradigmen bedingt, welche die Fragestellung der Untersuchung auf wenige Parameter abbilden. Demgegenüber ist die Anwendung durch breite Parametersätze gekennzeichnet.
- *Unterschieds- versus Niveaubezug:* Die Grundlagenforschung konzentriert sich fast vollständig auf die Differenz zwischen Stichproben. Dabei wird die absolute Ausprägung der Messwerte selten beachtet. Demgegenüber verlangt die angewandte Forschung, dass gerade auch dieser Aspekt berücksichtigt wird.
- *Stichproben- versus Populationsbezug:* In der Grundlagenforschung werden in der Regel keine Angaben über die Generalisierbarkeit gemacht, während die Übertragbarkeit auf Populationen eine zentrale Aufgabe der Anwendung ist. Letztere erfordere eigene, meistens epidemiologisch ausgerichtete Methoden.
- *Intra- versus interdisziplinärer Bezug:* Grundlagenforschung bewegt sich im eigenen theoretischen Netzwerk, während angewandte Forschung per se interdisziplinär ist. Letztere erfordert deshalb auch eine Beschäftigung mit den Methoden und Inhalten anderer Disziplinen sowie deren Integration.

Krüger zufolge muss die Beziehung Grundlagenforschung – angewandte Forschung *bidirektional* sein, um inhaltliche und methodische Verengungen auf beiden Seiten zu vermeiden. Von daher sei auch das (einseitige) Verständnis des Transfers von der Grundlagenforschung in die Anwendung irreführend (s.o.). In Wirklichkeit handle es sich bei der Grundlagenforschung und der Angewandten Forschung um *eine* Wissenschaft mit unterschiedlichen inhaltlichen Ausgangspunkten und mit einer unterschiedlichen Gewichtung der Methoden. „Eine Grundlagenforschung, die sich nicht in der Anwendung bewährt, ist so nutzlos wie eine Angewandte Forschung, die sich nicht um Grundlagen kümmert. Das Ziel ist für beide dasselbe: die Lösung angewandter Probleme auf der Basis psychologischen Wissens" (ebd., S. 255).

Nach Frey (2009) ist eine enge *Austauschbeziehung* zwischen Theorie und Praxis dringend notwendig. „Wir brauchen sie aus ökonomischen Gründen, aber auch aus humanitären Gründen, um durch Bereitstellung des Know-hows einen Beitrag zur Innovationskraft unseres Landes zu leisten" (ebd., S. 250).Wottawa (2009) zufolge besteht ein erheblicher Bedarf an psychologisch fundiertem Handeln in der Wirtschaft. Wenn die universitäre Psychologie nicht in der Lage sei, diesem Bedarf zu entsprechen, würden andere „Anbieter" diese Leistung erbringen, etwa betriebswirtschaftliche und arbeitswissenschaftliche Fakultäten der Universitäten oder Fachhochschulen. Nach seiner Frage „Und wie weiter?" schlägt er vor, bei der Auswahl von Instituten und den Leistungsindikatoren der Institute erfolgreiche Praxisprojekte sowie auf die Praxis ausgerichtete Publikationen zu würdigen, so wie dies in den Ingenieurwissenschaften der Fall sei.

Hasselhorn (2009) wies darauf hin, dass viele akademische Psychologen beklagen, dass die Ergebnisse ihrer Wissenschaft von den gesellschaftlichen Institutionen und von der Politik zu wenig beachtet würden. Von dieser angeblichen *„Holschuld"* unterschied er die *„Bringschuld"* der Wissenschaftler, womit die Aufgabe gemeint ist, Gebrauchswerte zu bieten. „Wer der Überzeugung ist, dass die Psychologie Erkenntnisse hat, die es lohnt, in Gesellschaft und Politik zu transferieren, der muss dies als ‚Bringschuld' definieren" (ebd., S. 245). Allerdings würden diese Meinung nicht alle Wissenschaftler teilen, werde doch auch folgende Meinung vertreten: „Der Transfer (…) ist derzeit gar nicht wünschenswert, weil in der Forschung mehr offene Fragen als klare Antworten vorliegen" (ebd., S. 245). Dennoch gibt es für den Autor keine wirkliche Alternative zum Versuch, Psychologie in die Gesellschaft hineinzutragen. Ein Beispiel hierfür ist die Datenbank der Experten und Expertinnen auf der Homepage der DGPs, wo sich Medienfachleute über den aktuellen Forschungsstand zu bestimmten Themen informieren können (vgl. ebd., S. 246).

Scholz und Stauffacher (2009) stellten zu Beginn ihres Beitrages *„Von einer Wissenschaft für die Gesellschaft zu einer Wissenschaft mit der Gesellschaft"* fest, dass die Psychologie bei vielen zentralen gesellschaftlichen Fragen, bei denen Wissen benötigt wird, nach wie vor im Abseits steht. Zu den traditionellen Formen der Theorie-Praxis-Kooperation würde aber *transdisziplinäre Forschung* eine erfolgversprechende Alternative bieten. Sie erlaube, psychologisches Fachwissen zur Bearbeitung gesellschaftlicher Probleme nutzbar zu machen. Mit der Konzeption der transdisziplinären Forschung ist indes ein *gegenseitiger* Lernprozess von Wissenschaft und Gesellschaft intendiert. Nach den Autoren sollten nicht nur wissenschaftliche Erkenntnisse in die Praxis übertragen, sondern auch aus der Praxis Erkenntnisse in die Wissenschaft zurückgebracht werden.

Die Autoren wiesen darauf hin, dass ursprünglich die universitäre Disziplin Psychologie als Ableger der *Angewandten Psychologie* entstand und nicht umgekehrt, wie vielfach angenommen, die Angewandte Psychologie aus der reinen Psychologie hervorging (vgl. u.a. Gundlach 2004). Die ursprünglichere Betrachtungs- und Vorgehensweise ist nach Scholz und Stauffacher im heutigen Wissenschaftsbetrieb der Psychologie verloren gegangen. Psychologische Grundlagenforschung und praktische Nutzung würden als entkoppelte, nur schwer wieder in Beziehung zu setzende Bereiche betrachtet. Bis anhin werde lediglich danach gesucht, den Transfer der Wissenschaft in ihre Anwendung zu fördern (z.B. durch bessere Kommunikation); das primäre Problem liege jedoch darin, dass es nicht nur um eine Vermittlung von Informationen, sondern auch um die Entwicklung von Kompetenzen und die Nutzung von Wissen für bestimmte Problemlösungen gehe, bei denen die entsprechenden Kontexte mit zu berücksichtigen seien.

> Der Ausgangspunkt der Forschung ist ein praktisches Problem: Es ist nicht alleine die akademische Grundlagenforschung, die angewandte Forschung ermöglicht, sondern auch umgekehrt, die angewandte bzw. transdisziplinäre Forschung, die akademische Forschung vorantreibt (Scholz und Stauffacher 2009, S. 243).

In der Wissenschaftsgeschichte gibt es hierzu viele Beispiele. Eines der bekanntesten Beispiele ist die Entstehung der Selektionstheorie von Charles Darwin, zu der detailliert aufgezeigt werden kann, wie diese für die moderne Biologie ebenso grundlegende wie weitreichende Theorie, eine vergleichbare Theorie gibt es in der Psychologie nicht, aus der (zunächst unbewussten) gesellschaftlichen Praxis der Selektion von Pflanzen und Tieren entwickelt wurde und wiederum in dieselbe zurückführte, so dass sie bewusster gestaltet werden konnte (siehe Näheres hierzu in Galliker 1982).

Spiel, Lösel und Wittmann (2009b) fassten die Beiträge zum Diskussionsforum unter dem Titel *„Transfer psychologischer Erkenntnisse – eine notwendige, jedoch schwierige Aufgabe"* zusammen, wobei sie eingangs feststellten, dass die Beiträge nur in einzelnen Punkten nicht übereinstimmten und ansonsten weitgehend konvergieren würden (vgl. ebd., S. 257 f.).

- *Transfer ist nicht unidirektional, sondern erfordert Wechselseitigkeit und Austausch:* Es erfolgt ein Transfer von der Praxis in die Wissenschaft *sowie* von der Wissenschaft zur Praxis. Dies erfordert transdisziplinäre Forschung sowie Forscher und Forscherinnen, welche wissenschaftliche Expertise mit Praxiskompetenz verbinden können und auch in der Lage sind, die Praxis in die Lehre und damit in die Ausbildung der Studierenden einzubringen.
- *Transfer erfordert ein tragfähiges Fundament wissenschaftlicher Forschung:* Mit der transdisziplinären Forschung wird auch „translational research" notwendig. Die Prüfung von einzelnen Hypothesen in Laborexperimenten mit konstruierten Szenarien und studentischen Probanden lieferte bisher ein zu schmales Validitätsfundament für den Transfer. Generalisierbarkeit über Personen, Situationen, Kulturen usw. und deren Prüfung durch transparente, systematische und unabhängige Forschungssynthese ist erforderlich.
- *Transfer benötigt eine verständliche Kommunikation:* Der Transfer besteht nicht nur aus Beiträgen seitens der Wissenschaft, sondern es geht auch um die Einordnung von politisch relevanten Themen in wissenschaftliche Fragestellungen, Konzepte und Herangehensweisen. Transfer bedeutet ein gegenseitiges Aufeinander-Zugehen von Wissenschaftlern und Praktikern; es bedeutet Kommunikation und einen regen Austausch

aller Beteiligten. Nicht zuletzt werden von den Wissenschaftlern klare Aussagen verlangt, auf einem soliden wissenschaftlichen Fundament basierend, was weit über den üblichen Ruf nach weiterer Forschung hinausgeht.

- *Transfer erfordert die Berücksichtigung ökonomischer Aspekte*: Ein erfolgreicher Wissenschaft-Praxis-Transfer erfordert neben der fachspezifischen wissenschaftlichen Fundierung auch Modelle zur Berechnung des ökonomischen Nutzens psychologischer Interventionen und Strategien. Nicht zufällig hat die Ökonomie großen Einfluss auf die Politik und erweitert ihn laufend, nicht zuletzt auch durch die Einvernahme psychologischer Tätigkeitsfelder.
- *Erfolgreicher und nachhaltiger Transfer benötigt förderliche Rahmenbedingungen:* Die Ausbildung der Studierenden sollte fundierte Fachkenntnisse inklusive elementarer Grundlagen für Handlungskompetenz in den jeweiligen Berufsfeldern vermitteln (z.B. durch spezialisierte Master-Studiengänge). Entsprechend sollte bei der Auswahl der Professoren und Professorinnen in Zukunft auch die Anwendungskompetenz gewürdigt werden. Expertisen und die Nutzung psychologischer Erkenntnisse sollten vermehrt evaluiert und optimiert werden. Wissenschaftliche Gesellschaften sollten Verantwortung für den Transfer übernehmen und entsprechende Stützfunktionen schaffen.

Das Diskussionsforum *„Transfer psychologischer Erkenntnisse in Gesellschaft und Politik"* in der *„Psychologischen Rundschau"* (Spiel et al. 2009a) wurde zwei Jahre später im Forum der gleichen Zeitschrift weitergeführt (Spiel et al. 2011).

Bak (2011) stellte zu Beginn des ersten Beitrages *„Von der Notwendigkeit, als PsychologIn Stellung zu beziehen"* Folgendes fest:

> Die in der 60. Ausgabe der *„Psychologischen Rundschau"* angestoßene Diskussion zum Thema „Transfer psychologischer Erkenntnisse in Gesellschaft und Politik" macht deutlich, dass psychologische Erkenntnisse nicht ausreichend in der Anwendungspraxis zur Geltung kommen. Die Forderung nach mehr Transfer gilt meines Erachtens insbesondere der akademischen Psychologie, die sich schwer damit tut, anwendungsbezogene Schlussfolgerungen zu ziehen und sich zu gesellschaftlich relevanten Themen zu Wort zu melden (ebd., S. 237).

Bak fragte sich, woran dies wohl liegen möge. *Ohne* Bezugnahme auf die Zusammenfassung der Diskussion durch Spiel, Lösel und Wittmann (2009b) in der *„Psychologischen Rundschau"* zwei Jahre zuvor antwortete er hierauf wie folgt:

> Wohl kaum in der prinzipiellen Nichtanwendbarkeit psychologischen Grundlagenwissens, denn genau dies leisten die Praktiker tagtäglich in Beratung, Training, Coaching. Eher schon in der Scheu der akademischen Psychologie, auf der Basis des bisher Erforschten, Stellung zu beziehen, zumindest hierzulande (ebd., S. 237).

Trotz dieser Stellungnahme, in der Bak von der Qualität, den Leistungen und den Problemen der Grundlagenforscher und -forscherinnen abstrahiert, stellt er die Frage, welche Empfehlungen den praktisch Tätigen beispielsweise im schulpsychologischen Bereich etwa angesichts der widersprüchlichen Studien zu den Auswirkungen der Mediengewalt gegeben werden könnten.

> Wenn der Theorie-Praxis-Transfer lediglich darin besteht, auf eine praktisch relevante Frage „Das kommt drauf an“ bzw. „Das muss man differenziert betrachten“ zu antworten, dann verharrt die Psychologie in der „sicheren“ Außenperspektive, die sich jede Option offenhält und sich vor der tätigen Verantwortung verschließt. Zudem besteht die Gefahr, dass psychologisches Wissen der *Beliebigkeit* verfällt. Die Aussage, Sachverhalte differenziert zu betrachten, ist immer irgendwie richtig (ebd., S. 237; Hervorhebung von M.G.).

Bak findet es jedoch „unvernünftig“, hieraus den Schluss zu ziehen, „keine eindeutige Empfehlung auszusprechen, wenn denn gute Gründe für eine solche bestehen“ (vgl. ebd., S. 237). Und er fügt hinzu: „Vielleicht ist es die Angst vor dem Scheitern, die es der Wissenschaft so schwer macht, praktische Empfehlungen zu geben“ (ebd., S. 237).

Dem Autor zufolge muss sich die Psychologie der Verantwortung stellen, dass ihr Metier eines ist, bei dem es nicht nur darum geht, Erkenntnisse zu sammeln, sondern auch „hier und da Entscheidungen im Sinne eines positiv zu bewältigenden Lebens zu treffen“ (vgl. ebd., S. 238). Demnach stellt sich die Frage, ob die Übernahme von Verantwortung darin besteht, auch eindeutige Empfehlungen auszusprechen, wenn dies – rein wissenschaftlich gesehen – nicht möglich ist.

Im Folgenden bekräftigte Bak mit dem Hinweis auf Schmidt (2006) seine Ansicht, dass psychologische Arbeit eine „kulturbildende Arbeit“ sei. Zwar wäre es wünschenswert, „dass sich die Psychologie zunehmend auch als Integrationswissenschaft für verschiedene benachbarte Forschungsgebiete verstehen würde“, doch sieht er die Lösung der anstehenden Probleme beim Theorie-Praxis-Transfer eher in der „Professionalisierung der Wissensweitergabe“ (vgl. ebd., S. 238).

Greve (2011) argumentierte in seinem Beitrag *„Aus der Deckung!“* für eine offensivere Selbstpräsentation der Psychologie in der Öffentlichkeit. Die Psychologie sollte für potenziell Interessierte attraktiver werden. „Wir werden das nicht nur über die Qualität unserer Argumente sein können, denn wir benötigen Kredit, bevor sich jemand die Mühe machen wird, sie anzuhören und zu überdenken“ (ebd., S. 239). Indes ist bei diesem Unterfangen auch nach Greve ein relevanter Gesichtspunkt „die ernsthafte *Erwartung* des Publikums, dass psychologisches Wissen *tatsächlich* hilfreich sein kann“ (vgl. ebd., S. 239; Hervorhebungen von Greve). Demnach basiert das Interesse an psychologischem Wissen auf der Erwartung, dass dasselbe nutzbringend ist. Der Autor scheint jedoch diese Erwartung nicht primär mit dem effektiven Gehalt der real existierenden Wissenschaft Psychologie in Verbindung zu bringen, sondern vorzuziehen, psychologistisch zu argumentieren: „Diese Erwartung wird, wo sie nicht auf eigener, unmittelbarer, individueller Erfahrung beruht, Ausdruck eines allgemeinen (Vor-)urteils, eines Images, eines Stereotyps sein“ (ebd., S. 239).

Kaiser (2011) plädierte in seinem Beitrag für eine „Verhaltensingenieurwissenschaft“, um psychologische Erkenntnisse in die Gesellschaft zu transferieren. Die Verhaltensingenieurwissenschaft orientiere sich wie andere Ingenieurwissenschaften an real existierenden Problemen. Zur Lösung derselben müsse das Know-how mehrerer Disziplinen zusammengetragen werden. Um diese Interdisziplinarität zu realisieren, bräuchte es auch in psychologischer Hinsicht „Ingenieure“ und nicht bloß Wissenschaftler im Sinne der galileischen Denkweise (vgl. u.a. Lewin 1930/31).

Nach Kaiser stellt die Verhaltensingenieurwissenschaft „Wie-Fragen“. Beispiel: Wie muss eine Verhaltenskampagne angelegt sein, dass sie nicht mehr kostet, als Mittel vorhanden sind? Demgegenüber stellen galileische Wissenschaftler unter Abstraktion von allem Unwesentlichen (i.S. einer Dekontextualisierung) vor allem „Was-Fragen“. Galileische Wissenschaft abstrahiere vom Kontext, so dass ihn die Verhaltensingenieurwissenschaft wieder einführen müsse. „Während die Dekontextualisierung, die Abstraktion die Essenz einer galileischen Wissenschaft ausmacht, so ist die Rekontextualisierung abstrakter – im Idealfall mathematisch formalisierter – wissenschaftlicher Theorien eigentlicher Zweck einer Ingenieurwissenschaft“ (ebd., S. 241).

Die *Rekontextualisierung* weise über die bloße Anwendung galileischer Wissenschaft hinaus. Um mit der Verhaltensingenieurwissenschaft erfolgreich zu sein, müsse man u.a. erkennen, wie sich Verhaltensänderungspotenziale und Änderungskosten zueinander verhalten. So könne ingenieurwissenschaftlich relevantes Wissen ausschließlich über die Veränderung von Verhalten in realen Kontexten – durch tatsächliche Versuche „in vivo“ – angeeignet werden (vgl. ebd., S. 241).

Nach Meinung von Kaiser kann mit einer ausreichenden Anzahl solcher „In-vivo-Versuche“ das entsprechende Veränderungswissen über Metaanalysen akkumuliert und schließlich „evidenzbasiert“ synthetisiert werden. „Umgekehrt sind Metaanalysen deutlich weniger sinnvoll, wenn über Tatsachenfeststellungen (…) politischen Entscheidungsträgern nahegelegt wird, was aus wissenschaftlicher Sicht getan werden sollte“ (ebd., S. 241).

Bei dieser zweiten Vorgehensweise handle es sich um die bewusste Strategie (z.B. der *„American Psychological Association“*), das theoretische Wissen der Psychologie in das politische Handeln der Gesellschaft zu transferieren. Die ursprünglich von Frese (2009) vorgeschlagenen Strategien (s.o.) stünden im Dienste von Standesorganisationen. „Streng genommen nutzen unsere Standesorganisationen ihre wissenschaftliche Reputation, um aus Tatsachen (Seinssätzen) normative Zielvorgaben (Sollenssätzen) für die Politik abzuleiten“ (Kaiser 2011, S. 241). Dabei handle es sich um den – schon von Hume (1740/1978) diskutierten – „naturalistischen Fehlschluss“. So kann aus der Feststellung, dass Lernen ein aktiver Prozess ist, nicht folgen, dass Lernen aktiv gestaltet werden sollte, denn „es kann kein anderes Lernen geben“ (Reinkl 2015, S. 212). Dem Dafürhalten des Autors nach ist es jedoch in einer „gewaltengetrennten demokratischen Gesellschaft“ das Vorrecht der *Politik*, „sogar entgegen besseren Wissens der Wissenschaft die gemeinschaftlichen Ziele festzulegen und umzusetzen“ (ebd., S. 241).

Nach Kaiser scheint es für eine ihren eigenen Erkenntnisanspruch ernst nehmende Grundlagenwissenschaft angemessener zu sein, ihre Befunde der Gesellschaft über eine ingenieurwissenschaftliche Partnerschaft zuzuführen. Dabei sei zu berücksichtigen, dass nicht alles, „was die wissenschaftlich arbeitende Psychologie als Erkenntnis produziert, auch für einen Verhaltensingenieur relevant ist" (vgl. ebd., S. 241). Kriterium wissenschaftlicher Forschung müsse konkretes menschliches Verhalten sein (z.B. Sport treiben) bzw. dessen Konsequenzen (Gesundheitsstatus). Innerhalb der Psychologie möge es sinnvoll sein, subjektive Bewertungskriterien wie Zufriedenheit und Wohlbefinden zu nutzen, gesellschaftspolitisch relevant würden indes diese Kriterien erst, wenn sie als gesellschaftspolitisch gewichtige Indikatoren erwiesen seien (z.B. mit Indikatoren bzgl. Produktivität und ökonomischer Effektivität).

> Langer Rede kurzer Sinn: Eine Psychologie, die sich gesellschaftlich nützlich machen will, braucht eine ingenieurwissenschaftliche Partnerdisziplin: die Verhaltensingenieurwissenschaft. Wir sollten anfangen, einige unserer Psychologischen Institute entsprechend umzubauen. Wir brauchen psychologische Grundlagenforschung und thematisch ausgerichtete ingenieurwissenschaftliche Verhaltensforschung (z.B. Gesundheits- oder Umweltschutz). Es geht also um weit mehr als um die Unterscheidung von Grundlagen- und angewandter Forschung (ebd., S. 242).

Die Initiatoren des Diskussionsforums „Transfer psychologischer Erkenntnisse in Gesellschaft und Politik" rekurrierten in ihrem Schlusskommentar „Transfer psychologischer Erkenntnisse in Gesellschaft und Politik – jetzt gilt es, die Anregungen umzusetzen und ihre Wirksamkeit zu überprüfen" relativ ausführlich auf die Arbeit von Kaiser (2011), indessen ohne sich wissenschaftstheoretisch mit dem naturalistischen Fehlschluss auseinanderzusetzen.

> (Kaiser) argumentiert für eine Verhaltensingenieurwissenschaft, die psychologische Erkenntnisse in die Gesellschaft transferieren soll. Während sich die wissenschaftliche Psychologie mit Fragen nach dem „Was" beschäftigt, soll der/die Verhaltensingenieur/in Fragen nach dem „Wie" nachgehen. Konkret gilt es, Antworten auf folgende Fragen zu geben: Was ist zu tun? Mit welchen Effekten und Nebeneffekten? Zu welchem Preis? (Spiel et al. 2011, S. 243)

Die Initiatoren weisen indes darauf hin, dass sich genau hierauf die bereits referierten Evidenzstandards beziehen (vgl. u.a. Spiel 2009). Das sei auch das Anliegen der *„Campbell Collaboration"* (vgl. Lösel 2009).

> Die Frage lautet somit: Welchen Mehrwert bringt die geforderte Verhaltensingenieurwissenschaft? Geht es nicht vielmehr darum, dass die bereits angesprochenen Anerkennungsparameter ausgeweitet und entsprechend differenziert bei Berufungen etc. angewandt werden? Dies wurde bereits vielfach gefordert (...); wir sollten an der Realisierung arbeiten (ebd., S. 243).

Spiel, Lösel und Wittmann griffen nochmals andere Themen auf, die im Diskussionsforum behandelt worden waren und thematisierten kleinere und größere Differenzen zwischen den Kontrahenten. Während sie im Schlussbericht der ersten Diskussionsrunde noch darauf hingewiesen hatten, dass für den Theorie-Praxis-Transfer ein tragfähiges Fundament wissenschaftlicher Forschung notwendig sei und wie ein Theorie-Praxis- und auch ein Praxis-Theorie-Transfer aussehen könnten („Transfer ist nicht unidirektional, sondern

Wechselseitigkeit und Austausch“, vgl. Punkt 1, ebd., S. 257), verzichteten sie im Abschlussbericht der zweiten Diskussionsrunde auf eine Wiederaufnahme dieses wissenschaftstheoretisch relevanten Punktes.

Der Themenschwerpunkt des dritten Heftes des 65. Jahrgangs der *„Psychologischen Rundschau“* war die sogenannte Implementationsforschung. Petermann (2014a) wies im Editorial darauf hin, dass in diesem Themenheft versucht werde, „die Forschungs-Praxis-Lücke in unserer Disziplin zu überbrücken“ (vgl. ebd., S. 121). Unter „Implementation“ wird die Umsetzung von wissenschaftlichen Erkenntnissen in die Praxis verstanden (vgl. Euler und Sloane 1998).

Die meisten Autoren und Autorinnen gingen davon aus, dass zwischen gegebenen soliden Forschungserkenntnissen und ihrer tatsächlichen Nutzung eine Kluft bestehe. Das heißt, es wurde wiederum ausschließlich der Theorie-Praxis-Transfer näher betrachtet und untersucht, um Legitimationsfragen zu klären.

Nach Petermann (2014b) entwickelte sich die Implementationsforschung in den USA bereits Mitte der 1960er-Jahre, um die Ursachen für die fehlenden Erfolge von sozialen Reformprogrammen zu analysieren. Bleibt ein erwarteter Erfolg aus, „ist es wichtig zu wissen, ob der Fehler auftrat, weil die Intervention unpassend war (Interventionsfehler), oder ob eine passende Intervention falsch eingesetzt wurde (Implementationsfehler)“ (vgl. ebd., S. 123). Aufgrund der vom Autor aufgearbeiteten Literatur hängt der Erfolg einer Implementation von folgenden Faktoren ab (vgl. ebd., S. 123 ff.):

- *Akzeptanz:* Unter diesem Konzept wird die Auffassung der an der Implementation Beteiligten verstanden, in welchem Maße eine bestimmte Intervention zufriedenstellend ist.
- *Übernahme:* Dieses Konzept bezieht sich auf die Entscheidung und Intention, eine Intervention in die Praxis umzusetzen.
- *Angemessenheit:* Bei diesem Konzept handelt es sich um die wahrgenommene Kompatibilität der Intervention hinsichtlich eines bestimmten Settings, Anbieters oder Nutzers.
- *Machbarkeit:* Es handelt sich um das Ausmaß, in dem ein neues Behandlungsangebot in einem bestimmten Setting eingesetzt werden kann.
- *Wiedergabetreue:* Sie wird als Maß definiert, in dem eine Intervention so umgesetzt wird, wie es geplant war und im Protokoll vorgegeben wurde.
- *Durchdringung:* Sie bezeichnet das Ausmaß, in dem eine Maßnahme in der betreffenden Institution integriert wird.
- *Nachhaltigkeit:* Sie wird als Ausmaß definiert, in dem eine implementierte Behandlung in der Institution erhalten bleibt.

Die Aussagekraft von Implementationsdaten ist beschränkt, werden sie doch größtenteils durch Beobachtungen, Aufzeichnungen und Selbsteinschätzungen (u.a. Interviews, Fragebögen) gewonnen. Selbsteinschätzungen bzw. -berichte werden von den Programmvermittlern (u.a. Trainern), den Nutzern der Implementation und/oder von Drittpersonen (u.a.

von Projektkoordinatoren) eingeholt. Zwar können die Implementationsinformationen relativ ökonomisch erfasst werden, doch ergibt sich eine Reihe von Problemen, von denen im Folgenden nur auf zwei die Gütekriterien betreffend hingewiesen werden kann.

> Problematisch bei einer kontinuierlichen Erfassung der Implementation durch die Programmausführenden ist (…), dass damit von den Programmvermittlern verlangt wird, ihre Projektaktivitäten in regelmäßigen Abständen zu dokumentieren, was sowohl zu einer Beeinträchtigung der Reliabilität als auch der Validität der Information führen kann, z.B. wenn Implementationsaktivitäten nicht regelmäßig dokumentiert, sondern rückblickend summarisch für einen längeren Zeitraum festgehalten werden (ebd., S. 127).

Bezüglich der Reliabilität sei angeführt, dass nicht alle Programmbeteiligten den gleichen Einblick und die gleiche Einsicht in sämtliche Projektaktivitäten haben (vgl. u.a. Planende, Ausführende und Nutzende des Programms). Bei den Selbsteinschätzungen wäre u.a. auch die Wahrnehmung der sozialen Erwünschtheit zu berücksichtigen, die u.a. dazu führen kann, dass die Anzahl an Projektaktivitäten überschätzt wird. Schließlich müsste auch in Rechnung gestellt werden, dass nicht unbedingt die strikte Einhaltung aller Vorgaben eines Programms den Erfolg der Implementation erhöht. Es zeigte sich, dass die Fidelity-Perspektive nicht generell zu einer hohen Umsetzungsgenauigkeit mit besseren Ergebnissen führte, waren doch „bei der Umsetzung von Programmen zum Teil Abweichungen notwendig (…), um eine Maßnahme an spezifische Gegebenheiten (…) der Institution anzupassen“ (ebd., S. 127).

Beelmann und Karing (2014) beschäftigten sich mit den Implementationsfaktoren und -prozessen speziell hinsichtlich der Präventionsforschung. Bei praxisnahen Evaluationen, aber auch bei Replikationsstudien, die nicht von den Autoren der Programme durchgeführt würden, könnten meistens nicht jene Effekte erzielt werden, die in idealisierten Forschungskontexten und in oft von den Programmautoren durchgeführten Pilotstudien nachweisbar seien.

> Offenbar wirkt sich der Prozess der Implementation in reale Praxiskontexte oder bereits eine Durchführung durch andere Administratoren als die Programm-Autoren allgemein wirksamkeitsdämpfend aus, so dass die Befunde aus Forschungsprojekten oder Eigenevaluationen eher die maximalen Effekte einer Maßnahme abbilden (ebd., S. 130).

Die Autoren vermuten, dass es sich hierbei um grundsätzliche Probleme des Transfers an sich gesicherter Erkenntnisse handelt (u.a. nomothetische Orientierung der Grundlagenwissenschaft versus ideographische Ausrichtung im Praxiskontext). Indessen sind sie nicht unbedingt der Meinung, dass die konzepttreue Durchführung von Programmen (im vorliegenden Fall: von Präventionsprogrammen) eindeutig mit der Effektivität der zugrunde liegenden Erkenntnisse zusammenhängt. Aufgrund der vorliegenden Untersuchungen könne nicht entschieden werden, ob eine gezielte Anpassung einer Maßnahme an kontextspezifische Erfordernisse oder die oft stillschweigend angenommene hohe Konzepttreue hinsichtlich einer optimalen Implementation vordringlich sei (vgl. u.a. Ogden und Fixsen 2014).

> Vermutlich hängt die Beantwortung dieser Frage von weiteren Faktoren ab, z.B. was, in welchem Ausmaß und wie verändert wurde, ob in den Programm-Konzeptionen bereits Veränderungsoptionen enthalten sind oder die Veränderungen gezielt a priori vorgenommen wurden bzw. bestimmten Implementationshindernissen während der Durchführung geschuldet sind (Beelmann und Karing 2014, S. 132).

Bei der Realisierung von Programmen kann es zu Passungsproblemen kommen. Die Personen, für die ein Programm vorgesehen ist und für die es implementiert wird, stimmen gegebenenfalls bezüglich Ethnizität, Sprache und/oder anderer Merkmale nicht mit den Probanden überein, die bei der ursprünglichen Untersuchung zur Verfügung standen (tatsächliche Zielgruppe versus Probandengruppe bei der internen Validierung). Nach den Autoren können derartige Probleme zu Nulleffekten führen oder bei bestimmten Zielgruppen sogar negative Auswirkungen haben (vgl. Beelmann, Saur und Ziegler 2010).

Ein weiterer Beitrag befasste sich mit der Implementation von Handlungskonzepten im Bildungsbereich (Hasselhorn et al. 2014). Ob innovative wissenschaftliche Ansätze das Potenzial mitführten, in der Bildungspraxis die intendierten Effekte zu erzielen, werde in der Regel über die Umsetzung derselben in sogenannten Modellversuchen überprüft. Indessen sei über den Prozess der Verbreitung und Verstetigung der Reformen noch wenig bekannt. In Modellversuchen erprobte Programme seien in ihren Wirkungen wenig stabil. Auch relativ eindrückliche ursprüngliche Effekte seien oft nur von kurzer Lebensdauer. „Man kann hier fast von einer Art ‚Durchlauferhitzer-Effekt' sprechen, bei dem zwar kurzfristig viele der erhofften Wirkungen ‚hochkochen', aber schon nach vergleichsweise kurzer Zeit auch wieder ‚abflauen'" (ebd., S. 147). Die Autoren erklären die mangelnde Nachhaltigkeit wie folgt:

> In Modellprojekten werden (…) in der Regel Innovationen in Einrichtungen implementiert, in denen eine hohe Identifikation mit der Neuerung besteht. Dies führt zu übermäßigem Engagement der Beteiligten, das nach wenigen Monaten oder Jahren doch deutlich nachlässt, genauso wie es auch die anfänglichen beeindruckenden Effekte tun (…). Möglicherweise sind auch andere Konstellationen von Einflussfaktoren für die Langfristigkeit von Effekten verantwortlich als für das kurz- oder mittelfristige Ausmaß der Effekte einer Innovation (ebd., S. 147).

Nach den Autoren sind in zukünftigen Forschungsarbeiten auch die zeitlichen Verläufe der Implementationswirkungen zu berücksichtigen. Eine Implementation sei indes erst dann auch wissenschaftlich erfolgreich, wenn sie nicht nur in die Bildungspraxis hineinwirke, sondern auch die Theoriebildung beeinflusse, „d.h. wenn die Einführung wirksamer Handlungskonzepte in die Praxis nicht nur die Praxis selbst, sondern auch die Grundlagenforschung im Bildungsbereich verändert" (vgl. ebd., S. 143).

Baumeister (2014) betrachtete die Implementationsforschung hinsichtlich des Praxisfeldes Psychotherapie und Rehabilitationspsychologie. Seiner Meinung nach ist die Wirksamkeit psychotherapeutischer und klinisch-psychologischer Maßnahmen „für eine Vielzahl psychischer Belastungen und Störungen, aber auch für verhaltensabhängige Gesundheitsrisiken und körperliche Erkrankungen gut belegt" (vgl. ebd., S. 150). Ziel der

Implementationsforschung sei die Förderung der nachhaltigen Übernahme evidenzbasierter Maßnahmen in die klinische Praxis. Bezüglich möglicher methodischer Fehlerquellen unterliege diese Forschung indes dem Spannungsfeld zwischen interner und externer Validität, was die Eindeutigkeit ihrer Ergebnisse belasten könne (vgl. hierzu auch Guyatt et al. 2011).

Mit der Thematisierung der Implementationsforschung wurde dem *wechselseitigen* Theorie-Praxis-Transfer nicht mehr zentrale Bedeutung beigemessen (s.o.; Punkt 1). Argumente, wie sie von Krüger oder von Scholz und Stauffacher noch 2009 vorgetragen wurden, kamen bei diesem Meinungsaustausch nur noch am Rande zur Sprache.

„Psycho-Logik“ und „Psycho-Mythologie“ 7

Zusammenfassung

Die aktuelle Kognitive Psychologie versteht sich als naturwissenschaftliche Disziplin und ist demzufolge auch an den wissenschaftstheoretischen Standards naturwissenschaftlicher Forschung zu messen. In den Kontroversen wird auf diverse methodologische Probleme hingewiesen (u.a. das Operationalisierungsproblem, das Trivialitätsproblem, das Problem des Geltungsbereichs). In paradigmatischer Hinsicht geht es meistens nur mehr um den Funktionszusammenhang der Erscheinungen fernab von den realen Lebensproblemen der Menschen. Ein Fortschritt der Psychologie als Wissenschaft scheint so lange ausgeschlossen zu bleiben, wie keine Rehistorisierung ihrer Gegenstandsbestimmung erfolgt.

Im Folgenden wird zusammenfassend auf die Probleme der Psychologie hingewiesen, die in den in dieser Schrift thematisierten wissenschaftlichen Debatten diskutiert wurden und oft als solche bestehen blieben. Berücksichtigt wurden in dieser Streitschrift nur Probleme der Allgemeinen Psychologie und insbesondere wissenschaftstheoretische und methodologische Probleme der psychologischen Grundlagenforschung. Es gibt indes eine Reihe weiterer Probleme, über die keine belegbaren wissenschaftlichen Auseinandersetzungen erfolgten oder die in Kontroversen zur Sprache kamen, die im vorliegenden Buch nicht behandelt werden konnten, teilweise aber anderswo publiziert wurden (vgl. u.a. Gummersbach 1985).

Ebenfalls ausgeklammert wurden Probleme der Differentiellen Psychologie und der Angewandten Psychologie; Letztere jedenfalls soweit sie nicht auch die Grundlagenforschung betreffen (s.u.). An dieser Stelle werden also nur noch einige Gedanken angeführt, die als Explikation der Probleme im Zusammenhang mit den in der vorliegenden Arbeit behandelten Kontroversen verstanden werden können.

M. Galliker, *Ist die Psychologie eine Wissenschaft?*,
DOI 10.1007/978-3-658-09927-5_7

7.1 Das Problem mit Philosophie und Theorie

Spätestens seit der Anpassung der europäischen Psychologie an die hegemoniale amerikanische Psychologie in den 60er-Jahren des letzten Jahrhunderts grenzten sich die deutschsprachigen Psychologen vehement von der Philosophie ab. Psychologische Dissertationen oder Habilitationen, welche sie einschlossen, waren fortan nur noch in Ausnahmefällen möglich. Wer eine akademische Laufbahn einschlagen wollte, musste meistens auf Philosophie und Theoretische Psychologie verzichten und sich hauptsächlich dem Handwerk der Experimentellen Psychologie widmen.

Die meisten Fachzeitschriften wiesen nicht experimentelle, jedoch in einem weiteren Sinne ebenfalls empirische Untersuchungen sowie Beiträge der Theoretischen Psychologie, die über den Mainstream der Psychologie hinausgingen, zurück. Gefragt waren experimentalpsychologische Beiträge, insbesondere solche, die einzelne Hypothesen dem Anschein nach „verifizierten"; Arbeiten, die Hypothesen falsifizierten, fanden meistens keine Anerkennung durch die Begutachter und Begutachterinnen und wurden selten publiziert.

Psychologische Wissenschaft, gerade auch jene, die sich als Naturwissenschaft versteht, folgt dem Primat der Theorie. Ansonsten besteht die Gefahr des biologischen Reduktionismus und der Blendung durch Methoden wie die Bildgebenden Verfahren, die nur scheinbar zuverlässig und gültig sind (siehe Näheres in Kap. 7. 14).

Die maßgebenden Psychologen waren sich oft nicht bewusst, dass sie selbst nicht ohne Philosophie und Theorie operieren konnten. Stillschweigend praktizierten sie eine positivistische Philosophie, die sich jedoch mit jener der Pioniere des Positivismus im 19. Jahrhundert qualitativ nicht vergleichen ließ (vgl. u.a. Mill 1843/1862, Behandlung des Induktionsproblems). Manchmal lehnten sie zwar den Positivismus ausdrücklich ab und favorisierten vordergründig den Kritischen Rationalismus. Allerdings haben sich die Wissenschaftler des Mainstreams in den letzten 60 Jahren kaum je an dessen wissenschaftstheoretischen Kriterien orientiert. Gerade dies wäre aber angezeigt gewesen, zumindest wenn die Psychologie als ausschließlich naturwissenschaftliche Disziplin verstanden wurde. Stattdessen begnügte man sich implizit und manchmal auch explizit mit besonders an der Psychologie ausgerichteten liberaleren wissenschaftstheoretischen Vorstellungen, die jedoch einer kritischen Prüfung nicht standhielten (Kap. 4.3).

7.2 Die Wissenschaftsfrage

In den meisten Kontroversen ging es letztlich um die Frage: Ist die Psychologie eine Wissenschaft, und wenn ja: um was für eine Wissenschaft handelt es sich bei ihr?

Dilthey (1894/1990) und Ebbinghaus (1896) konnten sich nicht einigen, ob die Psychologie eine *Geisteswissenschaft* oder eine *Naturwissenschaft* sei. Wellek (1959/1970) bemühte sich um die methodologische Autonomie der Psychologie und suchte nach einem *dritten Weg* zwischen Geisteswissenschaft und Naturwissenschaft. Seiner Meinung nach sollte die Psychologie eine sachlich sowie methodologisch eigene Position (er)halten, welche die Kluft zwischen den beiden großen Wissenschaftsbereichen überbrückt und geisteswissenschaftliche sowie naturwissenschaftliche Elemente vereint.

Viele Psychologen verstehen sich heute ausschließlich als Naturwissenschaftler. Es ergibt indes keinen Sinn, die Hirnaktivität als hauptsächliche „Begründungsinstanz" psychischer Aktivitäten zu betrachten (Kap. 7.14). Will man eine vulgärmaterialistische Argumentationsweise vermeiden, kommt man wohl nicht darum herum, die Psychologie als Sozialwissenschaft aufzufassen, in der neben naturwissenschaftlich bestimmbaren Momenten auch geisteswissenschaftlich eruierbare enthalten sind (zur Integration naturwissenschaftlicher und geistes- bzw. kulturwissenschaftlicher Psychologie siehe Groeben 1999).

7.3 Die Gegenstandsfrage

In der Empirismus-Rationalismus-Kontroverse (Kap. 3.5) und später auch in anderen Debatten, beispielsweise der Kognitions-Emotions-Debatte (Kap. 5.8), stellte sich die Frage nach der Begrifflichkeit sowie die Definitionsfrage in Bezug auf zentrale Inhalte der akademischen Psychologie. Diesen Auseinandersetzungen zugrunde lag die Fragestellung nach dem Gegenstand der Wissenschaft Psychologie.

Diese zentrale Frage kann nach der Durchsicht aller in dieser Arbeit berücksichtigten Kontroversen *nicht* beantwortet werden. Ist der Gegenstand der Psychologie die Psyche, das Erleben, das Verhalten, das Handeln, das Bewusstsein, die Reflexion, das Subjekt, das Selbst, die Intention, die Person-Umwelt-Beziehung – vielleicht im Sinne der Intentionalität? Oder kognitionspsychologisch ausgedrückt: Ist er ein inneres, mentales, eben kognitives oder vielleicht auch nur logisches Konstrukt; methodologisch formuliert: eine theoretische oder hypothetische Konstruktion?

Bis heute konnte keine Einigung darüber erzielt werden, was überhaupt der Gegenstand der Psychologie ist. Das ist auch verständlich, wird doch in jeder Kultur (und oftmals sogar Subkultur) wieder etwas anderes unter „Seele" verstanden (vgl. u.a. Staemmler 2015). Eine verbindliche Bestimmung dessen, was der Gegenstand der Forschung in diesem Fach ist, konnte bei all den Anstrengungen nicht erarbeitet werden. Mit jedem neuen Forschungsparadigma ändert sich auch der Gegenstand. So wurde beim Übergang vom Behaviorismus zum Neobehaviorismus und schließlich zur Kognitiven Psychologie das Verhalten durch das kognitive bzw. logische Konstrukt substituiert.

Nach Meinung der meisten akademischen Psychologen sollte man indes die Relevanz der Gegenstandsfrage nicht überschätzen. Schließlich können die Theologen den Gegenstand ihrer Wissenschaft auch nicht definitiv bestimmen; ja vielen Theologen scheint der Gegenstand ihrer Bemühungen gänzlich abhandengekommen zu sein – und ganz ähnlich scheint es auch den Psychologen mit der Seele zu ergehen. Dabei spielt es auch keine Rolle, wenn dieselbe beispielsweise auf ein Attribut herunterbuchstabiert wird. Durch Ausdrucksweisen wie „seelische Phänomene" oder „psychische Verhaltensweisen" werden die anstehenden Probleme jedenfalls nicht gelöst (Kap. 5.9).

Allerdings hat zu einer zukünftigen Antwort auf die Frage, was die Psyche überhaupt sei, der kulturhistorisch orientierte Psychologe Leontjew (1959/1980) mit seinen phylogenetischen Bestimmungen (ausgehend von der bloßen Reagibilität einfacher Organismen über die Empfindungsfähigkeit und Sensibilität bis schließlich auch zur gegenständlichen Widerspiegelung der Realität) sowie seinen homogenetischen Bestimmungen (u.a. Kooperation) einiges zur Beantwortung der Gegenstandsfrage beigetragen. In Bezug auf die spezifisch menschliche Psyche ist seiner Meinung nach der Übergang von der biologischen Evolution zur kulturellen Entwicklung entscheidend (Kap. 4.1). Fischer (2014) weist hinsichtlich der Kooperationsmöglichkeiten und anderer spezifischer Kompetenzen der Menschen besonders auf „die geteilte Aufmerksamkeit und die geteilte Intentionalität“ der „Mit-Menschen“ hin (vgl. ebd., S. 186).

Es existiert noch ein *zweites* Gegenstandsproblem in der Psychologie, das mindestens ebenso schwerwiegend zu sein scheint wie das erste. Die meisten Themen der Psychologie wie Wahrnehmung, Denken, Lernen, Emotion werden in der Regel *gegenstandslos*, im Sinne von *allgemein*-psychologisch, behandelt und von besonderen Voraussetzungen abstrahierend dargestellt. So wollte man auf experimentellem Wege Lerngesetzmäßigkeiten finden, die für *sämtliche* Lerngegenstände gelten sollen. Es wurde versucht, Lerngesetze zu entdecken, die beispielsweise für das Lernen der Algebra ebenso gelten wie für das Lernen des Gesellschaftstanzes.

Psychologen sehen sich offenbar selten dazu veranlasst, sich primär als Lernende ganz und gar in den konkreten Gegenstand des Lernens, den es zu untersuchen gilt, quasi zu versenken; sie dringen nicht in die sich anzueignende „Materie“ ein, und sie versuchen auch nicht, in erster Linie aus derselben heraus zu verstehen, wie diese Gegenstände im Ganzen am besten zu analysieren und wiederum zu synthetisieren sind, sondern sie abstrahieren vom Gegenstand und versuchen, allgemeine Lerngesetze für sämtliche Menschen (ja oftmals sogar Organismen) zu finden, die immer und überall gelten. Herzog (2012) hat wie folgt auf dieses Problem der Psychologie hingewiesen:

> Durch Reduktion der Unterschiede zwischen den Lebewesen, ja selbst zwischen Lebewesen und Maschine, wird der psychologische Gegenstand homogenisiert. Der Mensch wird zum auswechselbaren Exemplar einer allgemeinen Kategorie informationsverarbeitender Systeme (ebd., S. 127).

Solange die Fragen nach dem Gegenstand der Psychologie im Allgemeinen sowie im Besonderen nicht beantwortet werden können, scheint auch in Bezug auf das Leib-Seele-Problem (Kap. 7.4) sowie bezüglich des Operationalisierungsproblems (Kap. 7.7) weiterhin Klärungsbedarf zu bestehen. Wenn Psychologen unter zentralen Begriffen wie beispielsweise unter der Motivation ganz Verschiedenes verstehen und die Frage nach der Begrifflichkeit sowie nach dem Gegenstand ungeklärt bleibt, scheinen auch weitergehende Fragen wie jene, wo überhaupt ein wissenschaftlicher Fortschritt in der Psychologie stattfindet, unbeantwortbar zu bleiben (vgl. u.a. Kaindl 2014).

7.4 Das Leib-Seele-Problem

Seit der Kritik von La Mettrie (1747/2001) an Descartes (u.a. 1641/2012) wurden Dualismus und Monismus immer wieder gegeneinander ins Feld geführt. Dies geschah jeweils in ontologischer und/oder in epistemologischer Hinsicht. Eine Einigung konnte nicht erzielt werden. Eine Lösung des sogenannten Leib-Seele-Problems ginge einher mit der Beantwortung der Gegenstandsfrage.

Der in der Philosophie hinsichtlich der Psychologie nach Descartes wohl folgenreichste Dualismus im deutschsprachigen Raum wurde von Kant (1781/2003) im Dienste der naturwissenschaftlichen Forschung nach dem Vorbild der klassischen Mechanik etabliert (Kap. 3.3). Die sich separierende Erlebnis- und Verstandeswelt war auf den Begriff gebracht; eine Spaltung, die sich nicht nur in der Wissenschaft durchsetzte, sondern sich auch im Alltag tendenziell auswirkte (etwa Verdrängung der Sinnlichkeit durch abstrahierendes, tabellarisches Denken, das materiell „unverbindlich" bleibt und ideell Vorstellungen einer Ethik im Sinne des St.- Martins-Tages weckt). Herder (1799/1955), der Gegenspieler Kants, kritisierte dessen übersinnliche Abstraktionen gegenüber dem rohen Stoff formloser Sinnlichkeit und trat für eine von Beginn an ebenso sinnvolle wie gestalthafte Sinnlichkeit ein (vgl. u.a. Litt 1930).

Die Ansätze in der Tradition von La Mettrie, Herder, Stumpf u.a. konnten sich im Mainstream der Psychologie *nicht* durchsetzen. Noch beim Würzburger Symposium über Grundfragen der Psychosomatik (1990) wurde letztlich die dualistische Position favorisiert, allerdings schließlich nur noch hinsichtlich der Erkenntnismöglichkeiten (Kap. 5.9). Dieser *epistemologische* Dualismus stellte den ontologischen Monismus nicht mehr unbedingt in Abrede, versuchte ihn aber auch nicht weiter zu spezifizieren (Kap. 5.9).

Allerdings bewegte sich der psychologische Mainstream schon seit längerer Zeit *nicht* diesem (unbestritten ebenfalls fragwürdigen) Ergebnis der Auseinandersetzung entsprechend, sondern eher in die Gegenrichtung: Die erkenntnismäßige Vorgehensweise wurde zwar an sich weiterhin ausschließlich behavioristisch bestimmt, in *ontologischer* Hinsicht indessen *dualistisch* aufgefasst (Verhalten/Kognition); eine Konstellation, die ein grundsätzliches Operationalisierungsproblem implizierte (Kap. 7.7).

7.5 Das Problem der Beobachtung

Der Weg der Forschung dürfte trotz Primat der Theorie in Bezug auf das Falsifikationsverfahren (vgl. Kap. 4.3) eigentlich nicht jener sein, welcher vom Aufstellen von Hypothesen am Schreibtisch direkt zu den Operationalisierungen und Überprüfungen derselben im Labor führt. An erster Stelle (und später immer wieder) sollte – zumindest aus einer mehr phänomenologischen Perspektive betrachtet – die Beobachtung und Deskription von Sachverhalten stehen (vgl. Kap. 4.2).

Im Psychologiestudium wird indes bis heute die genaue Beobachtung von Verhaltensweisen und Sachverhalten nicht geschult, obwohl es eine Voraussetzung jeder empirischen Wissenschaft ist, insbesondere dann, wenn dieselbe als ausschließlich naturwissenschaftliche verstanden wird.

Allerdings wird es kaum genügen, bei der einfachen Beobachtung stehen zu bleiben. Schon Lichtenberg (1778/1844) schlug vor, sich vor allem auf die *Beobachtung der Beobachter* der Menschen zu konzentrieren, nachdem er die scheinbaren Wahrnehmungen und angeblichen Erkenntnisse von Lavater (1775/1984) und der Physiognomen kritisiert hatte (Kap. 3.2).

Eine Person zu beobachten, zu beurteilen und deren mutmaßliche Merkmale und Eigenschaften zu bestimmen, mit welcher Methode auch immer, ist ebenso schwierig wie problematisch, wenngleich nicht unbedingt und immer sinnlos. Einer Beobachtung und Beurteilung leichter zugänglich scheinen indes die Methoden und Verfahren selbst zu sein, die im täglichen Wissenschaftsbetrieb in Gebrauch sind, sowie auch die Personen, die diese verwenden, wenngleich auch bei dieser Beobachtung das Beobachtungsproblem bestehen bleibt.

Reduziert man den Gegenstand der Psychologie auf das Individuum in einem scheinbar historischen und sozioökonomischen Vakuum und beobachtet und analysiert nicht in erster Linie das Verhalten unter dessen materiellen Voraussetzungen und in Auseinandersetzung mit demselben, scheinen Projektionen, wie von Lichtenberg schon angedeutet, unvermeidlich zu sein – Vorgänge, die wissenschaftslogisch betrachtet in Zirkelschlüssen münden und den Erkenntnisertrag minimalisieren. Allerdings stellt sich dieses methodologische Problem im Prinzip auch auf der metapsychologischen Ebene.

7.6 Das Kognitivismusproblem

Die Empirismus-Rationalismus-Kontroverse (vgl. u.a. Skinner 1957; Chomsky 1959) gehört zu den bekanntesten psychologisch relevanten Auseinandersetzungen des 20. Jahrhunderts, die wissenschaftstheoretisch nicht entschieden werden konnten. Obwohl sich beide Forschungsparadigmen als unhaltbar erwiesen, blieben sie dennoch bestehen und wurden inhaltlich weiterhin ausgearbeitet. Die aufkommende Kognitive Psychologie stellte allerdings eine Art Synthese des rationalistischen und des empiristischen Ansatzes her. Von beiden Ansätzen versuchte man „das Positive“ zu übernehmen (die behavioristische Methodologie respektive die spezifisch menschlichen Inhalte der linguistischen Analyse) mit dem Ergebnis, dass sich deren Probleme potenzierten (Kap. 7.7).

Seit dem Niedergang des radikalen Behaviorismus waren sich die meisten Forscher und Forscherinnen einig, dass Gedanken, Vorstellungen und Intentionen nicht aus dem Gegenstandsbereich der Psychologie ausgeschlossen werden dürfen. Sie gehören zu einer Psychologie, die nicht länger auf Verhalten verkürzt werden konnte. In die mechanistisch anmutenden Modelle wurden Konstrukte eingeführt, denen keine der Beobachtung direkt zugängliche Realität mehr zukam. Der eigentliche Gegenstand der Psychologie wurde von der Verhaltensebene auf einen entweder rein nomologisch oder dann mental aufgefassten Bereich übertragen. „Über“ – oder wenn man will „neben“ oder „hinter“ – der physikalischen Welt wurde eine zweite, rein logische, geistige oder mentale Welt etabliert.

Mit der Kognitiven Psychologie konstituierte sich eine Welt, die einerseits aus Empirie und andererseits aus Konstrukten bestand. Diese sogenannte Zwei-Welten-Theorie (Ryle 1963/1969, S. 15) zeichnete sich durch einen eigenartigen Widerspruch aus: Einerseits wurde der Logos substanziell von der sinnlich erfahrbaren Realität unterschieden; andererseits wurden seiner Sphäre gleiche oder ähnliche strukturale Eigenschaften und Wirkungsgesetze zugeschrieben wie der physikalischen, dinglichen Welt. Diese Hypostasierung war indes nur die Kehrseite einer mechanistisch verkürzten Interpretation der Realität.

Um die damit anstehenden Probleme zu lösen, müssten die im Zeichen eines ontologischen Dualismus konstituierten mentalen Hypostasierungen in ihre weltlichen Grundlagen aufgelöst werden. Umgekehrt könnten auf dieser Grundlage die Widersprüche erkannt werden, die u.a. die Hypostasierungen hervorgebracht haben. Die Annahme einer psychologischen Parallelwelt zur neurologischen Welt in der Black Box, werde dieselbe nun rein mathematisch oder kognitivistisch aufgefasst, gestaltet sich in ihrer paradigmatischen Weiterführung eher zu einer neuen Psychomythologie als zu einer wissenschaftlichen Psychologie aus.

Die Box könnte auch psychologisch leer sein, so jedenfalls eine Hypothese, die gerade auch in einem naturwissenschaftlichen Sinne zu verstehen wäre (s.u.), was allerdings nicht unbedingt heißt, dass in ihr nichts oder niemals Psychisches geschieht. Es ist durchaus möglich, unmittelbar, wenngleich nicht genau und zeitgleich, zu realisieren, was sich in ihr ereignet: Realisierungen von Empfindungen, Gedankengängen, Vorstellungen, um hier nur einige wenige gebräuchliche Begrifflichkeiten anzuführen. In der Box findet indes in psychologischer Hinsicht „nur“ statt, was durch die sogenannte Introspektion zugänglich ist (Näheres in Schwarz 2014).

Das mit der Introspektion oft bemühte „Innere des Menschen“ (bis hin zum „inneren Menschen“), von den orthodoxen Behavioristen in seiner Bedeutung gänzlich in Abrede gestellt, scheint zwar zuweilen eine Erklärung zu liefern, doch die mit einem Homunkulus unterstellte Erklärung bliebe ihrerseits unerklärt. So ist der folgende kurze Schluss durchaus verständlich: „Mit dem inneren Menschen endet die Erklärung“ (Fahrenberg 2003/2014, S. 97).

Das introspektiv Zugängliche kann als Epiphänomen betrachtet werden. Im Übrigen sind ausschließlich neurologische Zusammenhänge und die verschwindenden *Übergänge* zu den automatisierten Aktivitäten (ein Beispiel findet sich in Kap. 4.3), die als solche einen neurologischen Charakter haben, realwissenschaftlich erfassbar. Demnach kann der kognitivistische Ballast quasi abgeworfen werden, was auch wissenschaftstheoretisch relevant ist. Was bleibt, sind neuronale Aktivitäten. Diese sind eingebettet in die jeweiligen sozialen Mikroverhältnisse. Entsprechend sind sie auch zu betrachten, und zwar hinaufsteigend bis in die betreffenden gesellschaftlichen Makroverhältnisse hinein und wieder hinabsteigend zurück an die Basis (Kap. 7.9). Demnach muss der folgende Schluss *kontextuell* verstanden werden: „Das so definierte Seelische ist unabdingbar an Gehirnstrukturen und -prozesse gebunden. Es unterliegt den Naturgesetzen und wird von Prozessen beeinflusst, die mit Mitteln der Naturwissenschaften untersucht und erklärt werden können. Insofern kann das Seelische als ein physikalischer Zustand bezeichnet werden" (ebd., S. 227).

7.7 Das Operationalisierungsproblem

Wissenschaftliche Begriffe, die in einer Hypothese erscheinen, erfordern konkrete Angaben, wie sie hergestellt respektive erfasst werden können. Westermann (2000) hat darauf hingewiesen, dass die sogenannte Operationalisierung „einer der wichtigsten Schritte jedes psychologischen Forschungsprozesses" ist (vgl. ebd., S. 217).

Die experimentell ausgerichtete Kognitive Psychologie, die von Darwins (1859/2005) monistischer Evolutionstheorie weitgehend abstrahiert, handelte sich mit ihrem Dualismus (mentales/körperliches Verhalten) ein Operationalisierungsproblem ein, für das sich bis heute keine Lösung abzeichnet. Seit dem Übergang vom Behaviorismus zum Kognitivismus wurden in der Psychologie auch Inhalte untersucht, die über das Verhalten hinausgingen und als kognitive, mentale oder lediglich logisch vermittelte Inhalte verstanden wurden, doch in methodologischer Hinsicht hatte das behavioristische Paradigma weiterhin Bestand: Nur das Verhalten selbst ließ sich direkt empirisch erfassen und überprüfen; die eigentlichen psychologischen Inhalte der Kognitiven Psychologie konnten ausschließlich im Sinne hypothetischer Konstrukte formuliert werden. In einem weiteren Schritt mussten sie in eine Beobachtungssprache übersetzt respektive operationalisiert werden. Die besondere Art von Operationalisierung, welche die Kognitive Psychologie erfordert, kann als Achillesferse des kognitionspsychologischen Paradigmas bezeichnet werden.

Operationalisierungen können nicht als einfache sprachliche Konventionen aufgefasst werden. Wenn man davon ausgehen könnte, dass es sich bei einer Operationalisierung um eine bloße sprachliche Konvention handelt, gäbe es nur folgende Optionen: Entweder wird mit der Operationalisierung der theoretische Satz konkretisiert, was ein theoretisches Defizit der Empirie bzw. einen empirisch nicht einlösbaren Überschuss der Theorie bedeuten würde (siehe auch das Problem des Geltungsbereichs in Kap. 7.15), oder der theoretische Satz wäre von vornherein auf den empirischen Satz reduziert respektive würde mit diesem zusammenfallen, was eine Operationalisierung im hier diskutierten Sinne überflüssig machen würde (Kap. 7.16).

Experimentellen Psychologen stellt sich in der Forschungspraxis die Aufgabe, für die theoretischen Konstrukte, die *als solche* nicht direkt und umfassend beobachtbar sind, Indikatoren zu finden respektive zu definieren, die *als solche* vollständig rezipierbar sind. Das Ergebnis dieser Vorgehensweise wird zuweilen als Bedeutungsüberschuss („surplus meaning") wahrgenommen (s.o.). In der real existierenden Forschung wird versucht, dieses gravierende (letztlich induktionstheoretische), aber grundsätzlich meistens ausgeblendetes Problem unter dem Titel der Validität der operationalen Definition statistisch zu behandeln. Indes stellt sich das Problem des Bedeutungsüberschusses unabhängig davon, ob der aktuell untersuchte kausale Zusammenhang streng „nomologisch“ aufgefasst oder nur „probabilistisch“ (vgl. u.a. von Thienen 2013, S. 53 ff.) behandelt wird (der zweite Fall wird zuweilen als „Liberalisierung“ verstanden, die es zudem erlaube, auch intentionale Bezüge zu involvieren).

Im Rahmen des kognitionspsychologischen Paradigmas ist das Problem nicht auf ein quantitatives reduzierbar. Mit der Operationalisierung wird ein Wechsel des Mediums (körperlich → kognitiv) vorgenommen, der einen qualitativen Charakter hat (vgl. Kap. 5.7). Die Konstrukte beziehen sich auf theoretische Sachverhalte, die von den beobachtbaren verschieden sind, unabhängig davon, ob sie als rein logische oder mentale aufgefasst werden. Demnach können die einen auch ohne die anderen vorliegen. Die Verknüpfung besteht also in einer Annahme. Nach Gadenne (1984) haben Operationalisierungen einen hypothetischen Charakter: „Eine Aussage, die z.B. behauptet, dass ein psychischer Zustand sich in einem bestimmten Verhalten manifestiert oder dass eine experimentelle Manipulation einen bestimmten psychischen Vorgang auslöst, ist eine *Hypothese*, die wahr oder falsch sein kann und deshalb der Validierung bedarf“ (ebd., S. 26; Hervorhebungen von Gadenne).

Operationalisierungen werden jedoch gerade deshalb vorgenommen, um hypothetische Konstrukte überhaupt empirisch überprüfen zu können. Wenn es sich nun bei diesen Operationalisierungen ebenfalls um Hypothesen handelt, ergibt sich folgendes Problem: Jede Überprüfung einer Hypothese führt zu einer neuen Hypothese, die ebenfalls überprüft werden müsste. Ein solcher im Prinzip unendlicher Regress wird in der Regel umgangen, indem das theoretische Konstrukt als Funktion der Operationalisierung (bzw. des empirischen Satzes) und die Operationalisierung als Funktion des Konstruktes aufgefasst wird (vgl. Kap. 5.7). Falls aber nicht in dieser Weise zirkulär gearbeitet respektive argumentiert wird, bleibt nur der Abbruch des Verfahrens (siehe hierzu auch Kap. 7.14) oder der Rückzug auf die Ebene der Operationalisierungen, was die Aufgabe jedes theoretischen Anspruches bedeuten würde (s.u.).

Insbesondere in der modernen, *experimentalistisch* ausgerichteten Kognitiven Psychologie, die sich bestenfalls der Intention nach, jedoch kaum je tatsächlich an kritisch-rationalistischen Kriterien orientiert, ist das *Operationalisierungsproblem* also nach wie vor aktuell. Zur Illustration sei nochmals das Priming-Verfahren angeführt, das in der Sprachpsychologie, aber auch etwa im motivationalen und emotionalen Bereich der Psychologie relevant ist (Kap. 5.8).

Wie schon erwähnt, wird der Nachweis automatischer Prozesse durch die assoziative Bahnung bzw. Voraktivierung eines mentalen Prozesses geführt. Den Probanden werden auf einem Computerbildschirm Serien von Adjektiven präsentiert, die eine positive (P) oder eine negative Bewertung (N) beinhalten (z.B. „erfreulich“ bzw. „schrecklich“). Die Probanden werden gebeten, durch Betätigung von Tasten, die „gut“ oder „schlecht“ bedeuten, die Bewertung vorgegebener Wörter anzuzeigen, wobei ihnen kurze Zeit vor der Präsentation dieser Zielwörter („target“) positive oder negative Substantive als „Aktivierungswörter“ („prime“) vorgegeben werden (z.B. „Geschenk“ bzw. „Tod“). Es ergab sich folgender Befund: Bei übereinstimmender Valenz zwischen prime und target (P-P, N-N) erfolgt eine Beschleunigung der Reaktion; bei nicht übereinstimmender Valenz (P-N, N-P) eine Verzögerung derselben. Die Wertigkeit des Aktivierungswortes scheint also einen Einfluss auf die Geschwindigkeit zu haben, mit der auf das Zielwort reagiert wird. Dies sei auch dann der Fall, wenn das Aktivierungswort subliminal vorgegeben wird, also wenn es von den Probanden nicht bewusst wahrgenommen werden kann (vgl. u.a. Klinger et al. 2000).

Solche Forschungsergebnisse wurden ohne Weiteres als Möglichkeit (unbewusster) semantischer Beeinflussbarkeit interpretiert. Doch sind sie beim obigen Beispiel tatsächlich problemlos in der Weise zu verstehen? Die zeitliche Verzögerung bei der Wahl einer positiv oder negativ bezeichneten Taste sowie das Drücken derselben (eine an sich rein mechanische Bewegung, die von der Übung und der lokalen Position der Tasten im Verhältnis zur Position des Probanden sowie von dessen Fähigkeiten und Eigenschaften abhängig ist wie z.B. von der Rechts- oder Linkshändigkeit) wird auf die Differenz von bewusst oder nicht bewusst wahrgenommenen Konnotationen von Wörtern zurückgeführt; umgekehrt wird mit dieser *semantischen Differenz* die Verzögerung der *mechanischen Reaktion* erklärt. Dabei wird die angenommene subliminale Wirksamkeit einerseits als Funktion einer Beobachtungsgröße verstanden und andererseits diese Beobachtungsgröße als Funktion der subliminalen Wirksamkeit (Kap. 5.7).

Jede vorgenommene Operationalisierung impliziert *theoretische* Voraussetzungen. Das Konstrukt subliminaler Wirksamkeit ist nur der Kern einer im Vergleich mit vielen expliziten psychologischen Theorien komplexen Theorie, die stillschweigend, wahrscheinlich unbewusst, unterstellt, jedenfalls nicht ausgewiesen wird. Was müsste bei den Probanden denn alles geschehen, wenn die Operationalisierung Bestand hätte? Um nur das Offensichtlichste zu benennen: Semantische Übereinstimmungen nicht bewusster respektive bewusster Wahrnehmungen müssten in Beschleunigungen mechanischer Bewegungen „übersetzt" respektive semantische Nichtübereinstimmungen in Verzögerungen „hinuntergeschaltet" werden. Um diese implizite Theorie der fraglichen Operationalisierung intersubjektiv zugänglich zu machen, müsste sie zunächst in all ihren Facetten expliziert (u.a. nimmt man gewöhnlich an, dass bei der Wahrnehmung von Wörtern Bottom-up- und Top-down-Prozesse eine Rolle spielen) und in der Folge ebenfalls empirisch überprüft werden. Damit würde sich erneut ein Operationalisierungsproblem ergeben, wobei die vorgenommenen Operationalisierungen wiederum auf ihre theoretischen Implikationen hin befragt werden müssten usw. Indessen lassen sich auch Theorien zu den Bottom-up- und Top-down-Prozessen (vorläufig) bestätigen oder falsifizieren. Doch damit findet allenfalls der eine unendliche Regress einen Ausgang in einem anderen unendlichen Regress.

Demnach scheinen kognitionspsychologische Einzelhypothesen *nicht* wirklich prüfbar zu sein. Indessen sind in einem naturwissenschaftlichen Rahmen nach kritisch-rationalistischem Wissenschaftsverständnis *Prognosen* von Eigenschaften oder Sachverhalten, wenn sie vollständig beobachtbare Verhaltensweisen betreffen, aufgrund einer ausformulierten Theorie, die diesen Namen verdienen würde, durchaus möglich. Dabei würde es sich allerdings um Voraussagen handeln, für die eine möglichst große Chance bestehen müsste, dass sie mit den in der Folge tatsächlich auffindbaren Eigenschaften bzw. Sachverhalten vornehmlich *nicht* übereinstimmen könnten, also falsifizierbar wären (vgl. u.a. Albert 1968/1969).

Bei einem naturwissenschaftlichen Vorverständnis der Psychologie besteht die kritisch-rationalistische Option, eine Theorie gegenüber einer Alternativtheorie zu testen. Hierfür sind *Entscheidungsexperimente* hinsichtlich verschiedener Prognosen notwendig (Kap. 3.4), die zwar im fraglichen Wissensgebiet der Psychologie letztlich auch nichts über eine naturwissenschaftlich verstandene „Realität", was immer damit auch gemeint sein mag, auszusagen vermögen, indes aber möglicherweise etwas über die Aussagekraft der einen Theorie im Verhältnis zur anderen Theorie, also vielleicht doch den *relativen* Wahrheitsgehalt der einen Theorie gegenüber der anderen favorisieren könnten (siehe Näheres in Kap. 4.3).

7.8 Das Messproblem

Wellek (1956) wies gegen Hofstätter (1956) im „Methodenstreit" darauf hin, dass in der Psychologie in vielen Fällen kein echtes Maß für eine *quantitative* Vorgehensweise gegeben ist. Trotzdem wird meistens ein solches verwendet, was Wellek als unwissenschaftlich bezeichnete. Er wies gleichzeitig darauf hin, dass es ihm nicht darum gehe, in der Psychologie *keine* Maße zu verwenden, doch sei er überzeugt davon, dass in sehr vielen Fällen kein adäquates Maß existiere (Kap. 5.4).

Wellek warf Hofstätter Vermessenheit, alles messen zu wollen, letztlich „Pseudowissenschaftlichkeit" vor; eine Diagnose, die von verschiedenen Seiten beanstandet wurde, zumal Wellek noch keine mathematisch fundierten Aussagen über Ausnahmen respektive gegebene Messmöglichkeiten machte. Indessen lässt sich die Adäquatheit eines Maßes ganz klar mit den Bedingungen der Möglichkeit des betreffenden Skalenniveaus bestimmen. Die meisten Psychologen haben bis heute die Tendenz, auf möglichst hohem Skalenniveau zu messen, auch wenn die hierzu notwendigen Voraussetzungen nicht gegeben sind. Bekanntlich dürfen viele statistische Tests (insbesondere inferenzstatistische Verfahren) nur dann durchgeführt werden, wenn die Voraussetzungen des Intervallskalenniveaus erfüllt sind (wie z.B. bei der Messung von Reaktionszeiten). In der Psychologie ist diese mathematische Voraussetzung in den allermeisten Fällen jedoch *nicht* gegeben. Psychisches kann dann allenfalls auf dem Niveau einer Ordinalskala gemessen (bei klaren Größer-kleiner- respektive Schwächer-stärker-Differenzen) oder häufiger, etwa bei Bestimmungen von Emotionen, nur auf dem Nominalskalenniveau identifiziert werden (vgl. u.a. Kriz 1973). Dies scheint allerdings die meisten experimentierenden Psychologen nicht weiter zu stören. Sehr häufig werden auch Intervallskalen verwendet, wenn die Voraussetzungen nicht erfüllt sind. Es scheint für viele Wissenschaftler des Faches Psychologie relevanter zu sein, dass die Forschungsergebnisse wissenschaftlich erscheinen, als dass sie wissenschaftlich sind (u.a. Quantifizierung als Voraussetzung der Darstellung von Kurven).

Bereits Mach (1905/1991) hatte darauf hingewiesen, dass der physiologische Raum des Menschen nicht mit dem metrischen identifiziert werden könne, der zwar durch Abstraktion eine Quantifizierung ermöglicht, indessen eine differenzierte Aufarbeitung der psychischen Gegebenheiten verunmöglicht:

> Der *physiologische* Raum, der Raum unserer sinnlichen Anschauung, den wir bei vollem Erwachen unseres Bewußtseins fertig vorfinden, ist sehr verschieden von dem *metrischen*, begrifflichen Raum. Die geometrischen Begriffe werden größtenteils durch absichtliche Erfahrungen erworben. Der Raum der Euklidischen Geometrie hat überall, an allen Stellen und nach allen Richtungen dieselbe Beschaffenheit, ist unbegrenzt und unendlich. Vergleichen wir hiermit den Raum des Gesichtes, den „Sehraum" (…), der dem Sehenden vor allem geläufig ist, so finden wir denselben weder überall noch nach allen Richtungen gleich beschaffen, noch unendlich, noch unbegrenzt. Die auf das Gestaltensehen bezüglichen Tatsachen (…) lehren, daß dem „Oben" und dem „Unten", ebenso dem „Nah" und dem „Fern" gänzlich verschiedene Empfindungen entsprechen. Auch das „Rechts" und das „Links" beruht auf verschiedenen Empfindungen, wenn auch auf viel ähnlicheren, wie aus den Tatsachen der physiologischen Symmetrie hervorgeht (ebd., S. 337; Hervorhebungen von Mach).

Wenn schon bei den basalen Vorgängen die Abstraktion von den konkreten Voraussetzungen zwecks Quantifizierung problematisch ist, so wird dies umso mehr bei den höheren Prozessen der Fall sein. Für die positivistische Wissenschaftsposition charakteristisch ist indes die weitgehende Beschränkung der wissenschaftlichen Wahrnehmung auf die Messgrößen einfacher Bedingungs- und Effektvariablen. Messgrößen können jedoch immer nur ein Medium der Theoriebildung der Psychologie und nicht deren *konstituierender* Gegenstand sein. Mach zufolge ist der physiologische Raum ein System von abgestuften Organempfindungen. Es besteht eine prinzipielle Inkongruenz zwischen dem physiologischen und geometrischen Raum (einige wenige Übereinstimmungen bilden die Ausnahme). Messungen und darauf basierend mathematische und statistische Berechnungen setzen die *Homogenität* des Objekts voraus. Aus der Darstellung der Tübinger Motivationskontroverse geht hervor, dass diese Voraussetzungen im Bereich Motivation sowie in anderen Bereichen der Psychologie *nicht* gegeben sind (Kap. 5.7).

Nach Wellek (1972) bestimmt in einer wissenschaftlich nicht sinnfreien Psychologie nicht die quantitative Methode die Fragestellung, sondern die Fragestellung die Methode. Der als naturwissenschaftlich bezeichnete „Methodenmonismus", der rein „rechnerisch" betrachtet etwas zu versprechen scheint, ist fragwürdig, weil in den meisten Fällen die Voraussetzungen für die verwendeten mathematischen Operationen nicht gegeben sind. Experimentalismus und statistischer Formalismus sind weder identisch noch aufeinander angewiesen.

Verschiedene Autoren haben indes auf den Modellcharakter der Statistik in der Psychologie hingewiesen (vgl. u.a. Kriz 1973). Statistische Modelle sind insbesondere in der experimentellen Psychologie von entscheidender Bedeutung. Sie substituieren weitgehend eine eigentliche Theoriebildung. In empirischer Hinsicht wäre zu berücksichtigen, dass Statistik das Ausgangsmaterial einer Forschungsarbeit nicht exakter macht, als dasselbe in sich selbst quantitativ ausdifferenzierbar ist. Wenn in der Psychologie zunehmend die statistische Modellierung und Methodik forschungsbestimmend sind, bedeutet dies, dass dieser Modus einer Methodologie auch die Ergebnisse der Forschung oder zumindest die Aussagekraft derselben und ihren Interpretationsrahmen mitbestimmt (vgl. u.a. Kirschenmann 2004, S. 65f.). Nach Hommel (2010) und einer Reihe weiterer Autorinnen und Autoren kann es indes einer wissenschaftlichen Disziplin nicht recht sein, „dass es zunehmend die Methoden und nicht die Inhalte und die Theoriebildung sind, die unsere zentralen Themen und unseren wissenschaftlichen Fortschritt bestimmen“ (ebd., S. 201).

7.9 Das Individualismusproblem

Unter Individualismus wird eine Denkrichtung verstanden, die dem Sonderdasein des Einzelmenschen (in einem weiteren Sinne auch Interaktionen von Einzelmenschen) Priorität gegenüber dem Gesellschaftlichen beimisst. Wenn man den Menschen und sein Verhalten in den Brennpunkt der Aufmerksamkeit rückt und so tut, als würden Personen (auch) unabhängig von ihren gesellschaftlichen Voraussetzungen existieren (können) und als wären ihre spontanen Aktivitäten, ihre Handlungen, ihre Leistungen, ihre Beziehungen, ihre Auseinandersetzungen mit den anderen Personen, ihre Moral usw. eine rein individuelle oder eben „private“ Angelegenheit, würde man von den bestehenden Verhältnissen und den für die Menschen maßgeblichen Problemen abstrahieren. Man würde konkrete Personen quasi in eine abgesonderte Mikrowelt abstrakter Einzelwesen versetzen, die ein zeitloses Dasein fristen, das allenfalls ausschließlich von ihrer „Natur“ bestimmt würde. Letztere würde als im Prinzip genetisch vermittelt verstanden werden, möge der Anteil an der Varianz, der dadurch erklärbar wäre, noch so gering ausfallen. In Wirklichkeit würde dadurch in erster Linie das scheinbar gesellschaftlich Selbstverständliche, wenngleich nicht als solches verstanden, erfasst, über das nicht hinausgesehen und das demzufolge auch nicht relativiert werden könnte. Das externe System dieser Lebewesen wäre mithin vor Kritik geschützt, würden doch sämtliche Defizite von individuellen Problemen oder von Mängeln der menschlichen Natur im Allgemeinen abgeleitet, mithin die bestehende Ordnung implizit legitimiert.

Psychologisch relevante Zusammenhänge und Eigenschaften von sozialen Sachverhalten in der Allgemeinen Psychologie oder auch Persönlichkeitsmerkmale in der Differentiellen Psychologie können indes nicht unabhängig von kollektiven Sinnzusammenhängen und gesellschaftlichen Strukturen erfasst werden. „Es gibt keine Persönlichkeitsmerkmale jenseits sozialer Zusammenhänge und Prägungen. Menschsein ist nicht universell für alle Zeiten und in allen Gesellschaften dasselbe, sondern in jeder Epoche etwas ganz anderes“ (Koppetsch 2014, S. 50).

Bereits Wygotski (1934/1974) hatte gegenüber Piaget (1923/1983) anhand des Phänomens der egozentrischen Sprache zu belegen versucht, dass der kindlichen Natur von allem Anfang an ein gesellschaftliches Wesen zukommt. Nach Wygotski stellt die egozentrische Sprache eine noch unzureichende Individualisierung dar und nicht – wie Piaget angenommen hatte – eine noch ungenügende Sozialisierung. Die anfänglich ausschließlich sozial genutzte (non)verbale Sprache von und für andere wird so zu einer Sprache für den Sprechenden (bzw. zu dessen Denken) ausdifferenziert (Näheres in Kap. 5.3).

Natürlich ist die Individualisierung in bestimmten Gesellschaftsformationen nicht in erster Linie auf die Psychologie zurückzuführen. Die Individualisierung wird selbst *gesellschaftlich* vorangetrieben (u.a. weit fortgeschrittene Arbeitsteilung, Globalisierung der Produktion und der Kommunikation, Zunahme der Flexibilitätsanforderungen, damit zusammenhängend auch Vereinzelung der Menschen). Allerdings wird die gesellschaftlich hervorgebrachte Individualisierung durch die Psychologie in ihrer heutigen kognitivistischen Ausgestaltung unterstützt, perpetuiert und legitimiert.

Die Individualisierung hat in den „westlichen Wertegemeinschaften", deren wesentlicher Wert im Mehrwert liegt, mittlerweile fast alle Lebensbereiche durchdrungen. Probleme werden oft als individuelle behandelt, auch wenn es sich im Grunde genommen um gesellschaftliche handelt. Diese Psychologisierung menschlicher Probleme erfolgt mitunter auch im Interesse der Psychologen. Dieselben blenden jedoch meistens die Frage persönlicher sowie gesellschaftlicher Interessen bei der Forschung aus. Sie projizieren die von den realen Lebensvoraussetzungen entleerte Privatheit auf eine gefügige Psyche im Sinne einer Konstruktion, die sich im Allgemeinen und Abstrakten erschöpft und auf dem Papier vieler akademischer Psychologen dennoch Bestand hat. Teilweise wurde dieser stillschweigende und weitgehend nicht bewusste Vorgang zu Beginn des letzten Jahrhunderts sogar begrifflich nachvollzogen respektive bereinigt und schließlich entsorgt, indem das Bewusstsein als Konzept ausdrücklich aus der Theoriebildung ausgeschlossen wurde.

Die akademische Psychologie verfolgt zwar keineswegs das explizite Ziel, doch sie trägt dennoch in weiten Bereichen dazu bei, einerseits die ganze Menschheit auf *einer* Plattform zu vereinigen (vgl. hierzu auch die immer stärker aufkommende Kulturvergleichende Psychologie) und andererseits in der Allgemeinen Psychologie einzelne Gruppen an anderen Gruppen (Kap. 7.11) sowie in der Differenziellen Psychologie jedes Individuum an anderen Individuen zu messen und miteinander in ein Verhältnis zu bringen. Der Preis für dieses Vorgehen oder nur Verhalten ist bei aller Bekräftigung des Individualismus die Entpersönlichung der Menschen. Doch bekanntlich ist das menschliche Wesen kein dem einzelnen Individuum innewohnendes Abstraktum.

Ein Beispiel für die gesellschaftlich vorangetriebene Individualisierung ist die psychologische Legitimierung sozialer Ungleichheit, die mit Bildungsunterschieden erklärt und auf interindividuelle Differenzen hinsichtlich Begabung und Eignung losgelöst von allen je besonderen gesellschaftlichen und sozialen Voraussetzungen zurückgeführt wird. Dieser Prozess erfolgt maßgeblich durch den Einsatz psychologischer Tests (insb. Intelligenztests), mit denen die Begabung – mithin auch eine „Mehr-Begabung" oder eine „Weniger-Begabung" – sozusagen amtlich beglaubigt wird. Durch die Zertifikation werden sozioökonomische Strukturen, über welche die soziale Ungleichheit transportiert und reproduziert wird, entpolitisiert und naturalisiert (Näheres in Kap. 7.14).

Besonders deutlich wird dies beim wieder aufgelegten Elitekonzept der „Hochbegabung"; einer Verdinglichung, die deren Protagonisten meistens nicht mehr zu dechiffrieren vermögen. Schon beim Begriff „Begabung" besteht das Problem darin, dass bestimmte

Leistungen als Ausdruck von natürlichen Eigenschaften aufgefasst, respektive dieselben aufgrund manifester Leistungen unterstellt werden. „Das Zirkuläre dieser Denkfigur liegt darin, dass von Leistung unvermittelt auf Begabung *geschlossen* wird, diese aber als Ursache der Leistung herhalten soll" (Markard 1991/1993, S. 73). So fragwürdig diese Argumentation ist: Stillschweigend erreicht wird mit ihr, dass Leistungsunterschiede zwischen Menschen einer biologisch-genetischen Erklärung zugeführt und die objektiven Voraussetzungen sozial bevorteilter oder benachteiligter Leistungsträger durch die Individualisierung ausgeblendet werden. Wenn individuelle Eigenschaften und Verhaltensweisen von an Lehr- bzw. Lernprozessen beteiligten Personen nicht als kontextuell (situativ, gesellschaftlich und kulturell) vermittelt verstanden werden, werden sie ausschließlich ins einzelne Individuum hineinprojiziert – bei sozial geschätzten und hochgeschätzten, aber auch bei nicht akzeptierten Eigenschaften und Verhaltensweisen.

> Soweit Eigenschaftskonzepte und entsprechende Persönlichkeitskonzepte von diesen Vermittlungen absehen, werden den Einzelnen objektive Beschränkungen als subjektive Beschränktheiten in die Schuhe geschoben, anders formuliert: Gesellschaftliche Sachverhalte werden *personalisiert* (ebd., S. 74; Hervorhebung von Markard).

Mit der Individualisierung und Naturalisierung erschließt sich ein Markt psychometrischer Prognostik. Die Psychologie als Geschäft erfüllt Funktionen, die nicht ohne gesellschaftliche Konsequenzen bleiben (u.a. Programme einerseits zur Einrichtung von Eliteuniversitäten; andererseits zur Herabsetzung der Studierquote). Die Lernforscherinnen Stern und Neubauer (2013), die für eine Studierquote von 20 % plädieren, gehen davon aus, dass unterschiedliche intellektuelle Leistungen durch entsprechende genetische Dispositionen bedingt seien. Nach Bultmann (2014) markiert die Biologie die Grenze der Bildungspolitik. Zwar seien die Gene, welche die Entwicklung der Intelligenz steuern, noch nicht identifiziert worden, doch würden die Autorinnen vermuten, *dass* sie existieren.

> Sie projizieren (…) die Ergebnisse ihrer IQ-Messungen auf eine vermeintliche Ursache zurück, die sie konkret (…) gar nicht kennen. Warum sie diese spekulative monokausale Methode überhaupt wählen statt nach anderen – durchaus nahe liegenden – (gesellschaftlichen) Erklärungen für unterschiedliche Leistungen (…) zu suchen, bleibt im Dunkeln (ebd., S. 23).

Eine Annahme einer privaten Psyche des Menschen wäre schon aus wissenschaftslogischen Gründen nicht möglich. Sie könnte nachträglich niemals Funktionen in einem gesellschaftlich verbindlichen Sinne erbringen (z.B. sprachliche Leistungen, die von anderen Menschen verstanden werden). Unterstellt man, dass es im Fall der Sprache möglich wäre, sich Bedeutungsstrukturen privat zuzulegen, würde sich die Frage nach dem Kriterium der Richtigkeit stellen. Bei einem als völlig „privat" verstandenen Sprecher (resp. bei einem ebensolchen „privaten" Hörer) wäre jeweils das richtig, was immer ihm als richtig erschiene; was nichts anderes hieße, als dass von „richtig" unter diesen Bedingungen gar nicht die Rede sein könnte. Unter der Voraussetzung einer privaten Sprache wäre der Schluss auf Fremdpsychisches zwar unumgänglich, jedoch nicht möglich. Die Privatsprache könnte nicht nachträglich in eine öffentliche Sprache integriert werden, da jeder etwas anderes mit deren Elementen verbinden würde. Auch der Einwand, dass wenigstens jeder in konsequenter Weise „etwas" verbinden könnte, so unbestimmt es auch sein möge, würde nicht weiterhelfen, denn „etwas" hätte ja zunächst auch nur eine private Bedeutung; das intersubjektive Verständnis könnte also dadurch nicht eingeleitet werden, weil eben „etwas" dazu bereits von allen Beteiligten verstanden werden müsste (Näheres zur Kritik der Privatsprache in Wittgenstein 1947/1971, 243–315 u. PU 348–412).

7.10 Das Problem der Subjektivität

Das Höchste, wozu ein ausschließlich anschauender Individualismus materieller Prägung kommt, das heißt ein Ansatz, der die Sinnlichkeit nur als rezeptiven Vorgang und nicht zugleich als produktiven und eingebettet in gesellschaftliche Praxis begreift, ist die *Anschauung* der einzelnen Individuen aufgrund ihrer „allgemein-menschlichen Natur" in der bestehenden Gesellschaft, die mithin stillschweigend als unveränderliche sowie allgemeingültige verstanden wird. Es handelt sich um einen Reduktionismus, mit dem die wesentlichen Probleme der Menschen aus dem Forschungsprozess ausgeschlossen werden und ein zeitloses Bild des abstrakten Menschen gepflegt und reproduziert wird.

Es stellt sich die Frage, ob Menschen (mit ihren Empfindungen, Vorstellungen usw.) ausschließlich unter der Form des Objekts zu betrachten sind oder nicht zugleich subjektiv, in *ihrem* Prozess. Auch die Wissenschaftler, die denselben untersuchen, vollziehen einen Prozess, den Forschungsprozess. An diesem Prozess beteiligen sich wiederum die betrachteten Menschen: Personen, die selbst als *Subjekte* tätig werden und mitunter auch „studieren" respektive nicht nur studiert werden, sowie Laien und Forscher mit all ihren Befugnissen, Bedürfnissen und Interessen, die ebenfalls freizulegen wären. Schon viele Jahre bevor die sogenannten Spiegelneuronen gefunden oder erfunden wurden, wies Mach (1905/1991) darauf hin, dass auch das „bloße Beobachten" immer auch bedeutet, „mittätig" zu sein (vgl. ebd., S. 430 f.).

Menschen bleiben in jedem Fall Subjekt ihres Verhaltens oder besser: Handelns (allerdings oft in einem minimalen Sinne), auch wenn sie noch so sehr bestimmt werden; umgekehrt bleiben sie immer Objekt von (ihnen oft unbewussten) Voraussetzungen, Bedingungen oder gar Bestimmungen, auch wenn sie andere Objekte, generell die Umwelt oder ihre besonderen Voraussetzungen noch so sehr zu erkennen, selbst zu beeinflussen oder gar selbst zu bestimmen vermögen. Menschliche Erfahrung ist letztlich immer historische Erfahrung, die im Prinzip kontingent ist, indes nie völlig zufällig, aber auch niemals vollständig bestimmt (vgl. hierzu auch Rohbeck 2014).

Ein notwendiger Zusammenhang in einem naturwissenschaftlichen Sinne besteht nicht, wohl aber einer im Sinne der Logik oder im Sinne eines Begründungszusammenhangs, der von einem Subjekt vollzogen und (ggf. intuitiv) nachvollzogen werden kann (s.u.).

Im alltäglichen Erkenntnisprozess betrachten Subjekte ihre objektiven (mitunter materiellen) Voraussetzungen und handeln entsprechend, nicht zuletzt auch in psychologischer Hinsicht. Demnach ist psychologisches Wissen nicht länger ein Privileg von wissenschaftlich geschulten psychologischen Experten oder Expertinnen, sondern wird generell von Personen praktiziert, nicht zuletzt von jenen, die sich nie besonders mit Psychologie befasst haben. Sie lösen in ihrem Leben oftmals implizit und zuweilen auch ausdrücklich psychologische Probleme. Eine Explikation dieser Lösungen ist schon der Beginn einer Forschung, in der die Menschen objektiv und zugleich subjektiv tätig und entsprechend auch verstanden werden. Diese Art Forschung bleibt immer an die Mitwirkung ihres Gegenstandes gebunden. Herkömmliche, wenngleich noch nicht zureichende Beispiele sind die Aktionsforschung und in einem gewissen Sinne auch die Selbstkonzeptforschung und die Biografieforschung (vgl. hierzu u.a. auch Gummersbach 1985, S. 327).

Es liegen diverse Forschungsarbeiten vor, in denen zumindest versucht wird, die Dialektik zwischen Subjekt und Objekt zu berücksichtigen, mithin anstelle der Ausschaltung des Subjekts dessen adäquate Berücksichtigung im Forschungsprozess zu ermöglichen (siehe auch Kap. 5.5). Ein Beispiel ist die Bearbeitung von Produktionen des Erinnerns. Eine Voraussetzung dieses Ansatzes ist, dass nicht der (abstrakte) Mensch, sondern die konkrete Persönlichkeit ein Gedächtnis besitzt (Leontjew 1982). Das heißt: Die Erinnerungen werden nicht rein subjektiv oder objektivierend „konstruiert", sondern konstituieren sich in Aufhebung dieser extremen Einstellungen *affinitiv* aus dem jeweiligen Lebenszusammenhang heraus (Galliker 1990).

In methodischer Hinsicht werden *nicht* die am Forschungsprozess beteiligten Personen „bearbeitet", sondern deren Produkte, die schriftlichen Erinnerungen und die Geschichten, indem sie beispielsweise in einer Erinnerungsgruppe aufgearbeitet werden (Haug 2014). Dabei stellt sich zunächst die Frage: Was wollen die Erinnernden mit ihren Erzählungen ausdrücken? Was ist ihre Botschaft? Das in den Erzählungen steckende „sedimentierte Volkswissen" kann kommunikativ – gerade auch mit seinen Vorurteilen – expliziert werden. Weitergehend wird sprachanalytisch untersucht, wie sich erinnernde Personen mit ihren Produktionen subjektiv konstituieren. Die einzelnen Sätze der Geschichte erteilen Auskunft darüber, wer als Subjekt und wer als Objekt gesetzt wird, mithin liefern sie Informationen über die sich aktiv und/oder passiv verhaltenden Schreiberinnen. „Manche Geschichten kennen gar kein persönliches Subjekt. Das hat den Effekt, dass die Person der Autorin weitgehend verschwindet, zumindest als aktive Person, und stattdessen im Griff anderer Mächte erscheint" (ebd., S. 143). Im Weiteren werden Begründungsmuster, Leerstellen und Widersprüche in der Darstellung untersucht. Es wird deutlich, wie die Autorinnen ihre Erinnerungen darstellen. Aus diesen „Konstruktionsweisen" ergibt sich im Vergleich mit der anfänglichen oberflächlichen Botschaft (s.u.) sicherlich keine „wahre" Botschaft, aber meistens doch eine andere, „neue" Mitteilung; mithin eine „Problemverschiebung", die zugleich zu verdeutlichen vermag, wie arm die beabsichtigte Botschaft war im Vergleich mit der „herausgearbeiteten neuen Bedeutung" (vgl. ebd., S. 144).

Die Aufhebung nach Subjekt und Objekt getrennter Forschung birgt für die akademische Psychologie, jedenfalls in ihrer bestehenden Form, ein gewisses Gefahrenpotenzial in sich: Die Gültigkeit objektivistischer, überzeitlicher und überpersönlicher Befunde wird hermeneutisch infrage gestellt. Mit der Betonung von Autonomie und Eigenverantwortlichkeit versuchte insbesondere die Humanistische Psychologie dem drohenden Legitimationsverlust der Psychologie vorzubeugen (Kap. 5.5).

7.11 Eine Frage der Kontrolle

Rogers versuchte mit seinem Ansatz gegenüber Skinner (Rogers und Skinner 1956), der Subjektivität der Person zu entsprechen (Kap. 5.5). Er ermöglichte es seinen Klienten, sich zu öffnen, indem er ihnen beistand, diverse Optionen zu entwickeln. Wissenschaftslogisch betrachtet ging es letztlich um ein „Sowohl-als-Auch", um eine Und-Verbindung und nicht um eine Oder-Verbindung.

Die „Entweder-oder-Logik" ist in der Statistik relevant und so weit auch kritisch-rationalistisch legitimierbar. Poppers Wissenschaftstheorie impliziert an wesentlichen Stellen diese Logik, weshalb sie sicherlich für eine naturwissenschaftlich verstandene Psychologie von Bedeutung ist (vgl. u.a. Popper 1934/1989).

Im Sinne einer *Humanistischen* Psychologie gilt es jedoch nicht, das „Entweder" oder das „Oder" wenn möglich (vorläufig) zu bestätigen, sondern wo immer möglich mit den Probanden oder Klienten und für dieselben deren Alternativen zu eröffnen. Der subjektive Faktor sollte nicht eingeschränkt, sondern erweitert werden, z.B. indem Emotionen, die sich nicht dem „Entweder oder Denken" fügen, betrachtet und ausdifferenziert werden und im Sinne des „Unds" (und/oder selbstverständlich auch im Sinne des „Oders" oder weiterer logischer Verknüpfungen) von *der Person selbst* miteinander verbunden und geordnet werden.

Demgegenüber stellten Skinners experimentelle Arbeiten in Aussicht, Verhaltensweisen von Organismen nicht nur unter besonderen Bedingungen experimentell zu differenzieren, sondern auch zu kontrollieren und zu beeinflussen. Die Probanden der Experimentalpsychologie werden objektiviert und aufgrund von Voraussetzungen versuchsweise von außen gesteuert. Sofern die Versuchspersonen keine Einsicht in diesen Vorgang gewinnen, was meistens zumindest angestrebt wird (s.u.), handelt es sich um *Manipulation*, insbesondere wenn die Steuerung nicht im Interesse der Versuchsperson erfolgt. Doch auch wenn die Intervention im Interesse der Probanden erfolgt, wird aus methodologischen Gründen versucht, die Subjektivität zu minimieren oder zu eliminieren. Das Eigeninteresse der Versuchsperson – und sei es nur deren Neugierde – darf in der Regel gerade nicht zum Zuge kommen. So kommen Täuschungen der Probanden, Vorenthaltungen von Informationen und/oder systematische Fehlinformationen nicht nur immer wieder vor, sondern gehören geradezu zum System dieser Art Forschung.

Mit den meisten psychologischen Experimenten kann nur erfasst werden, wie die Probanden unter den vorgegebenen Bedingungen *reagieren.* Ob die Versuchspersonen gerade diese (ihre) Voraussetzungen wahrnehmen, akzeptieren, zu verändern wünschen, verändern könnten, tatsächlich verändern oder es zumindest versuchen usw., fällt aus dem Rahmen dieses Forschungsparadigmas und wird nicht untersucht.

Experimentalpsychologen wollen mithilfe der Statistik feststellen, ob ein Sachverhalt besteht oder nicht besteht. Sie bilden verschiedene Versuchsgruppen, deren Mitglieder verschiedenen Bedingungen ausgesetzt sind. Wenn zwischen den beiden Gruppen ein überzufälliger Unterschied statistisch nachweisbar ist, besteht demnach der vorgängig angenommene Sachverhalt. Ansonsten kann die Hypothese nicht angenommen werden. Doch auch bei einem Nachweis der Überzufälligkeit gibt es in der Regel Personen, die sich nicht gemäß der Hypothese verhalten haben. Umgekehrt: Wenn kein wesentlicher bzw. signifikanter Unterschied zwischen den beiden Gruppen nachweisbar ist, gibt es Personen, die sich – mehr oder weniger – gemäß der Hypothese verhalten. In beiden Testergebnissen, signifikanten oder nicht signifikanten, sind bei nicht notwendigen, kontingenten psychologischen Zusammenhängen immer beide Fälle möglich und auch tatsächlich nachweisbar (siehe Kap. 7.10).

Im Bereich des Lebendigen und insbesondere im Humanbereich gibt es immer einen gewissen Spielraum, ein „Sowohl-als-Auch". Ein Beispiel: Wenn beim Tanzenlernen eine Tänzerin nach einer geglückten Schrittsequenz von der Tanzlehrerin gelobt wird, mag dies im Sinne der angenommenen „Wenn-Dann"-Beziehung hinsichtlich eines weiteren Fortschrittes verstärkend wirken, kann aber – zumindest bei bestimmten Personen – die Wiederholung der richtigen Bewegungen auch erschweren oder geradezu blockieren. Natürlich wird man psychologische Gesetzmäßigkeiten durch die Ceteris-paribus-Klausel (bei Abwesenheit anderer Begründungsprämissen) ergänzen. Bezüglich der abweichenden Fälle käme dies der Aufforderung gleich, nach den besonderen Voraussetzungen zu suchen und den Test erneut durchzuführen. Würde man wieder ein „Sowohl-als-Auch" feststellen, müsste man die Voraussetzung weiter spezifizieren usw.

Schon Litt (1930) hatte im Kontext der Kant-Herder-Kontroverse (Näheres in Kap. 3.3) darauf hingewiesen, dass bei einer Gegenüberstellung einer rein empirischen Welt und einer nicht sinnlichen, rein intellektuellen bzw. intelligiblen Welt „die Konkretheit der Person gleichsam mitten durch(fällt)" (vgl. ebd., S. 163).

In der Psychologie lassen sich die Ausgangsbedingungen selten so genau bestimmen, dass nur noch (oder auch nur in den allermeisten Fällen) *eine* Verhaltensweise resultieren kann. Eine vollständige Kontrolle, wenn sie denn überhaupt erwünschbar und nicht vielmehr aus humanitären Gründen zurückzuweisen wäre, ist forschungslogisch betrachtet *nicht* möglich. Die Kontrollfrage ist indes nicht nur methodologisch zu verstehen, sondern auch in ethischer Hinsicht zu stellen. Bei all ihren Differenzen waren sich der Humanistische Psychologe Rogers und der Behaviorist Skinner gewissermaßen einig, dass sich in erster Linie folgende Frage stellt: Wer kontrolliert die Kontrolleure? (vgl. Rogers und Skinner 1956).

Aus der Perspektive der Humanistischen Psychologie betrachtet wären alle an einer Untersuchung Beteiligten von Beginn an Entscheidungsträger. So müssten sie von sich aus ihre Ausgangsbedingungen verändern können. Dies würde bedeuten, dass diese Bedingungen in ihren Bedeutungsaspekten als Handlungsmöglichkeiten konzeptualisierbar sein müssten. In diesem Fall, und nur in diesem, gäbe es auch keine Probleme, um von Ist- zu Sollwerten zu gelangen; ein Unterfangen, das in der herkömmlichen Erkenntnistheorie logisch ausgeschlossen wird (Moore 1903/1970).

Vielleicht wären in einer Psychologie, die sich als Humanwissenschaft versteht, hermeneutische Verfahrensweisen, wie sie schon Dilthey (1900/1990) anvisierte, und/oder phänomenologisch ausgerichtete Vorgehensweisen (etwa im Sinne von Linschoten 1961 oder von Merleau-Ponty 1945/1966), die ihren sinnlichen und zugleich sinnhaften, mithin sinnfälligen Gegenstandsbezügen und -wahrnehmungen in deren Bedeutungen für die Menschen zu entsprechen versuchen und dadurch eine ganzheitliche Betrachtungsweise zulassen (siehe Näheres in Kap. 3), bei aller Unzulänglichkeit doch einer quasi naturwissenschaftlichen Kontrollwissenschaft im Sinne von Skinner vorzuziehen (vgl. u.a. auch Herzog und Graumann 1991).

7.12 Trivialität als empirische Frage

Viele Menschen befürchten, dass die Psychologie die Manipulation des Menschen fördert; andererseits gibt es auch Stimmen, die meinen, dass die traditionelle akademische Psychologie letztlich nur oder vor allem dazu taugt, triviales Wissen zu explizieren, bewusst zu machen und zu fördern (vgl. hierzu u.a. auch Smedslund 1997). Obgleich auch diese „Entweder-oder-Anordnung" der Problematik fragwürdig ist, können doch schwerpunktmäßig verschiedene Fälle voneinander unterschieden werden. Die Priming-Forschung ist ein Beispiel für die zuerst genannte Gefahr; demgegenüber ist der Wissenschaftler Schwarz (1987), auf den schon zu Beginn dieser Arbeit hingewiesen wurde, ein Beispiel für jene Psychologen, die mit großem methodischem Aufwand zu einigermaßen trivialen Ergebnissen gelangen. Spontan stimmt man seiner Hypothese sicherlich zu, dass jemand, der sich in einer momentan guten Stimmung befindet, sein Leben günstiger beurteilt als jemand, der momentan in weniger guter Stimmung ist (siehe Näheres in Kap. 5.7). Hierbei handelt es sich um einen einfachen Effekt einer momentanen Generalisierung. Viele Effekte der Psychologie, wenngleich keineswegs alle, haben diese einfache Struktur. Dieselbe ist oft auch *intuitiv* zugänglich; ein Sachverhalt, der in der Psychologie lange Zeit missachtet wurde (siehe hierzu auch Kap. 5.4). Viele Forscher und Forscherinnen, die solche *einfachen* Effekte gefunden haben, sind nicht zuletzt gerade deshalb in der Wissenschaft hoch angesehen, obwohl Forschungsergebnisse, die nicht unmittelbar plausibel sind, aus wissenschaftstheoretischen Gründen meistens doch auch in der Psychologie präferiert werden.

Wie steht es indes mit der *Relevanz* dieser direkt einsehbaren Effekte? Es gibt nur wenige Effekte dieser Art, die nicht schon *vor* ihrer empirisch-analytischen Untersuchung in der einen oder anderen Erkenntnisform zum expliziten oder allenfalls impliziten psychologischen Alltagswissen gehörten. Nehmen wir beispielsweise den sogenannten Abwärts-Vergleich („downward comparison effect"): Wenn wir Menschen sehen, denen es (noch) *schlechter* geht als uns selbst, fühlen wir uns *besser*. Dass es sich dabei um – zuweilen auch nur *fast* – selbstverständliches „Wissen" handelt, verdeutlicht sich, wenn wir formulieren: X geht es schlechter als mir; also geht es mir besser (als ihm).

Ein weiteres Beispiel, das in der „Psychologik" häufig zur Illustration der Möglichkeit ihrer Erkenntnisnahmen angeführt wird: Bei einem unerwarteten Ereignis stellt sich ein Gefühl der Überraschung ein. Offenbar beinhaltet schon das Konzept des unerwarteten Ereignisses, dass etwas nicht erwartet wird, mithin Überraschung hervorruft, wenn sich etwas Unerwartetes ereignet. Wie schon beim oben angeführten Beispiel handelt es sich *nicht* um eine Beziehung empirischer Art, sondern um einen semantischen Modus des Zusammenhangs oder gar um einen ausschließlich analytischen Zusammenhang.

Alltagspsychologische Implikationen solcher und ähnlicher Art finden sich in vielen psychologischen Theorien. Bei den meisten dieser Zusammenhänge könnte man Wörter wie „vernünftigerweise“, „trivialerweise“, „selbstverständlich“ oder auch nur „nachvollziehbarerweise“ einfügen, um dieselben damit unmittelbar zu legitimieren respektive intuitiv zu erfassen. Empirische Erforschung im naturwissenschaftlichen Sinne dessen, was schon im Sprachgebrauch liegt, mithin schon von den attributiven Strukturen vorgegeben ist, und eine Explikation dieser Strukturen, wenn man will: auch des Grammatischen, generell des Impliziten, nahelegt, ist ein *Kategorienfehler.* Indessen untersuchen Psychologen entsprechende „Hypothesen“ mit großem methodischem Aufwand.

Eine erste Überlegung bei einer Untersuchung der akademischen, vorwiegend experimentellen Psychologie in ihrem heutigen Zustand wäre die Unterscheidung zwischen kontingenten und nicht kontingenten, nur im vorgängigen Konzept enthaltenen Aussagen (vgl. hierzu Näheres in Smedslund 1997). Im Weiteren ginge es darum, nicht „Bedingungs-Ereignis-Relationen“, wie in der Mainstream-Psychologie üblich, zu unterstellen, sondern von „Prämissen-Gründen-Zusammenhängen“ – eben von und für das Subjekt (Kap. 7.10) – auszugehen (vgl. Markard 1991/1993, S. 78).

Popper (1934/1989) hat in seiner *„Logik der Forschung“* darauf aufmerksam gemacht, dass mit der vordergründigen Plausibilität einer Aussage ihr empirischer Gehalt zurückgeht und die Aussage schließlich nicht mehr als empirisch gelten kann, wenn sie nichts mehr „verbietet“, wie dies der Fall ist, wenn eine Relation umstandslos mit Wörtern wie „selbstverständlich“ oder „vernünftigerweise“ vermittelt werden kann und sich damit als Begründungszusammenhang erweist, der als solcher nicht mehr einer naturwissenschaftlichen Methodologie zugänglich ist, sondern allenfalls einer im Sinne von Popper „vorwissenschaftlichen“ Phase in einem „Netz von Annahmen und Vermutungen“ (vgl. Fahrenberg 2003/2014, S. 216) oder dann im Sinne einer explizit hermeneutischen Verfahrensweise. Demgegenüber formulieren viele Experimentalpsychologen ihre Hypothesen gerade so, dass sie dem zu erwartenden Sachverhalt respektive der entsprechenden Erfahrung in einem positivistischen Sinne möglichst „standhalten“ werden. Doch aus psychologischen Theorien sollten Hypothesen abgeleitet werden können, zumal sie als naturwissenschaftliche verstanden werden wollen, die *nicht* Gewähr dafür bieten, dass sie angenommen werden können, sondern für die wirklich (möglichst große) „Gefahr“ besteht, an der Wirklichkeit zu scheitern; das heißt also, dass möglichst „mutige Hypothesen“ überprüft werden sollten (vgl. Westermann 2000, S. 437). Dabei wären die zu einer (Teil-)Theorie durchgeführten Untersuchungen hinsichtlich der relevanten Personen- und Situationsmerkmale möglichst *verschiedenartig* zu konzipieren. „Vorzugsweise (sollten) diejenigen möglichen Anwendungen untersucht werden, für die es unter Berücksichtigung aller verfügbaren Informationen *besonders unsicher* ist, ob die Theorie erfolgreich angewendet werden kann oder nicht“ (ebd., S. 437; Hervorhebung von M.G.).

In einer Psychologie, die sich *nicht* ausschließlich als naturwissenschaftliche verstünde, wären hingegen intentionale Bezüge und entsprechend sprachimmanente Analysen sicherlich bedenkenswert und praktisch relevant. Eine Aufgabe wäre, den *Übergang* zur empirischen Analyse zu finden. Das Problem der Trennung zwischen analytischen und synthetischen Sätzen scheint hinsichtlich psychologischer Fragestellungen jedenfalls nicht unlösbar zu sein (siehe Näheres in Kap. 3).

7.13 Das Logizismusproblem

Albert (1968/1969) verzichtete auf jeglichen Psychologismus in der Wissenschaftslogik. Damit hatte der Antipsychologismus gewissermaßen sein Ziel erreicht (Kap. 4.3). Indessen etablierte sich in der Psychologie ein Logizismus, der insbesondere auch bei anspruchsvolleren Hypothesen als den unter anderem in Kap. 7.12 angeführten bis heute Bestand hat, gerade auch bei Psychologen mit einem naturwissenschaftlichen Anspruch, welche die Logik gerade *nicht bloß* im Sinne der Psychologik verstehen. Die Psychologie entwickelte sich bei ihnen nicht zu einer in erster Linie phänomenologisch und/oder auf Alltagserfahrungen ausgerichteten Disziplin, sondern verwandelte sich in eine „primär logische Psychologie", die zugleich als empirische verstanden wurde, und zwar nun auch in inhaltlicher und nicht mehr nur in methodologischer Hinsicht – mit weitreichenden Konsequenzen. Bei dieser „empirisch-analytischen Psychologie" stellt sich jedoch ein Problem des Logizismus, das in seiner Brisanz nicht unterschätzt werden darf.

Schon Ebbinghaus (1896) bestand gegenüber der geisteswissenschaftlichen Psychologie (Dilthey 1894/1990) auf der Einführung logischer Konstruktionen bzw. sogenannter Konstrukte in die Psychologie. Nach Dilthey handelte es sich um ein Oktroyieren der Logik, um einen logizistischen Übergriff, mit dem sich die – dem Vorverständnis vieler Menschen entsprechende – geisteswissenschaftliche Deskription und Analyse der Psyche in eine abstrakte Psychologie verwandelte. Die je besonderen Verhältnisse, in denen sich Personen befinden und mit denen sie sich tagtäglich auseinandersetzen, werden übersprungen und anstelle der Untersuchung realer, konkreter Zusammenhänge allgemeine Beziehungen in einem *logischen* Sinne bzw. logische Konstrukte gesetzt werden (Kap. 7.6), die anschließend im Labor untersucht und getestet werden (Kap. 4.2).

Anstelle der Alltagssprache wurde eine Kunstsprache – letztlich im Sinne des Logischen Empirismus – verwendet, die alles Sinnliche jenseits der Anschauungsformen von Raum und Zeit aus den jeweiligen (meistens ablesbaren) Daten ausfiltrierte. *Diese* „Psycho-Logik" folgte unabhängig von konkreten Menschen und ihren jeweils besonderen Bedürfnissen, Interessen und Verhaltensweisen in kulturhistorischen und sozioökonomischen Makro- sowie psychosozialen Mikroverhältnissen den Richtlinien ihres Systems reiner Gesetzmäßigkeiten.

Zwar werden die logischen Konstrukte in einem ersten Schritt zumeist beispielhaft alltäglichen Sachverhalten und deren Versprachlichung entnommen, doch dann werden sie ausschließlich aus Prämissen abgeleitet und experimentell angewandt, um schließlich wiederum auf Gegenstände übertragen zu werden. Sie werden als nicht sukzessive aus den konkreten Voraussetzungen und Verhältnissen der Menschen heraus entwickelt, erkannt und bestimmt. Welches Material liegt dann noch für die effektive wissenschaftliche Erkenntnis vor? Offenbar nur noch ein Rest von wirklichem Inhalt, der den Abstraktionen schon von Anfang an zugrunde lag und in weiteren Operationen und Operationalisierungen nochmals reduziert wird. Im Weiteren können indes die abstrakten Hülsen, so leer sie sind, von den Forschern und Forscherinnen selbst sowie den Rezipienten der Forschungsarbeiten mit realen Inhalten aus ihrem eigenen Leben wenigstens vorstellungsmäßig wieder aufgefüllt werden. Die historische Realität, die zuvor eliminiert wurde, wird nachträglich, beispielsweise bei der Lektüre, wieder in die effektiven Forschungsergebnisse hineinprojiziert; ein unreflektierter, meistens auch nicht bewusster Vorgang, der letztlich wiederum an die Kritik Lichtenbergs am „Physiognomie-Projekt" erinnert (Kap. 3.2).

Im 19. Jahrhundert kam es auch in der Physik aufgrund der damaligen Mathematisierung des Faches zu einer Krise und einer entsprechenden Kontroverse. Die schnell ansteigende und um sich greifende Formalisierung schien manchem Physiker den realen Gehalt seiner Wissenschaft zu „überspielen" und die weitere Entwicklung derselben zu hemmen. Rückblickend scheinen diese Bedenken allerdings *nicht* zutreffend gewesen zu sein. Möglicherweise ist es jedoch bei einer Wissenschaft anders, die sich nicht mit toter Materie befasst. Die Invasion der Mathematik in das psychologische Denken und Urteilen beförderte die Verdrängung der Psyche als Subjekt *und* Objekt dieser Wissenschaft (Kap. 7.10). Das Ergebnis dieses Vorgangs: abstrakte Relationen. Dieselben führen offenbar ein ideelles Dasein außerhalb jener realen Welt, die sie zu erklären beanspruchen. Mit anderen Worten: Sie sind leer, nicht lehrreich.

7.14 Das Biologismusproblem

Es besteht in der gegenwärtigen Psychologie die Tendenz, Wundts paradigmatische Entwicklungsschritte rückgängig zu machen und die Psychologie wiederum unmittelbar biologisch zu fundieren, ähnlich wie dies schon im 19. Jahrhundert der Fall war (Kap. 7.4). Die Allgemeine Psychologie reduziert sich wiederum in Richtung biologische Ebene und dieselbe auf die Ebene der Neurologie, wobei Letztere im Prinzip auf die chemische Ebene (insbesondere die biochemische Ebene) und dann auf die physikalische Ebene (im Weiteren: auf diverse Ebenen von Teilchen) zurückgeführt werden könnte. Meistens erfolgt der Abbruch des Regresses in einem *neuroreduktionistischen* Sinne, was ökonomische Gründe zu haben scheint, die freilich ebenfalls expliziert und begründet werden müssten.

Zum entsprechenden Menschenbild wurde kritisch bemerkt: „Der *Homo neurobiologicus* hat nicht nur ein Gehirn, er ist sein Gehirn" (Hasler 2012; Hervorhebungen von Hasler). Das heißt: Ein so verstandener Mensch wäre ein extrem reduziertes Lebewesen; er wäre eigentlich gar kein Mensch, jedenfalls keine Person, keine Persönlichkeit, die sich als solche mit ihrer Umwelt auseinandersetzt und sich erst dadurch als sinnvoll erleben kann.

Als Beispiel für einen inadäquaten Reduktionismus auf die *biochemische* Ebene kann im Hinblick auf depressive Personen die Hypothese des Serotoninmangels angeführt werden (vgl. u.a. Lesch und Beckmann 1990). Chemische Ungleichgewichte werden als *Ursache* psychischer Störungen betrachtet. Diesbezügliche Hypothesen konnten sich zwar teilweise vorläufig bewähren, inzwischen wurden sie aber mehrheitlich falsifiziert. Mittlerweile glauben einige Hirnforscher und Hirnforscherinnen, dass das Zusammenwirken der biochemischen Prozesse mit externen Faktoren (etwa sozialen), Rezeptoren und neuronalen Bahnen untersucht werden muss. Wissenschaftstheoretisch betrachtet könnten die Ungleichgewichte ebenso gut als *Folge* der Behandlung mit psychoaktiven Medikamenten untersucht werden. Ähnliches wäre bezüglich der Dopaminmangelhypothese bei als schizophren bezeichneten Personen anzuführen (zum Problem des hier skizzierten Strukturzusammenhangs bzw. des kausalen und/oder finalen Denkens siehe Näheres in Kap. 4.2).

Psychische sowie körperliche Prozesse erfolgen natürlich immer neuronal, ob es sich nun um das Sehnen, Sehen oder Gehen handelt, doch kann dies *nicht* bedeuten, dass die neuronalen Aspekte der Vorgänge die nicht neuronalen *verursachen (Näheres in Kap. 5.9).* Die Trivialität des neuronalen Substrats darf nicht zur Marginalisierung oder gar Abstraktion von allem verwendet werden, was Personen wirklich bewegt und ihnen auch Probleme bereitet, angefangen von ihren zwischenmenschlichen Problemen (z.B. bei Trennungen) über psychosoziale Probleme (z.B. Arbeitslosigkeit) bis hin zu den gesellschaftspolitischen Problemen (z.B. Kriegsängste). Wenn dies heute mit dem oft beobachtbaren Vorzug medikamentöser Behandlung trotzdem gemacht wird, scheint dies mehr ökonomische als wissenschaftliche Gründe zu haben.

Die Befürchtungen und auch Hoffnungen, welche viele Psychologen hinsichtlich der Biologie und Neurologie haben (Kap. 2.3 u. 6.1), scheinen auf einem stillschweigenden Einverständnis eigener methodischer Defizite zu beruhen. Bei den nun favorisierten Bildgebenden Verfahren, die offenbar auch viele verunsicherte Psychologen faszinieren (Kap. 2), handelt es sich indessen ebenfalls um Messmethoden, die hinsichtlich Validität und Reliabilität höchstens dem Schein nach vielversprechend sind. Hasler (2012) weist darauf hin, dass die funktionelle Magnetresonanztomografie (fMRT) de facto nur die jeweilige Veränderung des Blutflusses und des Sauerstoffverbrauchs im Hirn im Zusammenhang mit Erleben oder Verhalten der Probanden manifestiert. Die Aktivität der Nervenzellen ist jedoch viel schneller als die Blutzirkulation. „Was mit fMRT wirklich erfasst wird, sind die zeitlich aufsummierten und überlagerten Aktivitäten all dessen, was sich im Bereich von einigen Sekunden im Gehirn abgespielt hat“ (ebd., S. 48). Die zeitliche Auflösung der funktionellen MRT-Methoden sei um Größenordnungen zu schlecht, um effektive Vorgänge überhaupt erfassen zu können. Auch habe sich gezeigt, dass erhöhte Aktivität in einem Hirnareal nicht unbedingt mit erhöhter Durchblutung einhergehe. Zudem gehörten zu vielen neuropsychologisch relevanten Vorgängen auch Hemmungen, also nicht nur Aktivierungen. Das fMRT-Bild spiegele nicht wider, was sich hier und jetzt im Kortex eines Probanden abspiele, sondern basiere auf der statistischen Zusammenführung verschiedener Probandendaten.

Es müsste noch auf einige weitere Probleme und Schwierigkeiten, die mit den angeführten Methoden gegeben sind, aufmerksam gemacht werden, welche als solche in der

Forschungspraxis und bei der Interpretation von deren Ergebnissen ebenfalls überspielt werden, u.a. indem seit Jahren immer wieder darauf hingewiesen wird, dass die Methoden laufend verbessert würden. An dieser Stelle kann nur noch das vergleichsweise harmlose Oberflächenproblem der Trennschärfe benannt werden, das inzwischen auch von einigen Psychologen zur Kenntnis genommen wurde. Die Befunde werden mit Bildlokalisierungen begründet, doch sind die Ergebnisse nicht unabhängig von diesen Lokalisierungen (vgl. u.a. Kriegeskorte et al. 2009). So wie eine fragliche Aktivität lokalistisch bestimmt wird, wird die Auswahl der Bildregion von der dort vorhergehend bestimmten Aktivität nahegelegt (vgl. Vul und Kanwisher 2010).

Neuronale Aktivitäten sind nicht als Ursache des Verhaltens zu hypostasieren, sondern als körperliche Aspekte eines Gesamtprozesses zu verstehen, der bedeutend mehr umfasst als diese körpereigenen Vorgänge. Will man den vulgärmaterialistischen Reduktionismus vermeiden, kommt man nicht umhin, die konkreten materiellen Voraussetzungen der Probanden und die Gegenstände, auf die sie sich beziehen, in den Forschungsprozess einzubeziehen. Demnach ist die Psychologie primär als Sozialwissenschaft zu verstehen; ihr obliegt jedoch auch die Aufgabe, die naturwissenschaftlichen Momente zu involvieren.

Zur Illustration sei ein Beispiel einer Textstelle aus Lurijas Werk angeführt: Unter Berufung auf Wygotskis (1934/1974) Prinzip der extrakortikalen Organisation komplexer geistiger Funktionen nimmt Lurija (1973/1996) an, dass insbesondere die höheren psychischen Tätigkeiten des Menschen mit Unterstützung äußerer Hilfsmittel entstanden sind. „Es ist einleuchtend, daß diese äußeren Hilfreize oder geschichtlich gewordenen Werkzeuge *wichtige Elemente bei der Schaffung funktioneller Verbindungen zwischen einzelnen, unabhängigen Teilen des Gehirns sind und daß mit ihrer Hilfe Hirnregionen, die vorher unabhängig voneinander arbeiteten, zu Bestandteilen eines einzigen funktionellen Systems* werden“ (Lurija 1973/1996, S. 26 f.; Hervorhebung von Lurija).

Auf der Grundlage eines so verstandenen Verhältnisses zwischen natur- und kulturhistorischer Entwicklung könnten sicherlich einige Probleme der Psychologie herausgestellt und behandelt werden. Man denke etwa an so umstrittene Fragen wie den Übergang unwillkürlicher zu willkürlichen respektive unbewusster zu reflektierten Verhaltensweisen oder die Frage der Anteile vererbter im Verhältnis zu erlernten Verhaltensweisen.

Bei der zuletzt angeführten Frage würde deutlich, dass beispielsweise Verhältnisangaben wie etwa jene von Seligman (2002/2009), der 1998 mit der größten Mehrheit in der Geschichte der American Psychological Assoziation (APA) zu deren Präsidenten gewählt wurde, nämlich „Glücksniveau = vererbte Bandbreite + Lebensumstände + Wille“ bezüglich Vererbung und Umwelt (50 % resp. max. 15 %) nicht als wissenschaftlich legitimiert bezeichnet werden können (vgl. ebd., S. 85–110). Es stellen sich hierzu diverse Fragen. An dieser Stelle sei nur die möglicherweise noch beantwortbare begriffliche angeführt: Was ist mit „Lebensumstände“ gemeint? Jene Umweltaspekte, die etwa Geschwister miteinander teilen, oder die je individuelle Umwelt, die das Individuum mit keinem anderen Menschen teilt, die ungeteilte Umwelt? (Vgl. u.a. Rowe und Plomin 1981).

Demnach scheint das Verhältnis von Anlage und Umwelt komplexer zu sein, als das klassische Gen-Modell unterstellt, nach dem ein Gen als ein funktioneller DNA-Abschnitt verstanden wird, der ein bestimmtes phänotypisches Merkmal prägt, aber auch als die realitätsbezogenen Präsuppositionen, welche die modernen mathematischen Modelle, die über die Begrenzungen des Mendel'schen Modells hinausgehen, abbilden (vgl. u.a. Lux 2014).

7.15 Das Problem des Geltungsbereichs

Die Empirismus-Rationalismus-Kontroverse beinhaltete beidseitige Kritik, die auch heute noch von Interesse ist. An Skinner (1957) wurden unter anderem die unpräzise Begriffsbildung und die Übertragung des im Labor versuchsweise eingeschränkten Verhaltens von Versuchstieren auf das menschliche Leben kritisiert; an Chomsky (u.a. 1959) dessen Hypostasierung von im Gehirn vorprogrammierten Regelungen sowie die Vernachlässigung der Umgebung zugunsten mentalistischer Annahmen (Kap. 5.67.6).

Es stellt sich die Frage, inwieweit sich Konzepte (in der Kognitiven Psychologie: Konstrukte) auf andere Situationen, Zeitpunkte, Personen usw. hin generalisieren lassen. Die Forscher und Forscherinnen der Allgemeinen Psychologie gelten als Meister der Extrapolation. Einige Autoren und Autorinnen verweisen indes auf die beschränkte Reichweite der Konstruktionen und Ergebnisse der Allgemeinen Psychologie. Westermann (2000) thematisiert den fraglichen empirischen Bezug allgemein-psychologischer Aussagen: „Bei den meisten wissenschaftlichen Aussagen bleibt unerwähnt, welcher Bezug oder Geltungsbereich ihnen zukommt. Sollen sie für alle Menschen gelten, für die meisten oder nur für bestimmte Alters-, Kultur- oder Sozialgruppen?" (ebd., S. 67).

Die psychologische Grundlagenforschung wird meistens in einem engen Rahmen konzipiert (siehe Näheres hierzu in Kap. 7.16). Sie konzentriert sich auf die Differenz zwischen (oft recht willkürlich bestimmten) Stichproben, die meistens auch der gleichen Subpopulation angehören (z.B. Studierende der Psychologie als Probanden). Dabei ergeben sich vielfältige Probleme. Beispielsweise können in der Regel lediglich mittlere Ausprägungen der Messwerte berücksichtigt werden, was jedoch selten thematisiert wird; eine Kritik, die schon gegenüber Fechner vorgebracht wurde.

Die Ergebnisse statistischer Tests sind stichprobenabhängig. Aufgrund der Stichproben werden auf induktiv-statistischem Wege Schlussfolgerungen vorgenommen, welche über die ausgewählten Proben hinausweisen; indes können diese nicht oder nur schwerlich falsifiziert werden. Auch jede genaue Replikation beruht wiederum auf einer (etwas) anderen Stichprobe. Dies führt zu einem in der Psychologie verbreiteten „Forschungsphänomen": „Es ist nicht selten, dass Untersuchungen zur gleichen Thematik widersprüchliche Ergebnisse liefern" (Kirschenmann 2014, S. 65). Dem Autor zufolge sind die unterschiedlichen Ergebnisse oft auf die Randbedingungen der experimentellen Situation respektive der Testsituation zurückzuführen (siehe hierzu auch Kap. 7.16). Dies heißt aber auch, dass die Befunde experimenteller psychologischer Forschung meistens wenig Einfluss auf die Theoriebildung haben und umgekehrt auch ungeeignet sind, vorgängig gebildete Theorien tatsächlich zu überprüfen, also zu falsifizieren oder vorläufig zu akzeptieren.

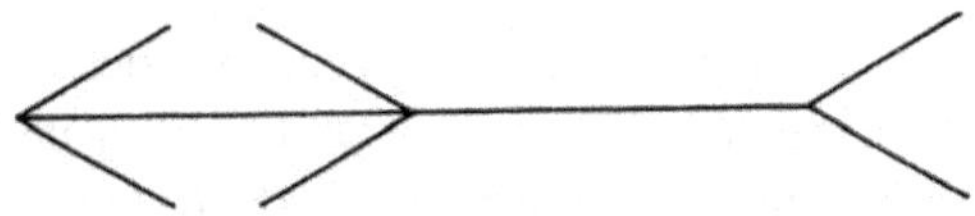

Abb. 7.1 Müller-Lyer'sche Täuschung (vgl. u.a. Stadler et al. 1975, S. 137)

Besondere theoriegeleitete Hypothesen zur Verallgemeinerung über bestimmte Personen, Situationen, Gesellschaften, Kulturen usw. hinweg und deren Prüfung durch transparente, systematische und unabhängige Forschungsarbeiten könnten allerdings bestehende Befunde vorläufig bestätigen, relativieren oder falsifizieren. Bereits vor Jahrzehnten hat die Untersuchung der Müller-Lyerischen-Täuschung (Abb. 7.1), ein Phänomen, das sich nach dem Dafürhalten der meisten Psychologen und Psychoginnen immer und überall einstellt, in damals noch wenig berührten Kulturvölkern Afrikas und Asiens (u.a. weniger rechte Winkel im Alltagsleben wahrnehmbar) signifikant weniger starke Ausprägungen der Täuschung ergeben als in Europa oder in den USA (vgl. u.a. Stadler, Seeger und Raethel 1975).

Ein Großteil der Menschen in der westlichen Welt und zunehmend auch in anderen Gebieten der Welt ist nicht nur umgeben von rechtwinkligen Flächen und Räumen, sondern mittlerweile auch durchdrungen von Zahlen und Maßsystemen. Die Zahlen abstrahieren von der Realität, soweit dieselbe noch als natürliche gelten kann. Bezüglich identischer Dinge können mathematische Operationen vorgenommen werden, doch im psychischen Leben sowie in der Welt des Handwerkers gibt es kaum identische Dinge. Wenn jede Trinkschale etwas anders aussieht als die andere, ist das Zählen und Zusammenzählen nicht so selbstverständlich wie in einer technisierten Welt.

Deutscher (2011) zeigte, wie schon einige Forscher und Forscherinnen vor ihm, aufgrund zahlreicher empirischer Untersuchungen auf, dass die Tendenz besteht, den Einfluss der Kultur auf die Befunde zu unterschätzen oder gar zu ignorieren. Menschen, die sich in verschiedenen Sprachräumen befinden, werden schon von der jeweiligen Sprache her gewöhnlich unterschiedliche Möglichkeiten geboten, ihre Welt wahrzunehmen und zu reflektieren.

Die Bemühungen, vom isolierten kleinen Labor aus einen weiteren oder gar „allgemein-psychologischen" Geltungsbereich zu bestimmen, bleiben oft geringfügig und genügen selten den Kriterien induktiv-deduktiver Methodologie (vgl. u.a. Mill 1843/1862), geschweige denn den Vorstellungen und Maßstäben kritisch-rationalistischer Forschung. Spätestens seit den 60er-Jahren des letzten Jahrhunderts wurde auf die mangelnde externe Validität psychologischer Experimente hingewiesen (vgl. die grundlegende Arbeit von Campbell und Stanley 1963). Insbesondere die Übertragung der Befunde von den an Universitäten durchgeführten Untersuchungen auf andere Situationen mit nicht studentischen Probanden erwies sich als problematisch.

Jede Untersuchung findet unter ganz bestimmten Konstellationen von Zeitpunkten, Situationen, Probanden usw. statt. Wenn in einer Konstellation ein bestimmter Zusammenhang von Variablen besteht, folgt daraus nicht, dass dieser Variablenzusammenhang auch in einer anderen Konstellation gleichermaßen besteht. Vielmehr handelt es sich bei der Unterstellung von Identität um eine neue Hypothese betreffend die Beibehaltung der ursprünglich überprüften und vorläufig bewährten Hypothese, selbst wenn sich die Konstellationen von außen betrachtet noch so ähnlich sind.

Nach Westermann (2000) ist es möglich, sogenannte Moderatorvariablen zu identifizieren. „Eine tatsächliche Moderatorvariable liegt vor, wenn die empirische Hypothese für Anwendungen mit bestimmten Merkmalausprägungen gültig ist, für andere aber nicht" (ebd., S. 434). Ein Beispiel hierfür ist die Replikation eines Experimentes, das zunächst mit Studierenden durchgeführt wurde, mit einer anderen Probandengruppe (z.B. mit Berufsschülern).

Bei der Bestimmung der Moderatorvariablen handelt es sich indes um ein *defensives* Verfahren, das als solches dazu dient, *Differenzierungen* des Geltungsbereichs vorzunehmen. Die Differenzierungen erfolgen auf empirischem Wege durch zusätzliche Untersuchungen. Demnach wird der Geltungsbereich nicht expandiert, doch werden die Ergebnisse der ursprünglichen Untersuchung, die gemäß ihrer Hypothese nicht für eine besondere Gruppe von Probanden konzipiert wurde, ausdifferenziert oder auch nur spezifiziert.

Die externe Validität und im Weiteren die sogenannte ökologische Validität beziehen sich auf die Generalisierbarkeit der Befunde. Die Werte dieser Gütekriterien sind aufgrund der logischen Unhaltbarkeit des Induktionsschlusses (Kap. 4.3) nicht auf rein statistischem Wege ausdehnbar. Bei der Generalisierung gilt es zu berücksichtigen, inwiefern im fraglichen Phänomenbereich empirische Regelmäßigkeit besteht und die verschiedenen Randbedingungen stabil bleiben oder verändert werden. Dies kann zwar im Voraus abgeschätzt, letztlich aber ebenfalls nur aufgrund weiterer realwissenschaftlicher Forschungen bestimmt werden.

Demnach können empirische, mitunter experimentalpsychologische Befunde nicht ohne Weiteres *über* ihren ursprünglichen Untersuchungsbereich hinaus verallgemeinert werden. Der Geltungsbereich eines Untersuchungsergebnisses kann nicht einfach durch statistische Verfahren, sondern ausschließlich durch *neue* Untersuchungen an raum-zeitlich aufschlussreichen Stellen (z.B. auch mit Probanden diverser Gesellschaftsformationen und Kulturen) sukzessive erweitert und in seinen erweiterten Umrissen jeweils neu „abgesteckt" werden (Foppa 1986).

7.16 Zur Problematik des Praxisbezuges

Eine wesentliche Ursache der Krisenanfälligkeit der psychologischen Grundlagenforschung wird in ihrer mangelnden Praxisrelevanz gesehen (Kap. 6.2). Viele Hypothesen reichen indes nicht oder nicht weit über die impliziten Theorien von Personen hinaus (Kap. 7.12). Insofern *sind* sie doch „praxisrelevant", möchte man anfügen; allerdings *nicht* aufgrund besonderer Forschung in einem naturwissenschaftlichen Sinne (Kap. 7.12). An dieser Stelle sei nur auf das diesbezügliche Urteil eines der einflussreichsten Forscher der Psychologie hingewiesen:

> Wenn man (…) alle Kenntnisse der wissenschaftlichen Psychologie aus unserer Welt herausnehmen würde, dann könnten Probleme der zwischenmenschlichen Beziehungen (…) fast genauso gut wie vorher gelöst werden (Heider 1977, S. 11).

Andererseits gibt es sicherlich auch einige Theorien (allerdings eher außerhalb des Mainstreams der akademischen Psychologie), welche von Laien nicht ohne Weiteres verstanden werden. Sie könnten sich möglicherweise doch als weiterführend erweisen und vielleicht gerade deshalb beim Laien auf wenig Verständnis stoßen. Jedenfalls gilt es, auch folgende Aussage nicht ganz außer Acht zu lassen: „Die Klagen, daß sich der Alltagsmensch in den psychologischen Theorien nicht wiederfinde, sind heute gut vertraut“ (Gummersbach 1985, S. 126).

Die Intention der vorliegenden Arbeit würde aber missverstanden, wenn ihr unterstellt würde, dass sie die Bedeutung der Psychologie in unserer Zeit leugnen möchte. Es trifft *nicht* zu, dass in der modernen Psychologie *keine* Fortschritte erzielt wurden. Allerdings ist die traditionelle Relevanzkrise keineswegs ausgestanden, was von den meisten wissenschaftlichen Psychologinnen und Psychologen, die sich mit den hier diskutierten Problemen beschäftigen, auch gar nicht bestritten wird (vgl. u.a. Spiel et al. 2009a).

Es sei an dieser Stelle ausdrücklich darauf hingewiesen, dass auch sehr viele „praxisbezogene Forschungsarbeiten“ existieren. Sie werden mehrheitlich als Angewandte Psychologie bezeichnet und meistens auch so verstanden. Die Angewandte Psychologie ist die angewandte Forschung der Grundlagenforschung. Letztere wird meistens im Labor mit „praxisfernen Experimenten“ inauguriert, auch wenn deren Hypothesen von den Ergebnissen früherer ähnlicher Versuche oder vom impliziten Alltagswissen inspiriert sind (Kap. 7.12). Es stellt sich die Frage, wie im Humanbereich Befunde einen gesellschaftlichen Gebrauchswert hervorbringen können, die ursprünglich im Labor unter Abstraktion von den konkreten Interessen der Menschen gewonnen wurden.

Der effektive Geltungsbereich der Befunde der Experimentalpsychologen ist die kleine Welt des im Labor konstruierten und für die Probanden bereitgestellten Settings unter den jeweils dort resultierenden expliziten und impliziten Bedingungen (Kap. 7.15). Verglichen mit den besonderen Voraussetzungen in aller Welt handelt es sich im Labor um ganz besondere Bedingungen, die zwar als „künstliche“ qualifizierbar, indes den teilnehmenden Personen während der Zeit ihres Aufenthaltes in der jeweiligen Situation als solche real vorausgesetzt sind.

Nach Markard (1991/1993) sind experimentelle sowie außerexperimentelle Bereiche *praktische* Lebenszusammenhänge. Dem ersten Bereich per se einen quasi kontextenthobenen Sonderstatus „reiner Erkenntnis“ zuzuweisen, betrachtet dieser Autor als Mystifikation (vgl. ebd., S. 214).

Demnach ist die experimentalistische Überprüfung von Hypothesen im Labor nicht lediglich eine Vorbereitung ihrer vermeintlich möglichen außersituativen Anwendung, auch nicht nur eine uneingestandene Art ihrer Anwendung, sondern sie *ist* gewissermaßen schon Praxis, so wie dieselbe sich letztlich auf ebendieses Prozedere in der experimentellen Situation reduziert. Beispiel: Manipulationsversuche im Sinne experimentell erstellter und erzielter Effekte sind in der Alltagspraxis ausschließlich unter ganz besonderen, eben den experimentellen ähnlichen oder auch nachgebauten Voraussetzungen sinnvoll und allenfalls auch erfolgreich.

Kommt der experimentellen Psychologie im Labor also doch Praxisrelevanz zu? Kaindl (2014) hat darauf hingewiesen, dass die experimentelle Psychologie Modellsituationen formt, die es durchaus in der außerexperimentellen Praxis gibt respektive die dort erstellt oder nachvollzogen werden können. Diese Situationen sind gewöhnlich von Dominanzverhältnissen durchsetzt – in der (Lebens-)Praxis sowie im wissenschaftlichen Experiment. „Eine Experiment-Anordnung ist so, dass jemand bestimmte Bedingungen setzt" (ebd., S. 109).

Die in die experimentelle, von einem Versuchsleiter oder einer Versuchsleiterin dominierte Situation hineinversetzten Probanden sollen in Bezug auf diese Situation in der Regel möglichst „unwissend" bleiben. Damit sie sich über die eigentliche Frage- bzw. Problemstellung keine zutreffenden Gedanken machen, werden ihnen keine hinreichenden Informationen gegeben oder sie werden sogar oftmals getäuscht (z.B. werden ihnen falsche Geschichten erzählt). Unter den experimentellen Voraussetzungen sollen sie meistens bloß bestimmte Reaktionen (und selten eigentliche Handlungen) zeigen, die dann als solche statistisch ausgewertet werden. „Dabei wird davon abgesehen, dass Menschen (…) Wesen sind, die ihre gesellschaftlichen Bedingungen nicht einfach nur vorfinden, sondern sie selbst mitgestalten und verändern können" (ebd., S. 109).

Individuen, die zumindest der Möglichkeit nach in der außerexperimentellen Realität wie Handlungssubjekte vorgehen können, werden in der Allgemeinen Psychologie in der experimentellen Situation meistens dazu gebracht, sich ausschließlich wie Organismen – nicht zugleich wie kulturbezogene Menschen – zu verhalten. Doch damit bildet die scheinbar neutrale, wissenschaftliche Methodologie vieler experimenteller Psychologen durchaus auch Bereiche der Realität ab und trägt dazu bei, diese „effektiver" zu gestalten und auch – wo überhaupt möglich – auszudehnen (Kap. 7.15).

Es stellt sich die Frage nach den Konsequenzen: „Wenn ich eine Psychologie habe, in der menschliches Verhalten immer nur als bedingte Reaktion auf fremdgesetzte Verhältnisse verstanden wird, dann habe ich wenig in der Hand, um bestimmte Verhältnisse zu kritisieren" (ebd., S. 110). Bei den meisten psychologischen Experimenten handelt es sich um Verhältnisse, in denen Personen in die Situation gebracht werden, unter fremdbestimmten Verhältnissen bedingt zu reagieren und nicht ihren Möglichkeiten nach zu bestimmen oder Selbstbestimmung auszuüben.

Auch wenn experimentelle und außerexperimentelle Situationen nicht abstrakt voneinander trennbar sind (s.o.), muss festgehalten werden, dass die Prüfung von einzelnen Hypothesen in Laborexperimenten mit konstruierten Szenarien und amerikanischen oder europäischen Studierenden als Probanden ein zu schmales Validitätsfundament für einen Wissenschaft-Praxis-Transfer bildet (Näheres in Kap. 6.2). Deshalb wurden diverse Versuche unternommen, diesen Transfer zu „optimieren". Inzwischen gibt es Wissenschaftler und Wissenschaftlerinnen, die den Transfer nicht nur einseitig sehen. Sie betrachten den Praxis-Theorie-Transfer als ebenso wichtig wie den Theorie-Praxis-Transfer.

Stark et al. (2007) haben eine „integrative Vorgehensweise“ vorgeschlagen, bei der für eine Oszillation zwischen Labor und Feld gesorgt wird. Dabei wird die Laborforschung aus der Perspektive der Anwender konzipiert, da dieselbe nicht nur durch „kurzfristige Empathie“ in die Arbeit praktisch tätiger Psychologen einzunehmen ist, sondern eingehende Kenntnisse des Anwendungskontextes erfordert (zu denen nicht zuletzt auch das Wissen über die institutionellen Zusammenhänge gehört, in welche die untersuchten Sachverhalte eingebettet sind; Kap. 4.2). Demnach kann das für die Forschung unabdingbare Wissen nur durch den Einbezug von Praktikern als Experten bereits in der Planungsphase der Forschungsarbeit erreicht werden.

Zur Konzipierung der Laborforschung aus der sogenannten Anwendungsperspektive gehört u.a. die richtige Auswahl der Versuchspersonen. So sollten die Probanden primär der Population entstammen, die mit den untersuchten Themen- und Problembereichen tatsächlich konfrontiert ist (eigentlich eine Selbstverständlichkeit, die aber in der bisherigen psychologischen Forschung oft nicht realisiert wurde). Diese Maßnahme und eine Reihe weiterer Regelungen im wissenschaftlichen Handlungsvollzug sollen garantieren, dass die Laboruntersuchungen nicht nur intern möglichst valide sind, sondern *von Anfang an* auch eine gewisse ökologische Validität aufweisen. Im Weiteren werden aus den experimentellen Untersuchungen Feldstudien im Sinne kontrollierter Feldforschungen konzipiert. Es wird darauf geachtet, dass die interne Validität möglichst wenig durch die realen Voraussetzungen des Praxiskontextes reduziert wird. Aufgrund der Feldstudien ergeben sich Fragen und neue Problemstellungen, die zu weiteren Laborstudien anregen.

> Durch die Umsetzung des beschriebenen Vorgehens in Verbindung mit Designüberlegungen, die auf die Reduktion relevanter Unterschiede zwischen Kontexten der Wissensgenerierung und -nutzung abzielen, kann die prinzipielle Unvereinbarkeit zwischen interner und externer bzw. ökologischer Validität zumindest abgeschwächt werden. Conditio sine qua non dieser komplexen Prozedur ist (…) das Zusammenkommen wissenschaftlicher Expertise mit Domänenexpertise und profunder Kenntnis der jeweiligen Anwendungskontexte in der Praxis (ebd., S. 125).

Es stellt sich die Frage, wie eine prinzipielle Unvereinbarkeit abgeschwächt werden kann. Das Verhältnis von Theorie und Praxis ist zweifellos ein komplexes (vgl. hierzu auch Renkl 2015) und das Problem des Theorie-Praxis- sowie Praxis-Theorie-Transfers ist sicherlich nicht leicht zu bewältigen, doch weist die Geschichte der Wissenschaften und insbesondere der Naturwissenschaften Forschungsparadigmen und -programme auf, die zumindest hinsichtlich dieses fraglichen Transfers auch für die Psychologie epistemologisch wegleitend sein könnten (vgl. u.a. Darwin 1859/2005).

Literatur

Adorno, T. W. (1957). Replik auf Peter R. Hofstätter. *Kölner Zeitschrift für Soziologie und Sozialpsychologie, 9,* 106–117.

Albert, H. (1968/1969). *Traktat über kritische Vernunft*. Tübingen: Mohr (Paul Siebeck).

Aristoteles (undatiert/1997). *Kleine naturwissenschaftliche Schriften*. Stuttgart: Reclam.

Arnold, M. (1960). *Emotion and personality*. New York: Columbia University Press.

Ash, M. G. (1985). Die experimentelle Psychologie an den deutschsprachigen Universitäten von der Wilhelminischen Zeit bis zum Nationalsozialismus. In M. G. Ash & U. Geuter (Hrsg.), *Geschichte der deutschen Psychologie im 20. Jahrhundert* (S. 45–82). Opladen: Westdeutscher Verlag.

Bak, P. M. (2011). Diskussionsforum: Von der Notwendigkeit, als PsychologIn Stellung zu beziehen. *Psychologische Rundschau, 62,* 237–238.

Barth, P. (1913). Philosophie und Psychologie. *Akademische Rundschau, 1,* 512–523.

Bassenge, F. (1955). *Einleitung zu: J.G. Herder (1799/1955). Metakritik zur Kritik der reinen Vernunft* (S. 5–12). Berlin: Aufbau-Verlag.

Baumeister, H. (2014). Implementationsforschung in der Klinischen Psychologie, Rehabilitationspsychologie und Psychotherapie. *Psychologische Rundschau, 65,* 150–158.

Bechterew, W. M. (1913/1997). *Objektive Psychologie*. Bialogard: Longman.

Beelmann, A., & Karing, C. (2014). Implementationsfaktoren und -prozesse in der Präventionsforschung: Strategien, Probleme, Ergebnisse, Perspektiven. *Psychologische Rundschau, 65,* 129–139.

Beelmann, A., Saur, M. & Ziegler, P. (2010). *Thüringer Studie zur Vorurteilsprävention und Toleranzentwicklung*. Jena: Friedrich-Schiller-Universität. Institut für Psychologie.

Beneke, F. E. (1842). *System der Logik als Kunstlehre des Denkens*. Berlin: F. Dümmler.

Birbaumer, N. (2003). Diskussionsforum: Biologische Psychologie 2010 – Visionen zur Zukunft des Faches in der Psychologie. *Psychologische Rundschau, 54,* 120–121.

Birnbacher, D. (1990). Das ontologische Leib-Seele-Problem und seine epiphänomentalistische Lösung. In K.-E. Bühler (Hrsg.), *Aspekte des Leib-Seele-Problems* (S. 59–79). Würzburg: Königshausen & Neumann.

Bischof, N. (1989a). Emotionale Verwirrungen. Oder: Von den Schwierigkeiten im Umgang mit der Biologie. *Psychologische Rundschau, 40,* 188–205.

Bischof, N. (1989b). Enthymeme, Definitionen – eine Replik. *Psychologische Rundschau, 40,* 222–225.

Blankenburg, W. (1990). Zum Leib-Seele-Problem in der Psychiatrie. In K.-E. Bühler (Hrsg.), *Aspekte des Leib-Seele-Problems* (S. 81–94). Würzburg: Königshausen & Neumann.

M. Galliker, *Ist die Psychologie eine Wissenschaft?*,
DOI 10.1007/978-3-658-09927-5

Bonsack, F. (1990). Trotz epistemologischer Diskontinuität, ontologische Kontinuität zwischen Leib und Seele. In K.-E. Bühler (Hrsg.), *Aspekte des Leib-Seele-Problems* (S. 81–94). Würzburg: Königshausen & Neumann.

Born, J. (2003). Diskussionsforum: Biologische Psychologie 2010 – Visionen zur Zukunft des Faches in der Psychologie. *Psychologische Rundschau, 54,* 120.

Born, J., Güntürkün, O. & Schwarting, R. (2000). Biologische Psychologie – Fach in der Psychologie? *Psychologische Rundschau, 51,* 218–220.

Brauns, H.-P. (1987). Ebbinghaus gegen Dilthey – hat die weitere Entwicklung in der Psychologie zu einer Entscheidung geführt? *Ebbinghaus-Studien 2. Beiträge zum internationalen Hermann-Ebbinghaus-Symposium in Passau vom 30. Mai bis 2. Juni 1985*, hrsg. von Werner Traxel, Passau 1987, S. 55–177.

Brown, J. S. (1948). Gradient of approach and avoidance responses and their relation to level of motivation. *Journal of Comparative Physiological Psychology, 41,* 450–465.

Brunswik, E. (1952). *The conceptual framework of psychology*. Chicago: University Press.

Bühler, K. (1907). Tatsachen und Probleme zu einer Psychologie der Denkvorgänge I. Über Gedanken. *Archiv für die gesamte Psychologie, 9,* 297–365.

Bühler, K. (1908). Antwort auf die von W. Wundt erhobenen Einwände gegen die Methode der Selbstbeobachtung an experimentell erzeugten Erlebnissen. *Archiv für die gesamte Psychologie, 12,* 93–122.

Bühler, K. (1927/1978). *Die Krise der Psychologie*. Stuttgart: Gustav Fischer.

Bühler, K.-E. (1990). Einführung in die Problemlage. In K.-E. Bühler (Hrsg.), *Aspekte des Leib-Seele-Problems* (S. 9–57). Würzburg: Königshausen & Neumann.

Bultmann, T. (2014). Elitenzucht statt Bildungspolitik. *BdWi-Studienheft, 9,* 20–23.

Cameron, J. & Pierce, W. D. (1994). Reinforcement, reward, and intrinsic motivation: a meta-analysis. *Review of Educational Research, 64,* 363–423.

Campbell, D. T. & Stanley, J. C. (1963). Experimental and quasi-experimental designs for research in teaching. In N. L. Gage (Hrsg.), *Handbook of research in teaching* (S. 171–246). Chicago: Rand McNally.

Cassirer, E. (1932). *Psychologie und Philosophie. Bericht über den XII. Kongreß der Deutschen Gesellschaft für Psychologie in Marburg vom 12.–16. April 1931* (S. 73–76). Jena: Gustav Fischer.

Chomsky, N. (1957). *Syntactic structures*. Den Haag: Mouton.

Chomsky, N. (1959). Review of D.F. Skinner, verbal behavior. *Language, 35,* 26–58. (Wiederabgedruckt in: J. A. Foldor & J. J. Katz (Hrsg.). (1964). The structure of language. Readings in the philosophy of language (S. 547–578). Englewood Cliffs. New Jersey: Prentice-Hall, Inc.

Danziger, K. (1983). Origins and basic principles of Wundt's Völkerpsychologie. *British Journal of Social Psychology, 22,* 303–313.

Darwin, C. (1859/2005). *Die Entstehung der Arten*. Stuttgart: Reclam.

Degen, R. (2002/2008). *Lexikon der Psycho-Irrtümer. Warum der Mensch sich nicht therapieren, erziehen und beeinflussen lässt*. München: Piper.

Descartes, R. (1637/2001). *Bericht über die Methode*. Stuttgart: Reclam.

Descartes, R. (1641/2012). *Meditationen über die Erste Philosophie*. Stuttgart: Reclam.

Descartes, R. (1664/1960). *Über den Menschen*. Stuttgart: Reclam.

Deutscher, G. (2011). *Im Spiegel der Sprache. Warum die Welt in anderen Sprachen anders aussieht*. München: Beck.

Dilthey, W. (1894/1990). Ideen über eine beschreibende und zergliedernde Psychologie. In G. Misch (Hrsg.), *Gesammelte Schriften* (Bd. 5, S. 139–240). Stuttgart: Teubner Verlagsgesellschaft.

Dilthey, W. (1895/1896/1990). Beiträge zum Studium der Individualität. In G. Misch (Hrsg.), Gesammelte Schriften (Bd. 5, S. 241–316). Stuttgart: Teubner.

Dilthey, W. (1896/1990). Anmerkung. In G. Misch (Hrsg.), *Gesammelte Schriften* (Bd. 6, S. 237–240). Stuttgart: Teubner Verlagsgesellschaft.

Dilthey, W. (1900/1990). Die Entstehung der Hermeneutik. In G. Misch (Hrsg.), *Gesammelte Schriften* (Bd. 6, S. 237–240). Stuttgart: Teubner Verlagsgesellschaft.

Dörner, D. (1989). *Emotion, Kognition und Begriffsverwirrungen*. Zwei Anmerkungen zur Köhler-Vorlesung von Norbert Bischof. *Psychologische Rundschau, 40,* 206–209.

Ebbinghaus, H. (1885/2011). *Über das Gedächtnis. Untersuchungen zur experimentellen Gedächtnispsychologie*. Darmstadt: Wissenschaftliche Buchgesellschaft.

Ebbinghaus, H. (1896). Über erklärende und beschreibende Psychologie. *Zeitschrift für Psychologie und Physiologie der Sinnesorgane, 9,* 161–205.

Eberlein, G. & Pieper, R. (Hrsg.), (1976). Psychologie, Wissenschaft ohne Gegenstand? Frankfurt a. M.: Campus.

Ebert, H. (1949). *Hermann von Helmholtz*. Stuttgart: Wissenschaftliche Verlagsgesellschaft.

Eckert, J. (2006). Evaluation und Qualitätssicherung. In J. Eckert, E.-M. Biermann-Ratjen & D. Höger (Hrsg.), *Gesprächspsychotherapie* (S. 267–293). Heidelberg: Springer.

Elbert, Th (2003). Diskussionsforum: Biologische Psychologie 2010 – Visionen zur Zukunft des Faches in der Psychologie. *Psychologische Rundschau, 54,* 121–122.

Elliott, R. (2007). Personzentrierte Wissenschaft: Was wir wissen und wie wir mehr über Personzentrierte/Experienzielle Psychotherapien lernen können. *PERSON, 11,* 93–104.

Erdmann, J. E. (1866/1896). *Grundriß der Geschichte der Philosophie*. Berlin: Hertz.

Euler, D. & Sloane, P. F. E. (1998). Implementation als Problem der Modellversuchsforschung. *Unterrichtswissenschaft, 26,* 312–326.

Fahrenberg, J. (2003/2014). *Annahmen über den Menschen*. Kröning: Asanger.

Fazio, R. H., Sanbonmatsu, D. M., Powell, M. C. & Kardes, F. R. (1986). On the automatic activation of attitudes. *Journal of Personality and Social Psychology, 50,* 229–238.

Fechner, G. T. (1860/1964). *Elemente der Psychophysik* (Bd. 1). Amsterdam: Bonset.

Feyerabend, P. (1975/1976). *Wider den Methodenzwang*. Frankfurt a. M.: Suhrkamp.

Fischer, A. (1913). Philosophie und Psychologie. Eine prinzipielle Betrachtung zu einer aktuellen Frage der Fortbildung der Hochschule. *Die deutsche Schule, 17,* 338–347.

Fischer, K. (1990). Funktionale Architektur und mentale Repräsentation: Einige funktionsgesteuerte Regelmäßigkeiten in kognitiven Prozessen. In K.-E. Bühler (Hrsg.), *Aspekte des Leib-Seele-Problems. Philosophie, Medizin, Künstliche Intelligenz* (S. 223–260). Würzburg: Königshausen & Neumann.

Fischer, P. (2014). Technikgeschichte und Psychogenese. In G. Jüttemann (Hrsg.), *Entwicklungen der Menschheit. Humanwissenschaften in der Perspektive der Integration* (S. 183–190). Lengerich: Pabst Science Publishers.

Flammer, A. (1978). Die Differentielle Psychologie in der Krise. In U. Pulver, A. Lang & F. W. Schmid (Hrsg.), *Ist Psychodiagnostik verantwortbar?* (S. 67–81). Bern: Huber.

Flocke, P. (2008). *Die Differenzen zwischen Kant und Herder*. Nordhausen: Verlag Traugott Bautz.

Foppa, K. (1963a). Motivation und Bekräftigungswirkungen im Lernen. *Zeitschrift für experimentelle und angewandte Psychologie, 10,* 646–659.

Foppa, K. (1963b). Kommentar zum Referat von Heckhausen. *Zeitschrift für experimentelle und angewandte Psychologie, 10,* 677–678.

Foppa, K. (1965/1972). *Lernen, Gedächtnis, Verhalten. Ergebnisse und Probleme der Lernpsychologie*. Köln: Kiepenheuer & Witsch.

Foppa, K. (1986). „Typische Fälle“ und der Geltungsbereich empirischer Befunde. *Schweizerische Zeitschrift für Psychologie, 45,* 151–163.

Frege, G. (1884/1961). *Die Grundlagen der Arithmetik. Eine logisch-mathematische Untersuchung über den Begriff der Zahl*. Darmstadt: Wissenschaftliche Buchgesellschaft.

Frese, M. (2009). Diskussionsforum: Psychologie und Policy implications: Sachverständigenrat für Psychologie. *Psychologische Rundschau, 60,* 248–249.

Frey, D. (2009). Diskussionsforum: Einige Assoziationen zum Theorie-Praxis-Austausch in der Psychologie: Über die Notwendigkeit, unsere Zukunft durch psychologisches Know-how mitzugestalten. *Psychologische Rundschau, 60,* 249–250.

Frey, S. (1999). *Die Macht des Bildes. Der Einfluss der nonverbalen Kommunikation auf Kultur und Politik.* Bern: Huber.

Fries, J. F. (1807/1967). Neue oder anthropologische Kritik der Vernunft. In G. Santinelli & G. Piaia (Hrsg.), *Sämtliche Schriften, Bd. 4.* Aalen: Scienta.

Frischeisen-Köhler, M. (1914). Philosophie und Psychologie. *Die Geisteswissenschaften, 1,* 371–375.

Fröhlich, G. (2000). *Ein neuer Psychologismus? Edmund Husserls Kritik am Relativismus und die Erkenntnistheorie des Radikalen Konstruktivismus von Humberto R. Maturana und Gerhard Roth.* Würzburg: Königshausen & Neumann.

Fuchs, R. (1963a). Funktionsanalyse der Motivation. *Zeitschrift für experimentelle und angewandte Psychologie, 10,* 626–645.

Fuchs, R. (1963b). Über die Möglichkeit, eine psychologische Theorie der Motivation operational zu formulieren. Kommentar zu dem Kommentar von Foppa. *Zeitschrift für experimentelle und angewandte Psychologie, 10,* 689–699.

Gadenne, V. (1984). *Theorie und Erfahrung in der psychologischen Forschung.* Tübingen: Mohr.

Galliker, M. (1982). *Triviales Wissenschaftsverständnis oder was wir von Darwins Analyse der Zuchtpraxis lernen können.* Köln: Pahl-Rugenstein.

Galliker, M. (1990). *Sprechen und Erinnern. Zur Entwicklung der Affinitätshypothese bezüglich verbaler Vergangenheitsverweise.* Göttingen: Hogrefe.

Galliker, M. (1993). Die Verkörperung des Gedankens im Gegenstande. Zur kontroversen Begründung der Völkerpsychologie. *Psychologische Rundschau, 44,* 11–24.

Galliker, M. (2010). Die Dilthey-Ebbinghaus-Kontroverse. In U. Wolfradt, M. Kaiser-El-Safti & H.-P. Brauns (Hrsg.), *Hallesche Perspektiven auf die Geschichte der Psychologie. Herman Ebbinghaus und Carl Stumpf* (S. 61–78). Lengerich: Pabst Science Publishers.

Galliker, M. (2012). *Emotion und Motivation. Diskurse, Menschenbilder, Lebenshilfe.* Stuttgart: Kröner.

Galliker, M. (2013). Das geisteswissenschaftliche Forschungsprogramm der Psychologie. In G. Scholtz (Hrsg.), *Diltheys Werk und die Wissenschaften* (S. 193–207). Göttingen: V & R unipress.

Galliker, M. (2014). Die Tübinger Motivationskontroverse. In W. Mack, H. E. Lück, K.-H. Renner & U. Wolfradt (Hrsg.), *Behaviorismus und Erkenntnistheorie im psychologisch-historischen Kontext* (S. 215–229). Frankfurt a. M.: Peter Lang.

Galliker, M., Klein, M. & Rykart, S. (2007). *Meilensteine der Psychologie. Die Geschichte der Psychologie nach Personen, Werk und Wirkung.* Stuttgart: Kröner.

Gegenfürtner, K. (2003). Biologische Psychologie 2010 – Visionen zur Zukunft eines Faches. *Psychologische Rundschau, 54,* 125–128.

Geuter, U. (1985). Nationalsozialistische Ideologie und Psychologie. In M. G. Ash & U. Geuter (Hrsg.), *Geschichte der Psychologie im 20. Jahrhundert* (S. 172–200). Opladen: Westdeutscher Verlag.

Giesen, H. & Kloft, C. (1991). Hätten Sie's gewusst? Eine Erwiderung auf Langfeldt. *Psychologie in Erziehung und Unterricht, 38,* 152–156.

Gigerenzer, G. (2007). *Bauchentscheidungen. Die Intelligenz des Unbewussten und die Macht der Intuition.* München: Bertelsmann.

Gilleßen, M. (2009). *Tier, Mensch, Maschine. Descartes' Maschinenbegriff und dessen Verwendung durch La Mettrie in seinem Essay ‚L'homme machine'.* Norderstedt: GRIN.

Goethe, J. W. (1810/1997). *Farbenlehre* (Bd. 1–5). Stuttgart: Verlag Freies Geistesleben.

Goldschmidt, R. (1912). Bericht über den Kongreß der Gesellschaft für experimentelle Psychologie. *Archiv für die gesamte Psychologie, 24,* 71–97.

Graumann, C. F. (1973). Zur Lage der Psychologie. In G. Reinert (Hrsg.), *Bericht über den 27. Kongreß der Deutschen Gesellschaft für Psychologie in Kiel 1970* (S. 19–37). Göttingen: Hogrefe.

Graumann, C. F. (1980). Experiment, Statistik, Geschichte. Wundts erstes Heidelberger Programm einer Psychologie. *Psychologische Rundschau, 30*(1/2), 73–83.

Graumann, C. F. (1981). Zur Einführung in diesen Band. In C. F. Graumann (Hrsg.), *Kurt Lewin, Werkausgabe* (S. 19–45). Bern: Huber.

Graumann, C. F. (1983). Theorie und Geschichte. In G. Luer (Hrsg.), *Bericht über den 33. Kongreß der Deutschen Gesellschaft für Psychologie 1982* (Bd. 1, S. 64–75). Göttingen: Hogrefe.

Greve, W. (2011). Diskussionsforum: Aus der Deckung! Argumente für eine offensivere Selbstpräsentation der Psychologie in der Öffentlichkeit. *Psychologische Rundschau, 62,* 239–240.

Groeben, N. (1999). Die metatheoretischen Merkmale einer sozialwissenschaftlichen Psychologie. In N. Groeben (Hrsg.), *Zur Programmatik einer sozialwissenschaftlichen Psychologie. Bd. 1. Metatheoretische Perspektiven, 2. Halbband* (S. 311–404). Münster: Aschendorff.

Gummersbach, W. (1985). Krise der Psychologie. Zur Aktualität eines traditionellen Themas. In M. G. Ash & U. Geuter. (Hrsg.), *Geschichte der deutschen Psychologie im 20. Jahrhundert* (S. 314–159). Opladen: Westdeutscher Verlag.

Gundlach, H. (2004). Reine Psychologie, Angewandte Psychologie und die Institutionalisierung der Psychologie. *Zeitschrift für Psychologie, 212,* 183–199.

Guski-Leinwand, S. (2010). *Wissenschaftsforschung zur Genese der Psychologie vom ausgehenden 19. Jahrhundert bis Mitte des 20. Jahrhunderts.* Münster: LIT.

Guyatt, G. H., Oxman, A. D., Vist, G., Kunz, R., Brozek, J. & Alonso-Coello, P. (2011). GRADE guidelines: 4. Rating the quality of evidence – study limitations (risk of bias). *Journal of Clinical Epidemiology, 64,* 407–415.

Hacking, L. (1996). *Einführung in die Philosophie der Naturwissenschaften.* Stuttgart: Reclam.

Hahn, D. (1975). *Otto Hahn – Erlebnisse und Erkenntnisse.* Düsseldorf: Econ.

Hamilton, W. G. (1863). *The Logic.* Cincinnati: Moore, Wilstach, Keys & Co.

Hanna, R. (2008). Husserl's Arguments against Logical Psychologism (Prolegomena, §§ 17–61). In V. Mayer (Hrsg.), *Edmund Husserl. Logische Untersuchungen* (S. 27–42). Berlin: Akademie Verlag.

Hardcastle, V. G., & Stewart, C. M. (2002). What do brain data really show? *Philosophy of Science, 69*(3), 72–82.

Hasler, F. (2012). *Neuromythologie.* Bielefeld: Transcript.

Hasselhorn, M. (2009). Diskussionsforum: Psychologische Erkenntnisse müssen in die Gesellschaft getragen werden: Von der Bringschuld der Psychologie. *Psychologische Rundschau, 60,* 245–247.

Hasselhorn, M., Köller, O., Maaz, K., & Zimmer, K. (2014). Implementation wirksamer Handlungskonzepte im Bildungsbereich als Forschungsaufgabe. *Psychologische Rundschau, 65,* 140–149.

Hattie, J. A. (1984). Comparative effectiveness of professional and paraprofessional helpers. *Psychological Bulletin, 98,* 401–407.

Haug, F. (2014). Erinnerungsarbeit als emanzipatorisches Lernprojekt. In E. Meyerhof, T. Bernges, M. Block, N. Niehoff & C. Schultz (Hrsg.), *Menschenbilder in der Psychologie* (S. 127–146). Hamburg: Argument Verlag.

Haverkamp, A. (Hrsg.). (1996). *Theorie der Metapher.* Darmstadt: Wissenschaftliche Buchgesellschaft.

Hecht, S. (1934). The nature of the photoreceptor process. In C. Murchison (Hrsg.), Handbook of General Experimental Psychology (S. 704–828). Worcester: Clark University Press.

Heckhausen, H. (1963a). Eine Rahmentheorie der Motivation in zehn Thesen. *Zeitschrift für experimentelle und angewandte Psychologie, 10,* 604–626.

Heckhausen, H. (1963b). Kommentar zu den Referaten von Fuchs und Foppa. *Zeitschrift für experimentelle und angewandte Psychologie, 10,* 659–670.

Heckhausen, H. (1980). *Motivation und Handeln.* Berlin: Springer.

Heidelberger, M. (1999). Innen und Außen in der Wahrnehmung. Zwei Auffassungen des 19. Jahrhunderts (und was daraus wurde). In O. Breidbach & K. Clausberg (Hrsg.), *Video ergo sum. Repräsentationen nach innen und außen zwischen Kunst- und Neurowissenschaften. Interface* (Bd. 4, S. 147–157). Hamburg: Hans-Bredow-Institut.

Heider, F. (1977). *Psychologie der Interpersonalen Beziehungen*. Stuttgart: Klett.

Helmholtz, H. von (1855). Über das Sehen des Menschen. In O. Breidbach & K. Clausberg (Hrsg.), *Video ergo sum. Repräsentationen nach innen und außen zwischen Kunst- und Neurowissenschaften. Interface* (Bd. 1, S. 365–396). Hamburg: Hans-Bredow-Institut.

Helmholtz, H. von (1864a). Abriß der über den Horopter und die Augenbewegungen von ihm gewonnen Resultate. *Archiv für Ophthalmologie, 10,* 1–60.

Helmholtz, H. von (1864b). Bemerkungen über die Form des Horopters. *Poggendorffs Annalen, CXXIII,* 158–161.

Helmholtz, H. von (1867/1911). *Handbuch der physiologischen Optik. 3 Bände*. Hamburg: Voss.

Helmholtz, H. von (1868). Die neueren Fortschritte in der Theorie des Sehens. In H. Helmholtz (Hrsg.), *1884, Vorträge und Reden* (Bd. 1, S. 233–331). Braunschweig: Vieweg.

Helmholtz, H. von (1878). Die Thatsachen in der Wahrnehmung. In H. Helmholtz (Hrsg.), *1884, Vorträge und Reden* (Bd. 2, S. 217–271). Braunschweig: Vieweg.

Herbart, J. F. (1824/1825). *Psychologie als Wissenschaft. In zwei Bänden*. Königsberg: Unzer.

Herder, J. G. (1772/1966). *Abhandlung über den Ursprung der Sprache*. Stuttgart: Reclam.

Herder, J. G. (1778). Plastik. In *Herders Werke, Bd. 3, Kritische Wälder I* (S. 273–357). Stuttgart: Union Deutsche Verlagsgesellschaft.

Herder, J. G. (1784/1828). *Ideen zur Philosophie der Geschichte der Menschheit*. Leipzig: Johann Friedrich Hartknoch.

Herder, J. G. (1799/1955). *Metakritik zur Kritik der reinen Vernunft*. Berlin: Aufbau-Verlag.

Herder, J. G. (1800/1880). Kalligone. Vom Angenehmen und Schönen. In *Herders Sämtliche Werke* (Bd. XXII). Berlin: Weidemannsche Buchhandlung.

Hering, E. (1861). *Beiträge zur Physiologie. Erstes Heft: Vom Ortssinne der Netzhaut*. Leipzig: Engelmann.

Hering, E. (1864a). *Vom binocularen Tiefsehen. Kritik einer Abhandlung von Helmholtz über den Horopter*. Leipzig: Engelmann.

Hering, E. (1864b). Gegenbemerkungen über die Form des Horopters. *Poggendorffs Annalen, CXIV,* 638–641.

Hering, E. (1872). Zur Lehre vom Lichtsinne. Über successive Lichtinduction. *Sitzungsberichte der Kaiserlichen Akademie der Wissenschaften in Wien. Mathematisch-naturwissenschaftliche Klasse. Abth. III* (Bd. 66, S. 5–24).

Hering, E. (1874/1878). Zur Lehre vom Lichtsinne. Sechs Mittheilungen an die Kaiserliche Akademie der Wissenschaften in Wien. *Sitzungsberichte der Kaiserlichen Akademie der Wissenschaften in Wien. Mathematisch-naturwissenschaftliche Klasse. Abth. III* (Bd. 66, S. 1872–1874).

Herrmann, T. (1983). Nützliche Fiktionen. Anmerkungen zur Funktion kognitionspsychologischer Theoriebildungen. *Sprache & Kognition, 2,* 88–99.

Herrmann, T. (2015). Wellek, Albert. In U. Wolfradt, E. Billmann-Mahecha, & A. Stock (Hrsg.), *Deutschsprachige Psychologinnen und Psychologen 1933–1945*. Wiesbaden: Springer.

Herzog, W. (2012). *Wissenschaftstheoretische Grundlagen der Psychologie*. Wiesbaden: Springer.

Herzog, M. & Graumann, C. F. (Hrsg.). (1991). *Sinn und Erfahrung. Phänomenologische Methoden in den Humanwissenschaften*. Heidelberg: Asanger.

Hillebrand, F. (1913). Die Aussperrung der Psychologen. *Zeitschrift für Psychologie und Physiologie der Sinnesorgane, 67,* 1–21.

Hofstätter, P. R. (1956). Zur Frage der Intuition in der Psychodiagnostik. *Studium Generale, 9,* 527–537.

Hofstätter, P. R. (1957). Zum „Gruppenexperiment“ von F. Pollock. *Kölner Zeitschrift für Soziologie und Sozialpsychologie, 9,* 97–105.

Holzkamp, K. (1972). Die Beziehung zwischen gesellschaftlicher Relevanz und wissenschaftlichem Erkenntnisgehalt psychologischer Forschung. In K. Holzkamp (Hrsg.), *Kritische Psychologie. Vorbereitende Arbeiten* (S. 207–288). Frankfurt a. M.: Fischer.

Hommel, B. (2010). Die Neurowissenschaften als Herausforderung und Chance der Psychologie. *Psychologische Rundschau, 61,* 199–202.

Hume, D. (1740/1978). *Ein Traktat über die menschliche Natur*. Hamburg: Meiner.

Hume, D. (1748/1982). *Eine Untersuchung über den menschlichen Verstand*. Stuttgart: Reclam.

Husserl, E. (1891/2003). *Philosophy of Arithmetic*. Dallas: Willard.

Husserl, E. (1900/2009). *Logische Untersuchungen*. Hamburg: Meiner.

Husserl, E. (1913/2002). *Logische Untersuchungen. Ergänzungsband (1. Teil). Entwürfe zur Umarbeitung der VI. Untersuchung und zur Vorrede für die Neuauflage der Logischen Untersuchungen (Sommer 1913)*. Husserliana, XX/1. Dordrecht: Kluwer Academic Publishers.

Hutterer, R. (1998/2006). *Das Paradigma der Humanistischen Psychologie. Entwicklung, Ideengeschichte und Produktivität*. Wien: Springer/Reprint.

Huxley, A. (1932/1953). *Schöne neue Welt*. Frankfurt a. M.: Fischer.

Jäncke, L. (2010). Hirnforschung: sinnvolle Ergänzung oder überflüssiges Anhängsel der Psychologie? *Psychologische Rundschau, 61,* 191–198.

Jäncke, L. & Petermann, F. (2010a). Editorial: Wie viel Biologie braucht die Psychologie? *Psychologische Rundschau, 61,* 173–174.

Jäncke, L. & Petermann, F. (2010b). Zum Verhältnis von Biologie und Psychologie. *Psychologische Rundschau, 61,* 175–179.

Jauch, U. P. (2012). Julien Offray de La Mettrie. In H. Operprantacher & H. Reinalter (Hrsg.), *Aus senseiter der Philosophie* (S. 83–95). Würzburg: Königshausen & Neumann.

Jüttemann, G. (2006). (Hrsg.). *Wilhelm Wundts anderes Erbe*. Göttingen: Vandenhoeck & Ruprecht.

Kaindl, C. (2014). Kritische Psychologie als Subjektwissenschaft. In E. Meyerhof, T. Bernges, M. Block, N. Niehoff & C. Schultz (Hrsg.), *Menschenbilder in der Psychologie* (S. 105–125). Hamburg: Argument Verlag.

Kaiser, F. G. (2011). Diskussionsforum: Verhaltensingenieurwissenschaft transferiert psychologische Erkenntnisse in die Gesellschaft. *Psychologische Rundschau, 62,* 240–242.

Kaiser-el-Safti, M. (2011). Der Psychologismus-Streit in geschichtlicher und systematischer Betrachtung. In W. Loh & M. Kaiser-el-Safti (Hrsg.), *Die Psychologismus-Kontroverse* (S. 9–59). Göttingen: Vandenhoeck & Ruprecht.

Kalkofen, H. (1992). Anmerkungen zur Empirismus-Nativismus-Kontroverse. *Psychologie und Geschichte, 3,* 24–45.

Kant, I. (1781/2003). *Kritik der reinen Vernunft*. Stuttgart: Reclam.

Kant, I. (1785/1912). *Recensionen zu J.G. Herders Ideen zur Philosophie der Geschichte der Menschheit. Kant's gesammelte Schriften. Herausgegeben von der Königlich Preußischen Akademie der Wissenschaften* (Bd. VIII, S. 43–66). Berlin: Georg Reimer.

Kant, I. (1786/1903). *Metaphysische Anfangsgründe der Naturwissenschaft. Kant's Werke* (Bd. IV, S. 465–479). Berlin: Georg Reimer.

Kastil, A. (1912). Jakob Friedrich Fries' Lehre von der unmittelbaren Erkenntnis der Methodenlehre. *Abhandlungen der Friesschen Schule, IV,* 1–363.

Kirschenmann, U. (2014). Ein philosophisches Menschenbild als Grundlage psychologischer Arbeit. In E. Meyerhof, T. Bernges, M. Block, N. Niehoff & C. Schultz (Hrsg.), *Menschenbilder in der Psychologie* (S. 55–66). Hamburg: Argument Verlag.

Klinger, M. R., Burton, P. C. & Pitts, G. S. (2000). Mechanisms of unconscious priming: Response competition, not spreading activation. *Journal of Experimental Psychology: Learning, Memory, and Cognition, 26,* 441–455.

Klockenbusch, R. (1989). *Husserl und Cohn. Widerspruch, Reflexion und Telos in Phänomenologie und Dialektik*. Dordrecht: Kluwer.

Koenigsberger, L. (1902). *Hermann von Helmholtz. In drei Bänden*. Braunschweig: Vieweg.

Köhler, W. (1920/1924). *Die physischen Gestalten in Ruhe und im stationären Zustand: eine naturphilosophische Untersuchung*. Braunschweig: Vieweg.

Koppetsch, C. (2014). „Ich war verblüfft, dass es im Psychologiestudium auch mal um Menschen ging". Erfahrungsbericht als Teilnehmerin und Tutorin des Menschenbilder-Seminars. In E. Meyerhof, T. Bernges, M. Block, N. Niehoff & C. Schultz (Hrsg.), *Menschenbilder in der Psychologie* (S. 48–51). Hamburg: Argument Verlag.

Korunka, Ch, Nemeskeri, N. & Sauer, J. (2001). Carl Rogers als Psychotherapieforscher – eine kritische Würdigung. *PERSON, 2,* 68–89.

Kriegeskorte, N., Simmons, W. K., Bellgowan, P. S. & Baker, C. L. (2009). Circular analysis in systems neuroscience: the dangers of double dipping. *Natur Neuroscience, 12,* 535–540.

Kries, J. (1905). Die Gesichtsempfindungen. In W. Nagel (Hrsg.), *Handbuch der Physiologie des Menschen* (Bd. III, S. 109–282). Braunschweig: Vieweg.

Kriz, J. (1973). *Statistik in den Sozialwissenschaften. Einführung in die kritische Diskussion*. Reinbek: Rowohlt.

Krueger, F. (1915). Über Entwicklungspsychologie, ihre sachliche und geschichtliche Notwendigkeit. In *Arbeiten zur Entwicklungspsychologie* (Bd. 1, Heft 1). Leipzig: W. Engelmann.

Krueger, F. (1926). *Über psychische Ganzheit*. München: Beck.

Krueger, F. (1953). *Zur Philosophie und Psychologie der Ganzheit*. Berlin: Springer.

Krüger, H.-P. (2009). Diskussionsforum: Verkehrspsychologie im Spannungsfeld zwischen Grundlagen und Anwendung. *Psychologische Rundschau, 60,* 254–255.

Kuhn, T. S. (1962/2012). *Die Struktur wissenschaftlicher Revolutionen*. Frankfurt a. M.: Suhrkamp.

Külpe, O. (1893). *Grundriss der Psychologie*. Leipzig: Verlag von Wilhelm Engelmann.

Külpe, O. (1912). *Die Realisierung: ein Beitrag zur Grundlegung der Realwissenschaften*. Leipzig: Hirzel.

Külpe, O. (1920). *Vorlesungen über Psychologie*. Leipzig: Hirzel.

Küppers, B. O. (2000). Die Strukturwissenschaften als Bindeglied zwischen Natur- und Geisteswissenschaften. In B. O. Küppers (Hrsg.), *Die Einheit der Wirklichkeit* (S. 89–105). München: Fink.

La Mettrie, J. O. (1747/2001). *Der Mensch eine Maschine*. Stuttgart: Reclam.

Lakatos, I. (1974). Falsifikation und die Methodologie wissenschaftlicher Forschungsprogramme. In I. Lakatos & A. Musgrave (Hrsg.), *Kritik und Erkenntnisfortschritt* (S. 89–189). Braunschweig: Vieweg.

Lamprecht, K. (1913a). Eine Gefahr für die Geisteswissenschaften. *Die Zukunft, 83,* 16–24.

Lamprecht, K. (1913b). Eine Gefahr für die Geisteswissenschaften. Antwort an Herrn Professor Dr. Georg Simmel. *Die Zukunft, 83,* 421–429.

Lamprecht, K. (1913c). Zum Thema „Philosophie und Psychologie". Zuschrift an die Redaktion. *Akademische Rundschau, 1,* 604–606.

Lang, A. (1978). Diagnostik und Autonomie der Person. In U. Pulver, A. Lang & F. W. Schmid (Hrsg.), *Ist Psychodiagnostik verantwortbar?* (S. 17–29). Bern: Huber.

Lange, F. A. (1865/1974). *Geschichte des Materialismus und Kritik seiner Bedeutung in der Gegenwart*. Frankfurt a. M.: Suhrkamp.

Langfeldt, H.-P. (1989). Das weiß doch jeder! – Oder etwa nicht? Befunde der Pädagogischen Psychologie in der Beurteilung von Pädagogen. Eine experimentelle Studie. *Psychologie in Erziehung und Unterricht, 36,* 265–274.

Langfeldt, H.-P. (1991). Stellungnahme zur Erwiderung von Giesen und Kloft. *Psychologie in Erziehung und Unterricht, 38,* 156–158.

Lavater, J. C. (1775/1984). *Physiognomische Fragmente zur Förderung der Menschenkenntnis und Menschenliebe*. Stuttgart: Reclam.

Lazarus, M. (1851). Über den Begriff und die Möglichkeit einer Völkerpsychologie. *Deutsches Museum, I,* 112–126.

Lazarus, M. (1862). Einige synthetische Gedanken zur Völkerpsychologie und Sprachwissenschaft. *Zeitschrift für Völkerpsychologie, III,* 1–94.

Lazarus, M. & Steinthal, H. (1860). Einleitende Gedanken über Völkerpsychologie als Einladung zu einer Zeitschrift für Völkerpsychologie und Sprachwissenschaft. *Zeitschrift für Völkerpsychologie, I,* 1–73.

Lazarus, R. S. (1982). Thoughts on the relations between emotion and cognition. *American Psychologist, 37,* 1019–1024.

Lazarus, R. S. (1991). *Emotion und adaption.* New York: Oxford University Press.

Lazarus, R. S. & Launier, R. (1978). Stress-related transactions between person und environment. In L. A. Pervin & M. Lewis (Hrsg.), *Perspectives in interactional psychology* (S. 287–327). New York: Academic Press.

Lazarus, R. S., Averill, J. R., & Opton, E. M. (1970). Toward a cognitive theory of emotion. In M. B. Arnold (Hrsg.), *Feelings and emotions: The Loyola symposium* (S. 207–232). New York: Academic Press.

Leontjew, A. N. (1959/1980). *Probleme der Entwicklung des Psychischen.* Königstein/Ts.: Athenäum.

Leontjew, A. N. (1982). *Tätigkeit, Bewusstsein, Persönlichkeit.* Köln: Pahl Rugenstein.

Lesch, K.-P. & Beckmann, H. (1990). Zur Serotonin-Hypothese der Depression. *Fortschritte der Neurologie und Psychiatrie, 58,* 405–446.

Leventhal, H. & Scherer, K. R. (1987). The relationship of emotion to cognition: A functional approach to a semantic controversy. *Cognition and Emotion, 1,* 3–28.

Lewin, K. (1930/1931). Der Übergang von der aristotelischen zur galileischen Denkweise in Biologie und Psychologie. *Erkenntnis, 1,* 421–466.

Lichtenberg, G. C. (1778/1844). Über Physiognomik wider die Physiognomen. In *Vermischte Schriften. Vierter Band* (S. 1–108). Göttingen: Verlag der Dieterichschen Buchhandlung.

Lindworsky, J. (1923). *Der Wille.* Leipzig: Barth.

Linschoten, J. (1961). *Auf dem Wege zu einer Phänomenologischen Psychologie.* Berlin: De Gruyter.

Lipps, T. (1880). Die Aufgabe der Erkenntnistheorie und die Wundtsche Logik. *Philosophische Monatshefte, 16,* 529–539.

Lipps, T. (1903). Psychologische Standpunkte. *Zeitschrift für Psychologie und Physiologie der Sinnesorgane, 31,* 47–78.

Lipps, T. (1906). Inhalt und Gegenstand, Psychologie und Logik. In Mitglieder der Königlichen Bayrischen Akademie der Wissenschaften (Hrsg.), *Sitzungsberichte der philosophisch-philologischen und historischen Klasse der K.B. Akademie der Wissenschaften zu München.* Jahrgang 1905 (S. 511–669). München: Verlag der K.B. Akademie der Wissenschaften 1906.

Litt, T. (1930). *Kant und Herder als Deuter der geistigen Welt.* Leipzig: Quelle & Meier.

Loh, W. (2011). Erwägungsorientierte Aufhebungsversuche der Psychologismus-Antipsychologismus-Kontroversen. In W. Loh & M. Kaiser-el-Safti (Hrsg.), *Die Psychologismus-Kontroverse* (S. 61–109). Göttingen: Vandenhoeck & Ruprecht.

Lösel, F. (2009). Diskussionsforum: Förderung einer evidenz-basierten Politik durch systematische Forschungssynthesen. Die Cambell Collaboration. *Psychologische Rundschau, 60,* 246–247.

Lück, H. E. (2003). Kommunikation im Experiment. In D. Weimer & M. Galliker (Hrsg.), *Sprachliche Kommunikation. Ansätze und Perspektiven* (S. 32–36). Heidelberg: Asanger.

Lück, H. E. (2014). Psychologie im Nationalsozialismus. Fachlicher Niedergang, Etablierung der Profession und manches Ungereimte. In E. Meyerhof, T. Bernges, M. Block, N. Niehoff & C. Schultz (Hrsg.), *Menschenbilder in der Psychologie* (S. 148–165). Hamburg: Argument Verlag.

Lück, H. E. & Miller, R. (Hrsg.). (1993/2005). *Illustrierte Geschichte der Psychologie*. München: Quintessenz.

Lüdmann, M. (2012). Zur Aktualität Fechners bzw. Wundts in der gegenwärtigen Debatte um den Status des Psychischen. In A. Stock, H.-P. Brauns & W. Wolfradt (Hrsg.), *Historische Analysen theoretischer und empirischer Psychologie* (S. 75–89). Frankfurt a. M.: Peter Lang.

Lüer, G. (2003). Diskussionsforum: Biologische Psychologie 2010 – Visionen zur Zukunft des Faches in der Psychologie. *Psychologische Rundschau, 54,* 126–127.

Lukrez (um 60 v.u.Z./2014). *Über die Natur der Dinge*. Berlin: Galiani.

Lurija, A. R. (1973/1996). *Das Gehirn in Aktion. Einführung in die Neuropsychologie*. Reinbek: Rowohlt.

Lux, V. (2014). Die Suche nach den Genen: Biologie und Biologismus in der Psychologie. In E. Meyerhof, T. Bernges, M. Block, N. Niehoff & C. Schultz (Hrsg.), *Menschenbilder in der Psychologie* (S. 167–181). Hamburg: Argument Verlag.

Mach, E. (1905/1991). *Erkenntnis und Irrtum. Skizzen zur Psychologie der Forschung*. Darmstadt: Wissenschaftliche Buchgesellschaft.

Maier, H. (1914). Psychologie und Philosophie. *Bericht über den VI. Kongreß für experimentelle Psychologie in Göttingen vom 15. bis 18. April 1914*, S. 93–99.

Marbe, K. (1913a). *Die Aktion gegen die Psychologie. Eine Abwehr*. Leipzig: Teubner.

Marbe, K. (1913b). Die Bedeutung der Psychologie für die übrigen Wissenschaften und die Praxis. *Fortschritte der Psychologie und ihrer Anwendungen, 1,* 5–82.

Marbe, K. (1922). Die Stellung und Behandlung der Psychologie an den Universitäten. In K. Bühler (Hrsg.), *Bericht über den VII. Kongreß für experimentelle Psychologie in Marburg vom 20. bis 23. April 1921* (S. 150–151). Jena: Fischer.

Markard, M. (1991/1993). *Methodik subjektwissenschaftlicher Forschung*. Hamburg: Argument Verlag.

Markowitsch, H. J. (2003). Diskussionsforum: Biologische Psychologie 2010 – Visionen zur Zukunft des Faches in der Psychologie. *Psychologische Rundschau, 54,* 127.

Maslow, A. H. (1964). *Religions, values, and peak-experiences*. Columbus: Ohio State University Press.

Mattes, P. (1981). Theorie und Praxis der Psychologie. In G. Rexilius & S. Grubitzsch (Hrsg.), *Handbuch psychologischer Grundbegriffe* (S. 1109–1113). Reinbek: Rowohlt.

Mattes, P. (1985). Die Psychologiekritik der Studentenbewegung. In M. G. Ash & U. Geuter (Hrsg.), *Geschichte der deutschen Psychologie im 20. Jahrhundert* (S. 286–313). Opladen: Westdeutscher Verlag.

Mausfeld, R. (2003). No Psychology In – No Psychology Out. Anmerkungen zu den „Visionen eines Faches". Kommentar zum Diskussionsform „Biologische Psychologie 2010" in Heft 2 der Psychologischen Rundschau des gleichen Jahrgangs. *Psychologische Rundschau, 54,* 185–191.

Mausfeld, R. (2010). Psychologie, Biologie, kognitive Neurowissenschaften. Zur gegenwärtigen Dominanz neuroreduktionistischer Positionen und zu ihren stillschweigenden Grundannahmen. *Psychologische Rundschau, 61,* 180–190.

Mayer, V. (Hrsg.). (2008). Einleitung. In V. Mayer (Hrsg.), *Edmund Husserl. Logische Untersuchungen* (S. 1–7). Berlin: Akademie Verlag.

Merleau-Ponty, M. (1945/1966). *Phänomenologie der Wahrnehmung*. Berlin: de Gruyter.

Mertens, W. & Fuchs, G. (1978). *Krise der Sozialpsychologie?* München: Ehrenwirth.

Métraux, A. (1985). Der Methodenstreit und die Amerikanisierung der Psychologie in der Bundesrepublik 1950-1970. In M. G. Ash & U. Geuter (Hrsg.), *Geschichte der deutschen Psychologie im 20. Jahrhundert. Ein Überblick* (S. 225–251). Opladen: Westdeutscher Verlag.

Metzger, W. (1975). *Gesetze des Sehens*. Frankfurt a. M.: Kramer.

Mienert, M. & Pitcher, S. (2011). *Pädagogische Psychologie. Theorie und Praxis des Lebenslangen Lernens*. Wiesbaden: Springer.

Mill, J. S. (1843/1862). *System der deductiven und inductiven Logik*. Braunschweig: Vieweg.
Mill, J. S. (1865/2005). *An examination of Sir Williams Hamilton's philosophy and the philosophical questions discussed in his writings*. Ann Arbor: University of Michigan Library.
Miller, N. E. (1948). Studies of fear as an acquitable drive: I. Fear as motivation and fear reduction as reinforcement in the learning of new responses. *Journal for Experimental Psychology, 38,* 89–101.
Moore, G. E. (1903/1970). *Principa Ethica*. Stuttgart: Reclam.
Nelson, L. (1904). Die kritische Methode und das Verhältnis der Psychologie zur Philosophie. Ein Kapitel aus der Methodenlehre. *Abhandlungen der Friesschen Schule, I,* 1–88.
Newton, I. (1704/1983). *Optik oder Abhandlung über Spiegelungen, Brechungen, Beugungen und Farben des Lichts* (Bd. 1–3). Braunschweig: Edition Vieweg.
Nussbaumer, I. (2008). *Zur Farbenlehre. Entdeckung der unordentlichen Spektren*. Wien: Edition Splitter.
Oelze, B. (1991). *Wilhelm Wundt. Die Konzeption der Völkerpsychologie*. Münster: Waxman.
Oerter, R. (1980/1999). *Moderne Entwicklungspsychologie*. Donauwörth: Auer.
Ogden, T. & Fixsen, D. L. (2014). Implementation Science. A brief overview and a look ahead. *Zeitschrift für Psychologie, 222,* 4–11.
Ortony, A., Clore, G. L. & Collins, A. (1988). *The cognitive structure of emotions*. Cambridge: University Press.
Orwell, G. (1948/1950). *1984*. Frankfurt a. M.: Ullstein.
Pawlik, K. (2010). Biologische Psychologie ist mehr als Neuropsychologie. *Psychologische Rundschau, 61,* 206–209.
Pawlow, I. P. (1904/1953). *Über die psychische Sekretion der Speicheldrüse. Sämtliche Werke* (Bd. III, S. 22–35). Berlin: Akademie Verlag.
Pawlow, I. P. (1923/1953). *Zwanzigjährige Erfahrungen mit dem objektiven Studium der höheren Nerventätigkeit. Sämtliche Werke* (Bd. III, S. 1–136). Berlin: Akademie Verlag.
Petermann, F. (2014a). Implementationsforschung. Editorial zum Themenschwerpunkt. *Psychologische Rundschau, 65,* 121.
Petermann, F. (2014b). Implementationsforschung: Grundbegriffe und Konzepte. *Psychologische Rundschau, 65,* 122–128.
Petermann, F. & Koglin, U. (2010). Erklären, Entscheiden, Planen: 47. Kongress der DGPs 2010. *Psychologische Rundschau, 61,* 151–155.
Piaget, J. (1923/1983). *Sprechen und Denken des Kindes*. Frankfurt a. M.: Ullstein.
Piaget, J. (1962/1999). Commentary on Vygotsky's criticisms of Language and Thought of the child and judgement and Reasoning in the child. In P. Lloyd & C. Fernyhough (Hrsg.), *Lev Vygotsky. Critical Assessments. Volume 1: Vygotsky's theory* (S. 243–260). London: Routedge.
Piper, E. (2013). *Nacht über Europa. Kulturgeschichte des Ersten Weltkrieges*. Berlin: Propyläen Verlag.
Popper, K. R. (1934/1989). *Logik der Forschung*. Tübingen: Mohr. (Paul Siebeck).
Rancière, J. (2000/2008). *Die Aufteilung des Sinnlichen. Die Politik der Kunst und ihre Paradoxien. Herausgegeben von M. Muhle*. Berlin: b_books Verlag.
Rath, M. (1994). *Der Psychologismusstreit in der deutschen Philosophie*. Freiburg: Alber.
Rath, N. (2014). Historische Prozesse als Prozesse der Bildung von „zweiter Natur". In G. Jüttemann (Hrsg.), *Entwicklungen der Menschheit. Humanwissenschaften in der Perspektive der Integration* (S. 57–65). Lengerich: Pabst Science Publishers.
Rautenberg, K. (2005). *René Descartes und Julien Offray De La Mettrie – Vergleich der dualistischen und monistischen Position*. Norderstedt: GRIN.
Reinecker, H. (2003). Forschung in der Klinischen Psychologie. In H. Reinecker (Hrsg.), *Lehrbuch der Klinischen Psychologie und Psychotherapie. Modelle psychischer Störungen* (S. 23–35). Göttingen: Hogrefe.

Renkl, A. (2015). Drei Dogmen guten Lernens und Lehres: Warum sie falsch sind. *Psychologische Rundschau, 66,* 211–220.

Rogers, C. R. (1942/1989). *Counseling and psychotherapy. Newer concepts in practice*. Boston: Houghton Mifflin.

Rogers, C. R. (1946). Recent research in nondirective therapy and its implications. *American Journal of Orthopsychiatry, 16,* 581–588.

Rogers, C. R. (1961/2006). *Entwicklung der Persönlichkeit.* Stuttgart: Klett-Cotta.

Rogers, C. R. & Skinner (1956). Some issues concerning the control of human behavior. A symposium. *Science, 124,* 1057–1966.

Rohbeck, J. (2014). Zufall und Kontingenz in der Geschichtsphilosophie. In G. Jüttemann (Hrsg.), *Entwicklungen der Menschheit. Humanwissenschaften in der Perspektive der Integration* (S. 49–56). Lengerich: Pabst Science Publishers.

Rösler, F. (2003). Diskussionsforum: Biologische Psychologie 2010 - Visionen zur Zukunft des Faches in der Psychologie. *Psychologische Rundschau, 54,* 123–124.

Roth, E. (1981). Zur Lage der Psychologie. In W. Michaelis (Hrsg.), *Bericht über den 32. Kongreß der Deutschen Gesellschaft für Psychologie in Zürich 1980* (S. 3–14). Göttingen: Hogrefe.

Rowe, D. C. & Plomin, R. (1981). The importance of nonshared environmental influences in behavioral development. *Developmental Psychology, 17,* 517–531.

Ryle, G. (1963/1969). *Der Begriff des Geistes*. Stuttgart: Reclam.

Ruoff, M. (2008). *Hermann von Helmholtz*. Paderborn: W. Fink/UTB.

Schmidt, G. (2006). *Systemische und hypnotherapeutische Konzepte für Organisationsberatung, Coaching & Persönlichkeitsentwicklung [Hörbuch EAN 4026411350219].* Augsburg: Auditorium Netzwerk.

Scholtz, G. (1995). *Ethik und Hermeneutik.* Frankfurt a. M.: Suhrkamp.

Scholtz, G. (2011). Die Wurzeln des „Einfühlenden Verstehens. Konzept des Verstehens in den Geisteswissenschaften des 18. und 19. Jahrhunderts. *PERSON, 15,* 93–102.

Scholz, R. W. & Stauffacher, M. (2009). Diskussionsforum: Von einer Wissenschaft *für* die Gesellschaft zu einer Wissenschaft *mit* der Gesellschaft. *Psychologische Rundschau, 60,* 242–243.

Schönpflug, W. (2000/2004). *Geschichte und Systematik der Psychologie*. Weinheim: Beltz.

Schönpflug, W. (2015). Psychologie im Kontext der Kybernetik und im Kontext des Sozialismus. Ein Beitrag zur Geschichte der Wissenschaft in der Deutschen Demokratischen Republik. *Psychologische Rundschau, 66,* 91–113.

Schöpf, A. (1990). Das Leib-Seele-Problem in phänomenologischer Sicht. In K.-E. Bühler (Hrsg.), *Aspekte des Leib-Seele-Problems* (S. 193–205). Würzburg: Königshausen & Neumann.

Schwarz, N. (1987). *Stimmung als Information. Untersuchungen zum Einfluß von Stimmungen auf die Bewertung des eigenen Lebens*. Berlin: Springer.

Schwarz, N. (1988). Stimmung als Information. Zum Einfluß von Stimmungen und Emotionen auf evaluative Urteile. *Psychologische Rundschau, 39,* 148–159.

Schwarz, N. (2008). Intuitive Annahmen über das glückliche Leben – und warum wir so wenig aus der Erfahrung lernen. In H. Meier (Hrsg.), *Über das Glück. Ein Symposium* (S. 85–118). München: Piper.

Schwarz, M. (2014). Wendepunkte in der historischen Debatte um die experimentelle Selbstbeobachtung. In T. Eder & T. Raab (Hrsg.), *Selbstbeobachtung – Oswald Wieners Denkpsychologie*. Frankfurt a. M.: Suhrkamp.

Setschenow, I. M. (1871/1965). *Reflexes of the brain.* Cambridge: Massachusetts MIT Press.

Seeger, F. (1977). *Relevanz und Entwicklung der Psychologie*. Darmstadt: Steinkopff.

Seligman, M. E. (2002/2009). *Der Glücks-Faktor*. Bergisch Gladbach: Lübbe.

Selz, O. (1924). *Die Gesetze der produktiven und reproduktiven Geistestätigkeit.* Bonn: F. Cohen.

Sextus Empiricus. (1562/1993). *Grundriß der phyrrhonischen Skepsis*. Frankfurt a. M.: Suhrkamp.

Sheffer, H. M. (1926). Review of Principia Mathematica. *Isis; An International Review Devoted to the History of Science and its Cultural Influences, 8,* 226–231.

Silbereisen, R. K. (2009). Diskussionsforum: Politik braucht Forschung, aber welche? *Psychologische Rundschau, 60,* 244–245.

Simmel, G. (1913). An Herrn Professor Karl Lamprecht. *Die Zukunft, 83,* 230–234.

Skinner, B. F. (1938). *The behavior of organisms. An experimental analysis.* New York: Appleton-Century-Crofts.

Skinner, B. F. (1948/1972). *Futurum Zwei. Die Vision einer aggressionsfreien Gesellschaft.* Reinbek: Rowohlt.

Skinner, B. F. (1957). *Verbal Behavior.* New York: Appleton-Century-Crofts.

Skinner, B. F. (1974). *About Behaviorism.* New York: Knopf.

Skinner, B. F. (1984). *A matter of consequences. Part three of an autobiography.* New York: University Press.

Smedslund, J. (1997). *The structure of psychological common sens.* Mahwah: Lawrence Erlbaum.

Sohn-Rethel, A. (1985). *Soziologische Theorie der Erkenntnis.* Frankfurt a. M.: Suhrkamp.

Specht, R. (2006). *Descartes.* Reinbek: Rowohlt.

Sperber, M. (1983). Alfred Adler oder das Elend der Psychologie. Frankfurt a. M.: Klett-Cotta/Ullstein.

Spiel, C. (2009). Diskussionsforum: Evidenzbasierte Bildungspolitik und Bildungspraxis – eine Fiktion? Problemaufriss, Thesen, Anregungen. *Psychologische Rundschau, 60,* 255–256.

Spiel, C., Lösel, F. & Wittmann, W. W. (2009a). Diskussionsforum: Transfer psychologischer Erkenntnisse in Gesellschaft und Politik. *Psychologische Rundschau, 60,* 241–242.

Spiel, C., Lösel, F. & Wittmann, W. W. (2009b). Diskussionsforum: Transfer psychologischer Erkenntnisse – eine notwendige, jedoch schwierige Aufgabe. *Psychologische Rundschau, 60,* 257–258.

Spiel, C., Lösel, F., & Wittmann, W. W. (2011). Diskussionsforum: Transfer psychologischer Erkenntnisse – jetzt gilt es die Anregungen umzusetzen und ihre Wirksamkeit zu prüfen. *Psychologische Rundschau, 62,* 242–243.

Spinner, H. (1974). *Pluralismus als Erkenntnismodell.* Frankfurt a. M.: Suhrkamp.

Stadler, M., Seeger, F., & Raeithel, A. (1975). *Psychologie der Wahrnehmung. Grundfragen der Psychologie.* München: Juventa.

Staemmler, F. M. (2015). *Das dialogische Selbst: Postmodernes Menschenbild und psychotherapeutische Praxis.* Stuttgart: Schattauer.

Staeuble, I. (1999/2005). Studentenbewegung. In H. E. Lück & R. Miller (Hrsg.), *Illustrierte Geschichte der Psychologie* (S. 305–308). Weinheim: Beltz.

Stark, R., Mandl, H. & Hermann, P. (2007). Ein integrativer Forschungsansatz zur Überbrückung der Kluft zwischen grundlagen- und anwendungsorientierter Forschung. In G. Reinmann & J. Kahlert (Hrsg.), *Der Nutzen wird vertagt... Bildungswissenschaften im Spannungsfeld zwischen wissenschaftlicher Profilbildung und praktischem Mehrwert* (S. 117–133). Lengerich: Pabst Science Publishers.

Steinthal, H. (1887). Über den Begriff der Völkerpsychologie. *Zeitschrift für Völkerpsychologie und Sprachwissenschaft, XVII,* 233–264.

Stern, E. & Neubauer, A. (2013). Nature via Nurture. *Forschung und Lehre, 8,* 634–636.

Strack, F. (2010). Wo die Liebe wohnt. Überlegungen zur Bedeutung der bildgebenden Hirnforschung für die Psychologie. *Psychologische Rundschau, 61,* 203–205.

Stumpf, C. (1883). *Tonpsychologie* (Bd. 1). Leipzig: Hirzel.

Stumpf, C. (1890). Über Vergleichungen von Tondistanzen. *Zeitschrift für Psychologie und Physiologie der Sinnesorgane, 1,* 419–443.

Stumpf, C. (1891a). Psychologie und Erkenntnistheorie. *Abhandlungen der philosophisch-philologischen Classe der Königlich Bayerischen Akademie der Wissenschaften, 19,* 465–516.

Stumpf, C. (1891b). Mein Schlußwort gegen Wundt. *Zeitschrift für Psychologie und Physiologie der Sinnesorgane, 2,* 438–443.

Sukale, M. (1988). *Denken, Sprechen und Wissen.* Tübingen: Mohr. (Paul Siebeck).

Tetens, H. (2001). Nachwort. In J. O. de & L. Mettrie (Hrsg.), *Der Mensch eine Maschine* (S. 101–117). Stuttgart: Reclam.

Thienen, J. von (2013). *Kausalniveaus. Eine Methodenanalyse zur Kausalforschung der Psychologie.* Lengerich: Pabst Science Publishers.

Toepfer, G. (2014). Beiträge der Biologie. In G. Jüttemann (Hrsg.), *Entwicklungen der Menschheit. Humanwissenschaften in der Perspektive der Integration* (S. 219–225). Lengerich: Pabst Science Publishers.

Volkelt, H. (1922). Die Völkerpsychologie in Wundts Entwicklungsgang. In A. Hoffmann (Hrsg.), Wilhelm Wundt. Eine Würdigung unter Mitwirkung des Psychologischen Instituts der Universität Leipzig. *Beiträge zur Philosophie des deutschen Idealismus, II (3/4),* 74–105.

Vorländer, K. (1992/2003). *Immanuel Kant. Der Mann und das Werk.* Wiesbaden: Fourier.

Vul, E. & Kanwisher, N. (2010). Begging the question: The non-Independence error in fMRT data analysis. In S. Hanson & M. Bunzl (Hrsg.), *Foundations and philosophy for neuro-imaging* (S. 93–96). Cambridge: MIT Press.

Vul, E., Harris, C., Winkielman, P., & Pashler, H. (2009). Puzzling high correlations in fMRI studies of emotion, personality, and social cognition. *Perspectives on Psychological Science, 4,* 274–290.

Watson, J. B. & Morgan, J. J. B. (1913). Emotional reactions and psychological experimentation. *American Journal of Psychology, 28,* 163–174.

Weber, E. H. (1851). *Die Lehre vom Tastsinne und Gemeingefühle auf Versuche begründet: für Ärzte und Philosophen.* Braunschweig: Vieweg.

Weiner, B. (1986). *An attributional theory of motivation and emotion.* New York: Springer.

Weinert, F. (1969). Lehrt die Lernpsychologie Lehren? In M. Irle (Hrsg.), *Bericht über den 26. Kongreß der DGfP* (S. 53–58). Göttingen: Hogrefe.

Wellek, A. (1956). Mathematik, Intuition und Raten. Zur erkenntnistheoretischen und methodologischen Problematik der exakten Psychologie. *Studium Generale, 9,* 537–555.

Wellek, A. (1959/1970). *Der Rückfall in die Methodenkrise der Psychologie und ihre Überwindung.* Göttingen: Hogrefe.

Wellek, A. (1972). Albert Wellek. In L. J. Pongratz, J. Traxel & G. Wehner (Hrsg.), *Psychologie in Selbstdarstellungen. Erster Band* (S. 357–388). Bern: Huber.

Westermann, R. (2000). *Wissenschaftstheorie und Experimentalmethodik.* Göttingen: Hogrefe.

Westmeyer, H. (2003). Diskussionsforum: Biologische Psychologie 2010 – Visionen zur Zukunft des Faches in der Psychologie. *Psychologische Rundschau, 54,* 127–128.

Wetterstein, J. R. (1978). Traditional rationality vs a tradition of criticism: A criticism of Popper's theory of the objectivity of science. *Erkenntnis, 12,* 329–338.

Wickert, J. (1995/2001). *Isaac Newton.* Reinbek: Rowohlt.

Wiltschko, J. (Hrsg.). (2008). *Focusing und Philosophie. Eugene T. Gendlin über die Praxis körperbezogenen Philosophierens.* Wien: Facultas.

Wittgenstein, L. (1947/1971). *Philosophische Untersuchungen.* Frankfurt a. M.: Suhrkamp.

Wolfradt, U. (2011). Carl Stumpf – Wilhelm Wundt. Unterschiedliche Wege zur psychologischen Erkenntnis. In M. Ebeling & M. Kaiser-el-Safti (Hrsg.), *Die Sinne und die Erkenntnis.* Frankfurt a. M.: Peter Lang.

Wottawa, H. (2009). Bemerkungen zu aktuellen Problemen des Praxis-Transfer in die Wirtschaft. *Psychologische Rundschau, 60,* 251–152.

Wundt, W. (1862). *Beiträge zur Theorie der Sinneswahrnehmung.* Leipzig: Winter.

Wundt, W. (1863). *Vorlesungen über die Menschen- und Thierseele. In zwei Bänden.* Leipzig: Voß.

Wundt, W. (1874/1908). *Grundzüge der physiologischen Psychologie.* Leipzig: Engelmann.

Wundt, W. (1890/1893). *Logik. Eine Untersuchung der Prinzipien der Erkenntnis und der Methoden wissenschaftlicher Forschung.* Stuttgart: Kröner.

Wundt, W. (1891). Auch ein Schlusswort. *Philosophische Studien, 7,* 633–636.

Wundt, W. (1883). Schlusswort des Herausgebers zum ersten Band der Zeitschrift. *Philosophische Studien, 1,* 615–617.

Wundt, W. (1886). Über Wege und Ziele der Völkerpsychologie. *Philosophische Studien, IV,* 1–27.

Wundt, W. (1894). Über psychische Causalität und das Princip des psychophysischen Parallelismus. *Philosophische Studien, 10,* 1–124.

Wundt, W. (1896). *Grundriss der Psychologie.* Leipzig: Verlag von Wilhelm Engelmann.

Wundt, W. (1900–1920/1921). *Völkerpsychologie. Eine Untersuchung der Entwicklungsgesetze von Sprache, Mythus und Sitte. In zehn Bänden.* Stuttgart: Kröner.

Wundt, W. (1903). Schlusswort des Herausgebers. *Philosophische Studien, 18,* 793–795.

Wundt, W. (1907). Über Ausfrageexperimente und über die Methoden zur Psychologie des Denkens. *Psychologische Studien, 3,* 301–360.

Wundt, W. (1908). Kritische Nachlese zur Ausfragemethodik. *Archiv für die gesamte Psychologie, 11,* 445–459.

Wundt, W. (1910). Psychologismus und Logizismus. In W. Wundt (Hrsg.), *Kleine Schriften* (Bd. 1, S. 511–634). Leipzig: Kröner.

Wundt, W. (1911). *Probleme der Völkerpsychologie.* Leipzig: Kröner.

Wundt, W. (1912). *Elemente der Völkerpsychologie.* Leipzig: Kröner.

Wundt, W. (1913/1921). Die Psychologie im Kampf ums Dasein. *Kleine Schriften* (Bd. 3). Stuttgart: Kröner.

Wundt, W. (1916). Völkerpsychologie und Entwicklungspsychologie. *Psychologische Studien, 10,* 190–260.

Wygotski, L. S. (1934/1974). *Denken und Sprechen.* Frankfurt a. M.: Fischer.

Yalom, I. D. (1980/2010). *Existenzielle Psychotherapie.* Bergisch Gladbach: Verlag. Andreas Kohlhage.

Zajonc, R. B. (1980). Feeling and thinking. Preferences need no inferences. *American Psychologist, 35,* 151–175.

Zajonc, R. B. (1989). Bischofs gefühlvolle Verwirrungen über Gefühle. *Psychologische Rundschau, 40,* 218–231.

Zitterbarth, G. (2006). War Wundt ein Konstruktivist? In G. Jüttemann (Hrsg.), *Wilhelm Wundts anderes Erbe* (S. 102–115). Göttingen: Vandenhoeck & Ruprecht.

Personenverzeichnis

M. Galliker, *Ist die Psychologie eine Wissenschaft?*,
DOI 10.1007/978-3-658-09927-5

Sachverzeichnis

M. Galliker, *Ist die Psychologie eine Wissenschaft?*,
DOI 10.1007/978-3-658-09927-5

MIX
Papier aus verantwortungsvollen Quellen
Paper from responsible sources
FSC® C105338

Printed by Books on Demand, Germany